“金课工程”系列教材·会计应用型系列

ERP 原理与应用实验案例

胡翠华◎编著

图书在版编目(CIP)数据

ERP 原理与应用实验案例 / 胡翠华编著. —上海：立信会计出版社，2020.10(2021.3 重印)
ISBN 978-7-5429-6598-1

Ⅰ.①E… Ⅱ.①胡… Ⅲ.①企业管理—计算机管理系统—案例 Ⅳ.①F272.7

中国版本图书馆 CIP 数据核字(2020)第 194593 号

策划编辑　张巧玲　冯　晶
责任编辑　张巧玲
封面设计　南房间

ERP 原理与应用实验案例

ERP Yuanli yu Yingyong Shiyan Anli

出版发行　立信会计出版社
地　　址　上海市中山西路 2230 号　　邮政编码　200235
电　　话　(021)64411389　　传　　真　(021)64411325
网　　址　www.lixinaph.com　　电子邮箱　lixinaph2019@126.com
网上书店　http://lixin.jd.com　　http://lxkjcbs.tmall.com
经　　销　各地新华书店

印　　刷　常熟市华顺印刷有限公司
开　　本　787 毫米×1092 毫米　1/16
印　　张　18
字　　数　437 千字
版　　次　2020 年 10 月第 1 版
印　　次　2021 年 3 月第 2 次
书　　号　ISBN 978-7-5429-6598-1/F
定　　价　37.00 元

前 言

ERP 是 Enterprise Resource Planning 的首字母缩写，中文含义是“企业资源规划”。它代表了当前在全球范围内应用最广泛、最有效的一种企业管理理念和方法。这种理念和方法已经通过软件得到实现，固化在软件的各个模块、操作过程与数据流转中，因此，ERP 也代表一类企业管理软件系统。目前全球最大的 ERP 管理软件提供商是 SAP 公司，全球 500 强企业中有 85%的公司是 SAP 的用户，其次是 Oracle 和 Infor 公司。早期比较知名的 ERP 管理软件提供商 J.D.Edwards和 BaaN 公司分别被 Oracle 和 Infor 收购。国内影响力比较大的 ERP 管理软件提供商是用友和金蝶，在国内大中小型企业的使用率都非常高，在高校实验实训教学中普及程度也很高。学生在校期间接触这些企业应用较为广泛的信息资源管理软件，有利于提高其就业竞争力，方便其快速地应对未来业务或岗位需求。

“企业资源规划系统与应用”课程是教育部《普通高等学校本科专业类教学质量国家标准》管理科学与工程类专业指定的专业主干课程，信息管理与信息系统专业都会开设，许多计算机科学与技术、电子商务、工商管理等专业也会将其作为特色方向课程进行开设。讲解 ERP 的基本原理、重要概念和方法的教材比较多，讲解 ERP 软件操作的教材也有，但从业务案例应用的角度将 ERP 软件操作与理论分析相结合的教材并不多。笔者基于十多年的“ERP 原理与应用”(上海市重点课程，2019 年优秀结项)课程建设和教学经验，以供应链管理为主线编写实验教学案例，以期让学生不仅能学到 ERP 基本原理，还能从业务应用的角度来理解原理，更能使用 ERP 软件来把业务中发生的事项、数据记录下来，并进行流转，生成对于财务管理有用的凭证、报表等。

本书主要借助用友 ERP-U8 软件来进行案例分析。第 1 章对于用友 ERP-U8 软件系统环境搭建进行了详细介绍，该软件的安装过程都是笔者和学生反复测试的结果，相比用友公司提供的软件安装手册更加简洁。第 2 章讲解了 ERP-U8 系统管理的主要功能，对于系统管理员、账套主管、角色和用户等进行了详细区分，讲解了创建和修改账套、用户权限设置、账套备份和引入等。第 3 章介绍了用友 ERP-U8 软件的基础信息设置，包括核算体系的建立，部门、人员、客户和供应商档案定义等信息，这是使用 ERP 软件处理经济业务的基础。第 4 章介绍了供应链期初设置及余额录入过程。第 5～8 章详细地从采购、销售、库存和存货这 4 个供应链最为核心的业务分情景进行案例陈述和案例分析，并将业务处理过程中碰到的原理、操作的理由进行解释和拓展。第 9 章介绍了供应链期末业务处理过程。每章各小节主要包括学习目标、引出问题、案例陈述、案例分析和拓展阅读等几部分内容，由浅入深、循序渐进地展开。本书通过详细的操作步骤、丰富的操作截图给出具体的业务核算方法，并通过对核算中需要注意的问题进行阐述，从而使学生有目标地了解问题、分析案例和加深对原理的理解，培养使用 ERP 软件处理经济业务的能力。

本书的特色和亮点在于：可读性强，从供应链的不同业务入手，结合理论阐述，将理论与业务紧密结合；可操作性高，适合不同层次、不同教学条件 ERP 系统实训的需求；实用，所有案例都是精心挑选的，有一定的代表性，学生可以在学习中举一反三，进而能熟练地使用 ERP 软件处理经济业务。此外，考虑到教师备课和学生使用的方便性，本书提供了实验手册、实验报告模板和备份账套等教学资料。

本书可作为高等院校信息管理、计算机、电子商务、工商管理等专业 ERP 供应链课程教学的配套同步实验教学教材，也可作为会计、财务、经营人员进行业务培训的学习资料，还可作为对 ERP-U8 软件感兴趣的自学者的参考书。

本书由上海立信会计金融学院胡翠华老师编著，参与软件安装测试和资料整理工作的有陆悦佳、顾皓泽和羊立芸等学生。在本书稿反复修改过程中，得到了教学团队刘小华、傅筱、方玉玲等老师的教学反馈，也得到了教务处许伟，实验中心袁征、姚家清和邱慕涛等老师的软件支持和帮助，在此深表感谢。

本书提供配套教学资料，包括用友 ERP-U8(V8.72)安装程序、实验手册、实验报告模板、账套备份和教学课件，扫码获取即可。每个业务均提供备份账套，便于读者一旦发现业务操作错误，可及时引入上一个业务账套重新开始进行实验，而不必从系统建账开始。

配套资料

在本书编写过程中，我们虽然做了很多努力，但由于笔者水平有限，书中难免存在不妥和错漏之处，我们诚挚地希望广大读者对本书的不足之处给予批评和指正。笔者联系方式：hucuihua@lixin.edu.cn。

胡翠华
上海立信会计金融学院
2020 年 9 月

目　录

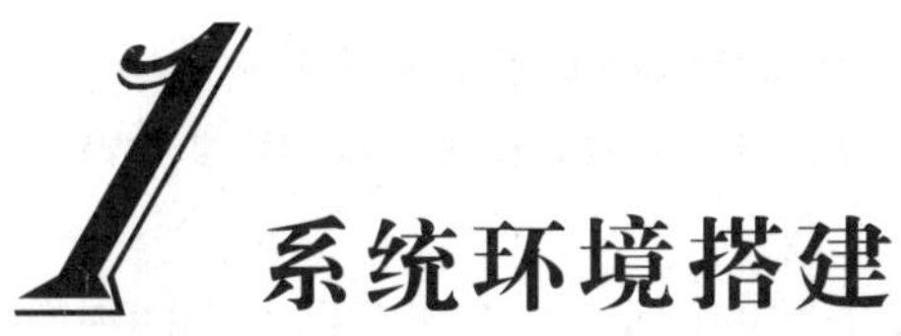

系统环境搭建

本章重点

了解用友 ERP-U8 软件的基本情况、数据流程,学会搭建用友 ERP-U8 (V8.72)软件应用环境。

1.1 用友 ERP-U8 简介

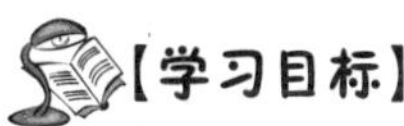

【学习目标】

了解用友 ERP-U8 软件的基本情况、数据流程,从宏观上了解该软件。

【引出问题】

用友 ERP-U8 的基本数据流程是什么样的?了解它可以从宏观上了解管理业务流程的基本数据流向,在操作业务流程时能够对数据操作状况做到了然于胸。

【阅读引导】

ERP 是企业资源规划(Enterprise Resource Planning)的首字母简称,它强调对企业内外部资源,包括物流、资金流、信息流进行规划、整合和管理,它蕴含着丰富的管理思想。ERP 是建立在信息技术基础上,利用现代企业的先进管理思想,全面地集成企业所有资源信息,为企业提供决策、计划、控制与经营业绩评估的全方位和系统化的信息化管理平台,为企业制造产品或提供服务创造最优的解决方案,最终达成企业的经营目标。当这种管理思想依附于软件系统并固化下来,更有利于对业务进行序化,对数据进行抽取,使得业务流程能够合理、科学地管理和经营。因此,ERP 系统不仅仅是一种软件,更是管理思想和理念的显性表达,了解后者更能真正地掌握与应用前者。

【软件介绍】

用友 ERP-U8 企业应用套件(简称用友 ERP-U8)是中国 ERP 普及旗舰产品,是中国用户量最大、应用最全面、行业实践最丰富的 ERP 软件之一。它充分适应中国企业高速成长且逐渐规范发展的状态,为广大大中小企业连接世界级管理,是蕴涵中国企业先进管理模式，体现各行业业务最佳实践，有效支持中国企业国际化战略的信息化经营平台。在今天，它不仅成为管理者进行企业运营与管理的桌面工具，更是企业实现精细管理、敏捷经营的利器。

用友 ERP-U8 是一套企业级的解决方案，可满足不同的制造、商务模式以及不同运营模式下的企业经营管理。它全面集成了财务、生产制造及供应链的成熟应用，延伸客户管理至客户关系管理（CRM），并对于零售、分销领域实现了全面整合；同时通过实现人力资源管理（HR）、办公自动化（OA），保证行政办公事务、人力管理和业务管理的有效结合。用友 ERP-U8 是以集成的信息管理为基础，以规范企业运营，改善经营成果为目标，最终实现从企业日常运营、人力资源管理到办公事务处理等全方位的产品解决方案。用友 ERP-U8［ERP-U8（V8.72）］软件启用部分模块的界面截图如图 1-1 所示。

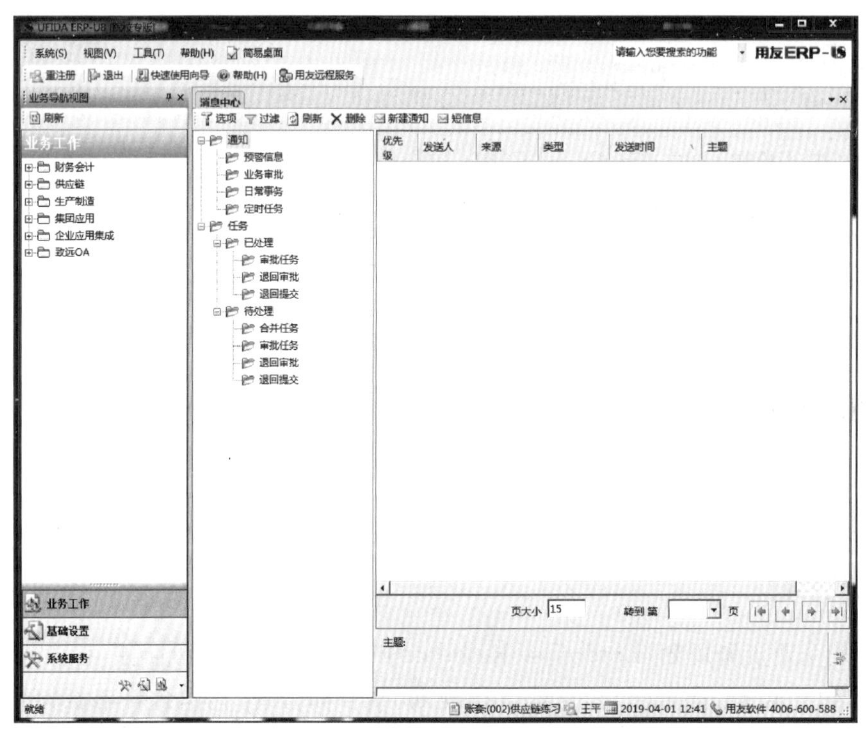

图 1-1　用友 ERP-U8［ERP-U8（V8.72）］软件启用部分模块

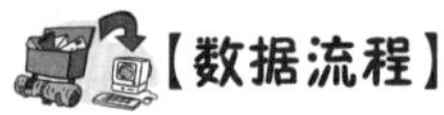【数据流程】

用友 ERP-U8 被企业用户选择使用得最多的三大模块是生产制造、供应链和财务会计模块。各模块可独立使用，也可通过供应链业务全过程将三个模块串联起来。理解各功能模块的基本功能和数据传递流程是学习用友 ERP-U8 的前提，用户可根据企业的业务需要来决定启用的功能模块，比如行政单位无销售业务，则不必启用销售管理系统。本案例教程主要以生产制造型企业的供应链业务为主线，它不仅涉及供应链管理系统的各模块，还涉及生产制造系统中的物料需求计划，财务会计系统中的总账、应收款管理和应付款管理。其数据流程如图 1-2 所示。其中虚线框部分为讲解的重点。

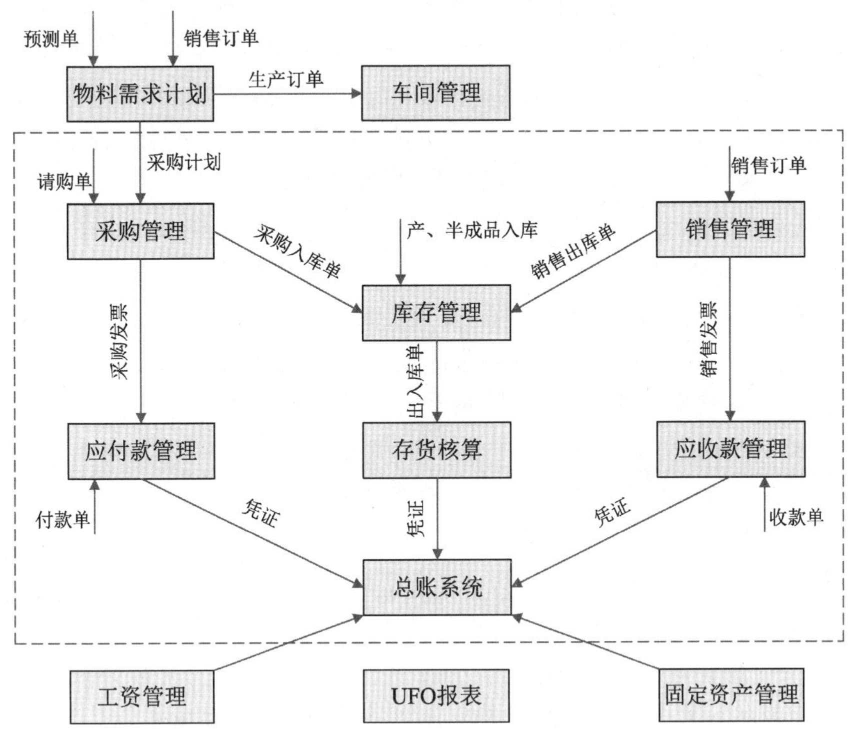

图 1-2　用友 ERP-U8 主要功能模块和数据传递流程

【拓展阅读】

经过了十五六年的发展，ERP 被大家公认是一套附带管理思想和手段的软件，其中蕴含的管理思想十分丰富。那么到底其中的管理思想在什么地方？相信不少人对此都是“雾里看花”。笔者以自己的感受来和大家一起共享 ERP 的管理思想，笔者认为 ERP 的管理思想主要有以下几个方面：

第一，合作共赢的思想。ERP 是一套面向供应链的软件体系，它的核心就在于围绕供应链条中最重要的核心企业进行信息化的工作，将处于供应链节点上的所有企业信息进行有效整合、沟通，在企业外部通过信息共享达到及时协调不同企业产品产能以优化配置资源的目的，在企业内部则通过对企业内部流程的优化重组更改达到各种资源的合理有序的配置。通过推行 ERP，企业的各项资源得到了整合，提高了企业内部的效率，稳定了企业的外部供应商、分销商、客户之间的关系，和处于供应链上的各类企业结成了战略联盟的关系，从而达到与所有的企业合作共赢的最终的局面。

第二，精益生产的思想。在企业内部，各种资源是有限的，受到各种客观条件的约束。要想用最小的资源产出最大的产能产能效果，必须通过 ERP 的计划模块对各种资源进行约束条件下的资源配置模式。最著名的沏茶模型就是按照这个思想来检验 ERP 的实施效果的。在资源配置充分有效的情况下，精益生产就是一个重要的方面。精益生产(Lean Production，LP)，又称精良生产，其中“精”表示精良、精确、精美等产品质量方面;“益”表示利益、效益等产品利益方面。精益生产就是及时制造,消灭故障,消除一切浪费,向零缺陷、零库存进军。ERP 中对物料系统的各种控制,就是精益生产的表现。

第三,动态联盟的思想。动态联盟是以两个或两个以上的企业在自愿互利的原则上出于降低交易费用、减少不确定性、实现优势互补等目的,以共同提高市场竞争力的一种合作模式。这种合作模式是企业实行 ERP 后由于原来的企业在信息双向沟通过程中为了应付突发事件或者是为了快速满足顾客的变化而合作建立起来的一种模式。这种模式的表现形式是虚拟工厂,是一种暂时性的存在,一旦目标达成或者是任务完成该联盟就迅速解散。通过动态联盟的实施,企业更进一步加强了共赢的思想:在考虑自身利益最大化的同时也要保证其他加盟企业的基本利益和底线利润目标。动态联盟的存在是 ERP 的一种突发机制的检验,是以同步工程作后盾基础的。

第四,敏捷制造的思想。ERP 是一个后台的决策支持系统,是为完成企业前台中顾客的大量定制的目标服务的。在完全竞争性市场中,顾客需求的多变性以及对个性化的要求都对企业的快速反应机制提出了更高的要求。敏捷制造就是在这种环境下被 ERP 系统所支持的。

第五,协同商务的思想。供应链的基础赋予了 ERP 系统协同商务的功能。通过信息的有效沟通,突破不同企业之间的组织边界,协同对市场作出快速反应,原本就是 ERP 产生的重要催生剂。通过对企业内外部资金流、物流与信息流的一体化管理,各个企业实现了一种跨地区经营、及时性沟通的管理环境,在这个管理环境之下,企业集团共赢思想占据了主导的地位,有了思想的指引,协同商务也就顺理成章地出现了。基于 ERP 基础的协同商务将帮助企业及其合作伙伴共享业务流程、决策、作业程序和数据,共同开发新产品、市场和服务,大大提高企业决策的准确性和整体运作的高效率,逐步削减企业的信息孤岛效应的存在,提高竞争优势。

第六,全面质量管理的思想。ERP 系统中对产出产品质量的控制就是通过全面质量管理(TQM)来实现的,即每个产品开发阶段都不做出不合格工作,决不把不合格的中间产品带到下一阶段,而不是到产品最后阶段才由专门的质量检测人员检查并保证产品质量。这种思想的潜移默化,对员工形成一种全体参与改善产品业务流程、产品质量、服务的企业文化,而对上一道工序产品质量的监测,有助于提前预测到可能出现的问题,实现在百分百的时间内生产出百分百合格的产品,在持续改善的过程中控制好产品的质量,以便满足顾客需求(Customer Satisfaction, CS),从而获取竞争优势和长期成功。

第七,敏捷后勤的思想。“敏捷后勤”原来是美国军方对敌作战时的一种管理观念,它原本的目的在于:在资源有限、军事预算减少的情况下,取得最小的后勤资源耗费;在信息技术及运输技术高度发达的情况下,增加保障反应灵敏度;提高保障设施的生存能力及质量,减小后勤规模;以较少的备件获得更加有效的使用。现在这一思想已经融入 ERP 的管理软件思想之中:通过对若干个模块、仓库的优化配置达到用最小的成本完成各项业务的目的。这种思想的存在 ERP 的生产模块中显而易见:通过对用料的需求预测、传送方式、使用时机的预测来实现对下一道工序的保障,从而达到快速给下一道工序产品供应原料、实现各个流程模块紧密衔接、精简后勤系统的目的。

ERP是一套集众多管理思想于一体的“大成”者，正因如此，众多的ERP用户都是想通过对这些思想的显化来完成企业管理上的飞跃。但不幸的是，他们并没有明白其中到底蕴含了一些什么样的管理思想就实施了ERP项目，所以就如同使用砒霜救人一样：对砒霜分量的掌握不清害得他们的ERP项目“命丧黄泉”。

[摘自]：杨志辉.ERP管理软件中“集成”的七个管理思想.2006-12-30. http://www.enet.com.cn/article/2006/1230/A20061230367044.shtml.

1.2 用友ERP-U8(V8.72)软件安装详解

【学习目标】

了解用友ERP-U8软件的安装过程，学会搭建用友ERP-U8(V8.72)软件应用环境。

【引出问题】

用友ERP-U8有很多版本，如V8.50、V8.61、V8.72、V8.91、V8.10等。版本越高，对硬件环境要求越高。从V8.61版开始有网络和单机两种使用方式。

(1) 在局域网环境下，如果多人使用用友软件，则可以指定一台计算机作为服务器，其他计算机作为客户端。服务器兼有计算、保存数据和响应客户端请求等功能，因此配置应该高一些。服务器应先安装Microsoft SQL Server企业版数据库，然后再安装用友软件；客户端则只需安装用友软件即可。

(2) 在单机环境下，用户计算机大多是Windows XP/2000/Vista/7等，它既是服务器又是客户机，需先完整安装信息服务IIS，再安装Microsoft SQL Server企业版/开发版/个人版或者MSDE，最后安装用友软件。值得注意的是，操作系统都必须安装专业版或旗舰版，不能安装家庭版或OEM版，因为家庭版或OEM版不含有IIS。

企业在选择用友ERP-U8版本时，会考虑该软件应用的硬件环境。由于高校实验室硬件环境的配置一般不高，而用友ERP-U8自V8.72版开始，基本功能变化不大，因此综合教学硬件环境和教学目标的实现来看，使用V8.72版是比较适中的选择。若学生毕业后进入企业使用更高版本的用友ERP-U8软件，也不会觉得陌生，通过学习也能较好地进入使用状态。

【安装详解】

1.2.1 用友ERP-U8(V8.72)应用系统的运行环境

(1) 硬件环境。

客户机：内存256 MB以上、CPU主频500 MHz以上、硬盘2GB以上。

数据服务器：内存1GB以上、CPU主频1 GHz以上、硬盘10GB以上。

应用服务器：内存1GB以上、CPU主频1 GHz以上、硬盘10GB以上。

（2）软件环境。

操作系统：Windows 2000 Professional 打 SP4（或更高版本）补丁，Windows 2000 Server 打 SP4（或更高版本）补丁，Windows XP 打 SP2（或更高版本）补丁，Windows 2003 打 SP2（或更高版本）补丁，Windows Vista 打 SP1（或更高版本）补丁，Windows 7、Windows 8 和 Windows 10 的专业版或旗舰版，并完整安装 IIS。

数据库：MicroSoft SQL Server 2000（包括 MSDE）、MicroSoft SQL Server 2005（包括 EXPRESS）、MicroSoft SQL Server 2008 及以上版本均可。安装 MicroSoft SQL Server 2000 需要打 SP4（或更高版本）的补丁，MicroSoft SQL Server 2005 需要打 SP2（或更高版本）的补丁，MicroSoft SQL Server 2008 不需要打补丁。

目前在机房使用比较常见的操作系统是 Windows 7 专业版，数据库是 MicroSoft SQL Server 2008，个人电脑使用得较多的是 Window 10 专业版和 MicroSoft SQL Server 2008。

1.2.2 单机版安装软件需求

本案例库中使用的软件应用环境采用单机版安装模式，需要安装的软件有：Windows 7 专业版（含 IIS 完全安装）、MicroSoft SQL Server 2008 安装盘和用友 ERP-U8（V8.72）安装盘。

1.2.3 用友 ERP-U8（V8.72）软件安装前的环境准备

第一步：更改计算机名

安装前，首先要将本地计算机名更改，使之简单化，尽量使用简单易记的字母。如 LENOVO、DELL 等。计算机名中间不能出现横线（“—”）等非法字符，但可以是下划线（“_”）。同时注意：在安装 ERP-U8（V8.72）之前，我们推荐操作系统是“干净”的，即计算机在安装过操作系统和更新过必要的补丁后没有安装过任何其他软件。如果在计算机中安装有很多应用程序，建议建立一个虚拟机，在虚拟机中独立安装 ERP-U8（V8.72），这样也比较节省资源。

操作步骤：右击“我的电脑”→“属性”→“计算机名称、域和工作组设置”→“更改设置”→“更改”，输入计算机名，如 lixin，单击“确定”，重启机器后，计算机名显示如图 1-3 所示。

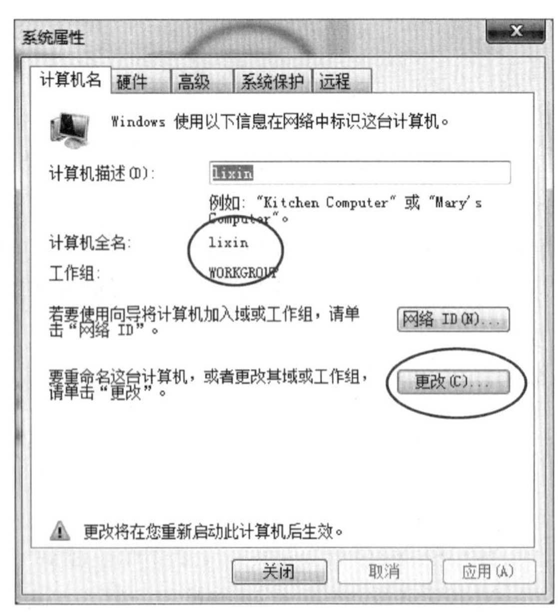

图 1-3 更改计算机名

第二步：安装 IIS

IIS 组件一般放在系统盘的 I386 文件夹中，专业版操作系统中都带有这个文件夹，个人版操作系统中没有。若是个人版操作系统，就需要在硬盘中保存有 I386 文件夹。典型安装完 Windows 7 专业版后系

统中默认没有安装 IIS 组件,需要手动安装。方法如下:

(1) 找到"控制面板"中"所有控制面板项",打开如图 1-4 所示界面。

图 1-4 控制面板

(2) 在"程序和功能"界面点击"打开或关闭 Windows 功能",单击"Internet 信息服务",如图 1-5 所示。

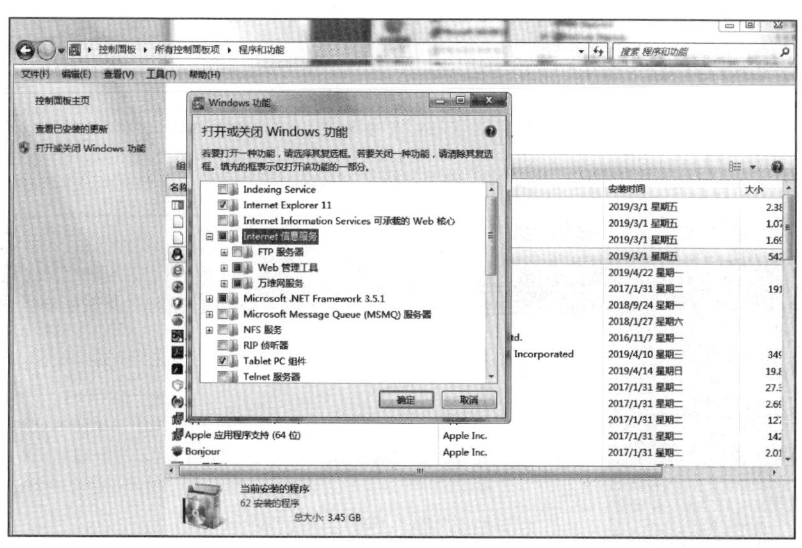

图 1-5 Internet 信息服务(IIS)

(3) 单击"Internet 信息服务"详细信息并全部选中,如图 1-6 所示。单击"确定",系统将自动安装成功。

第三步:安装 Microsoft SQL Server 2008

(1) 安装 Microsoft SQL Server 2008,选择安装保存的路径时,应注意该硬盘要拥有足够大的空间。安装完成后,应保证至少留有 5G 的剩余空间。

（2）选择简体中文开发版或者个人版。

（3）安装 Microsoft SQL Server 2008 组件。

（4）安装数据库服务器。

（5）选择本地计算机。

（6）创建新的 Microsoft SQL Server 实例或安装客户端工具。单击“下一步”→“下一步”→“是”。

（7）选择典型安装。单击“下一步”。

（8）选择使用本地系统账户。单击“下一步”。

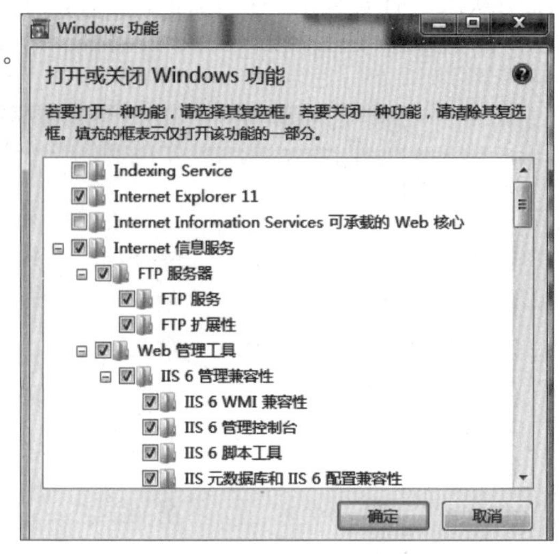

图 1-6　Internet 信息服务(IIS)详细信息展开

（9）在身份验证模式处，如果选择“Windows 身份验证模式”，则不需要输入密码；如果选择“混合模式”，则为“内置 SQL Server 系统管理员账户”提供一个强密码，在“输入密码”和“确认密码”处都输入同一个密码作为 SA 密码，并记住。为了便于记忆，密码可以设置为 123456。在“指定 SQL Server 管理员”处单击“添加当前用户”。单击“下一步”，在“账户设置”中单击“添加当前用户”，单击“下一步”→“下一步”→“安装”→“下一步”，直到完成安装。

（10）如果选择 Microsoft SQL Server 2008 以前的版本，则需要按照要求打上补丁。

1.2.4　用友 ERP-U8(V8.72)软件安装

（1）插入用友 ERP-U8 安装光盘或者打开含有用友 ERP-U8 安装文件的文件夹，运行安装启动文件 setup.exe，出现欢迎界面，如图 1-7 所示。

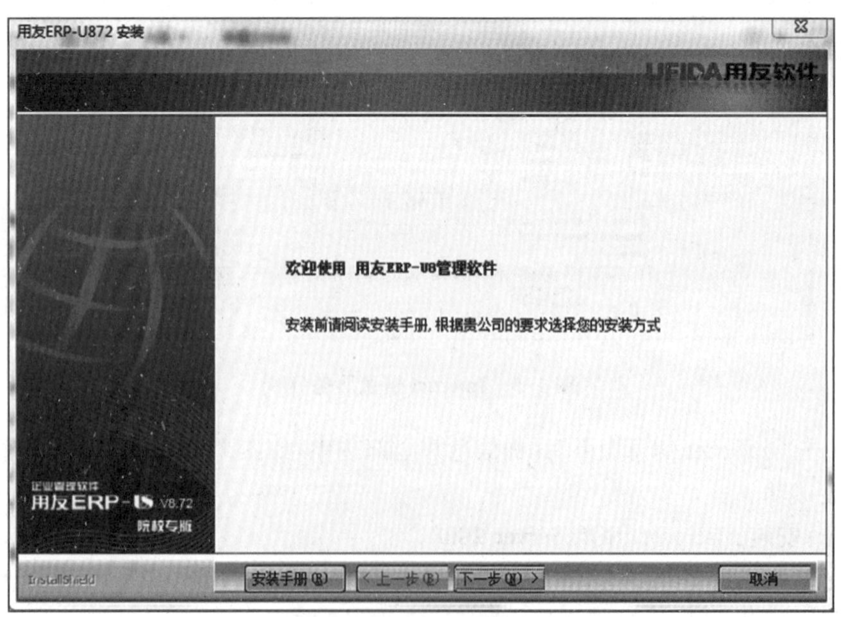

图 1-7　用友 ERP-U8(V8.72)安装：安装提示

(2) 单击“下一步”,出现 ERP-U8(V8.72)软件许可协议,选择“是”,进入下一个界面,输入用户信息,如图 1-8 所示。

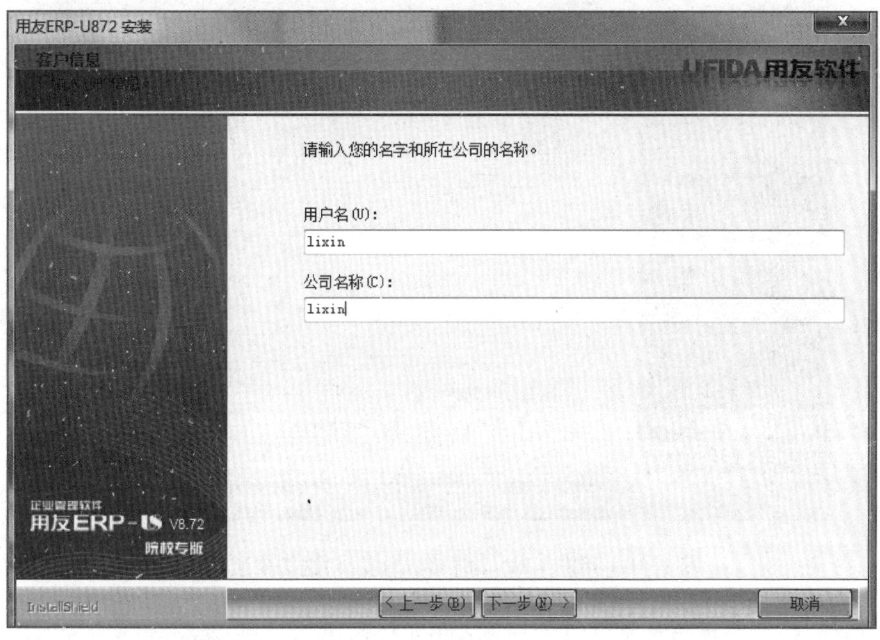

图 1-8 用友 ERP-U8(V8.72)安装:输入用户信息

(3) 选择软件的安装目录,建议与数据库安装在同一个盘符中,一般以 C 盘为佳,如图 1-9 所示。

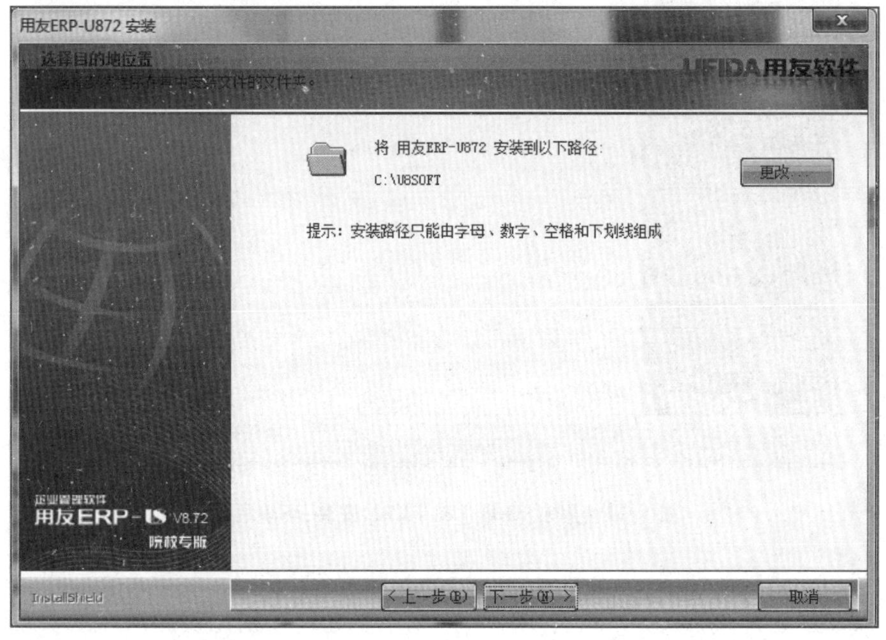

图 1-9 用友 ERP-U8(V8.72)安装:选择路径

(4) 选择安装类型为“标准”,如图 1-10 所示。

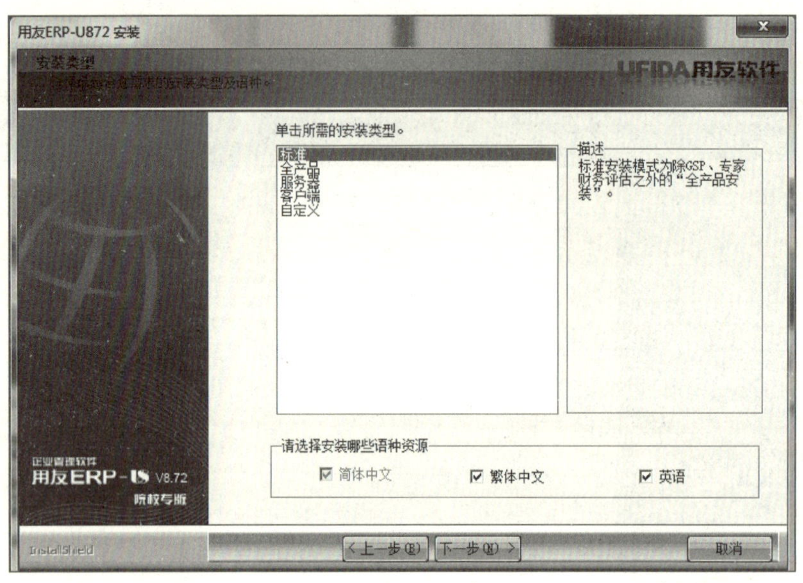

图 1-10　用友 ERP-U8(V8.72)安装:选择安装类型

(5) 选择“检测”,进行基础软件的检测,如图 1-11 所示。

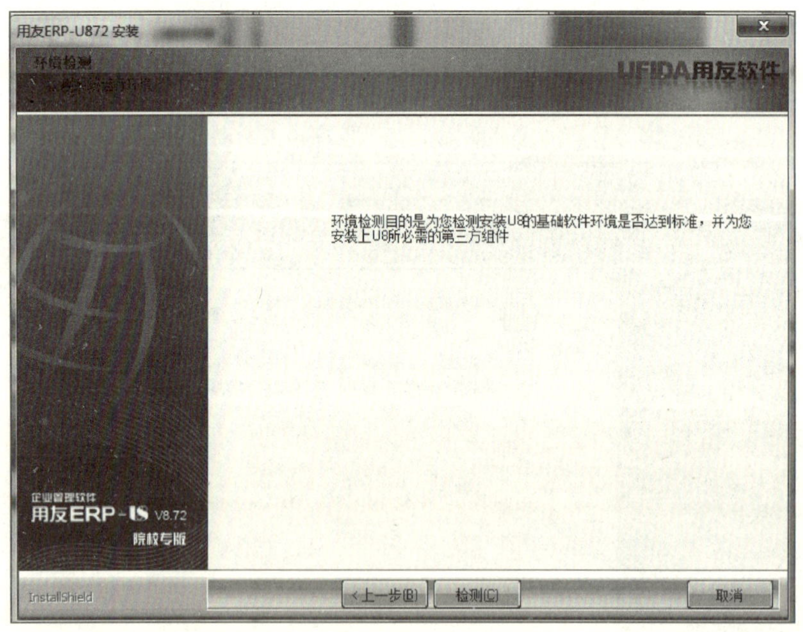

图 1-11　用友 ERP-U8(V8.72)安装:环境检测

(6) 进行系统环境检测,并根据提示的信息安装缺少的组件,安装完毕后单击“确定”。若显示“MDAC 组件”未安装,如图 1-12 所示,则单击超链接信息找到对应的安装文件,如图1-13所示。双击该文件进行安装,安装完毕后得到图 1-14 显示的结果则表明系统环境检查通过,可以直接安装软件了。

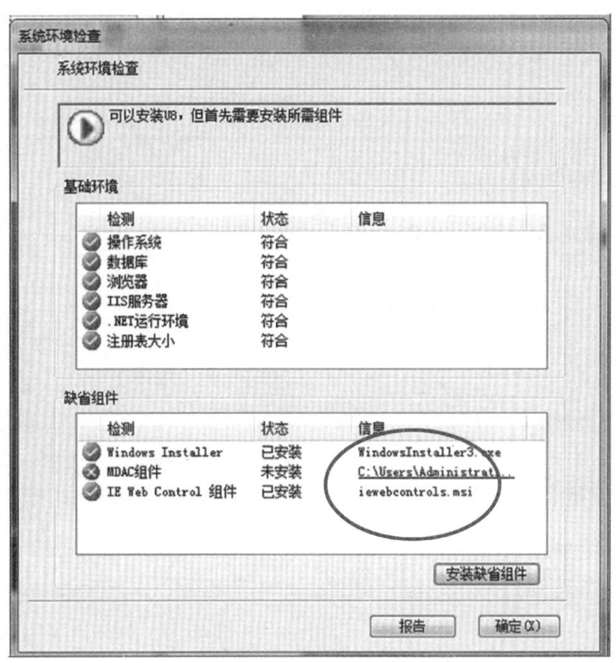

图 1-12　用友 ERP-U8(V8.72)安装：系统环境未通过检查

图 1-13　用友 ERP-U8(V8.72)安装：安装 MDAC

(7) 安装程序初始化系统环境，若跳出“MDAC2.8 RTM 与此版本 Windows 不兼容”的提示，单击“取消”，安装继续(注意：这种情况不会出现安装失败或影响以后的使用)。若点击 MDAC 组件时没有反应，可以在“开始”→“运行”，单击确定后，在跳出的注册表编辑器中，在右侧找到“HKEY_LOCAL_MACHINE”|“SOFTWARE”|“wow6432node”|“Microsoft”|“DataAccess”，双击右侧的“FullInstallVer”，修改 FullInstallVer 的数值数据为“2.82.3959.0”；同样，修改 Version 的数值数据为“2.82.3959.0”，如图 1-15 和图1-16 所示。如果安装的组件中包含“应用服务器”，重新启动后，安装程序完成最后的配置，配置文件权限，配置 COM+服务。

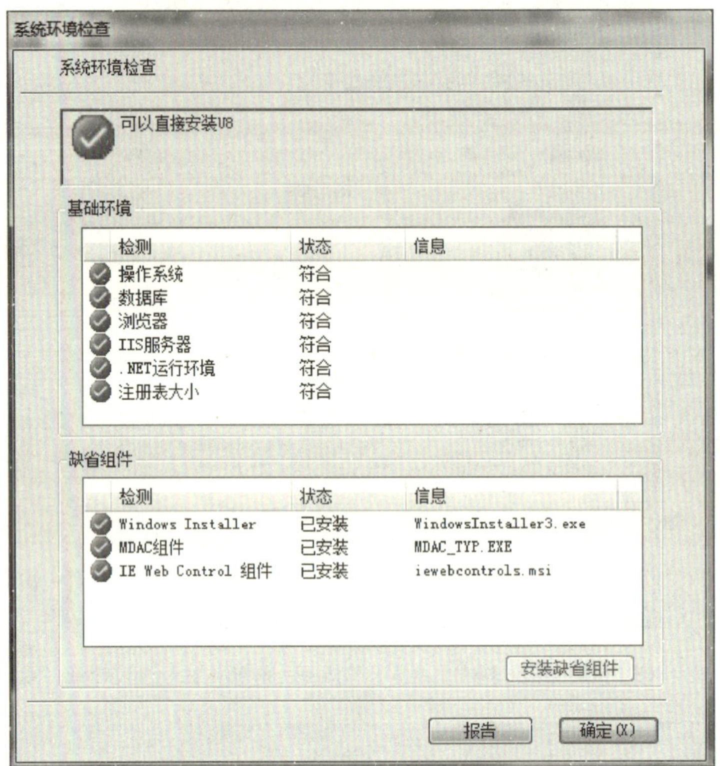

图 1-14 用友 ERP-U8(V8.72)安装:系统环境通过检查

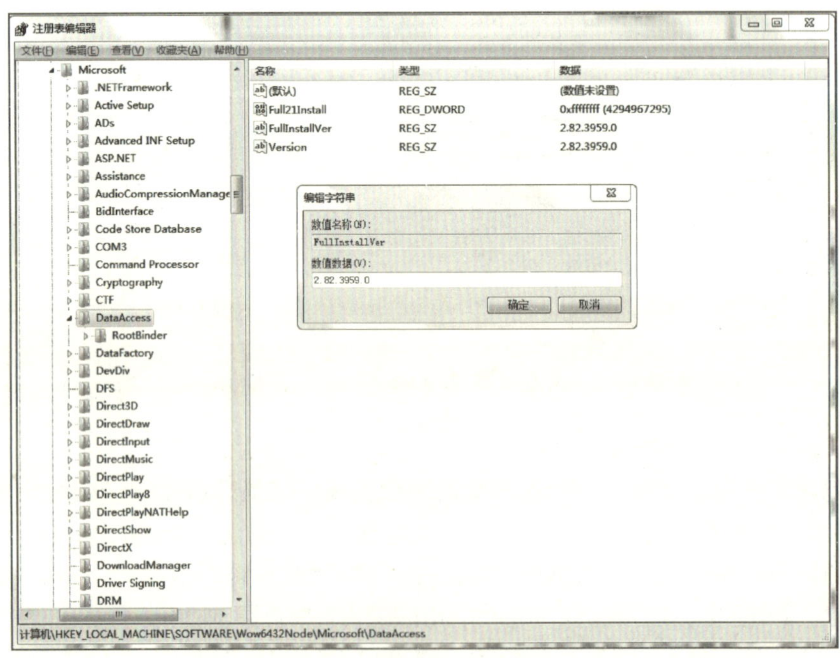

图 1-15 用友 ERP-U8(V8.72)安装:注册表信息修改(FullInstallVer)

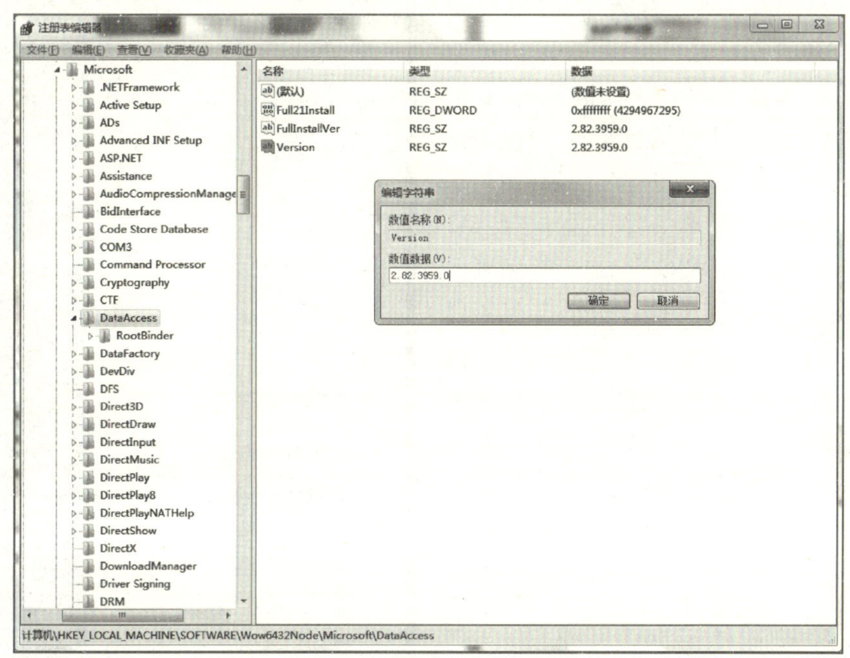

图 1-16　用友 ERP-U8(V8.72)安装:注册表信息修改(Version)

(8) InstallShield Wizard 已成功安装用友 ERP-U8 后,系统会提示在使用程序之前,必须重新启动计算机。此时可选择"是,立即重新启动计算机",也可选择"否,稍后再重新启动计算机",但要完成 ERP-U8(V8.72)的最后安装和设置就必须重新启动。这里选择"是,立即重新启动计算机",单击"完成",如图 1-17 所示。

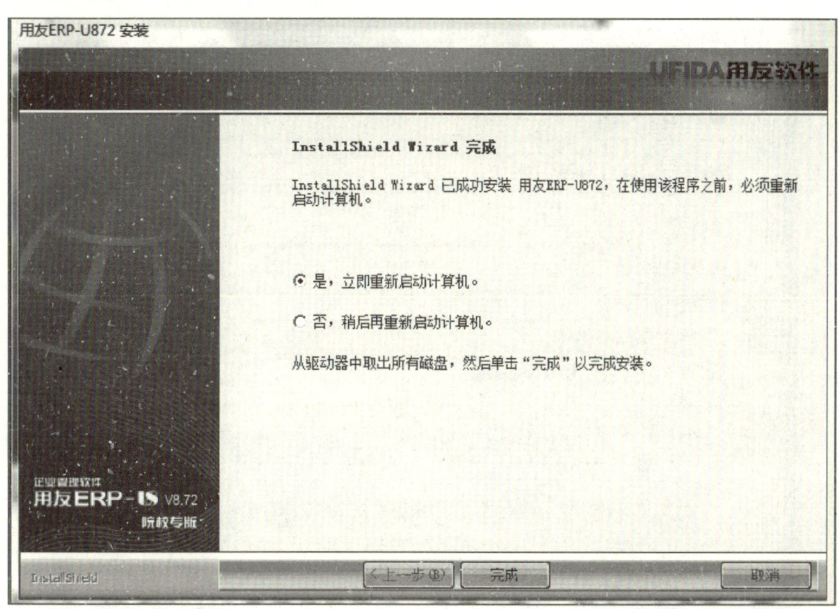

图 1-17　用友 ERP-U8(V8.72)安装:InstallShield Wizard 完成

(9) 如果选择安装的组件包含“应用服务器”,系统会提示配置数据源,在跳出的对话框中输入数据服务器的计算机名或 IP 地址(如果是完全安装或单机版安装,则使用该计算机名或者 127.0.0.1)和 SA 口令(如果是空密码,则不用输入),单击“测试连接”按钮,弹出“连接串测试成功!”信息,表示数据源配置成功。如果不成功,请检查数据库服务器的计算机名或 IP 地址是否有误;如无误,再检查 SA 口令是否记错。如果没有跳出该项安装步骤,则需要点击“开始”菜单→用友 ERP- U872→系统服务→应用服务器配置(见图 1-18)→数据库服务器→增加,在跳出的“新建数据源”界面(见图 1-19)输入数据源“(default)”,数据库服务器“127.0.0.1”,连接使用用户名默认为“SA”,密码是前面安装数据库时设置的密码,本案例中设置的是“123456”,单击“测试连接”,成功后单击“确定”,如图 1-20 所示。

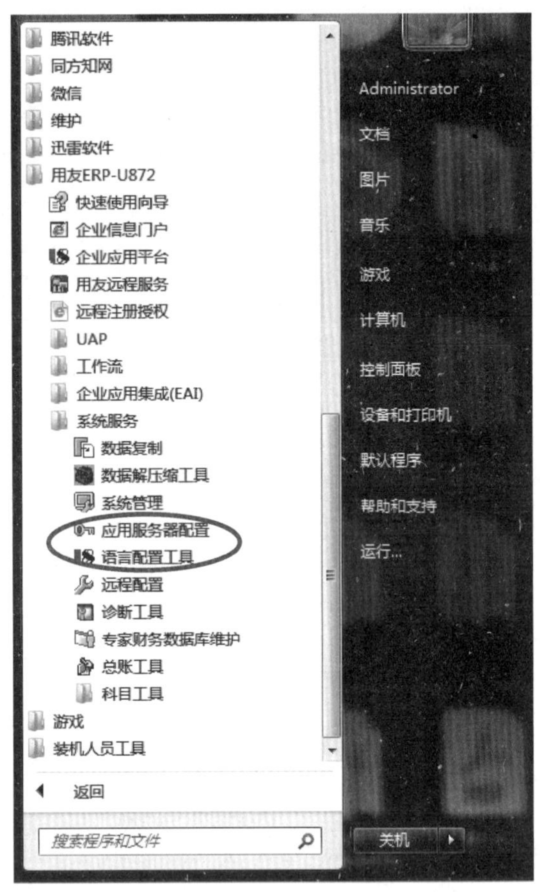

图 1-18　应用服务器配置

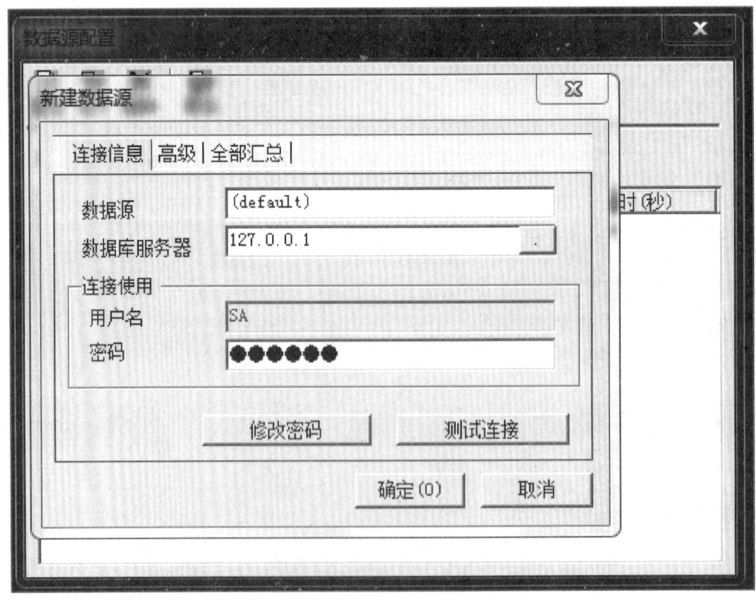

图 1-19　新建数据源

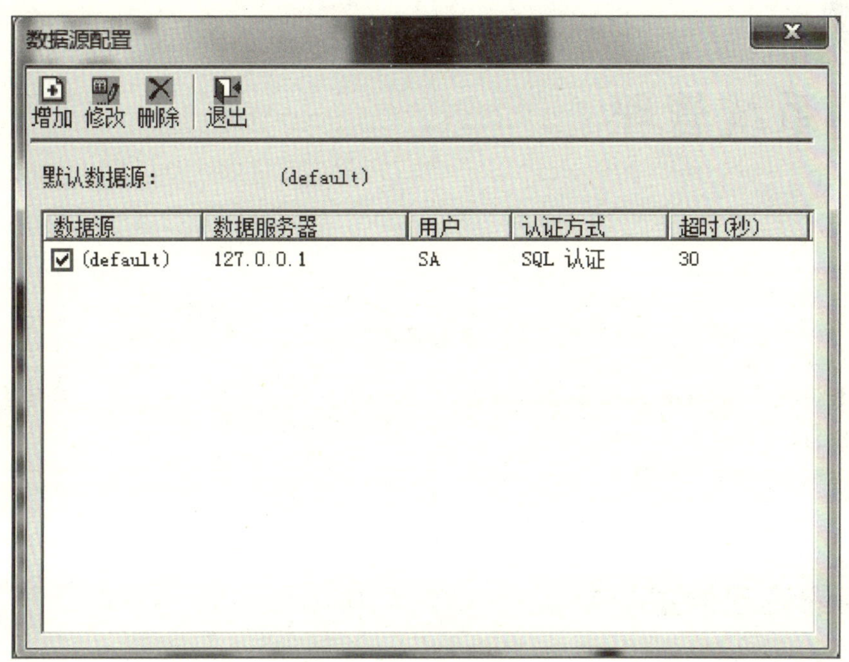

图 1-20 数据源配置

(11) 单击“完成”按钮,系统提示是否需要进行初始化数据库,如果选择“是”,在跳出的登录界面输入操作员“admin”和密码(如果前面没有设置密码,则不输入),账套选择“(default)”,单击“确定”,进入账套创建过程,如图 1-21 所示。如果选择“否”,则留待后续设置。

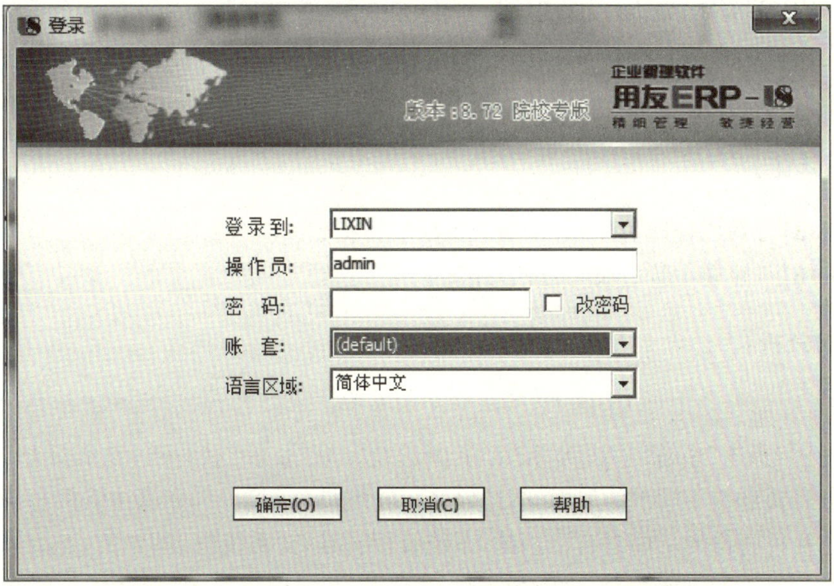

图 1-21 “系统管理”登录

系统管理

本章重点

掌握用友 ERP-U8 系统管理的功能，角色和用户设置方法，学会建立新账套，设置用户权限，以及备份和引入账套。

2.1 系统管理的主要功能

【学习目标】

了解系统管理的主要功能，区分系统管理员(admin)与账套主管在用友 ERP-U8(V8.72)系统中的角色分工。

【引出问题】

用友 ERP-U8(V8.72)系统管理是一个总控平台，使用对象为企业的信息管理人员或财务主管。首次使用系统时有必要对系统管理功能和企业应用平台进行区分，同时注意操作顺序，这有利于更好地管理业务，避免误操作。

【案例陈述】

【例 2-1a】 系统管理员(admin)登录“系统管理”。

【例 2-1b】 账套主管登录“系统管理”。

【案例分析】

从[所有程序]→[用户 ERP-U8]→[系统服务]→[系统管理]，打开“系统管理”对话框，如图 2-1 所示，点击“系统”|“注册”按钮，打开系统管理“登录”对话框(参见图 1-21)。此时可根据业务需要选择不同的注册方式，即以系统管理员(admin)和账套主管两种身份进行注册登录。这两种身份的功能是有区别的，系统管理员具有“系统管理”中的大部分权限，能创建用户，建立、引入和输出账套，进行数据库初始化，设置用户权限(包括授权账套主管)等，但不可修改账套，不可操作“企业应用平台”；而账套主管具有“系统管理”中的少部分权限，不可创建用户，不可建立、引入和输出账套，不能进行数据库初始化，不可设置用户权限等，

但可以修改其被赋予权限的账套,可以在"企业应用平台"中操作被赋予权限的账套。更多区别详见表 2-1。也可以大致理解为系统管理员主要是系统主管,而账套主管主要进行业务主管,两者部分功能互斥,达到内部控制的效果。

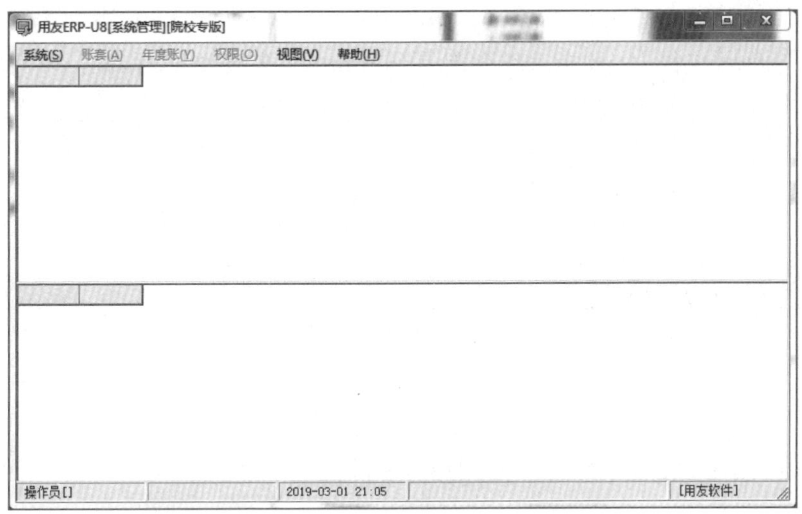

图 2-1　系统管理

表 2-1　系统管理员(admin)和账套主管的区别

功能菜单	系统管理员(admin)	账套主管
系统(S)	设置备份计划(可进行年度账或账套备份)	设置年度账备份计划
	初始化数据库;升级 SQL Server 数据库	
	注销功能	注销功能
账套(A)	建立、引入和输出功能(即保存备份),但无法修改账套信息,也不能进行集团决策设置	不可建立、引入和输出账套;但可修改所管辖的账套信息,进行集团决策设置
年度账(Y)	无权限	可清空、引入和输出年度账
权限(O)	设置账套主管,增加或注销角色和用户,修改角色或用户的权限	修改角色或用户的权限
视图(V)	能刷新,可阅读上机日志	能刷新,可阅读上机日志
	可清除异常任务和单据锁定	

【拓展阅读】

系统管理的主要功能如下:

(1) 对账套进行统一管理,主要包括建立账套、修改账套、引入和输出账套。

(2) 对用户角色及其功能权限进行设置,建立统一的安全管理机制。

(3) 设置自动备份计划,系统可根据这些设置对数据定期进行自动备份。

(4) 对年度账进行统一管理,包括建立、引入、输出年度账,结转上年度数据,清空年度数据等。

首次使用系统管理，要以系统管理员(admin)身份注册登录系统管理，然后设置角色(可以理解为岗位或职位的名称，如销售总监、财务总监、采购计划员等，系统预设了55个角色)和用户(可以理解为具体的操作人员，如张三、李四、王五等，系统预设了3个用户)。建立新账套后，再由系统管理员(admin)为已设置好的角色和用户设置权限(如为张三设置"出纳"权限)。只有系统管理员(admin)和账套主管两种身份可进入系统管理。账套主管是由系统管理员(admin)在建立账套过程中或权限设置时指定的具有对某一账套进行主管权限的用户。

2.2 角色和用户设置

掌握用友ERP-U8(V8.72)角色和用户设置过程。

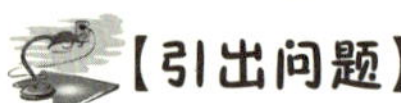

在用友ERP-U8(V8.72)系统中，角色可以理解为岗位或职位的名称，如销售总监、财务总监、采购计划员等，系统预设了55个角色。用户可以理解为具体的操作人员，如张三、李四、王五等，系统预设了3个用户。角色与用户可能有一对一、一对多或多对多的关系，如在一个企业中，销售总监一般是由一个人独立承担(一对一)，销售经理可以有多个(一对多)，一个用户可能既承担销售经理角色，也承担采购计划员角色(多对多)。同时，企业中的角色可能随业务变化而改变，用户也可能在企业中转岗，承担不同的角色。因此，在建账前，需要根据企业业务需要来设置角色和用户。

【案例陈述】

【例2-2a】 增加一个角色：编号111，职位为销售总监。

【例2-2b】 增加用户，用户编号和姓名分别为：01(张三)，02(李四)，03(王五)。

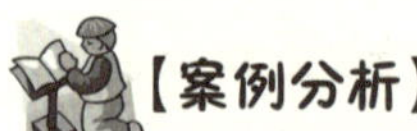

(1) 在[系统管理]窗口中，以系统管理员(admin)身份注册登录，登录时间为系统当前时间(注意：本书案例中假设会计期间是2019年3月，为了与后续建立账套的会计期间一致，这里把系统当前时间设置为会计期间自然月的第一天，即2019-03-01。在实际业务操作过程中，以实际业务发生时间为准)。

(2) 单击"权限"菜单下的"角色"项，系统弹出"角色管理"对话框。单击"增加"按钮，系统弹出"增加角色"对话框，在角色编码中输入"111"，在角色名称中输入"销售总监"，如图2-2所示。

(3) 在"所属用户名称"选项中，系统列出了当前系统中存在的所有用户名称，勾选属于该角色的用户项，表明该用户具有了此角色。

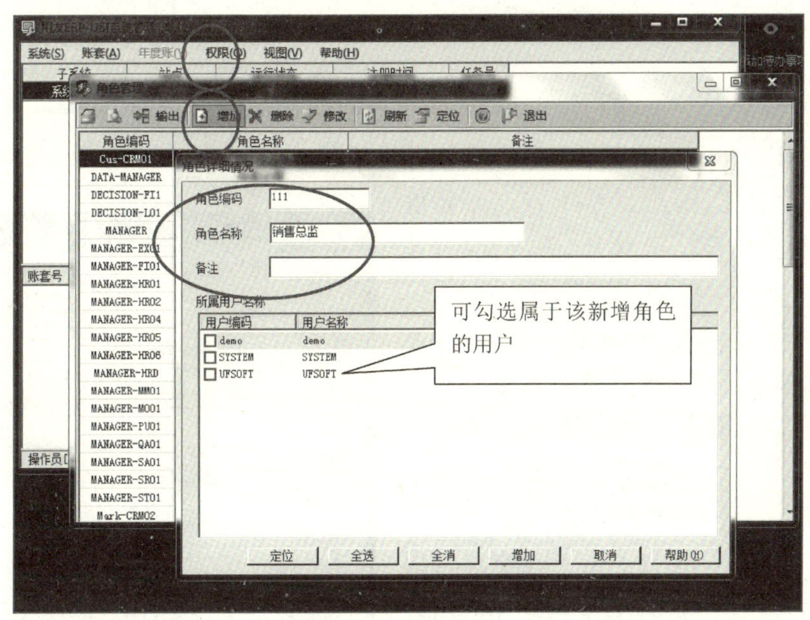

图 2-2 新增角色

(4) 单击“增加”按钮保存新增的角色设置，系统会重新弹出“增加角色”窗口，此时可再增加新角色。单击“退出”按钮可以退出新增角色窗口。“角色管理”窗口立即显示新增加的角色编码和角色名称。

(5) 单击“权限”菜单下的“用户”项，系统弹出“用户管理”对话框，单击“增加”按钮，系统弹出“增加用户”对话框，在编号中输入“01”，在姓名中输入“张三”，单击“增加”按钮保存并新增新用户，如图 2-3 所示。在列出的“所属角色”处，可以勾选该用户所属的角色。

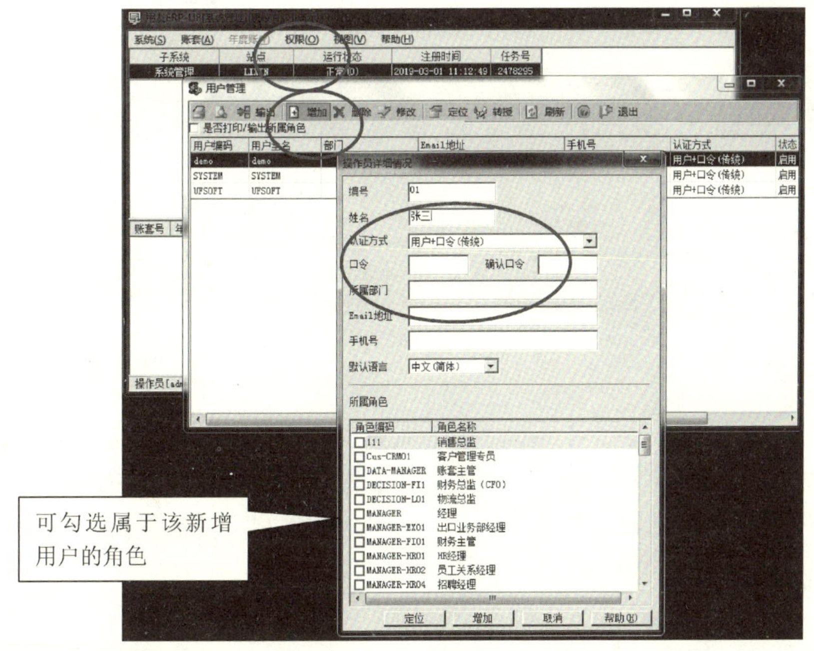

图 2-3 新增用户

(6) 接着录入[例 2-2b]中要求的其他用户信息。

【拓展阅读】

用友 ERP-U8(V8.72)软件提供了必填项提示，凡蓝色字表示必填项，非蓝色字在业务没有特别需要时，可以不填写。例如用户口令、所属部门、Email 地址、手机号等，可填可不填。通常情况下，系统管理员(admin)在设置用户时，不设置用户口令，由用户注册进入系统时自行设置。如果用户忘记了自己的口令，则可以在此直接删除口令中的内容，即将口令设置为空。无论是否设置口令，口令以“＊＊＊”表示，这也是为了保护用户的信息安全。在用户信息没有进行任何权限设置时，可以由系统管理员(admin)删除用户，若用户一旦被设置权限，则不得从数据库中删除该用户，但可注销，如图 2-4 所示。如某职员从公司离职，可注销掉该用户；日后该职员又返回公司工作，则可启用该用户。用户编号一旦建立不得更改，但用户姓名可修改。

注意：从内部控制的角度，每个账套最少有两个用户。

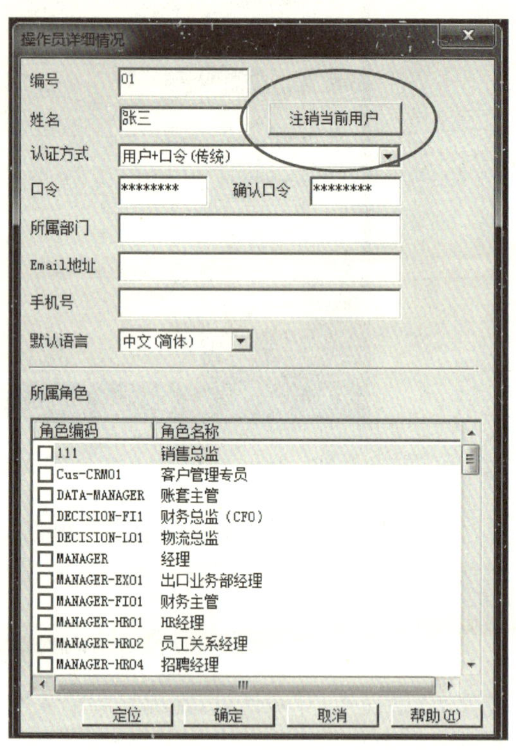

图 2-4　注销用户

2.3 创建新账套和用户权限设置

【学习目标】

掌握用友 ERP-U8(V8.72)创建账套、系统启用和为用户赋予权限的过程。

【引出问题】

ERP-U8(V8.72)在处理多个不同企业的业务数据时，需要分别对每个企业建立账套模型，主要包括核算单位名称、所属行业、启用时间和编码规则等，然后把这些账务信息设置到系统中，这个过程被称为建账。之后，才可以设置用户权限，启用所需子系统，处理相关业务。

【案例陈述】

【例 2-3】 (1) 建立一套新账。信息如下：

账套名称:上海爱立信游戏公司

账套号:001

企业类型:工业

账套启用日期:2019 年 3 月 1 日

账套存储路径:D:\ERP 建账

账套主管:张三

本币:人民币

行业性质:新会计制度科目

(2) 分配操作员权限:

操作员张三:[001]账套主管,拥有所有权限。

操作员李四:[001]账套出纳权限。

操作员王五:[001]账套财务会计权限。

(3) 登录所建立的新账套,登录方式如下:

用户:张三

密码:空

账套:[001] 上海爱立信游戏公司

会计年度:2019

操作日期:2019-03-01

(4) 启用系统:应收款管理、应付款管理、总账、固定资产、存货核算、库存管理、薪资管理、采购管理、销售管理和物料清单系统,启用日期为 2019 年 3 月 1 日。

【案例分析】

(1) 在[系统管理]窗口中,以系统管理员(admin)身份注册登录,登录时间为 2019-03-01,单击"账套"菜单下的"建立"项,系统弹出"创建账套"对话框,如图 2-5 所示。

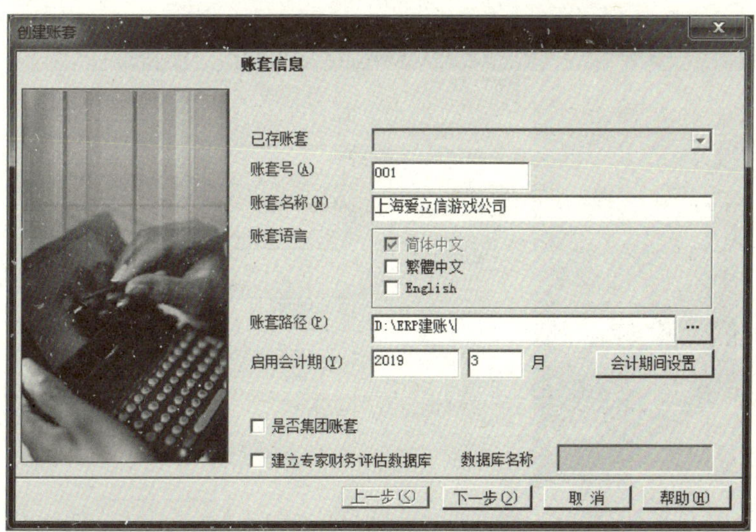

图 2-5 创建账套:账套信息

已存账套:ERP-U8(V8.72)提供了999套账,编号从001~999,不能重复。为了避免重复建账,在已存账套的下拉框中会列出已存在的账套,此项仅供浏览参考,不能输入或修改。

账套名称:新建账套的名称,用来标识新账套,在显示和打印账簿或报表时都会用到。此处输入“上海爱立信游戏公司”。

启用会计期:账套的启用时间,便于确定应用系统的起点,确保证、账和表数据的连续性。启用会计期一旦设定,就不能更改,建议在年初或月初启用。这里设置为2019年3月。

(2) 单击“下一步”按钮,输入单位信息,单位名称为必填项,输入“上海爱立信游戏公司”,其他信息后续需要时可以补充,如图2-6所示。

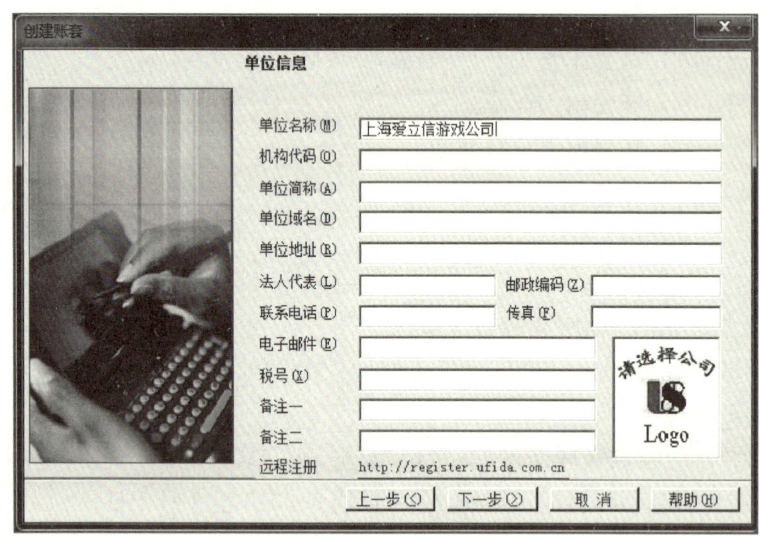

图2-6 创建账套:单位信息

(3) 单击“下一步”,在弹出的“核算类型”对话框中设置本币代码、本币名称、企业类型、行业性质、账套主管,同时勾选中“按行业性质预置科目”,如图2-7所示。企业类型只有工

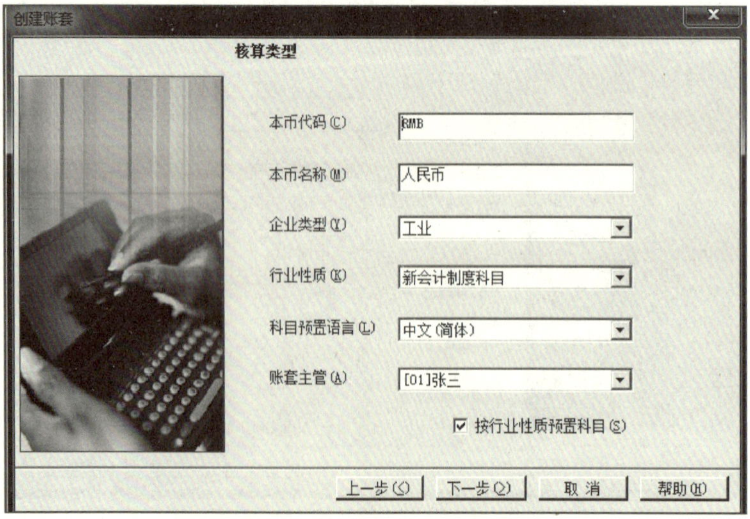

图2-7 创建账套:核算类型

业、商业和医药流通三种类型，它们直接影响着业务系统的处理方式。如选择“商业”则无法在库存管理系统使用材料领用出库和产成品入库功能。行业性质为“按行业性质预置科目”确定科目范围，并且系统会根据企业所选企业类型预制一些行业的特定方法和报表。勾选“按行业性质预置科目”项，会计科目由系统自动设置行业的标准一级科目；如果不勾选此项，则需要用户自己设置会计科目。

(4) 单击“下一步”，弹出“基础信息”窗口设置，如图 2-8 所示。如果核算单位的存货较多、且类别繁多，需要进行分类管理，则勾选“存货是否分类”项；如果核算单位的客户较多，需要进行分类管理，则勾选“客户是否分类”项；如果核算单位的供应商较多，且希望进行分类管理，则勾选“供应商是否分类”项；否则均不予勾选。如果涉及外币业务，则勾选“有无外币核算”项，否则不予勾选。

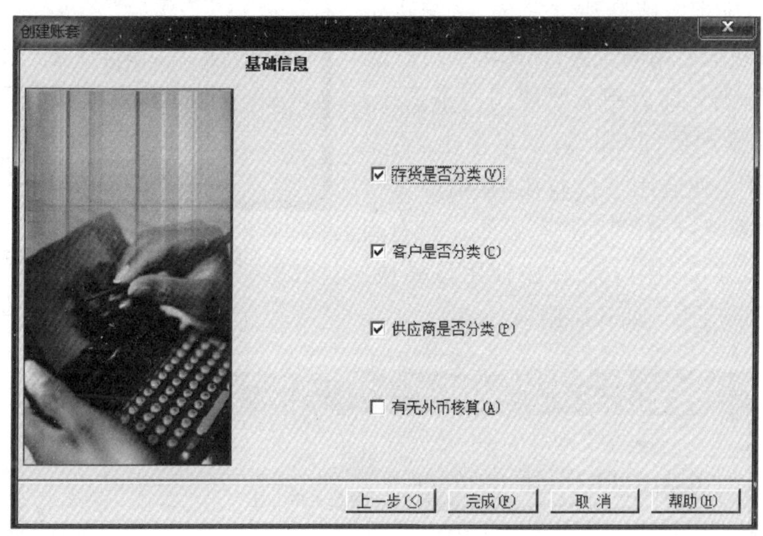

图 2-8 创建账套:基础信息

(5) 单击“完成”，系统提示“是否可以建账了?”，单击“是”按钮开始建账。这个过程有些慢，请耐心等待。建账完成后，系统弹出“编码方案”对话框，如图 2-9 所示，显示本账套由系统预设的编码方案。多数编码可以直接更改，如客户分类、供应商分类编码级次等；有些不可以更改，如科目编码级次的第 1 级编码。更改完成后，单击“确定”按钮

编码方案

项目	最大级数	最大长度	单级最大长度	第1级	第2级	第3级	第4级	第5级	第6级	第7级	第8级	第9级
科目编码级次	9	15	9	4	2	2						
客户分类编码级次	5	12	9	2	3	4						
供应商分类编码级次	5	12	9	2	3	4						
存货分类编码级次	8	12	9	2	2	2	2	3				
部门编码级次	5	12	9	1	2							
地区分类编码级次	5	12	9	2	3	4						
费用项目分类	5	12	9	1	2							
结算方式编码级次	2	3	3	1	2							
货位编码级次	8	20	9	2	3	4						
收发类别编码级次	3	5	5	1	1	1						
项目设备	8	30	9	2	2							
责任中心分类档案	5	30	9	2	2							
项目要素分类档案	6	30	9	2	2							
客户权限组级次	5	12	9	2	3	4						
意向客户权限组级次	5	12	9	2	3	4						

确定(O)　取消(C)　帮助(F)

图 2-9 创建账套:编码方案

即可。编码方案一旦使用就不能更改，若要更改，则必须将相应的档案数据删除之后才能进行。如果不更改编码方案，单击“取消”，弹出“数据精度”对话框，如图 2-10 所示。数据精度表示系统在处理数据时的小数位数，超过该精度的数据，系统会以四舍五入的方式进行取舍操作。

(6) 单击“确定”，账套建立完毕，系统提示是否立即进行系统启用的设置，如图 2-11 所示。如果单击“是”，则立即启用需要使用的子系统，启用人为系统管理员(admin)；如果单击“否”，则可后续登录[企业应用平台]，在“基础设置”|“基本信息”|“系统启用”界面进行设置。只有启用了所需模块，才可在用友软件中使用该模块。启用时系统记录启用日期和启用人。

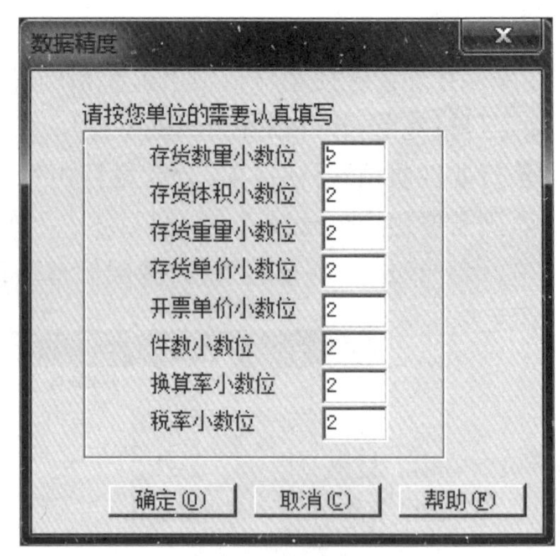

图 2-10　创建账套:数据精度

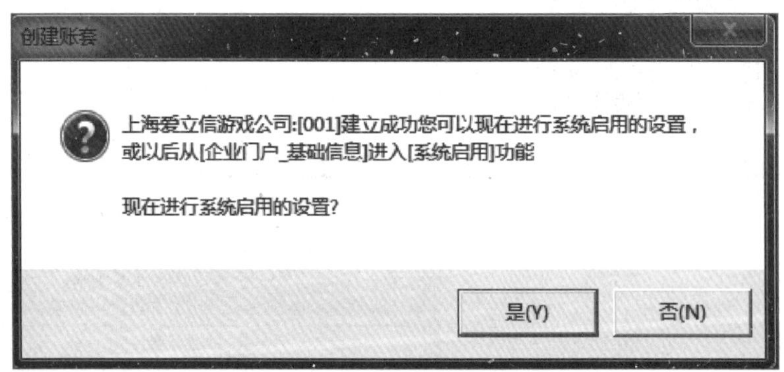

图 2-11　创建账套:系统启用提示

(7) 单击“否”，弹出“请进入企业应用平台进行业务操作”对话框，单击“确定”，如图 2-12 所示。

图 2-12　进入企业应用平台提示信息

(8) 在[系统管理]窗口，以系统管理员(admin)身份对用户设置权限。单击“权限”菜单下的“权限”项，系统弹出“操作员权限”对话框，选择“张三”，显示张三是[001]账套主管，自动拥有对该套账的全部权限(建账套时已经选取张三为账套主管，此处不用设置)，如图 2-13所示。选择“李四”，单击“修改”按钮，系统弹出“增加和调整权限”对话框，选择总账中 GL0203、GL04 出纳权限，如图 2-14 所示。保存李四的权限，如图 2-15 所示。选择“王五”，单击“修改”按钮，系统弹出“增加和调整权限”对话框，选择总账中除 GL0203、GL04 出纳权限和设置权限外的所有权限，如图 2-16 所示。

保存王五的权限，如图 2-17 所示。

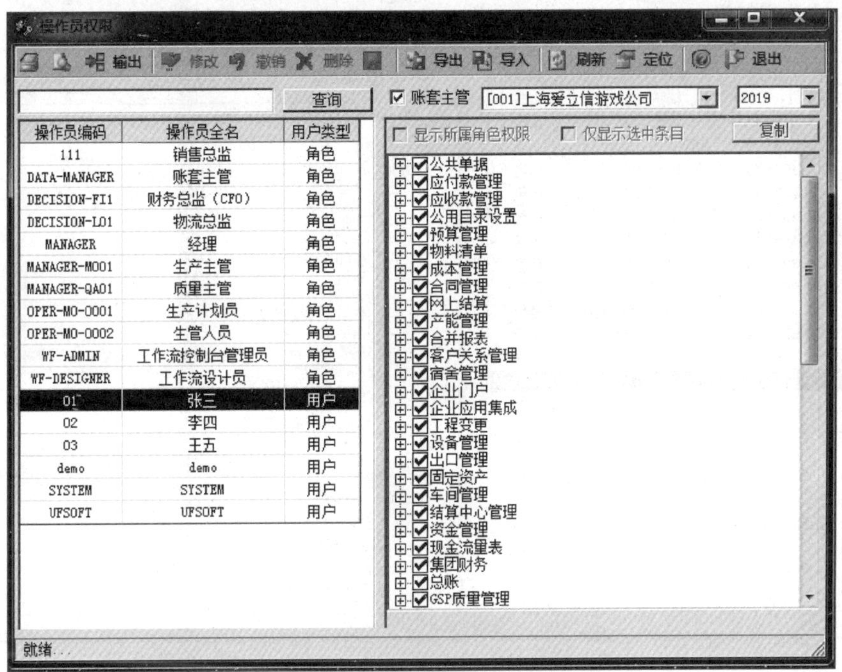

图 2-13 操作员权限设置：账套主管

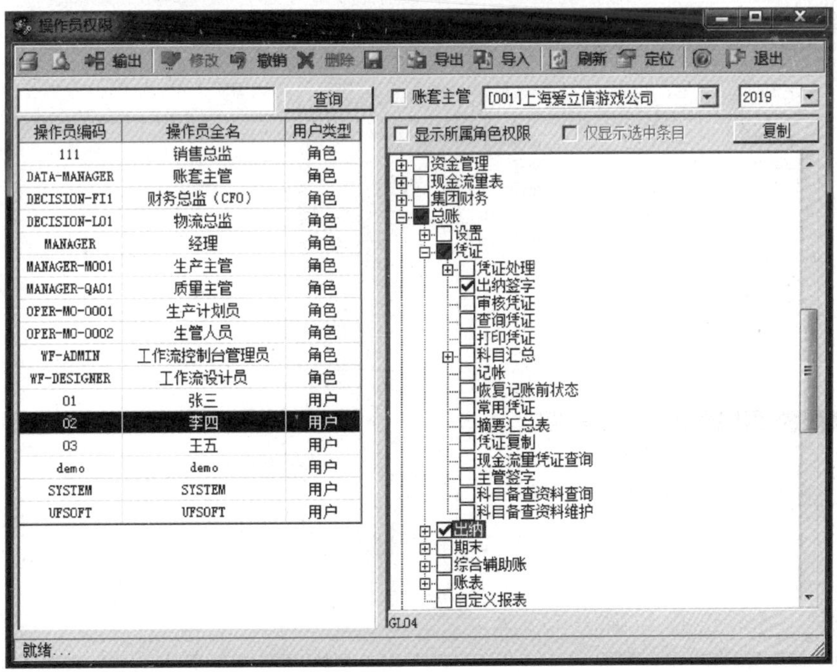

图 2-14 操作员权限修改：出纳

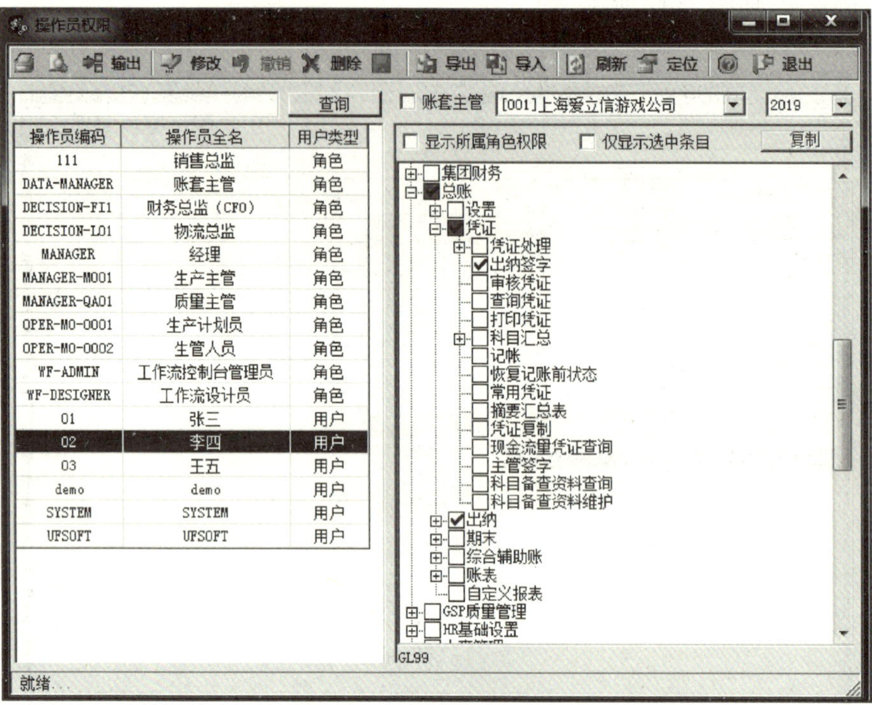

图 2-15　操作员权限保存:出纳

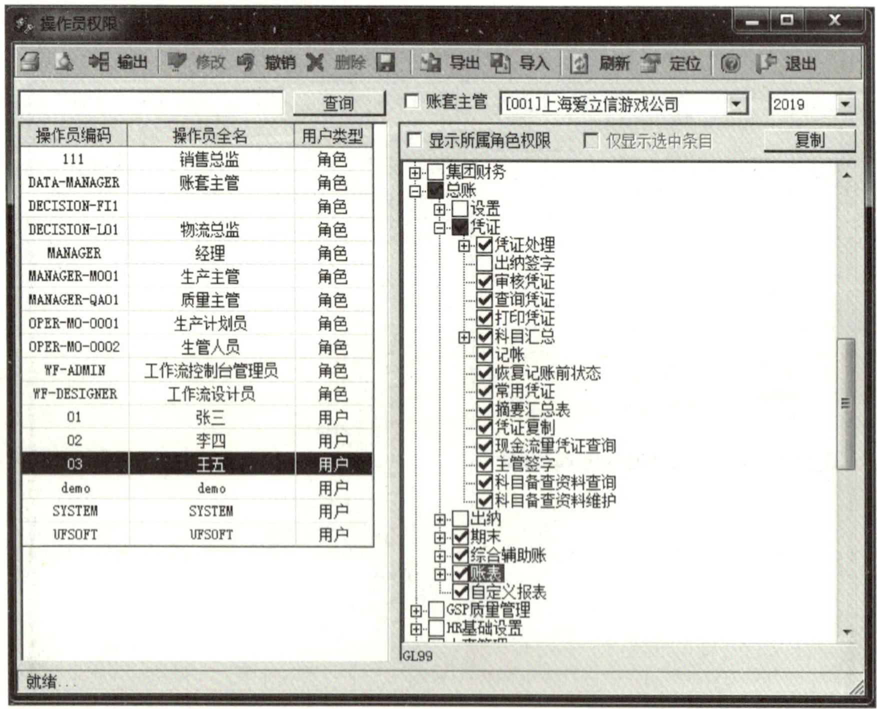

图 2-16　操作员权限修改:会计

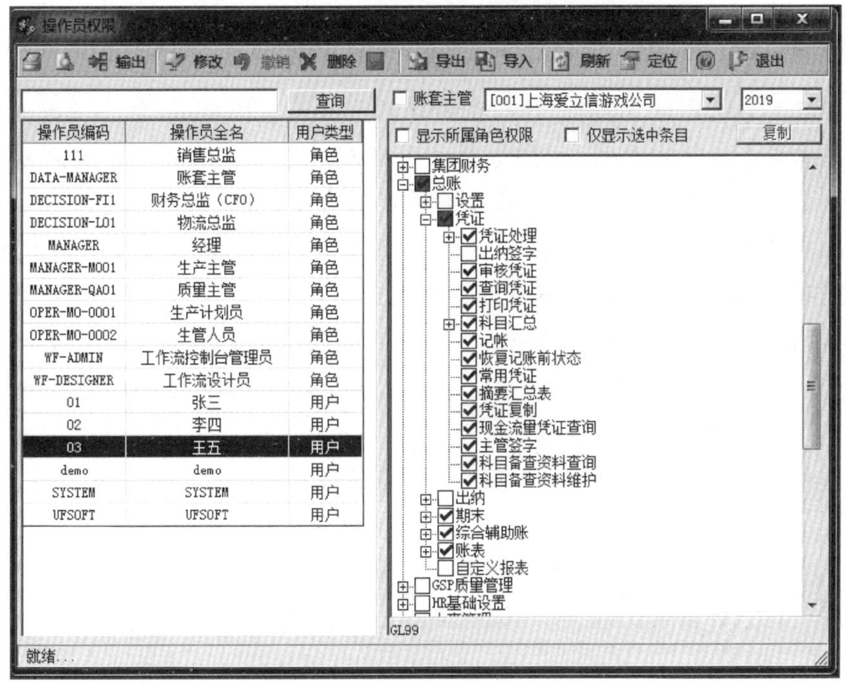

图 2-17 操作员权限保存:会计

(9) 在[企业应用平台]窗口,操作员中输入“张三”或“01”,密码为空(如需要更改,选择“改密码”),时间为 2019-03-01,登录企业应用平台。执行“基础设置”|“基本信息”|“系统启用”,在弹出的“系统启用”对话框中,选择需要启用的子系统和启用日期,如图 2-18 所示。单击“退出”,返回企业应用平台主界面。

图 2-18 系统启用(账套主管)

【拓展阅读】

有两种启用系统的方法，第一种是在创建新账套后直接启用，第二种是通过企业应用平台的基本信息设置中启用，两种方法的区别在于启用人的不同。第一种启用人是系统管理员(admin)，第二种是所管辖账套的账套主管，也只有系统管理员和该账套的账套主管才有启用系统的权限。在“系统启用”窗口的“启用人”处会显示启用人的名称，能看出不同种类启用人的区别。值得重视的有三点：①只能启用已经安装的模块；②只有经过启用之后的系统才能被使用；③各系统的启用日期必须等于或晚于账套的启用日期，如账套日期是 2019-03-01，则系统启用日期不得在 2019-03-01 之前。

任何一个系统都必须设置编码。分类编码方案对系统将要用到的一些编码级次及每级位数进行定义，以便录入各类信息目录。编码级次和各级编码长度的设置，将决定核算单位如何对经济业务数据进行分级核算、统计和管理。通常采用的是上下关联区间码的编码方法，如科目编码级次 422，则科目级次为三级，一级科目编码为 4 位长，二、三级科目编码均为 2 位长。以会计科目 10020101 为例，1002 表示“银行存款”，100201 可以表示“工行银行存款”，10020101 可以表示“工行银行存款本币存款”。

2.4 账套备份和引入

【学习目标】

掌握用友 ERP-U8(V8.72)账套的备份和引入方法。

【引出问题】

将企业数据备份保存到不同的介质上(如光盘和网络磁盘等)是非常重要的，可减少或避免因数据丢失所导致的不必要损失。当软件失效时，利用备份数据可以将企业的损失降到最小。用友软件的数据备份工作由系统管理员(admin)来完成，体现为数据“输出”。如要将备份好的数据恢复到用友软件中，则使用“引入”功能。

【案例陈述】

【例 2-4a】 将[001]账套备份到 D 盘下的“001 账套备份数据”文件夹中，同时在用友 ERP 系统中删除该账套。

【例 2-4b】 将“D:\001 账套备份数据\”文件夹下保存的账套引入到用友 ERP 系统中。

【案例分析】

(1) 在“系统管理”窗口，由系统管理员(admin)注册登录，单击“账套”菜单下的“输出”选项，系统弹出“账套输出”对话框，选择需要备份的 001 账套。如果备份完之后还希望删除用友系统中的账套数据，则勾选“删除当前输出账套”项，如图 2-19 所示。

(2) 单击“确认”按钮，系统出现正在备份的进度条提示，弹出“请选择账套备份路径”提示，如图 2-20 所示。

(3) 选择“D:\001 账套备份数据\”文件夹，单击“确定”按钮，系统备份成功，弹出“输出成功”提示。

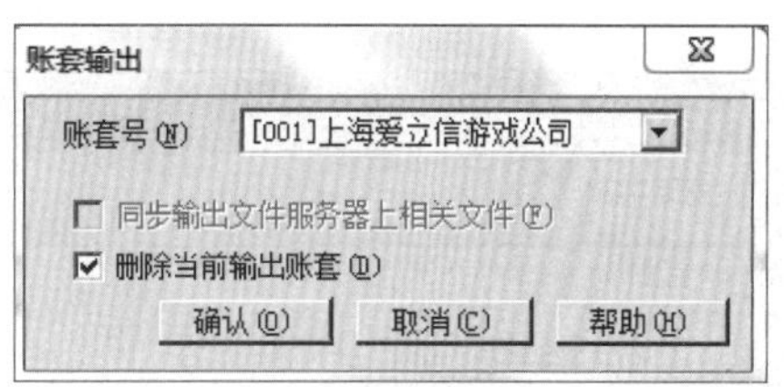

图 2-19 账套输出

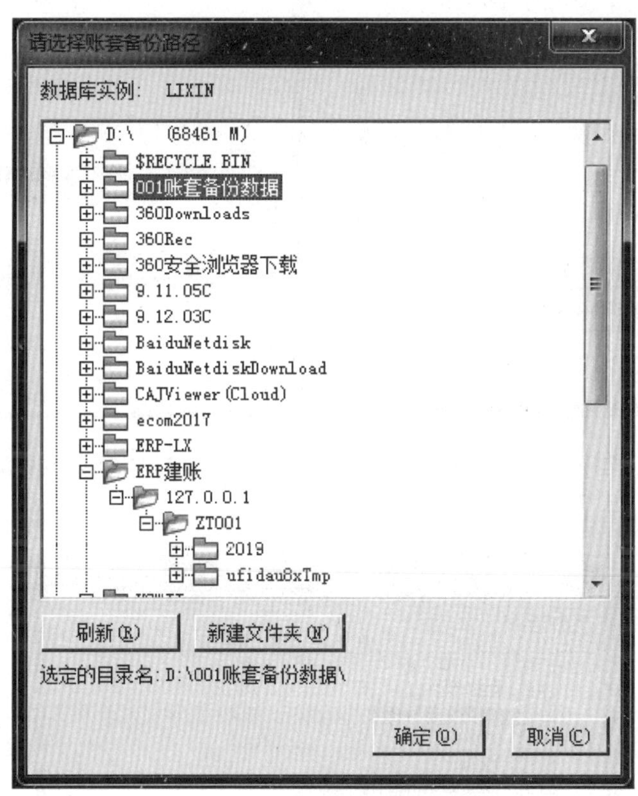

图 2-20 选择账套备份路径

如果第(1)步勾选了“删除当前输出账套”，则单击“确定”按钮后，系统会提示“真要删除该账套吗?”，单击“是”按钮删除(注意:这里是指删除用友系统内的 001 账套，而不是备份出来的账套数据)，单击“否”按钮不删除(此时，001 账套依然保存在用友系统内)。

(4) 在“系统管理”窗口，由系统管理员(admin)注册登录，单击“账套”菜单下的“引入”选项，系统弹出“请选择账套备份文件”对话框，选择“D:\001 账套备份数据\UfErpAct.Lst”，如图 2-21 所示。单击“确定”，弹出“请选择账套引入的目录”，并提示当前默认路径，如图2-22 所示。如果路径不改变则单击“确定”，在弹出的“请选择账套引入的目录”对话框中不作任何改变，如图 2-23 所示，单击“确定”，弹出账套引入进度条，这个过程有点慢，请耐心等待，直到弹出“账套[001]引入成功!”提示框。如果需要改变路径，则在“请选择账套引入的目录”对话框(见图 2-23)中选择希望保存该账套的路径。

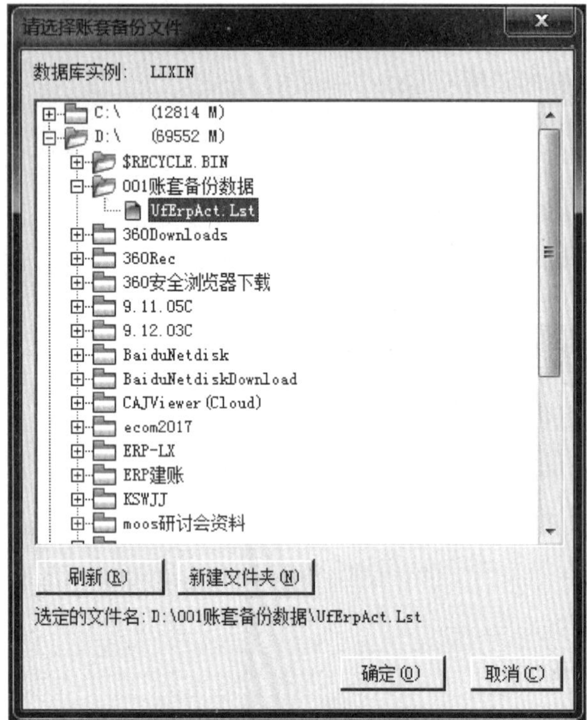

图 2-21 选择账套引入路径

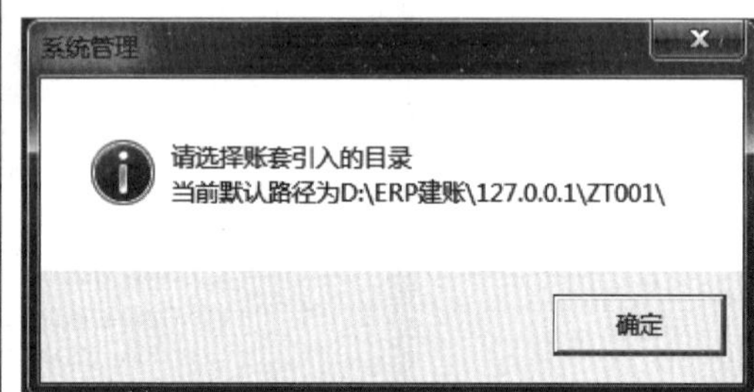

图 2-22 提示选择账套引入的目录

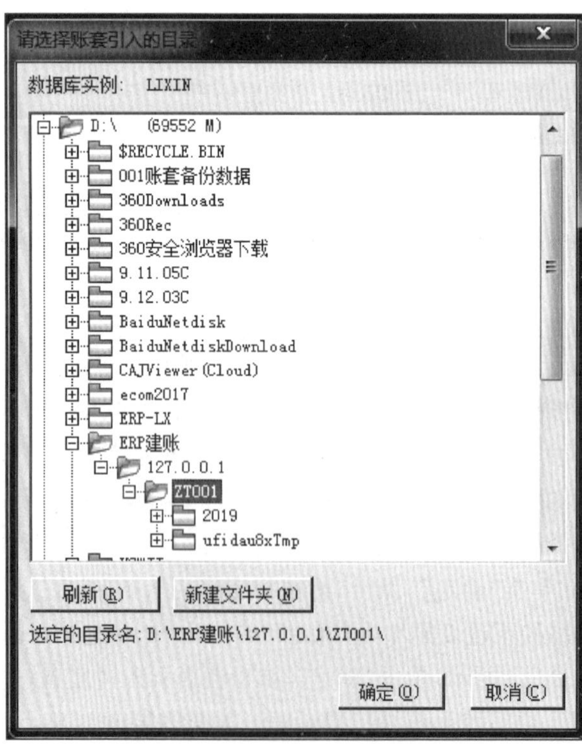

图 2-23 选择账套引入的目录

【拓展阅读】

上述账套备份是人为地根据需要进行数据手工备份。用友ERP-U8(V8.72)具有自动备份功能,通过设置可自动对账套进行备份。系统可以定时备份账套,也可以同时备份多个账套,这在很大程度上可减轻系统管理员的工作量。例如,设置一个自动备份计划如下:

计划编号:001

计划名称:备份001账套

备份类型:账套备份

发生频率:每天

开始时间:00:00:00

有效触发:2小时

保留天数:3天

备份路径:D:\001账套备份数据\

具体操作时,在"系统管理"窗口,由系统管理员(admin)注册登录,在"系统"菜单下选择"设置备份计划"项,弹出"备份计划设置"对话框,单击"增加"按钮,弹出"备份计划详细情况"对话框,按照图2-24进行设置。其中备份类型有账套备份和年度备份两种选

图2-24 账套备份计划详细情况

择，发生频率有每天、每周和每月三种选择，备份路径处可根据备份的需要增加多个备份路径。如果要选择多个账套进行备份，在“请选择账套和年度”处勾选。单击“增加”按钮，“备份计划设置”对话框中立即显示该设置，如图 2-25 所示。

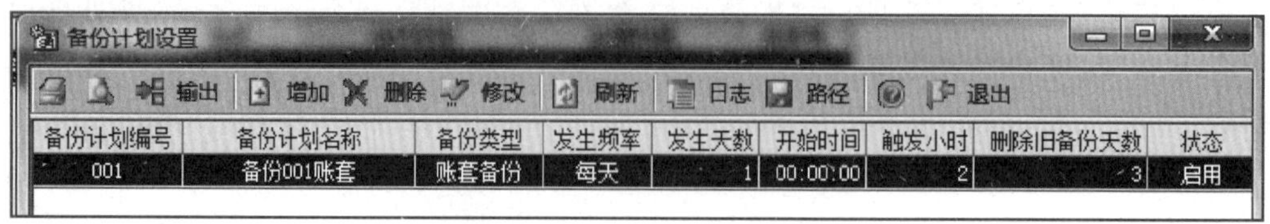

图 2-25 账套备份计划设置

值得注意的是，如果选择每周进行备份，发生天数为 1～7 的数字，依次对应星期日至星期六；如果选择每月进行备份，发生天数为 1～31 的数字，如果某月的时间日期小于设置的天数，则系统按最后一天进行备份。例如，发生天数设置为 31，但 2 月份只有 28 天时，系统则会在 2 月的最后一天(28 日)进行备份。有效触发是指在备份开始后，每隔一定时间进行一次触发检查，如果备份不成功，则重新备份。备份数据在硬盘中保存的时间如果超过保留天数，则会被系统自动删除。例如保留天数设置为 3，则系统以计算机时间为准，3 天前的备份数据自动删除。若要永久保存数据，则保留天数设为 0。

3 基础信息设置

本章重点

掌握如何在用友 ERP-U8 系统新建立的账套中设置基础档案，如何设置数据和功能权限，如何自定义单据格式等。

3.1 核算体系的建立

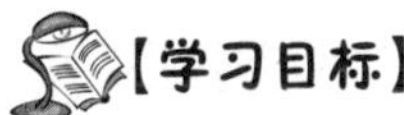

【学习目标】

建立一个新的账套核算体系，进一步巩固第 2 章的建账过程；体会建账和修改账套的区别。

【引出问题】

从业务的角度来熟悉用友 ERP 系统的建账过程。当企业基本信息发生改变，希望账套也能随之变化。

【案例陈述】

用友软件公司是一家软件制造和系统集成企业，其产品面向国内外市场，自 2019 年 3 月公司开始使用 ERP 软件管理业务。软件操作员有三位，黄红是账套主管；张晶主要负责采购和销售，但可了解库存和存货情况；王平主要负责发货，有库存和存货管理权限。公司税号 3103256437218。

建账信息如下：

（一）启动系统管理。

以系统管理员（admin）的身份进行注册。

（二）增设三位操作员。

001 黄红，002 张晶，003 王平。

（三）建立账套信息。

（1）账套信息：账套号自选，账套名称自选，启用日期为 2019 年 3 月。

（2）单位信息：单位名称为“用友软件公司”，单位简称为“用友”，税号为 3103256437218。

（3）核算类型：企业类型为“工业”，行业性质为“2007 年新会计制度科目”并预置科目，账套主管为“黄红”。

（4）基础信息：存货、客户及供应商均分类，有外币核算。

（5）编码方案。

A. 科目编码级次为 4222

B. 客户分类和供应商分类的编码级次为 2

C. 部门编码级次为 22

D. 存货分类的编码级次为 2233

E. 收发类别的编码级次为 22

F. 结算方式的编码级次为 2

G. 其他编码项目保持不变

（6）数据精度：保持系统默认设置。

（四）分配操作员权限。

操作员黄红：自动拥有该账套的所有权限，无需设置。

操作员张晶：拥有“公共单据”“公用目录设置”“采购管理”“销售管理”“库存管理”“存货核算”模块中的所有权限。

操作员王平：拥有“公共单据”“公用目录设置”“库存管理”“存货核算”中的所有权限。

（五）由账套主管黄红启用系统。

启用模块为“总账”“应收款管理”“应付款管理”“采购管理”“销售管理”“库存管理”“存货核算”“物料清单”“主生产计划”“需求规划”“生产订单”模块。启用日期为 2019-03-01。

【案例分析】

（1）首先修改系统时间为 2019 年 3 月 1 日。

（2）启动“系统管理”，以系统管理员（admin）身份进行注册登录。

（3）参照第 2.2 节，增加 3 位操作员：001 黄红、002 张晶、003 王平，操作员非必填项信息可填可不填。

（4）参照第 2.3 节，创建新账套。

如图 3-1 所示，输入账套号、账套名称、账套路径和启用会计期。注意：第 2 章已经建立的账套 001 显示在“已存账套”处。单击“下一步”按钮，输入单位信息，如图 3-2 所示。

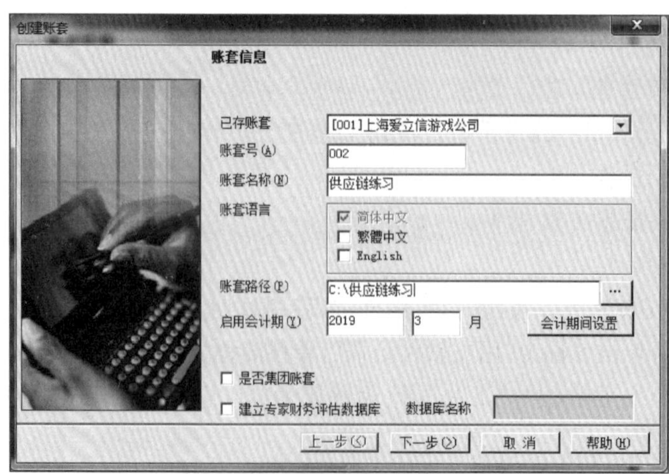

图 3-1 创建账套：账套信息

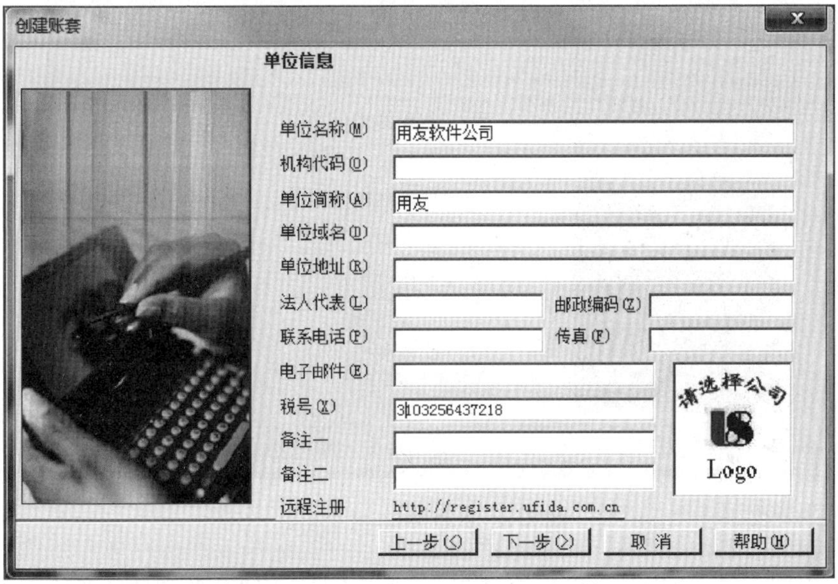

图 3-2 创建账套:单位信息

单击"下一步"按钮,弹出"核算类型"对话框,如图 3-3 所示,输入本币代码"RMB"、本币名称"人民币",选择企业类型"工业"、行业性质"2007 年新会计制度科目"、科目预置语言"中文(简体)"和账套主管"[001]黄红",勾选"按行业性质预置科目"。

图 3-3 创建账套:核算类型

单击"下一步"按钮,弹出"基础信息"对话框,勾选中"存货是否分类""客户是否分类""供应商是否分类""有无外币核算",如图 3-4 所示。

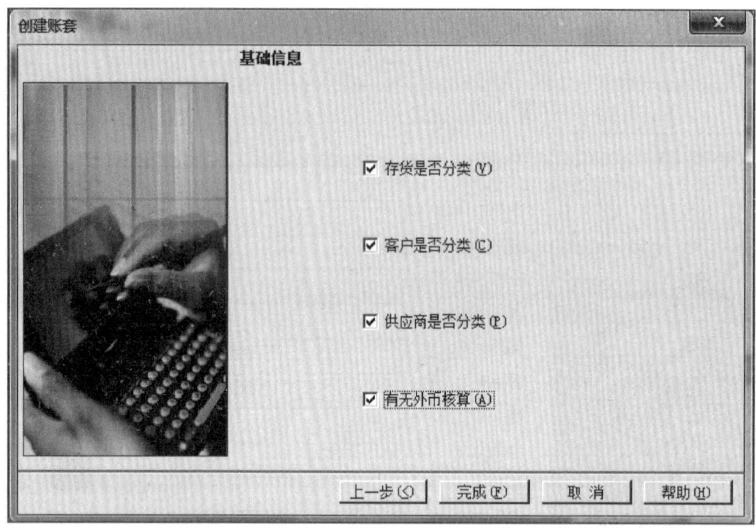

图 3-4　创建账套:基础信息

单击“完成”按钮,弹出是否创建账套提示,单击“是”按钮开始建账。这个过程有些慢,请耐心等待。建账完成后,系统弹出“编码方案”对话框,对本案例涉及的编码(如客户分类、供应商分类、部门编码等)按要求进行更改,对本案例没有涉及的编码项目保持不变。修改编码方案后,单击“确定”,如图 3-5 所示,再单击“取消”。由于本案例不修改数据精度,在弹出的“数据精度”对话框中单击“确定”。

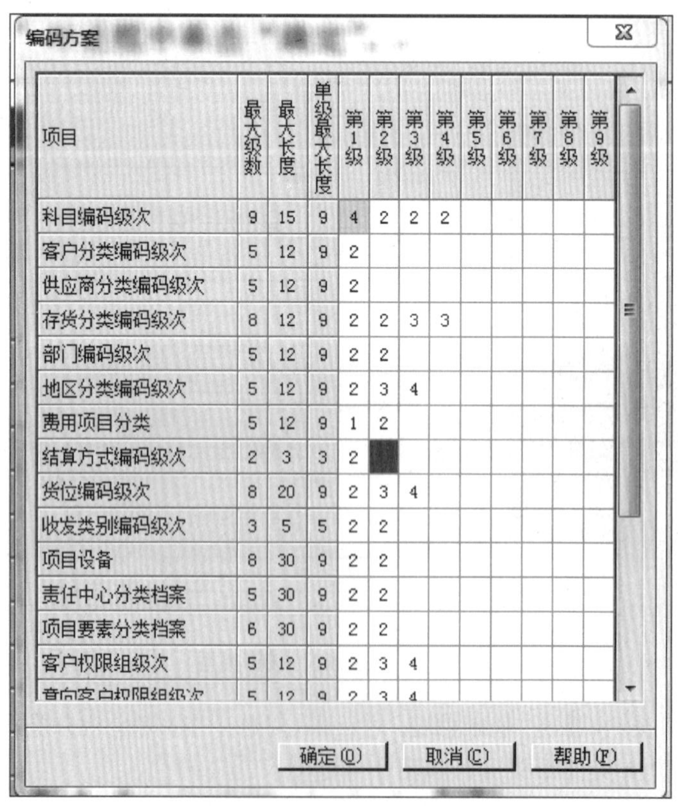
编码方案

项目	最大级数	最大长度	单级最大长度	第1级	第2级	第3级	第4级	第5级	第6级	第7级	第8级	第9级
科目编码级次	9	15	9	4	2	2	2					
客户分类编码级次	5	12	9	2								
供应商分类编码级次	5	12	9	2								
存货分类编码级次	8	12	9	2	2	3	3					
部门编码级次	5	12	9	2	2							
地区分类编码级次	5	12	9	2	3	4						
费用项目分类	5	12	9	1	2							
结算方式编码级次	2	3	3	2								
货位编码级次	8	20	9	2	3	4						
收发类别编码级次	3	5	5	2	2							
项目设备	8	30	9	2	2							
责任中心分类档案	5	30	9	2	2							
项目要素分类档案	6	30	9	2	2							
客户权限组级次	5	12	9	2	3	4						
意向客户权限组级次	5	12	9	2	3	4						

图 3-5　创建账套:编码方案

然后，系统会是否现在进行系统启用的设置，单击“否”，如图 3-6 所示。留待账套主管在企业应用平台中进行系统启用。

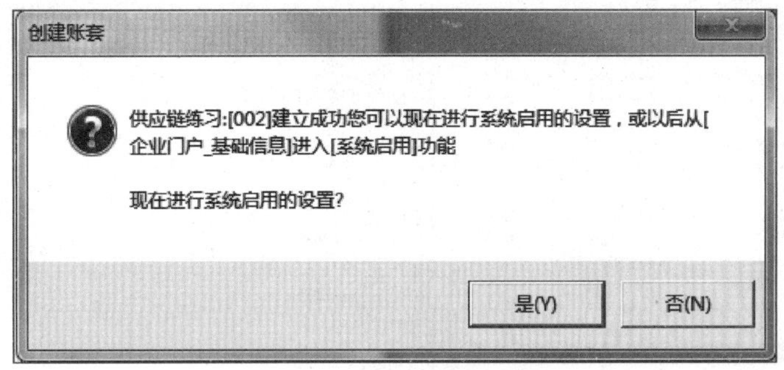

图 3-6　创建账套:系统启用

(5) 单击“权限”菜单下的“权限”，设置张晶和王平的权限。选择张晶，单击菜单中“修改”，在弹出的“增加和调整权限”对话框中，在“公共单据”“公用目录设置”“采购管理”“销售管理”“库存管理”和“存货核算”前的方框内打勾，如图 3-7 所示，并“保存”该设置。

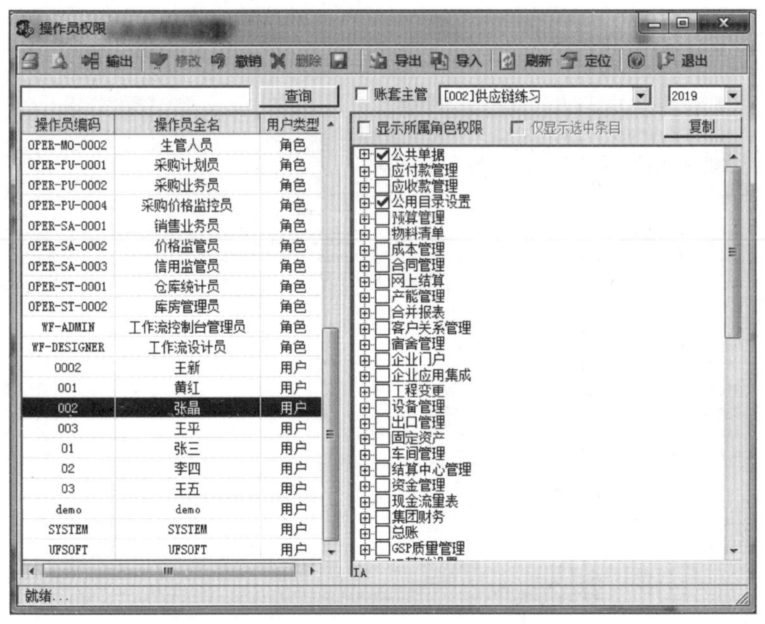

图 3-7　操作员权限设置(张晶)

选择王平，单击菜单中“修改”，在弹出的“增加和调整权限”对话框中，在“公共单据”“公用目录设置”“库存管理”和“存货核算”前的方框内打勾，如图 3-8 所示，并“保存”该设置。

(6) 启动企业应用平台，以账套主管[001]黄红的身份进行注册登录 002 账套，进入“基础设置”|“基本信息”|“系统启用”，进行设置。启用“总账”“应收款管理”“应付款管理”“采购管理”“销售管理”“库存管理”“存货核算”“物料清单”“主生产计划”“需求规划”“生产订单”模块，如图 3-9 所示。注意此图中启用人为“黄红”。若在图 3-6 中选择“是”，则系统启用后，图 3-9 显示的启用人为“admin”。

图 3-8 操作员权限设置(王平)

图 3-9 系统启用(账套主管)

【拓展阅读】

账套建立后,若企业基本信息发生了改变,或者需要修改账套中某些信息,这时候该怎么办呢?系统管理员(admin)没有修改账套的权限,账套主管可以修改账套部分信息。例如,把本案例中用友软件公司更名为"上海好友软件有限公司",简称"好友软件",公司办公地址在"松江",税号改为 3103256437200,部门编码 3 级核算。

账套基本信息修改方法如下：

(1) 启动"系统管理"，由账套主管[001]黄红注册登录"[002](default)供应链练习"账套，如图 3-10 所示。

图 3-10　账套主管注册登录系统

(2) 单击"确定"按钮，在弹出的对话框中单击"账套"菜单下的"修改"菜单，弹出"账套信息"对话框，如图 3-11 所示。窗口中文本框为灰色底表示不能修改，为白色底表示可以修改。可见，账套号、账套路径、账套启用会计期和是否集团账套不得修改，账套名称和是否使用 OA 可以更改。单击"下一步"按钮，弹出"单位信息"对话框，窗口显示单位所有信息都可以修改。这里修改如图 3-12 所示。

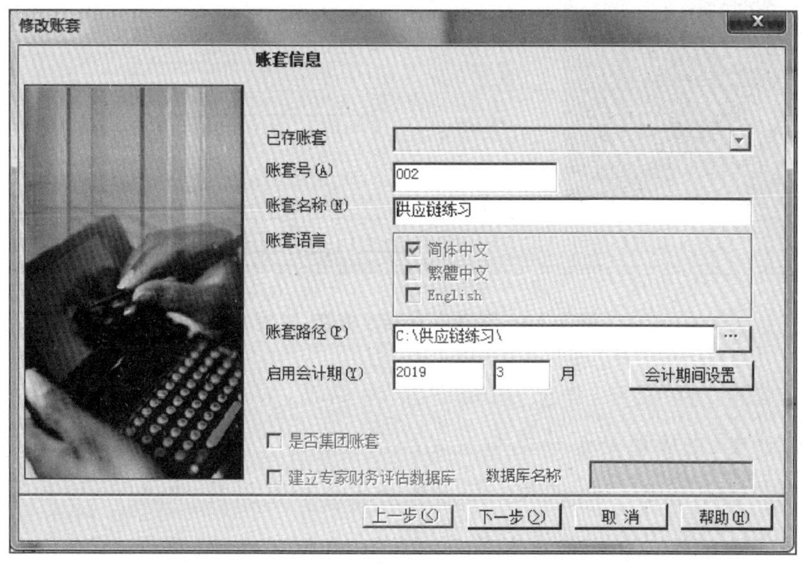

图 3-11　账套主管修改账套：账套信息

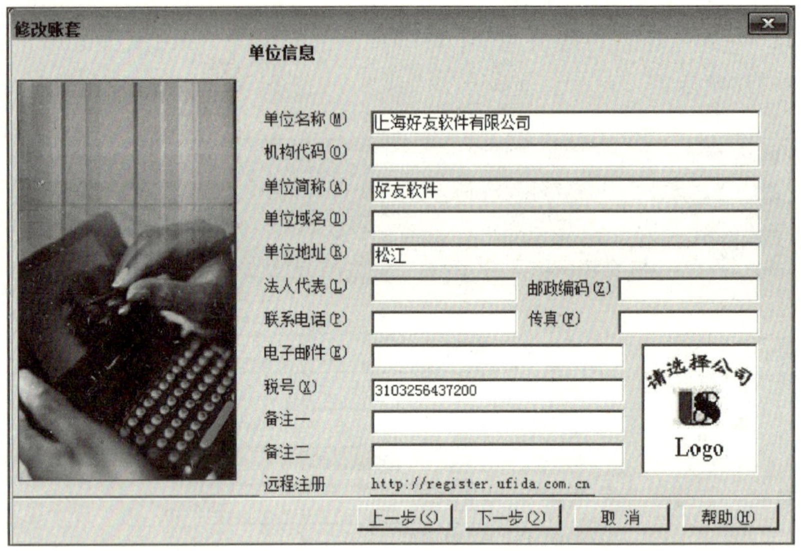

图 3-12　账套主管修改账套:单位信息

(3) 单击“下一步”按钮,弹出“核算类型”对话框,如图 3-13 所示,显示本币代码、本币名称、企业类型、科目预置语言和账套主管不得更改,行业性质可以更改。

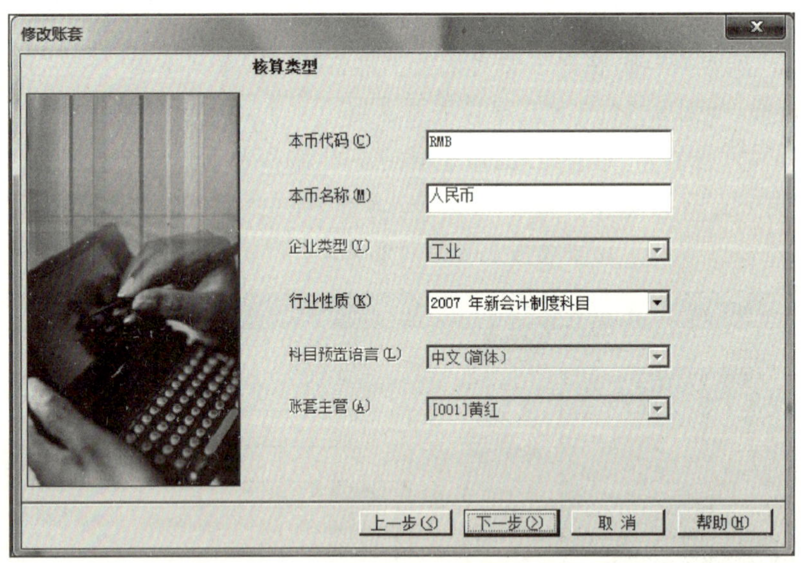

图 3-13　账套主管修改账套:核算类型

(4) 单击“下一步”按钮,弹出“基础信息”对话框,如图 3-14 所示,显示存货是否分类、客户是否分类、供应商是否分类和有无外币核算都可以更改。

(5) 单击“完成”按钮,弹出“确认修改账套了么?”提示框,如图 3-15 所示。

(6) 单击“是”,系统对账套进行修改,弹出“编码方案”对话框,如图 3-16 所示。该窗口中级次底色为灰色的表示不能修改,底色为白色的部分表示可以修改。这里在“部

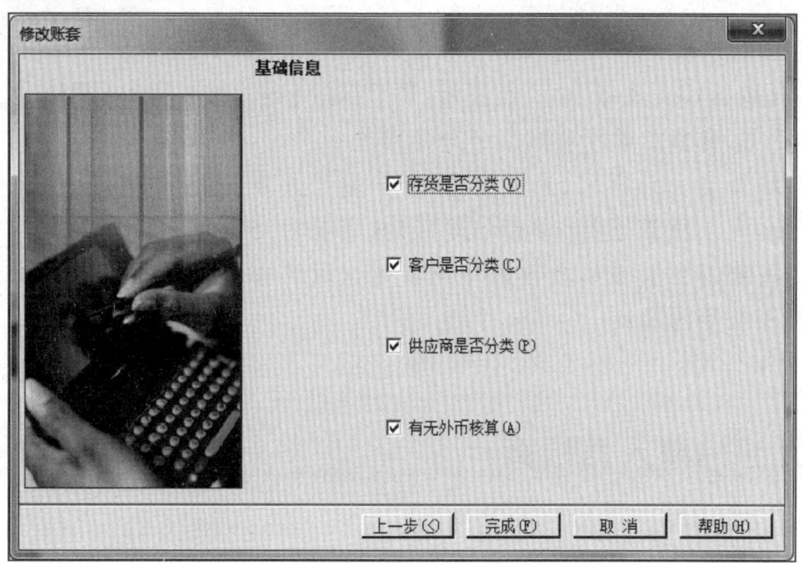

图 3-14　账套主管修改账套:基础信息

门编码级次”第 3 级对应的方格中添加 2,单击“确定”按钮。再单击“取消”,弹出“数据精度”对话框,单击“确定”。系统提示账套修改成功,如图 3-17 所示。

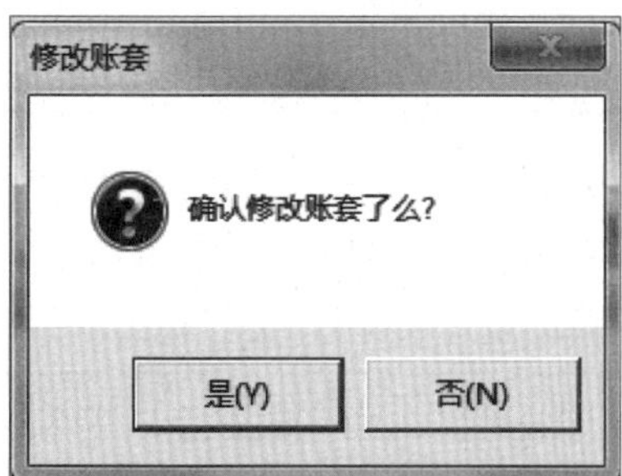

图 3-15　账套主管修改账套:提示信息

图 3-16　账套主管修改账套:编码方案

(7) 由系统管理员(admin)在“系统管理”中备份数据。先到资源管理器中选择一个盘符,再建立文件夹,如在“D:\002 账套备份数据\3.1 建账”中进行备份,便于以后引入。

图 3-17 账套主管修改账套:修改成功提示信息

从本例可见,账套主管可对账套部分信息进行更改,但不得修改账套号、账套会计期间、企业类型、部分编码方案等关键信息。因此,当系统管理员(admin)建账时,需要对企业数据进行规划,把账套主管难以更改的信息在建账过程中就商定妥当,避免不必要的麻烦。

3.2 定义部门和人员档案

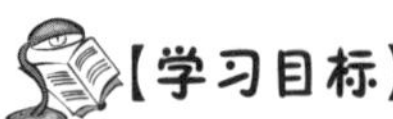

【学习目标】

掌握部门和人员档案的定义方法。

【引出问题】

部门和人员档案管理是 ERP 软件应用的基础信息。通过企业应用平台中的设置页面,选择“基础档案”,增设部门档案和人员档案。

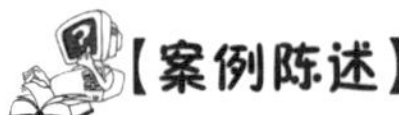

【案例陈述】

好友软件有四个运营中心,分别是制造中心、营业中心、管理中心和仓储中心。制造中心有两个车间,营业中心有两个业务部,管理中心有财务部和人事部,仓储中心有两个仓库。各部门负责人待定。李平和王丽分别是业务一部和业务二部的业务员。

表 3-1 部门档案

部门编码	部门名称	成立日期
01	制造中心	2019 年 3 月 1 日
0101	一车间	2019 年 3 月 1 日
0102	二车间	2019 年 3 月 1 日
02	营业中心	2019 年 3 月 1 日
0201	业务一部	2019 年 3 月 1 日
0202	业务二部	2019 年 3 月 1 日
03	管理中心	2019 年 3 月 1 日
0301	财务部	2019 年 3 月 1 日
0302	人事部	2019 年 3 月 1 日
04	仓储中心	2019 年 3 月 1 日
0401	一仓库	2019 年 3 月 1 日
0402	二仓库	2019 年 3 月 1 日

增设人员档案：

0001 李平（业务一部、在职人员、男、业务员）

0003 王丽（业务二部、在职人员、女、业务员）

【案例分析】

（1）系统时间修改为 2019-03-01。

（2）启动“系统管理”，由系统管理员（admin）注册登录，引入第 3.1 节建立的[002]账套，导入到“3.2 部门人员档案”文件夹。

（3）启动企业应用平台，由账套主管[001]黄红登录。

（4）在“基础设置”选项卡中，执行“基础档案”|“机构人员”|“部门档案”命令，进入“部门档案”窗口。

（5）单击“增加”按钮，录入部门编码“01”，部门名称“制造中心”，单击“保存”。同理，继续增加其他部门档案信息。完成结果如图 3-18 所示。

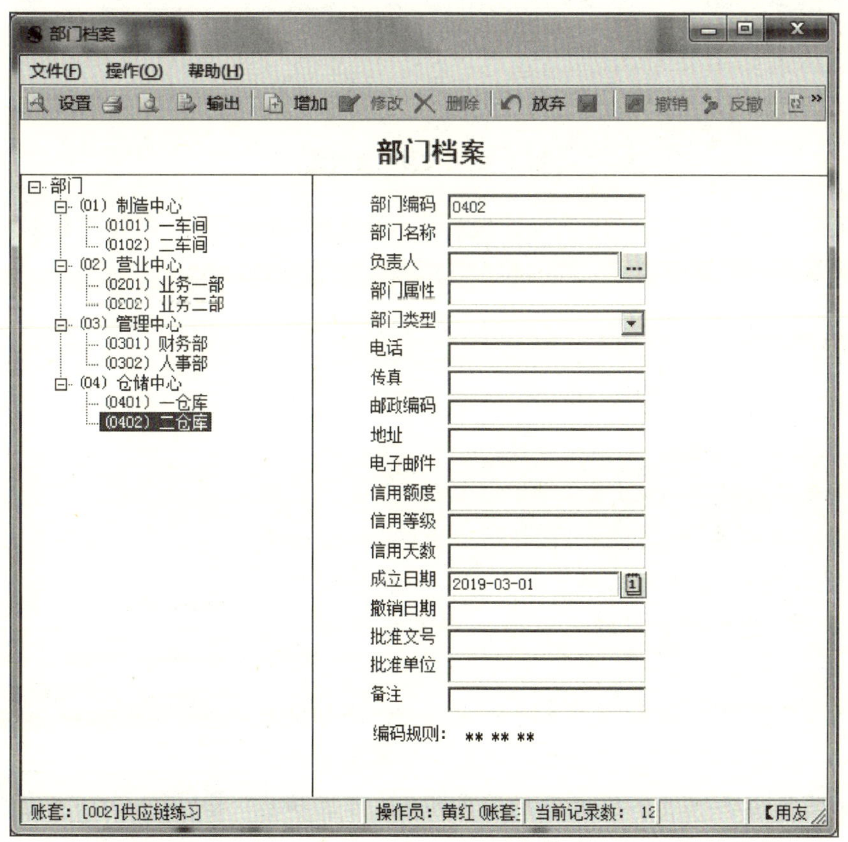

图 3-18 部门档案设置

（6）在“基础设置”选项卡中，执行“基础档案”|“机构人员”|“人员档案”命令，进入“人员档案”窗口。

（7）单击“部门分类”下的“业务一部”，单击“增加”按钮，按资料输入人员信息，单击“保存”按钮,如图 3-19 所示。同理,增加其他人员档案。

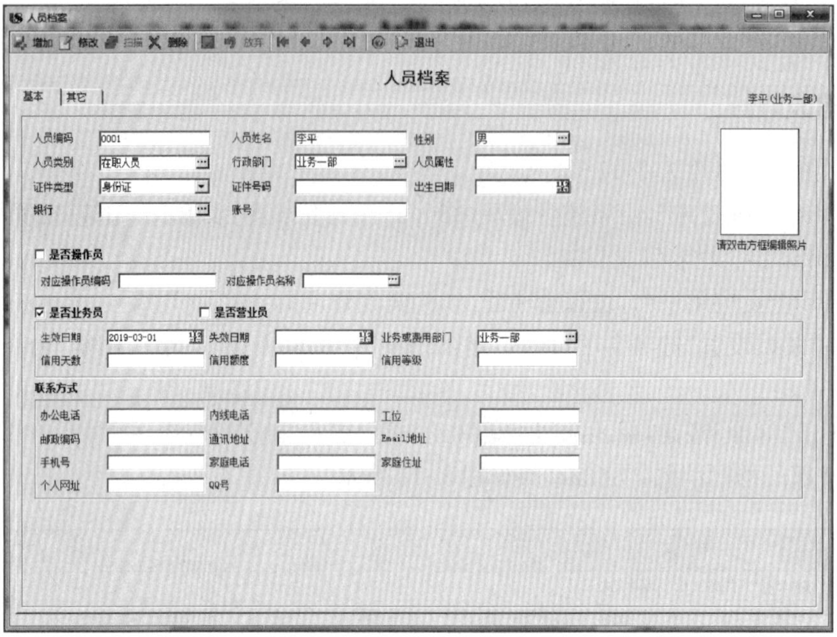

图 3-19　人员档案设置

(8) 退出企业应用平台。由系统管理员(admin)在“系统管理”中备份数据,如备份至“D:\002 账套备份数据\3.2 定义部门和人员档案”,便于以后引入。

【拓展阅读】

在增加部门档案时,图 3-18 部门档案填写表下方有显示“编码规则:** ** **”,这与建账过程设置的编码方案有关,因编码方案中设置部门档案编码规则为 222,即第 1、2、3 级次都是 2 位数字,部门间最多有 3 层级别,每级不超过 99 个分类。图 3-18 的负责人、图 3-19 的人员类别、行政部门、性别、银行文本框右边有个⋯,表示参照引用,即这些信息不用直接输入,点击后在弹出的窗口中选择需要的内容。也就是说,被参照引用的内容应该在系统中提前输入。通常情况下,系统对于一些很基础的信息会有一定的预设。比如,性别预设为男(编码 1)、女(编码 2)、未知的性别(编码 9),如图 3-20 所示。被参照栏目一般都含有编码和名称,如果已经熟知被参照名称对应的编码,可直接在参照文本框中输入编码,以提高输入效率。比如,已经记住了性别的编码,在输入王丽的性别时,直接输入“2”,系统会显示“女”。

图 3-20　性别设置

值得注意的是,“人员档案”窗口显示行政部门是必填项,这说明部门档案应该在人员档案之前填写。而部门档案中的“负责人”是参照“人员档案”选择的,这是不是有矛盾,该怎么理解呢?在企业中,部门和人员是紧密联系的,部门需要人员,人员需要归属于某个或某些部门,这可在系统中体现出来,如图 3-21 所示。具体操作时,先设置“部门档案”,设置时空出“负责人”,然后再设置“人员档案”(“行政部门”参照“部门档案”),待“人员档案”完成后,再打开“部门档案”找到相应的部门,参照“人员档案”选择负责人。

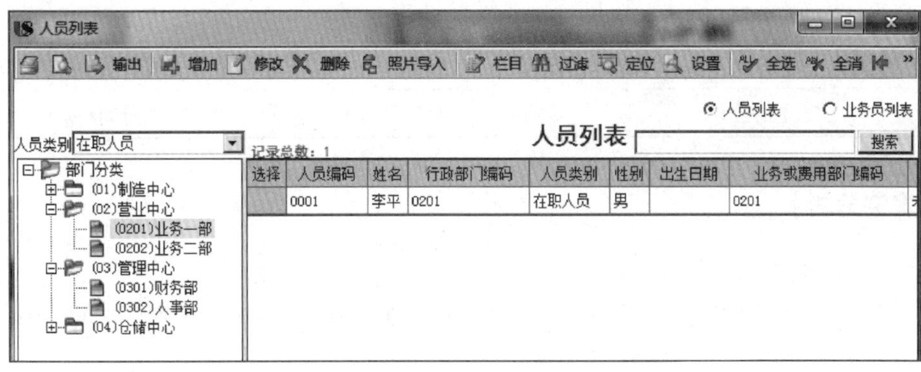

图 3-21　人员列表

人员档案设置中,勾选“是否业务员”与“是否操作员”选项的含义不同,两者没有必然联系。业务员是指可操作经济业务的人员,通常企业业务部门的人员需要勾选该选项,若不勾选,填写请购单等相关单据时不会显示业务员信息。而操作员是指对账套有操作权限的人员。如果某人员被勾选为“操作员”,那么其对应的操作员编码与人员编码相同,而对应操作员名称需要在操作员列表中参照选择,操作员的设置在系统管理中进行。

3.3 定义客户档案

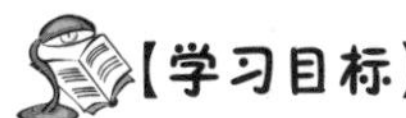

【学习目标】

掌握客户档案的定义方法。

【引出问题】

客户档案管理是 ERP 软件应用的基础信息。通过企业应用平台中的设置页面,选择“基础档案”,增设客户分类和客户档案。

【案例陈述】

好友软件有批发、零售、代销、专柜四种客户类型。华宏公司和昌新贸易公司是批发客户,精益公司是专柜客户,利氏公司是代销客户,爱立信公司是零售客户。客户档案如表3-2所示。

表 3-2　客户档案

客户编码	客户简称	所属分类	税　号	开户银行	账号
HHGS	华宏公司	批发	310003154	工商银行上海分行	112
CXMYGS	昌新贸易公司	批发	310108777	招商银行上海分行	567
JYGS	精益公司	专柜	315000123	光大银行上海分行	158
LSGS	利氏公司	代销	315452453	建设银行上海分行	763
ALXGS	爱立信公司	零售	315252421	农业银行上海分行	879

【案例分析】

(1) 系统时间修改为 2019-03-01。

(2) 启动“系统管理”，由系统管理员(admin)注册登录，引入第 3.2 节建立的[002]账套，导入到“3.3 定义部门和人员档案”文件夹。

(3) 启动企业应用平台，由账套主管[001]黄红登录。

(4) 在“基础设置”选项卡中，执行“基础档案”|“客商信息”|“客户分类”命令，进入“客户分类”窗口。

(5) 单击“增加”按钮，录入分类编码“01”，分类名称“批发”，单击“保存”。同理，增加其他分类信息。完成结果如图 3-22 所示。

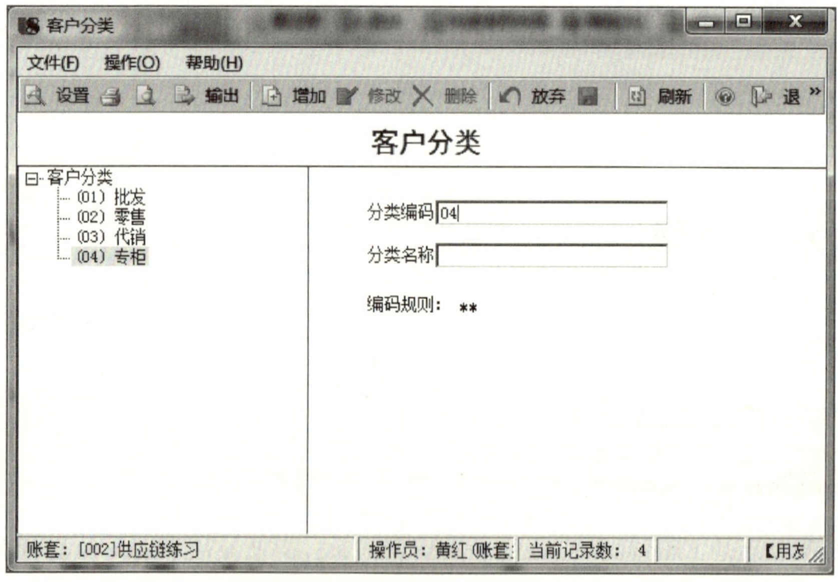

图 3-22　客户分类

(6) 在“基础设置”选项卡中，执行“基础档案”|“客商信息”|“客户档案”命令，进入“客户档案”窗口。

(7) 单击“客户分类”下的“零售”，单击“增加”按钮，按资料输入客户信息，单击“保存”按钮，如图 3-23 所示，此时“银行”和“地址”信息无法输入。同理，增加其他客户档案。再次逐一打开客户档案窗口,"银行"和"地址"按钮均被点亮,单击"银行"按钮,在弹出的"客户银行档案"对话框中单击"增加"按钮,选择系统预设的"中国农业银行",输入开户银行、银行账号等其他信息,并设为默认银行,如图 3-24 所示。

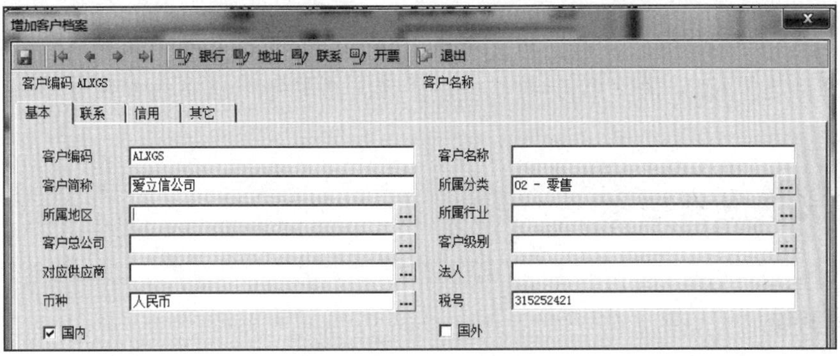

图 3-23　增加客户档案

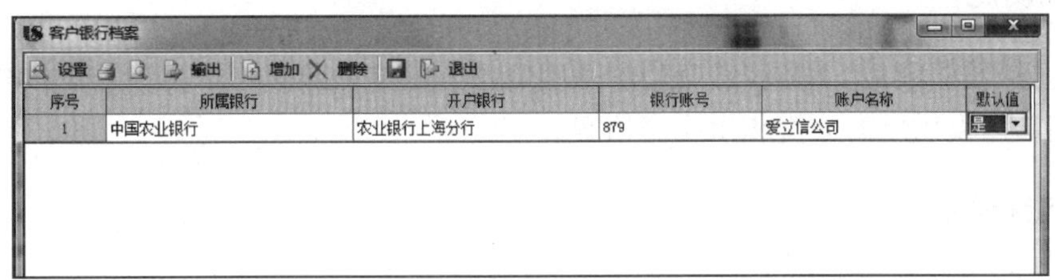

图 3-24　客户银行档案

当全部客户档案输入完成后,客户档案显示如图 3-25 所示。

图 3-25　客户档案列表

(8) 退出企业应用平台。由系统管理员(admin)在"系统管理"中备份数据,如备份至"D:\002 账套备份数据\3.3 客户档案",便于以后引入。

【拓展阅读】

在增加客户分类时，图 3-22 客户分类填写表下方有显示“编码规则：**”，这与建账过程设置的编码方案有关，因编码方案中设置客户分类编码规则为 2，即只有一个级次，该级次为 2 位数字，不超过 99 个分类。由于建账时没有对客户档案编码规则作约定，客户档案编码可以任意选择，为了便于记忆，这里使用了客户名称每个汉字的首字母。

3.4 定义供应商档案

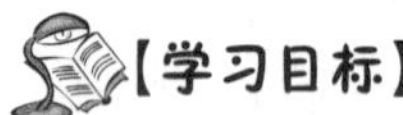

【学习目标】

掌握供应商档案的定义方法。

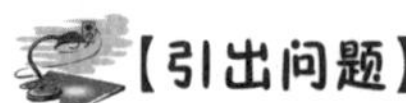

【引出问题】

供应商档案管理是 ERP 软件应用的基础信息。通过企业应用平台中的设置页面，选择“基础档案”，增设供应商分类和供应商档案。

【案例陈述】

好友软件有原料和成品两类供应商。兴华公司和建昌公司是原料供应商，泛美商行和艾德公司是成品供应商。除建昌公司供应货物和服务外，其他都供应货物。供应商档案如表 3-3 所示。

表 3-3　供应商档案

供应商编码	供应商简称	所属分类	税号	供应商属性
XHGS	兴华公司	原料供应商	310821385	货物
JCGS	建昌公司	原料供应商	314825705	货物、服务
FMSH	泛美商行	成品供应商	318478228	货物
ADGS	艾德公司	成品供应商	310488008	货物

【案例分析】

(1) 系统时间修改为 2019-03-01。

(2) 启动“系统管理”，由系统管理员(admin)注册登录，引入第 3.3 节建立的[002]账套，导入到“3.4 供应商档案”文件夹。

(3) 启动企业应用平台，由账套主管[001]黄红登录。

(4) 在“基础设置”选项卡中，执行“基础档案”|“客商信息”|“供应商分类”命令，进入“供应商分类”窗口。

(5) 单击“增加”按钮，录入分类编码“01”、分类名称“原料供应商”，单击“保存”。同理，增加其他分类信息。完成结果如图 3-26 所示。

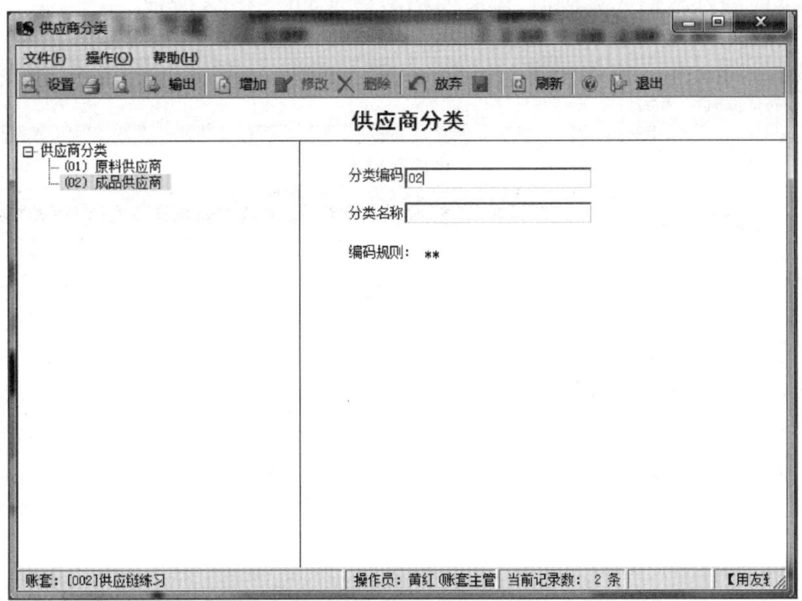

图 3-26 供应商分类

(6) 在“基础设置”选项卡中,执行“基础档案”|“客商信息”|“供应商档案”命令,进入“供应商档案”窗口。

(7) 单击“供应商分类”下的“原料供应商”,单击“增加”按钮,按资料输入供应商信息,单击“保存”按钮,如图 3-27 所示。同理,增加其他供应商档案。

图 3-27 增加供应商档案

当全部供应商档案输入完成后,供应商档案显示如图 3-28 所示。

图 3-28　供应商档案列表

(8) 退出企业应用平台。由系统管理员(admin)在“系统管理”中备份数据,如备份至“D:\002 账套备份数据\3.4 供应商档案”,便于以后引入。

【拓展阅读】

在增加供应商分类时,图 3-26 供应商分类填写表下方有显示“编码规则:** ”,这与建账过程设置的编码方案有关,因编码方案中设置客户分类编码规则为 2,即只有一个级次,该级次为 2 位数字,不超过 99 个分类。由于建账时没有对供应商档案编码规则作约定,供应商档案编码可以任意选择,为了便于记忆,这里使用了供应商名称每个汉字的首字母。

3.5 定义存货档案

【学习目标】

掌握存货分类、计量单位和存货档案的定义方法。

【引出问题】

存货档案管理是 ERP 软件应用的基础信息。通过企业应用平台中的设置页面,选择“基础档案”,增设存货分类、计量单位和存货档案。

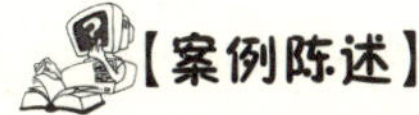

存货分类有原材料、产成品、外购商品、应税劳务和半成品五种。计量单位和存货档案分别如表 3-4 和表 3-5 所示。

表 3-4 计量单位

计量单位编号	计量单位名称	所属计量单位组	计量单位组类别
01	盒	无换算单位	无换算率
02	台	无换算单位	无换算率
03	只	无换算单位	无换算率
04	千米	无换算单位	无换算率
05	个	无换算单位	无换算率
06	根	无换算单位	无换算率
07	块	无换算单位	无换算率

表 3-5 存货档案

存货编码	存货名称	所属类别	计量单位	税率	存货属性	提前期
001	PIII 芯片	原材料	盒	17%	外购,生产耗用	1天
002	40G 硬盘	原材料	盒	17%	外购,生产耗用,内销,外销	2天
003	17 寸显示器	原材料	台	17%	外购,生产耗用,内销,外销	—
004	键盘	原材料	只	17%	外购,生产耗用,内销,外销	—
005	鼠标	原材料	只	17%	外购,生产耗用,内销,外销	—
006	计算机	产成品	台	17%	自制,内销,外销	—
007	1600K 打印机	外购商品	台	17%	外购,内销,外销	—
008	运输费	应税劳务	千米	7%	外购,内销,外销,应税劳务	—
009	主机箱(带电源)	原材料	个	17%	外购,生产耗用,内销,外销	—
010	内存条	原材料	根	17%	外购,生产耗用,内销,外销	—
011	集成主板(带风扇)	原材料	块	17%	外购,生产耗用,内销,外销	2天
012	电脑主机	半成品	个	17%	自制,生产耗用,内销,外销	1天

注:近几年税率调整较为频繁,不同性质的纳税人销售不同的货物在不同时间段的增值税税率不同,因此,这里的税率仅作举例参考。

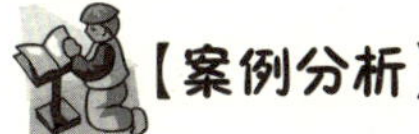

(1) 系统时间修改为 2019-03-01。

(2) 启动"系统管理",由系统管理员(admin)注册登录,引入第 3.4 节建立的[002]账套,导入到"3.5 存货档案"文件夹。

(3) 启动企业应用平台,由账套主管[001]黄红登录。

(4) 在"基础设置"选项卡中,执行"基础档案"|"存货"|"存货分类"命令,进入"存货分类"窗口。

(5) 单击"增加"按钮,录入分类编码"01",分类名称"原材料",单击"保存"。同理,增加其他分类信息。完成结果如图 3-29 所示。

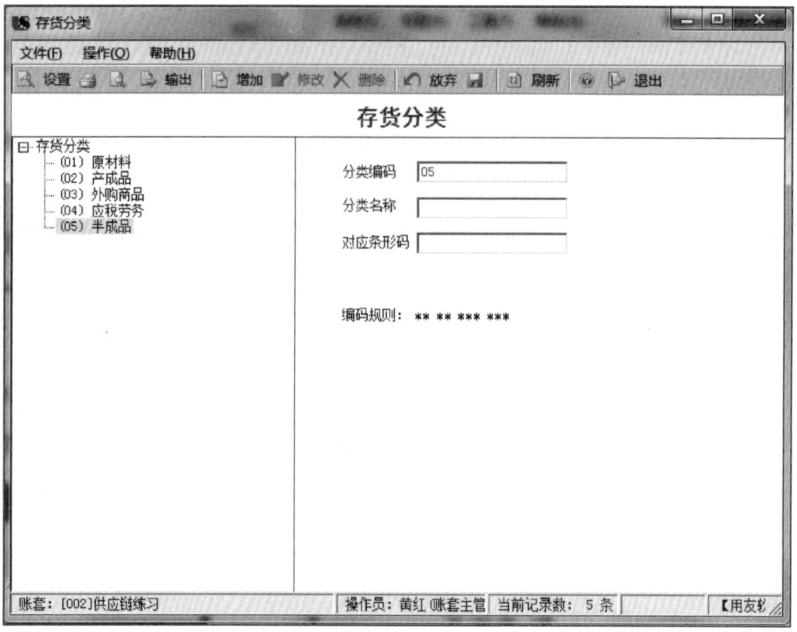

图 3-29　存货分类

(6) 在“基础设置”选项卡中,执行“基础档案”|“存货”|“计量单位”命令,进入“计量单位组”窗口。单击“分组”,弹出“计量单位组”对话框,单击“增加”按钮,计量单位组编码输入“01”,计量单位组名称输入“无换算单位”,计量单位组类别选择“无换算率”,单击“保存”按钮,如图 3-30 所示。此时“计量单位组”对话框左侧出现“(01)无换算单位〈无换算率〉”,选择此处,再单击“单位”,弹出“计量单位”对话框,单击“增加”按钮,按资料输入计量单位编码和名称,选择计量单位组编码“01”,单击“保存”按钮。全部单位输入完成结果如图 3-31 所示。

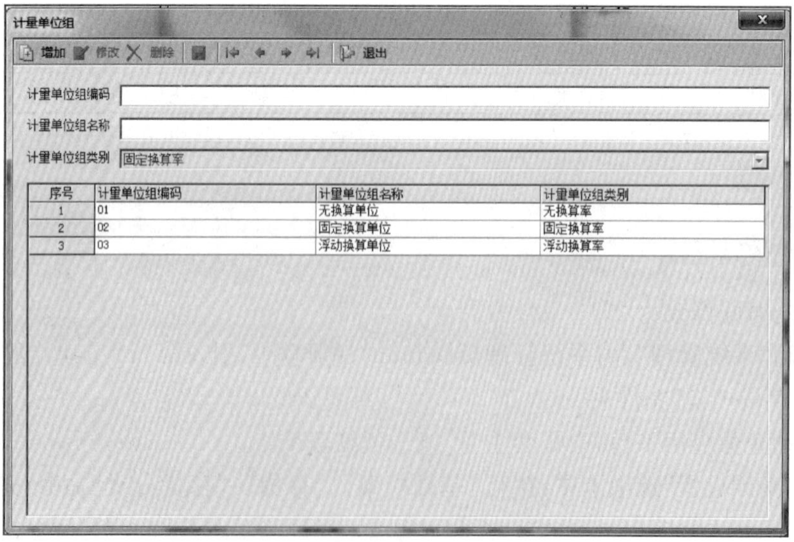

图 3-30　计量单位组

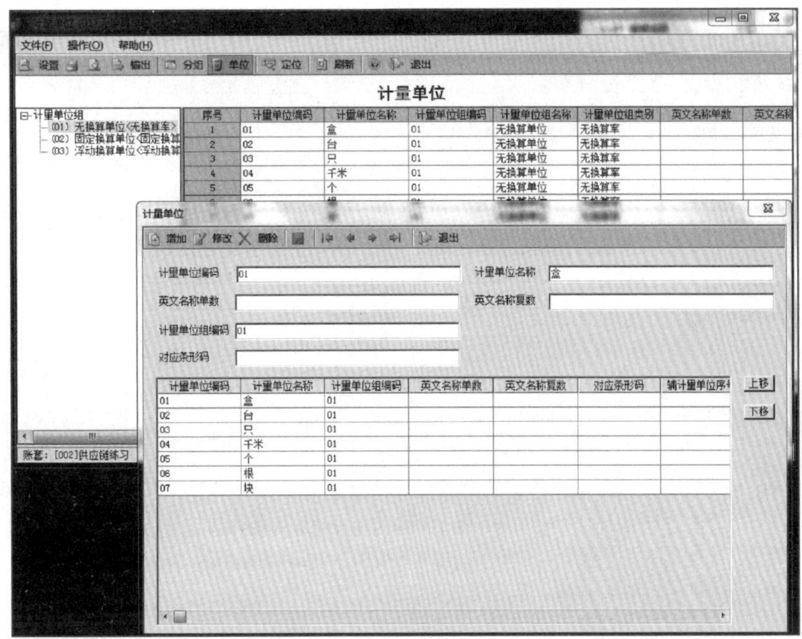

图 3-31　计量单位

(7) 在"基础设置"选项卡中,执行"基础档案"|"存货"|"存货档案"命令,进入"存货档案"窗口。

(8) 单击"存货分类"下的"原材料",单击"增加"按钮,按资料输入存货基本信息,如图 3-32 所示。再在"计划"选项卡中,录入固定提前期 1 天,如图 3-33 所示,单击"保存"按钮。同理,增加其他存货档案。在"012 电脑主机"的"MPS/MRP"选项卡中选中"MPS 件",如图 3-34 所示。

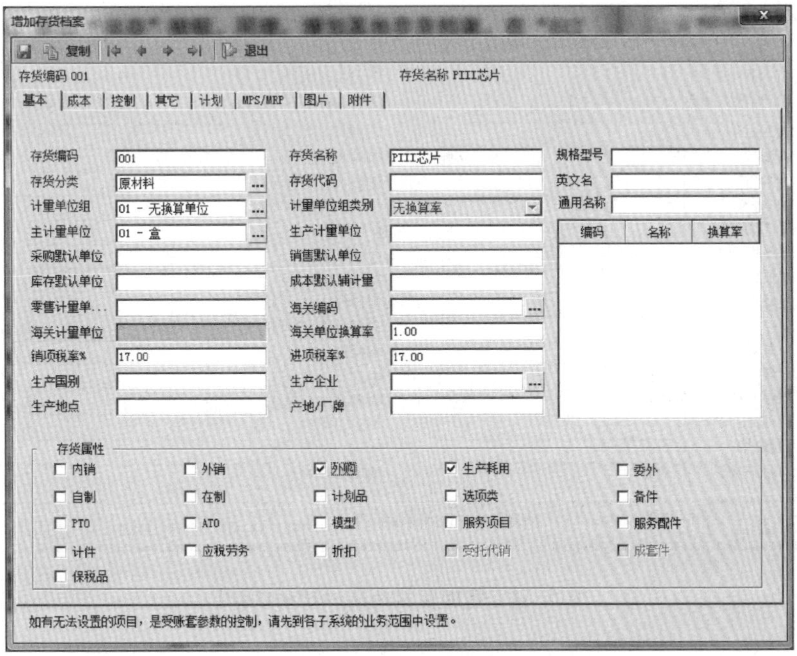

图 3-32　增加存货档案(基本)

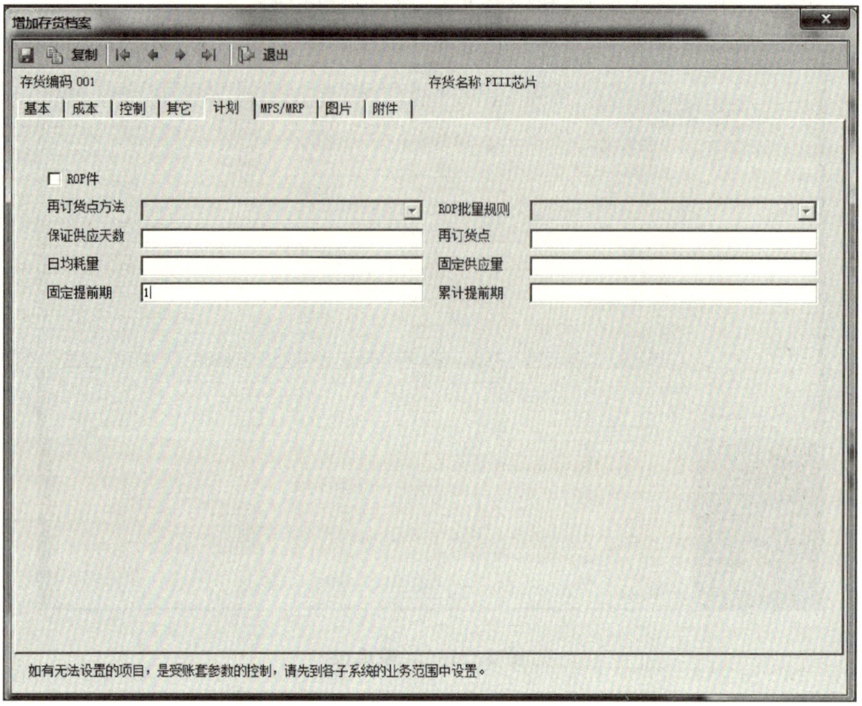

图 3-33　增加存货档案(计划)

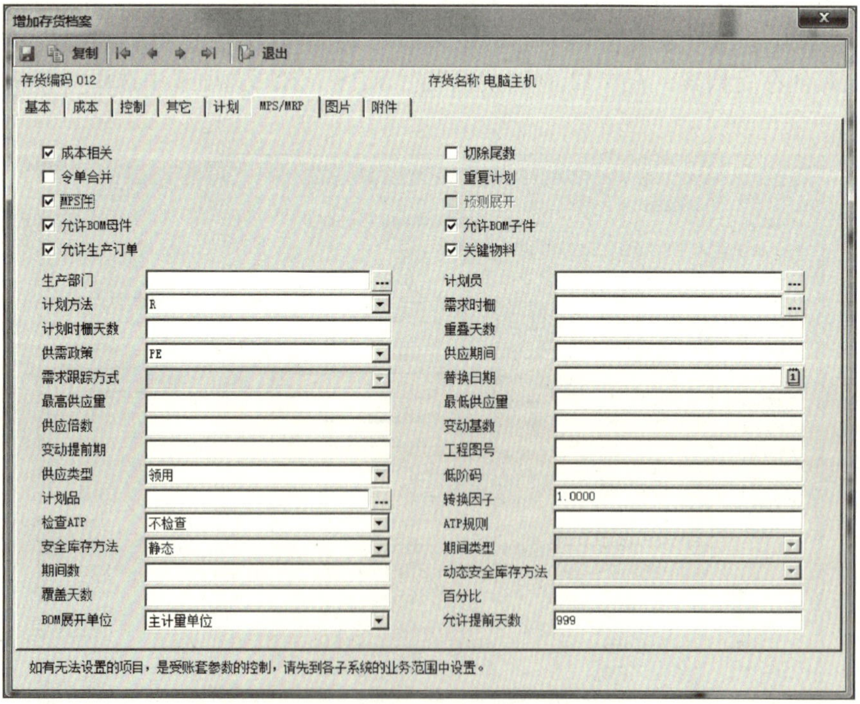

图 3-34　增加存货档案(MPS/MRP)

当全部存货档案输入完成后，结果如图 3-35 所示。

图 3-35 存货档案列表

(9) 退出企业应用平台。由系统管理员(admin)在“系统管理”中备份数据，如备份至“D:\002 账套备份数据\3.5 存货档案”，便于以后引入。

【拓展阅读】

在增加部门档案时，图 3-29 存货分类填写表下方有显示“编码规则：** ** *** ***”，这与建账过程设置的编码方案有关，因编码方案中设置部门档案编码规则为 2233，即第 1、2 级次是 2 位数字，每级最多 99 个分类，第 3、4 级次是 3 位数字，每级最多 999 个分类。由于建账时没有对计量单位、存货档案编码规则作约定，可任意设定，这里对计量单位使用 2 位数字编码，对存货档案使用 3 位数字编码。

定义存货档案过程中，设置计量单位很重要。须先建立计量单位分组，再在分组中建立单位。通常，计量单位分组按照计量单位分组类别分为“无换算率分组”“固定换算率分组”“浮动换算率分组”三种。“无换算率”计量单位一般是指自然单位、度量衡单位等。“固定换算率”计量单位是指各个计量单位之间存在固定不变的换算比率，如 1 条烟 =10 包，1 包烟 =20 支。“浮动换算率”计量单位是指计量单位之间无固定换算率，如卷纸可以用“卷”为计量单位，也可以“段”为计量单位，1 卷大约等于 270 段，则“卷”和“段”之间存在浮动换算率关系。无论是“固定换算率”计量单位还是“浮动换算率”计量单位，都应该设置其中一个单位为“主计量单位”，其他单位以此为基础，按照一定的换算率进行折算。一般来说，将最小的计量单位设置为主计量单位。上述固定换算单位“条”“包”

"支",可以以"支"为主计量单位,其他为辅计量单位;浮动换算单位"卷""段",则以"段"为主计量单位,"卷"为辅计量单位。如图 3-36 所示,"支"为主计量单位;如图 3-37 所示,"条"为辅计量单位,换算率为 200。如图 3-38 所示,"段"为主计量单位;如图 3-39 所示,"卷"为辅计量单位,换算率为 270。

图 3-36　计量单位(支)

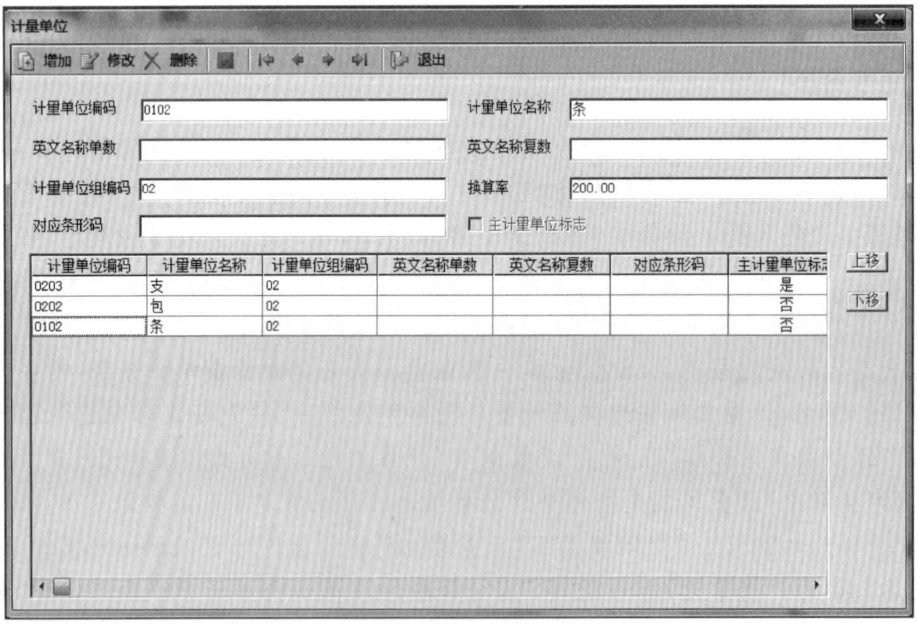

图 3-37　计量单位(条)

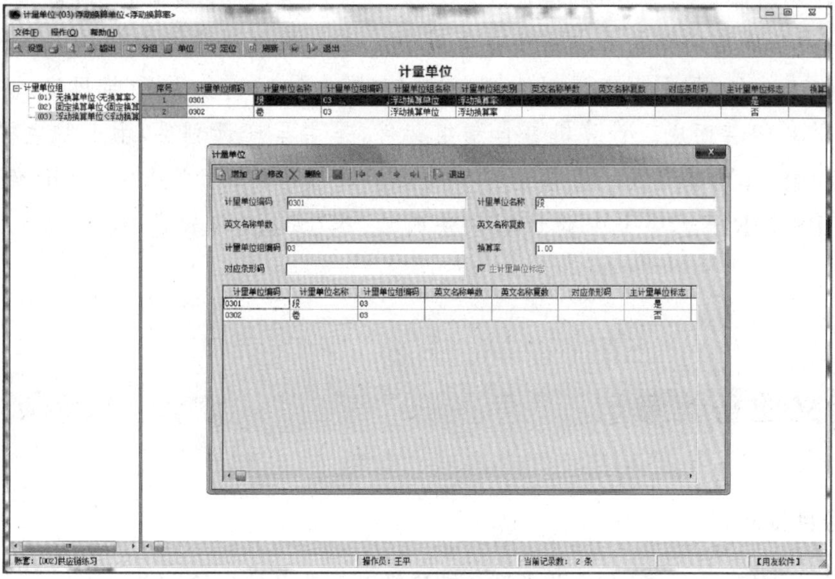

图 3-38 计量单位(段)

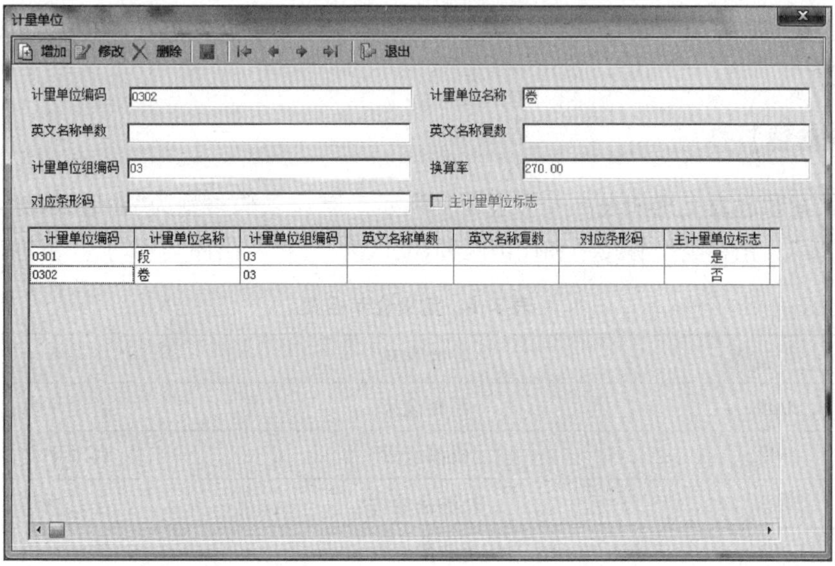

图 3-39 计量单位(卷)

值得注意的是，浮动换算率组可以修改为固定换算率组。浮动换算的计量单位最多包括两个计量单位。其中，主计量单位必填；辅计量单位换算率可以为空，在单据中使用该浮动换算率时需要手工输入换算率，或通过输入数量、件数，系统自动计算出换算率。

在存货档案“MPS/MRP”选项卡中，选中“MPS 件”栏用于区分此物料是 MPS 件还是 MRP 件，供主生产计划系统和物料需求计划之用。如果勾选了“MPS 件”表明此存货为主生产计划对象；反之为物料需求计划对象。列入 MPS 件范围的，通常为销售品、关键零组件、供应提前期较长或占用产能负荷多或作为预测对象的存货等。本例中，电脑主机是自制组装件，是主生产计划件，由主机箱（带电脑）、集成主板（带风扇）、内存条、硬盘和 PIII 芯片组装而成。计算机是自制组装件，是主生产计划件，由电脑主机、17 寸显示器、键盘和鼠标组装而成。在存货档案“计划”选项卡中，如果选中“ROP 件”，那么需要先把“MPS/MRP”选项卡中的计划方法改成“N”方法（默认是“R”方法），再来勾选“ROP 件”。

3.6 定义业务信息

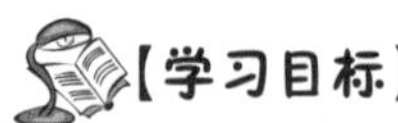

【学习目标】

掌握仓库档案、收发类别、采购类型和销售类型等业务信息的定义方法。

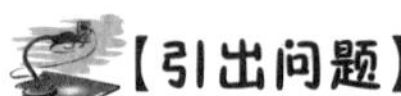

【引出问题】

通过企业应用平台中的设置页面，选择“基础档案”，增设仓库档案、收发类别、采购类型和销售类型。

【案例陈述】

仓库档案和收发类别如表 3-6 和表 3-7 所示。默认采购类型为“普通采购”，入库类别为“采购入库”。销售类型有经销和代销两种，默认为“经销”，出库类别均为“销售出库”。

表 3-6　定义仓库档案

仓库编码	仓库名称	计价方式
001	原料仓库	移动平均
002	成品仓库	移动平均
003	外购品仓库	全月平均
004	半成品仓库	移动平均

表 3-7　定义收发类别

01 正常入库	0101 采购入库	03 正常出库	0301 销售出库
	0102 产成品入库		0302 生产领用
	0103 调拨入库		0303 调拨出库
02 非正常入库	0201 盘盈入库	04 非正常出库	0401 盘亏出库
	0202 其他入库		0402 其他出库

【案例分析】

(1) 系统时间修改为 2019-03-01。

(2) 启动“系统管理”,由系统管理员(admin)注册登录,引入第 3.5 节建立的[002]账套,导入到“3.6 业务信息”文件夹。

(3) 启动企业应用平台,由账套主管[001]黄红登录。

(4) 在“基础设置”选项卡中,执行“基础档案”|“业务”|“仓库档案”命令,进入“仓库档案”窗口。

(5) 单击“增加”按钮,录入仓库编码“001”,仓库名称“原料仓库”,相应选择计价方式,然后单击“保存”。同理,增加其他仓库档案信息。完成结果如图 3-40 所示。

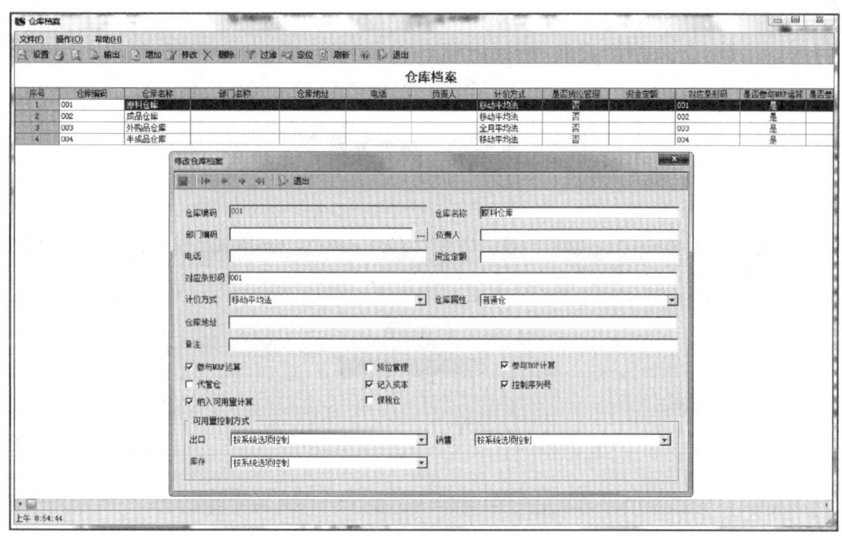

图 3-40 修改仓库档案

(6) 在“基础设置”选项卡中,执行“基础档案”|“业务”|“收发类型”命令,进入“收发类型”窗口。单击“增加”按钮,依照资料输入收发类别。完成后如图 3-41 所示。输入时注意收发标志要选对,当第一级次收发类别确定后,再输入第二级次的收发类别编码,收发标志自动添加并变成灰色。

(7) 在“基础设置”选项卡中,执行“基础档案”|“业务”|“采购类型”命令,进入“采购类型”窗口。单击“增加”按钮,在“采购类型”对话框中输入采购类型编码、采购类型名称,参照选择“入库类别”(被参照项只显示“收”标志的收发类型),选择“是否默认值”,“是否委外默认值”和“是否列入 MPS/MRP 计划”,多个采购类型只能选择一个为默认值和委外默认值,如图 3-42 所示。

(8) 在“基础设置”选项卡中,执行“基础档案”|“业务”|“销售类型”命令,进入“销售类型”窗口。单击“增加”按钮,在“销售类型”对话框中输入销售类型编码、销售类型名称,参照选择“出库类别”(被参照项只显示“发”标志的收发类型),选择“是否默认值”和“是否列入 MPS/MRP 计划”,多个销售类型只能选择一个为默认值,如图 3-43 所示。

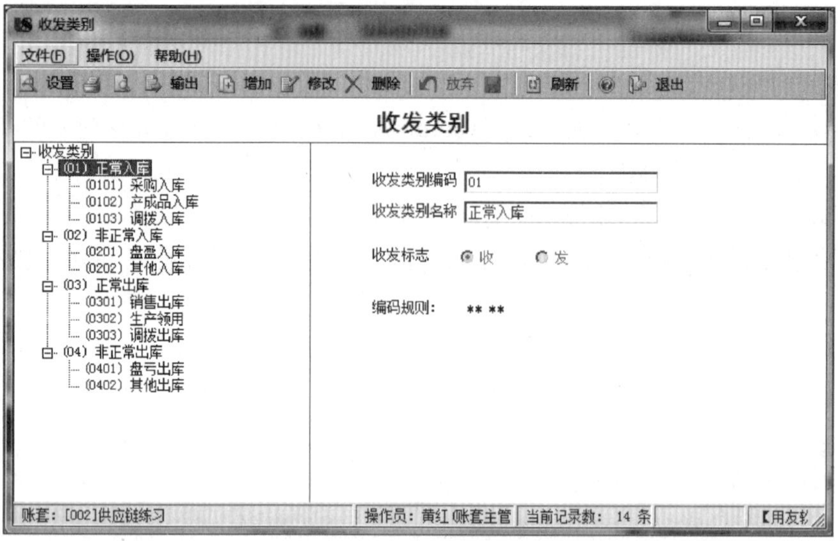

图 3-41　收发类别

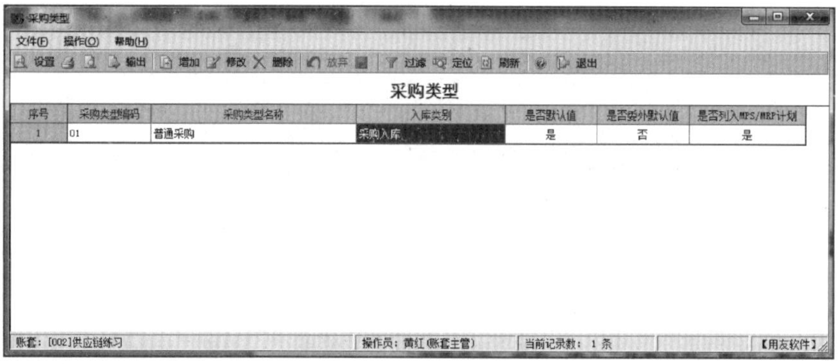

图 3-42　采购类型

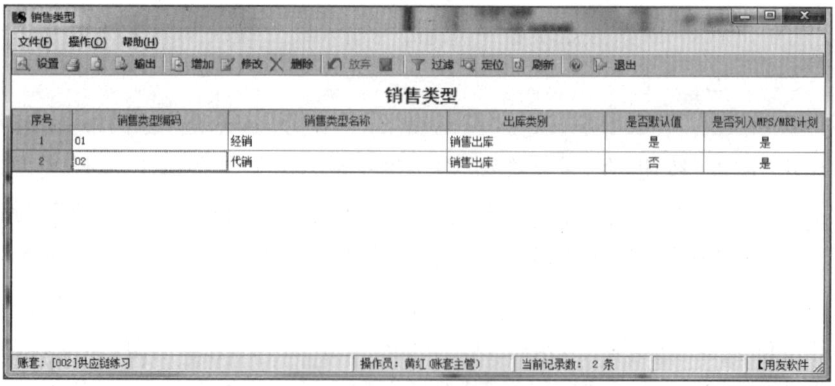

图 3-43　销售类型

(9) 退出企业应用平台。由系统管理员(admin)在“系统管理”中备份数据，如备份至“D:\002账套备份数据\3.6业务信息”，便于以后引入。

【拓展阅读】

仓库属性有普通仓、现场仓和委外仓三种。普通仓用于正常的材料、产品、商品的出入库、盘点的管理。现场仓用于生产过程的材料、半成品、成品的管理。委外仓用于管理发给委外商的材料的管理。

按照工业和商业企业类型的不同，仓库计价方式有不同选择。工业企业有计划计价法、全月平均法、移动平均法、先进先出法、后进先出法和个别计价法；商业企业有售价法、全月平均法、移动平均法、先进先出法、后进先出法和个别计价法。其中以移动平均法和全月平均法最为常用。移动平均法的基本原理是：系统在计算存货成本时，自动按照单据业务发生的先后顺序进行出库成本计算。对于入库业务，系统自动计算结存数量、结存金额、结存单价，结存数量＝上一笔结存数量＋本次入库数量，结存金额＝上一笔结存金额＋本次入库金额，结存单价＝结存金额÷结存数量。对于出库业务，系统自动取当前的结存单价作为出库单价，并自动计算出库成本。全月平均法的基本原理是：系统在计算存货的全月平均单价时，自动按下述公式进行计算：全月平均单价＝(期初结存金额＋本期入库金额－本期有成本出库的金额)÷(期初结存数量＋本期入库数量－本期有成本出库的数量)。这个公式是标准的全月平均单价计算公式，用户可以更改这个公式，但如果更改了这个公式，可能会导致错误的结果，希望慎重。本期有成本出库的金额和数量是指：出库单上的实际成本不是由系统计算出来的，而是用户手工填入的，或是其他系统模块向存货核算模块传递数据时，就已经有成本的，这种情况会形成出库金额和数量。在计算当月全月平均单价时，要把这些因素扣除在外；否则，会导致全月平均单价计算结果的不正确。

3.7 定义生产制造参数和物料清单

【学习目标】

了解生产制造参数和物料清单的设置方法。理解物料清单在生产制造管理与业务链管理之间所起的连接作用。

【引出问题】

通过企业应用平台中的设置页面，选择“基础档案”，增设生产制造参数；再通过业务页面，选择“生产制造”，设置物料清单。

【案例陈述】

手动输入生产订单默认状态为“锁定”状态；生产订单默认工序计划方式为“顺推”。物料清单展开层数为 5。时栅资料、时格资料和预测版本资料如表 3-8、表 3-9、表 3-10 所示，并按照表 3-11 设置 012 电脑主机的物料清单。

表 3-8　设置时栅资料:代码 001

行号	日数	需求来源
1	10	客户订单
2	20	预测＋客户订单,先反向再正向抵消
3	30	预测＋客户订单不抵消

表 3-9　设置时格资料:代码 001

行号	类别	日数	起始位置
1	天	3	—
2	周	—	星期一
3	月	—	—

表 3-10　设置预测版本资料

版本代号	版本说明	版本类型
V01	2019 年 03 月版需求预测	MPS
V02	2019 年 03 月版需求预测	MRP

表 3-11　设置 012 电脑主机的物料清单

层次	物料编码	物料名称	物料属性	可选	选择规则	计划	数量	供应类型
0	012	电脑主机	自制,生产耗用,内销,外销	否	全部	100%	1	虚拟件
1	001	PIII 芯片	外购,生产耗用	否	全部	100%	1	领用
1	002	40G 硬盘	外购,生产耗用,内销,外销	否	全部	100%	1	领用
1	009	主机箱(带电源)	外购,生产耗用,内销,外销	否	全部	100%	1	领用
1	010	内存条	外购,生产耗用,内销,外销	否	全部	100%	2	领用
1	011	集成主板(带风扇)	外购,生产耗用,内销,外销	否	全部	100%	1	领用

【案例分析】

(1) 系统时间修改为 2019-03-01。

(2) 启动“系统管理”,由系统管理员(admin)注册登录,引入第 3.6 节建立的[002]账套,导入到“3.7 生产制造”文件夹。

(3) 启动企业应用平台,由账套主管[001]黄红登录。

(4) 在“基础设置”选项卡中,执行“基础档案”|“生产制造”|“生产制造参数设定”命令,

进入“生产制造参数设定”窗口，如图 3-44 所示。在状态设置中，手动输入生产订单默认状态为“锁定”状态，生产订单排程类型为“顺推”；在业务设置中，设置物料清单展开层数为“5”，同时把清单/工艺路线版本日期默认值改为“2019-03-01”。单击“确定”按钮返回。

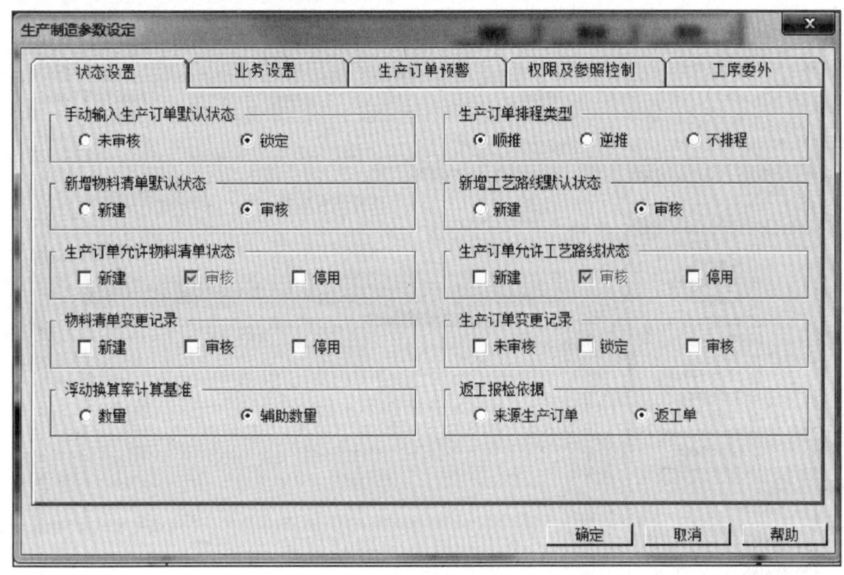

图 3-44 生产制造参数设定

(5) 在“基础设置”选项卡中，执行“基础档案”|“生产制造”|“需求时栅维护”命令，进入“需求时栅维护”窗口。单击“增加”按钮，时栅代号和说明都输入“001”，按资料输入行号、日数，选择“需求来源”，单击“保存”按钮返回，如图 3-45 所示。

图 3-45 需求时栅维护

（6）在"基础设置"选项卡中，执行"基础档案"|"生产制造"|"时格资料维护"命令，进入"时格资料维护"窗口。单击"增加"按钮，时格代号和说明都输入"001"，按资料输入行号，选择"类别"（天，周，月，旬，季或年），输入"日数"，选择"起始位置"，单击"保存"按钮返回，如图 3-46 所示。

图 3-46 时格资料维护

（7）在"基础设置"选项卡中，执行"基础档案"|"生产制造"|"预测版本资料维护"命令，进入"预测版本资料维护"窗口。单击"增加"按钮，按资料输入版本代号、版本说明，选择版本类别（MPS 或者 MRP），单击"保存"按钮返回，如图 3-47 所示。

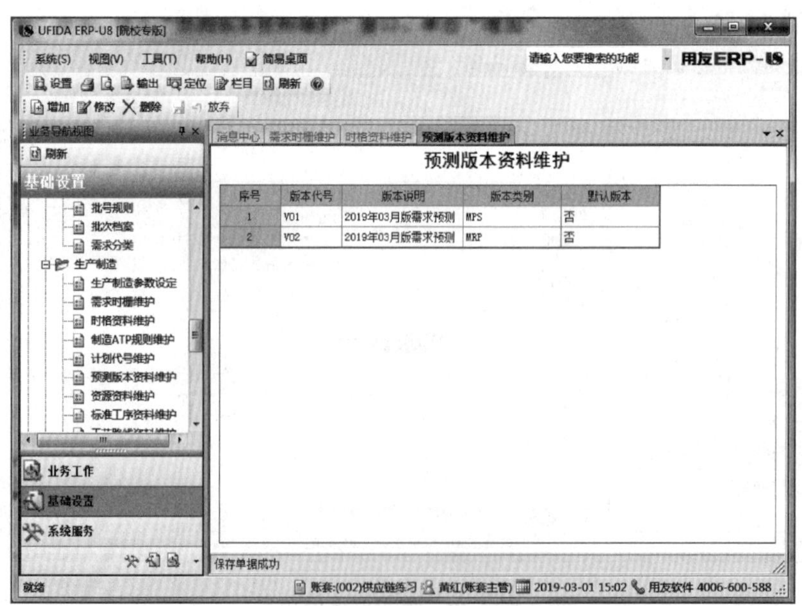

图 3-47 预测版本资料维护

(8) 在“业务工作”选项卡中,执行“生产制造”|“物料清单”|“物料清单维护”|“物料清单资料维护”命令,进入“物料清单资料维护”窗口。单击“增加”按钮,按资料输入母件编码、版本代号、版本说明、版本日期、默认基础数量和各子件信息,单击“保存”按钮返回。完成后,结果如图 3-48 所示。

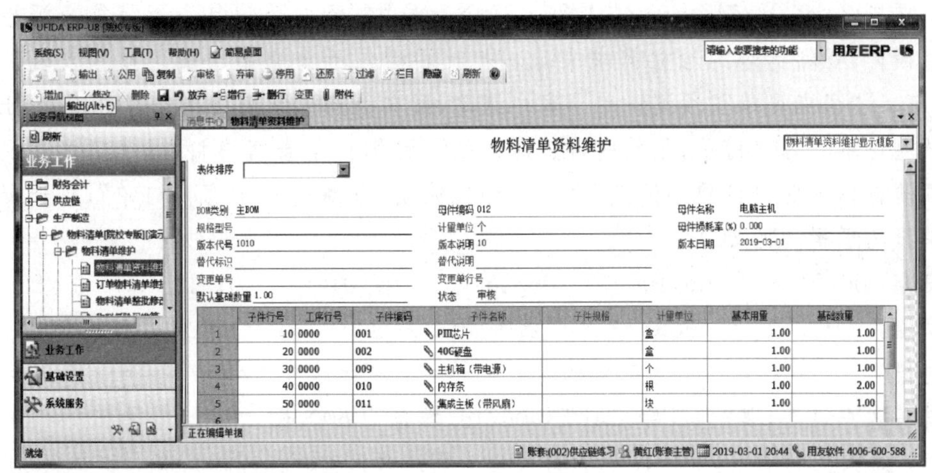

图 3-48 物料清单资料维护

(9) 退出企业应用平台。由系统管理员(admin)在“系统管理”中备份数据,如备份至“D:\002 账套备份数据\3.7 生产制造”,便于以后引入。

【拓展阅读】

对于生产型企业,特别是离散型企业来说,指导企业生产的源头有两个:一是订单,二是企业的预测。当然对于流程性行业来说是按产能来进行的。企业怎样对订单与预测进行适当的平衡,需要了解以下内容:

(1) 独立需求的概念。当对某项物料的需求与对其他物料的需求无关时,则称这种需求为独立需求。例如,对成品或维修件的需求就是独立需求。

(2) 订单数量不变,是对预测的消抵。先把订单落实,然后才有正向、反向之说。

(3) 双向消抵原则下的需求总量=订单量+IFF(当订单量>总预测量时,0,ABS(订单量—总预测量))。

(4) 反向消抵原则下的需求总量=订单量+IFF((当订单量—订单日期前预测量)>0,0,ABS(订单量—订单日期前预测量))+订单日期后预测量。

(5) 正向消抵原则下的需求总量=订单量+订单日期前预测量+IFF((订单量—订单日期前预测量)>0,0,ABS(订单量—订单日期前预测量))。

(6) 时栅的作用就是为了界定在某一段时间内的独立需求量的来源,处理预测量和销售订单需求量的消抵关系,不同的时段可以有不同的处理办法。

(7) 时栅的第一段时间为上限计划;第二部分为备料计划;第三部分为供应商作参考的。

在设置时栅资料时,行号是系统自动编号,不可修改。最多可设三笔行号资料。日数共分为三个时间段,每一区段的天数由使用者自行决定,例如,若三个区段天数分别为10、20、30,MPS/MRP展开时系统日期为2019/03/01,则此时栅三个区段的起止日期分别为:第一个区段2019/03/01—2019/03/10,第二个区段2019/03/11—2019/03/30,第三个区段2019/03/31—2019/04/29。三个行号中,至少必输其一。需求来源指选择在该时段内,物料计划的独立需求来源。若时间栏位不为空则必输。操作人员可选择"预测订单""客户订单""预测订单+客户订单,反向消抵""预测订单+客户订单,正向消抵""预测订单+客户订单,先反向再正向消抵""预测订单+客户订单,先正向再反向消抵""预测订单+客户订单不消抵"之一。如果使用"预测资料+客户订单",可选择是否执行消抵的逻辑。例如:

日期:06/01　　06/10　　06/20　　07/01　　07/10　　07/20

预测:200　　300　　200　　300　　200　　300

时栅:　　====区段一=====++=====区段二==========

若一客户订单,其"预计完工日"为06/15,数量为600,则:

(1) 选择反向消抵:则区段一的需求量为需求预测06/20(200),客户订单(600)。

(2) 选择正向消抵:则区段一的需求量为需求预测06/01(200),06/10(300),客户订单(600)。

(3) 选择先反向再正向消抵:则区段一的需求量为需求预测06/20(100),客户订单(600)。

(4) 选择先正向再反向消抵:则区段一的需求量为需求预测06/01(100),客户订单(600)。注意:这里"消抵"的计算逻辑是依各区段执行的,不跨区段作业。

时格主要是处理产能问题的,供查看物料可承诺量、MPS/MRP供需资料、工作中心资源产能/负荷资料,以及设定资源需求计划、重复计划期间时使用。

设置时格时,行号在新增时系统自动编号,不可修改。类别是必输的,可选择"天/周/旬/月/季/年"之一。如果类别为"天",则日数必输且数字大于零;如果选择其他,则不可输入。当类别为"周"时必输,起始位置可选择"星期一/星期二/星期三/星期四/星期五/星期六/星期天"之一;当类别为其他时,起始位置不可输入。下面以按时格代号设定计划期间为例,说明时格应用计算逻辑:

假如时格代号T1设定为:行号1类别为周,起始位置为星期一;行号2类别也为周,起始位置也为星期一;行号3类别为月。

(1) 若系统日期为2019/05/26(星期一),则T1时格所代表的计划期间的日期范围分别为2019/05/26—2019/06/01、2019/06/02—2019/06/08、2019/06/09—2019/06/30。

(2) 若系统日期为2019/05/31(星期六),因当周的起始位置为星期一,所以其计划期间的日期范围也为2019/05/26—2019/06/01、2019/06/02—2019/06/08、2019/06/09—2019/06/30。

(3) 若上述时格代号T1的行号3的类别为"日数"且日数为30,则计划期间的日期范围分别为2019/05/26—2019/06/01、2019/06/02—2019/06/08和2019/06/09—2019/07/08。

3.8 定义财务信息

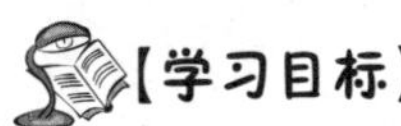

掌握会计科目、凭证类别、外币设置等财务信息的设置方法。

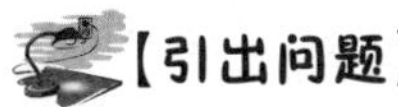

通过企业应用平台中的设置页面，选择“基础档案”，增设财务信息。

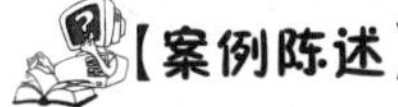

定义凭证类别：收款凭证、付款凭证、转账凭证。

定义外币及汇率：

(1) 美元，03 月份记账汇率为 6.20。

(2) 日元，03 月份记账汇率为 0.06。

定义结算方式：现金结算、支票结算、本票结算、汇票结算、贷记凭证。

定义本企业开户银行：开户银行编码为 01，开户行为上海分行淮海路分理处，账号为 765848981258，所属银行为中国工商银行。

设置会计科目：

(1) 辅助核算：应收账款，预收账款设为“客户往来”；应付账款，预付账款设为“供应商往来”。

(2) 通过“编辑”菜单指定科目，指定“现金总账科目”和“银行总账科目”。

(3) 增设“银行存款”的二级科目。

100201　工行存款

100202　中行存款

10020201　美元存款

【案例分析】

(1) 系统时间修改为 2019-03-01。

(2) 启动“系统管理”，由系统管理员(admin)注册登录，引入第 3.7 节建立的[002]账套，导入到“3.8 财务信息”文件夹。

(3) 启动企业应用平台，由账套主管[001]黄红登录。

(4) 在“基础设置”选项卡中，执行“基础档案”|“财务”|“凭证类别”命令，进入“凭证类别”窗口，选择凭证类别方式为“收款凭证　付款凭证　转账凭证”。对于收款凭证来说，借方必有 1001 或 1002；对于付款凭证来说，贷方必有 1001 或 1002；对于转账凭证来说，借方和贷方必无 1001 或 1002。单击“退出”按钮返回。完成后，结果如图 3-49 所示。

(5) 在“基础设置”选项卡中，执行“基础档案”|“财务”|“外币设置”命令，进入“外币设置”窗口。单击“浮动汇率”，选择时间为“2019.03”，再单击“固定汇率”，输入币符“USD”，币名“美元”，汇率小数位“5”，单击“确定”，如图 3-50 所示，在月份为“2019.03”对应的记账汇率处输入“6.20”。同理，输入日元汇率如图 3-51 所示。

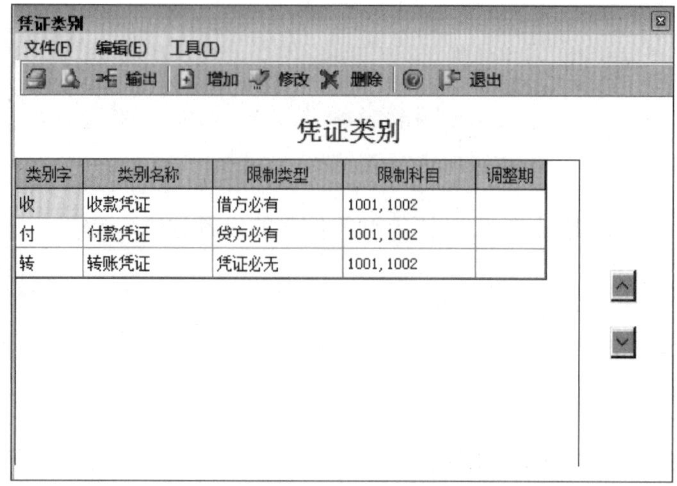

图 3-49　凭证类别

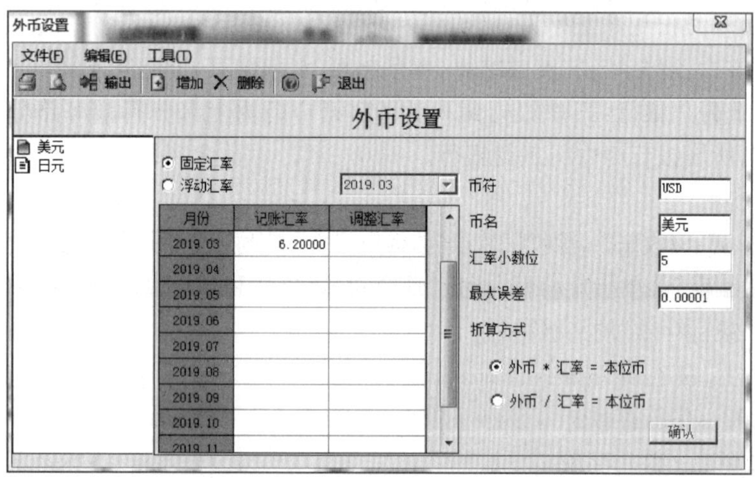

图 3-50　外币设置(美元)

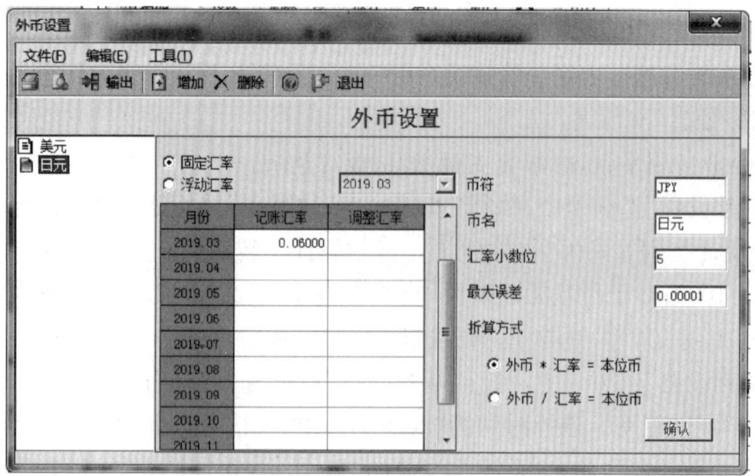

图 3-51　外币设置(日元)

(6) 在“基础设置”选项卡中,执行“基础档案”|“收付结算”|“结算方式”命令,进入“结算方式”窗口。单击“增加”按钮,输入结算方式编码和结算方式名称,注意编码规则为 2 位,从 01 开始输入。完成结果如图 3-52 所示。

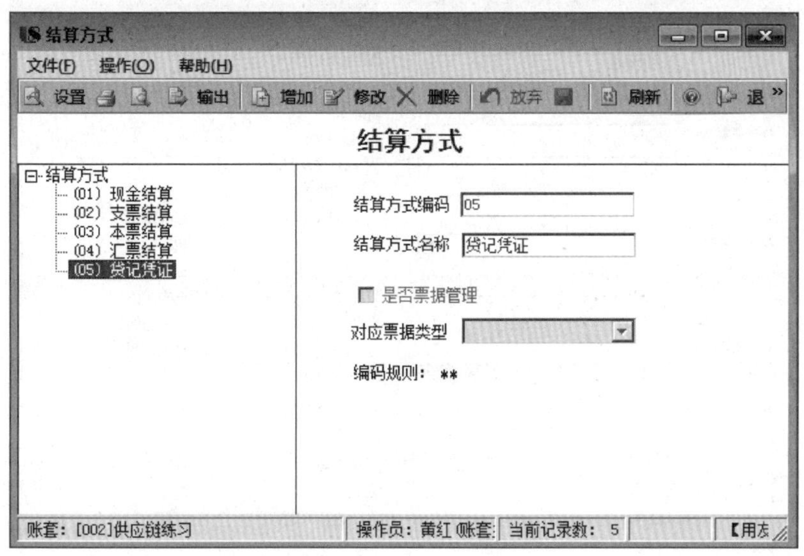

图 3-52 结算方式

(7) 在“基础设置”选项卡中,执行“基础档案”|“收付结算”|“本单位开户银行”命令,进入“本单位开户银行”窗口。单击“增加”按钮,弹出“增加本单位开户银行”对话框,输入编码、银行账号等信息,如图 3-53 所示,单击“保存”按钮返回。

图 3-53 增加本单位开户银行

(8) 在“基础设置”选项卡中,执行“基础档案”|“财务”|“会计科目”命令,进入“会计科目”窗口。在资产科目中找到“1122 应收账款”,双击弹出“会计科目_修改”对话框。单击“修改”按钮,在辅助核算中勾选“客户往来”,受控系统默认为“应收系统”,如图3-54 所示,

单击“确定”保存并返回修改界面,再单击“返回”退出。同理,完成“2203 预收账款”“2202 应付账款”“1123 预付账款”的辅助核算设置。

图 3-54　会计科目修改(辅助核算)

(9) 在“会计科目”窗口菜单上选择“编辑”|“指定科目”,在弹出的对话框中,选中“现金科目”,将待选科目中的“1001 库存现金”选中移入“已选科目”,如图 3-55 所示。选中“银行科目”,将待选科目中的“1002 银行存款”选中移入“已选科目”,单击“确定”。

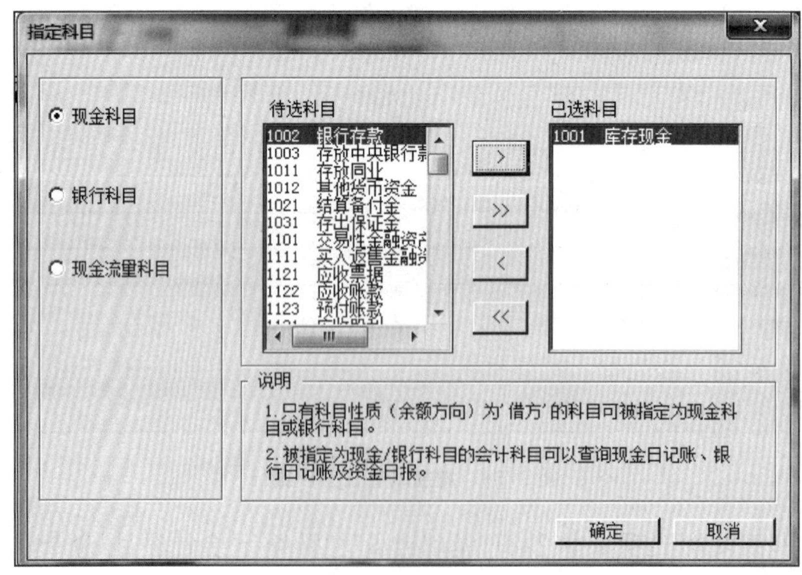

图 3-55　指定科目

(10) 单击"增加",在弹出的对话框中,输入科目代码"100201"、科目中文名称"工行存款"、科目英文名称"工行存款 eng";单击"增加",在弹出的对话框中,输入科目代码"100202"、科目中文名称"中行存款"、科目英文名称"中行存款 eng";单击"增加",在弹出的对话框中,输入科目代码"10020201"、科目中文名称"美元存款"、科目英文名称"美元存款 eng",选择账页格式"外币金额式"、外币核算币种"美元 USD",如图 3-56 所示。

图 3-56 新增会计科目

(11) 退出企业应用平台。由系统管理员(admin)在"系统管理"中备份数据,如备份至"D:\002 账套备份数据\3.8 财务信息",便于以后引入。

【拓展阅读】

常用的凭证类别分类方式有如下几种:

(1) 记账凭证。这种方式最简单。

(2) 收款、付款、转账凭证。这种方式最常用。

(3) 现金、银行、转账凭证。

(4) 现金收款、现金付款、银行收款、银行付款、转账凭证。

当然也可以自定义凭证类别。某些类别的凭证在制单时对科目有一定限制,这里,系统有 7 种限制类型供选择:

(1) 借方必有:制单时,此类凭证借方至少有一个限制科目有发生。

(2) 贷方必有:制单时,此类凭证贷方至少有一个限制科目有发生。

(3) 凭证必有:制单时,此类凭证无论借方还是贷方至少有一个限制科目有发生。

(4) 凭证必无:制单时,此类凭证无论借方还是贷方不可有一个限制科目有发生。

(5) 无限制:制单时,此类凭证可使用所有合法的科目。限制科目由用户输入,可以是任意级次的科目,科目之间用逗号分隔,数量不限;也可参照输入,但不能重复录入。

(6) 借方必无:金额发生在借方的科目集必须不包含借方必无科目。可在凭证保存时检查。

(7) 贷方必无:金额发生在贷方的科目集必须不包含贷方必无科目。可在凭证保存时检查。

通常情况下,已使用的凭证类别不能删除,也不能修改类别字。若选有科目限制(即限制类型不是[无限制]),则至少要输入一个限制科目。若限制类型选择[无限制],则不能输入限制科目。若限制科目为非末级科目,则在制单时,其所有下级科目都将受到同样的限制。例如,若分类如上所设,且1001科目下有100101、100102两个下级科目,那么,在填制转账凭证时,将不能使用100101、100102及1002下的所有科目。

凭证类别表格右侧的上下箭头按钮可以调整凭证类别的前后顺序,它将决定明细账中凭证的排列顺序。例如,凭证类别设置中凭证类别的排列顺序为收、付、转,那么,在查询明细账、日记账时,同一日的凭证,将按照收、付、转的顺序进行排列。

汇率管理是专为外币核算服务的。在填制凭证前,需要对使用的汇率进行定义,以便制单时调用,减少录入汇率的次数和差错。使用固定汇率(即使用月初或年初汇率)作为记账汇率的用户,在填制每月的凭证前,应预先录入该月的记账汇率,否则在填制该月外币凭证时,将会出现汇率为零的错误。使用浮动汇率(即使用当日汇率)作为记账汇率的用户,在填制该天的凭证前,应预先录入该天的记账汇率。在平时制单时,系统自动显示此汇率,如果用户使用固定汇率(月初汇率),则记账汇率必须输入;否则制单时汇率为0。调整汇率即月末汇率,在期末计算汇兑损益时使用,平时可不输,等期末可输入期末时汇率,用于计算汇兑损益,本汇率不作其他用途。

本案例中涉及的会计科目设置(辅助核算、指定会计科目和新增银行存款二级科目等)是比较典型的。在具体业务中,仍可能需要对会计科目进行增删。指定会计科目是指定出纳的专管科目。只有指定科目后,才能执行出纳签字功能,从而实现现金、银行存款管理的保密性,才能查看现金、银行存款日记账。当"现金总账科目""银行总账科目"指定后,"现金"科目自动选中"日记账"复选框,"银行存款"科目自动选中"日记账""银行账"复选框,其二级科目也自动勾选。如果会计科目已经使用,则不能修改或删除。会计科目的"账页格式"一般为"金额式",也可能是"数量金额式"等。如果是"数量金额式",那么还应该继续设置计量单位,否则不能进行数量金额的核算。增加外币时,"账页格式"选择"外币金额式",同时选中"外币核算",选择核算的币种就如图3-56所示。

3.9 定义单据编码

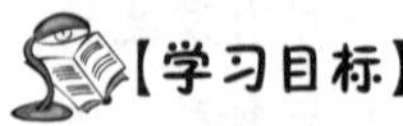

掌握单据编码的设置方法。

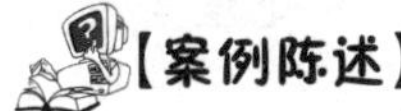【引出问题】

在企业应用平台中，单据编码方法默认是自动设置的，即从 1 开始逐一增加。但企业针对业务性质的不同或者业务操作员的操作习惯的不同常常会自定义单据编码规则。

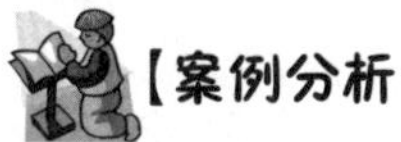【案例陈述】

单据编码设置中采购专用发票、销售专用发票、采购运费发票编号方式可由操作人员自定义。

【案例分析】

（1）系统时间修改为 2019-03-01。

（2）启动“系统管理”，由系统管理员（admin）注册登录，引入第 3.8 节建立的[002]账套，导入到“3.9 单据设计”文件夹。

（3）启动企业应用平台，由账套主管[001]黄红登录。

（4）在“基础设置”选项卡中，执行“单据设置”|“单据编号设置”命令，进入“单据编号设置”窗口，选择“单据类型”|“采购管理”|“采购专用发票”，单击“修改”按钮，勾选中“详细信息”选项卡下方的“完全手工编号”，单击“保存”按钮，如图 3-57 所示。按照同样的方法修改“单据类型”|“采购管理”|“采购运费发票”和“单据类型”|“销售管理”|“销售专用发票”。单击“退出”关闭窗口。

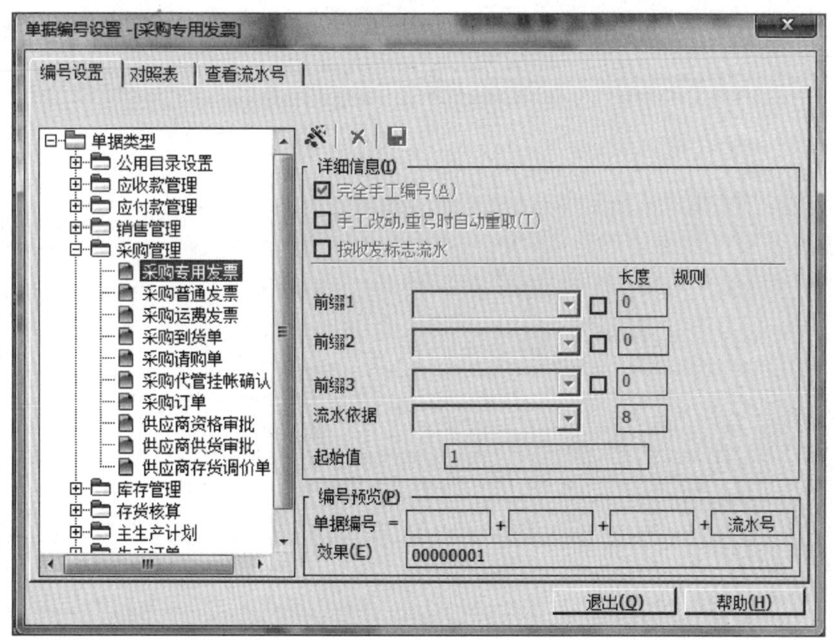

图 3-57　单据编号设置

（5）退出企业应用平台。由系统管理员（admin）在“系统管理”中备份数据，如备份至“D:\002 账套备份数据\3.9 单据设计”，便于以后引入。

【拓展阅读】

本章内容是在企业信息化业务处理前进行基础信息设置。如果没有这些基础信息的设置，后续业务操作前也不得不针对业务的需要对基础信息进行适当补充。当然，这里不可能对所有的业务基础信息都进行设置，某些基础信息可在后续业务处理需要时进行设置。

为了便于后续业务的调用，这里将整个第三章备份为一个账套，命名为“002 账套基础信息设置”。

完成本章节内容后，请思考如下问题：

(1) 为什么建账套要在基础设置之前?

(2) 账套主管与系统管理员角色和权限有什么不同?

(3) 比较由系统管理员(admin)启用账套和由账套主管启用账套的异同。

4 供应链期初设置及余额录入

本章重点

企业为了在将来的业务处理时，能够由系统自动生成有关的凭证，在进行期初建账时，应掌握如何设置相关业务的入账科目，以及如何把原来手工做账时所涉及的各业务的期末余额录入至系统中。

4.1 设置基础科目

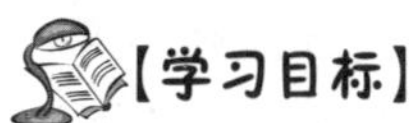

【学习目标】

掌握存货科目和存货对方科目的设置方法。

【引出问题】

存货科目和存货对方科目的设置是供应链管理业务的期初设置内容，必须在存货档案录入之后才可以操作。

【案例陈述】

（一）根据存货大类分别设置存货科目，相关资料如表4-1所示。

表4-1 存货科目信息

存货分类	对应科目名称	科目编码
原材料	原材料	1403
产成品	库存商品	1405
外购商品	库存商品	1405
半成品	生产成本——自制半成品	500103

（二）根据收发类别确定各存货的对方科目，相关资料如表4-2所示。

表4-2 对方科目信息

收发类别	对方科目	科目编码	暂估科目	科目编码
采购入库	材料采购	1401	材料采购	1401

（续表）

收发类别	对方科目	科目编码	暂估科目	科目编码
产成品入库	基本生产成本	500101		
盘盈入库	待处理流动财产损溢	190101		
销售出库	主营业务成本	6401		

【案例分析】

（1）系统时间修改为2019-03-01。

（2）启动“系统管理”，由系统管理员（admin）注册登录，引入第3章完成后的[002]账套，导入到“4.1 设置基础科目”文件夹。

（3）启动企业应用平台，由账套主管[001]黄红登录，操作日期为2019-03-01。

（4）在“业务工作”选项卡中，执行“供应链”|“存货核算”|“初始设置”|“科目设置”|“存货科目”命令，进入“存货科目”窗口。单击“增加”按钮，在仓库编码中参照选择“001(原料仓库)”，存货分类编码参照选择“01(原材料)”，存货科目编码参照选择“1403(原材料)”，单击“保存”按钮，如图4-1所示。按照同样的方法增加产成品、外购商品和半成品的存货科目。退出关闭窗口。值得注意的是，半成品在2007年新会计制度科目中没有预设一级科目，那么只要不违背会计准则的原则，可以根据企业需要灵活设置。例如，小企业会计准则中库存商品核算时，小企业已经生产完成并已验收入库的产成品以及入库的自制半成品，可在月末借记“库存商品”等科目，贷记“生产成本”科目；企业可以在“库存商品”科目中设置二级明细科目核算半成品、产成品等，也可以将“半成品”科目设置为一级科目核算。这里将半成品设置为“生产成本——自制半成品”，科目编码500103。操作时需要在“存货科目编码”参照项中单击“编辑”|“会计科目”窗口来增加下级科目，这里增加“生产成本——基本生产成本”，科目编码500101；“生产成本——辅助生产成本”，科目编码500102；“生产成本——自制半成品”，科目编码500103。

存货科目

仓库编码	仓库名称	存货分类编码	存货分类名称	存货编码	存货名称	存货科目编码	存货科目名称
001	原料仓库	01	原材料			1403	原材料
002	成品仓库	02	产成品			1405	库存商品
003	外购品仓库	03	外购商品			1405	库存商品
004	半成品仓库	05	半成品			500103	自制半成品

图4-1 存货科目

(5) 在"业务工作"选项卡中,执行"供应链"|"存货核算"|"初始设置"|"科目设置"|"对方科目"命令,进入"对方科目"窗口。单击"增加"按钮,在收发类别编码中双击参照选择"0101(采购入库)",存货分类编码参照选择"01(原材料)",对方科目编码参照选择"1401(材料采购)",暂估科目编码参照选择"1401(材料采购)",如图 4-2 所示。按照同样的方法增加产成品入库、盘盈入库和销售出库的对方科目(若没有该科目可以在"编辑"| "会计科目"窗口中增加科目,这里"待处理流动财产损溢"就是增加的新科目,科目编码为 190101)。单击"退出",即可保存对方科目的设置。

对方科目

输出 增加 删除 退出

对方科目

收发类别编码	收发类别名称	存货分类编码	存货分类名称	..	子..	3..	B..	6..	.	i..	项目名称	对方科目编码	对方科目名称	暂估科目编码	暂估科目名称
0101	采购入库	01	原材料									1401	材料采购	1401	材料采购
0102	产成品入库	02	产成品									500101	基本生产成本	500101	基本生产成本
0201	盘盈入库	02	产成品									190101	待处理流动...	190101	待处理流动...
0301	销售出库	02	产成品									6401	主营业务成本	6401	主营业务成本

图 4-2 对方科目

(6) 退出企业应用平台。由系统管理员(admin)在"系统管理"中备份数据,如备份至"D:\002 账套备份数据\4.1 设置基础科目",便于以后引入。

【拓展阅读】

存货的对方科目处理,在不同情形下会有不同的分录。这里只是举例说明几种情况,关键是把这些分录厘清。

例如:采购入库的处理如下。

(一) 商业企业进货入库时:

借:库存商品
　　应交税费——应交增值税(进项税额)
　　贷:银行存款等

(二) 工业企业采购入库时:

如果不考虑把采购未入库与入库分开,则如下:

借:材料采购
　　应交税费——应交增值税(进项税额)
　　贷:银行存款等

如果把采购未入库与入库分开，则作两个分录：

(1) 采购时：

借：原材料

应交税费——应交增值税(进项税额)

贷：银行存款等

(2) 入库时：

借：材料采购

贷：原材料

(三) 工业企业完工产品入库时：

借：产成品

贷：生产成本

(四) 销售出库，结转销售成本：

借：主营业务成本

贷：库存商品

(五) 存货盘点时(注意哪些是与存货相关的分录)：

(1) 盘亏：

A. 批准处理前：

借：待处理财产损溢

贷：原材料等

B. 批准处理后：

借：其他应收款……………………………………(应由责任人和保险公司赔偿的部分)

管理费用…………………………………………………………(一般经营损失)

营业外支出…………………………………………………………(非常规损失)

贷：待处理财产损溢

(2) 盘盈：

A. 批准处理前：

借：原材料等

贷：待处理财产损溢

B. 批准处理后：

借：待处理财产损溢

贷：管理费用

4.2 期初余额的整理录入

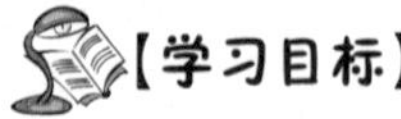

【学习目标】

掌握在启用采购管理系统之前，已经收到采购货物，但尚未收到对方开具的发票；期初发货单、采购管理系统期初库存记账、存货核算系统期初记账等业务的操作方法。

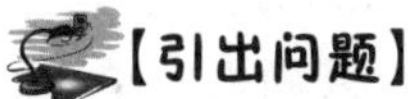

【引出问题】

对于货到票未到的情形，可以按照暂估价先办理入库手续，待以后收到发票，再进行采购结算。对于已经办理入库手续的货物，必须录入期初入库信息，以便将来及时进行结算。对于期初已经发出的货物，但尚未开票，也需要办理期初发货单，待以后收到货款，开出发票后，再进行销售结算。供应链管理系统是一个有机的整体，各模块之间有着直接的数据传递关系，彼此影响，相互制约，为了不影响本会计期间的业务，对于库存管理和存货核算系统中的数据也需要进行期初结存。

【案例陈述】

（一）期初货到票未到的录入。

2019/02/25 业务一部收到兴华公司提供的 40G 硬盘 100 盒，单价为 800 元，商品已验收入原料仓库，至今尚未收到发票。

（二）期初发货单的录入。

2019/02/28 业务一部向昌新贸易公司出售计算机 10 台，报价为 6 500 元/台，由成品仓库发货，该发货单尚未开票。

（三）进入存货核算系统，录入各仓库期初余额如表 4-3 所示。

表 4-3　期初余额

仓库名称	存货名称	数量	结存单价(元)
原料仓库	PIII 芯片	700 盒	1 200
	40G 硬盘	200 盒	820
成品仓库	计算机	380 台	4 800
外购品仓库	1600K 打印机	400 台	1 800

（四）进入库存管理系统，录入各仓库期初库存如表 4-4 所示。

表 4-4　期初库存

仓库名称	存货名称	数量
原料仓库	PIII 芯片	700 盒
	40G 硬盘	200 盒
成品仓库	计算机	380 台
外购品仓库	1600K 打印机	400 台

【案例分析】

（1）系统时间修改为 2019-03-01。

（2）启动“系统管理”，由系统管理员(admin)注册登录，引入“4.1　设置基础科目”对应账套，导入到“4.2 期初设置”文件夹。

(3) 启动企业应用平台，由账套主管[001]黄红登录，操作日期为 2019-03-01。

(4) 在“业务工作”选项卡中，执行“供应链”|“采购管理”|“采购入库”|“采购入库单”命令，进入“期初采购入库单”窗口。单击“增加”按钮，入库单号自动添加，在表头位置作如下操作：入库日期选择“2019-02-25”，仓库参照选择“原料仓库”，供货单位参照选择“兴华公司”，部门参照选择“业务一部”，业务员参照选择“李平”，业务类型参照选择“普通采购”，采购类型参照选择“普通采购”，入库类别参照选择“采购入库”。在“表体位置”，存货编码参照选择“002(40G 硬盘)”，主计量单位输入“盒”，数量输入“100”，本币单价输入“800”，本币金额自动汇算。单击“保存”按钮保存该入库单，如图 4-3 所示。

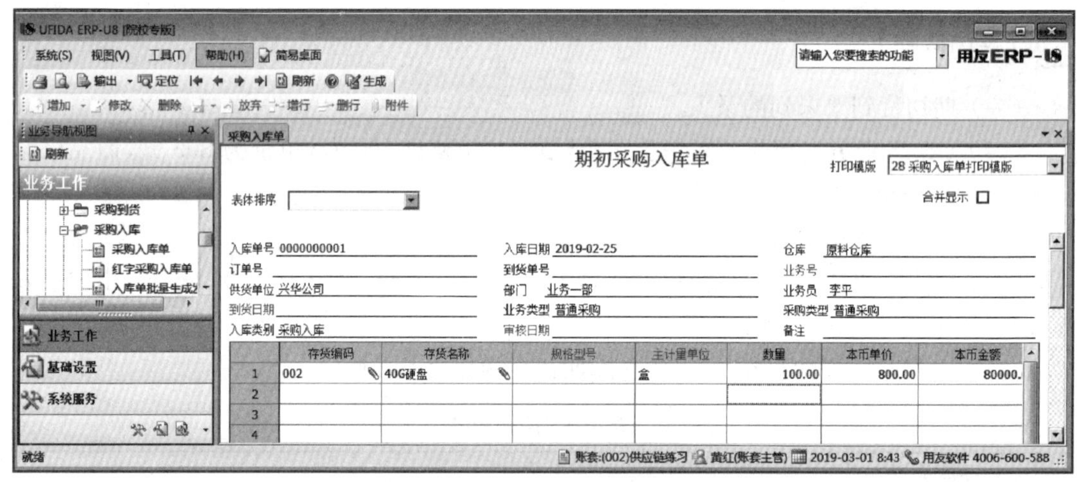

图 4-3 期初采购入库单

(5) 在“业务工作”选项卡中，执行“供应链”|“采购管理”|“设置”|“采购期初记账”命令，进入“期初记账”窗口。单击“记账”按钮，弹出“期初记账完毕”提示框，如图 4-4 所示。单击“确定”，记账完毕，退出采购管理系统。值得注意的是，期初记账完毕后不能输入期初数据，因此需要尽量把期初数据全部输入完毕后再进行期初记账。如果本期业务还没有输入采购入库单等信息，但期初记账已经执行，那么必须取消期初记账，再进行重新输入。期初记账后，执行“供应链”|“采购管理”|“采购入库”|“采购入库单”命令，这时出现的窗口是“采购入库单”，不再有“期初采购入库单”窗口。

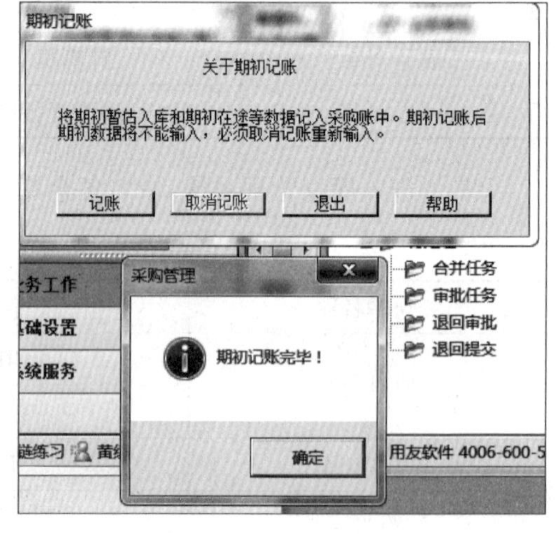

图 4-4 期初记账

(6) 在“业务工作”选项卡中，执行“供应链”|“销售管理”|“设置”|“期初录入”|“期初发货单”命令，进入“期初发货单”窗口。单击“增加”按钮，在表头位置作如下操作：业务类型参照选择“普通销售”，销售类型参照选择“经销”，发货日期选择“2019-02-28”，发货单号自动

添加，客户简称参照选择“昌新贸易公司”，销售部门参照选择“业务一部”，业务员参照选择“李平”，税率输入“17.00”。在表体位置作如下操作：仓库名称参照选择“成品仓库”，存货编码参照选择“006（计算机）”，主计量单位参照选择“台”，数量输入“10”，报价输入“6500”，含税单价、无税单价和金额自动汇算。单击“保存”按钮保存该期初发货单，如图 4-5 所示。

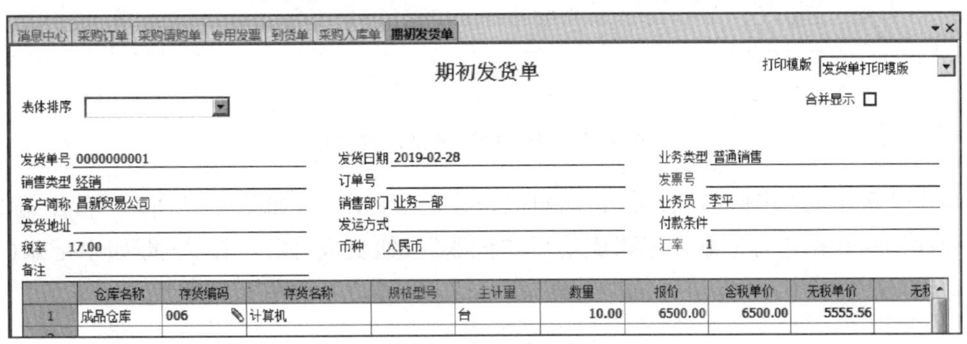

期初发货单

发货单号 0000000001　发货日期 2019-02-28　业务类型 普通销售
销售类型 经销　订单号　发票号
客户简称 昌新贸易公司　销售部门 业务一部　业务员 李平
发货地址　发运方式　付款条件
税率 17.00　币种 人民币　汇率 1
备注

	仓库名称	存货编码	存货名称	规格型号	主计量	数量	报价	含税单价	无税单价
1	成品仓库	006	计算机		台	10.00	6500.00	6500.00	5555.56

图 4-5　期初发货单

（7）在“业务工作”选项卡中，执行“供应链”|“存货核算”|“初始设置”|“期初数据”|“期初余额”命令，进入“期初余额”窗口。单击“增加”按钮，在表头选择仓库“001（原料仓库）”，存货分类选择 01，在表体中参照选择存货编码、计量单位，输入数量、单价，金额自动汇算，存货科目编码和存货科目自动显示（因前面已作设置），如图 4-6 所示。同理，完成“002 成品仓库”“003 外购品仓库”的期初余额录入，如图 4-7 、图 4-8 所示。

期初余额

仓库 001 原料仓库　计价方式：移动平均法　存货... 01 - 原

存货编码	存货名称	规格型号	计量单位	数量	单价	金额	计划价	计划金额	存货科目编码	存货科目
001	PIII芯片		盒	700.00	1200.00	840000.00			1403	原材料
002	40G硬盘		盒	200.00	820.00	164000.00			1403	原材料
合计:				900.00		1,004,0...				

图 4-6　期初余额（原料仓库）

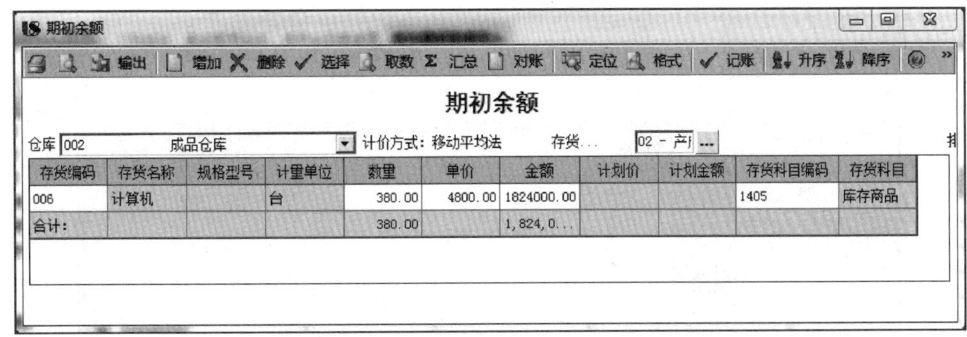

期初余额

仓库 002 成品仓库　计价方式：移动平均法　存货... 02 - 产

存货编码	存货名称	规格型号	计量单位	数量	单价	金额	计划价	计划金额	存货科目编码	存货科目
006	计算机		台	380.00	4800.00	1824000.00			1405	库存商品
合计:				380.00		1,824,0...				

图 4-7　期初余额（成品仓库）

图 4-8　期初余额(外购品仓库)

单击菜单中的“记账”按钮，跳出“期初记账成功!”提示框，如图 4-9 所示，单击“确定”，对各仓库期初数据进行记账。记账成功后，“记账”按钮变成“恢复”按钮，即如果记账出错，可以单击“恢复”按钮，重新进行期初余额录入，待输入成功后再进行记账。

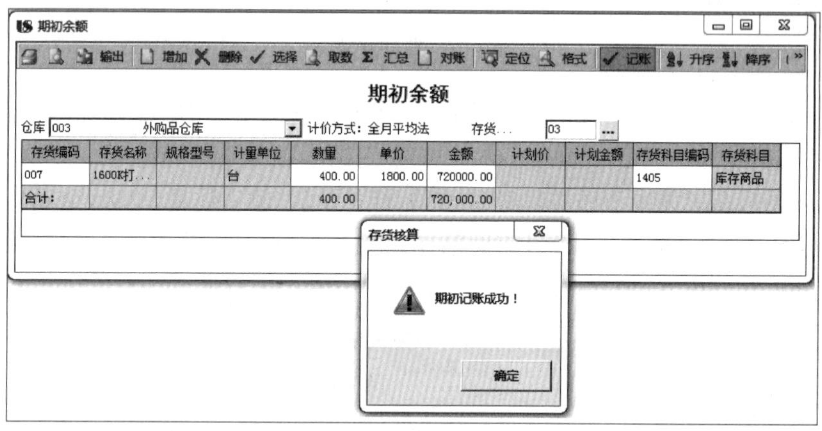

图 4-9　期初余额记账

(8) 在“业务工作”选项卡中，执行“供应链”|“库存管理”|“初始设置”|“期初结存”命令，进入“库存期初数据录入”窗口。在表头选择仓库“(001)原料仓库”，单击“修改”按钮，再单击“取数”按钮，确认库存信息无误后，单击“保存”按钮，然后单击“批审”，如图 4-10 所示。

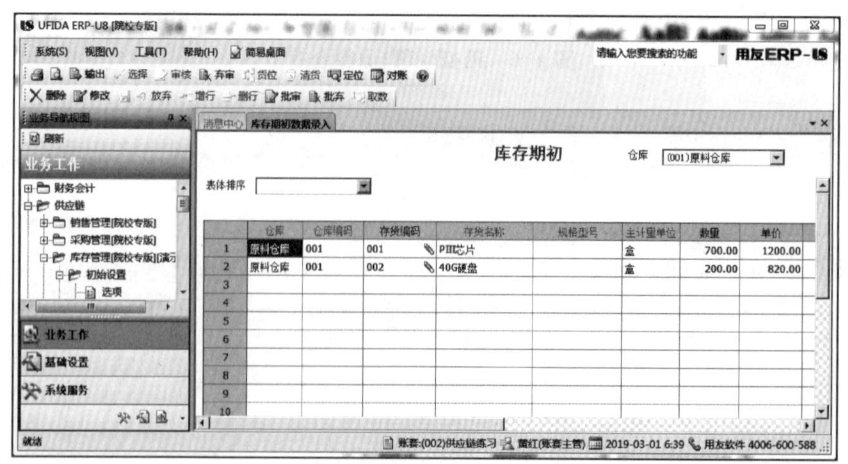

图 4-10　库存期初数据录入(原料仓库)

在菜单中，单击“对账”按钮，跳出“库存与存货期初对账查询条件”对话框，选择“原料仓库”，单击“确定”，跳出“存货核算”对话框，显示“对账成功！”，如图 4-11 所示。

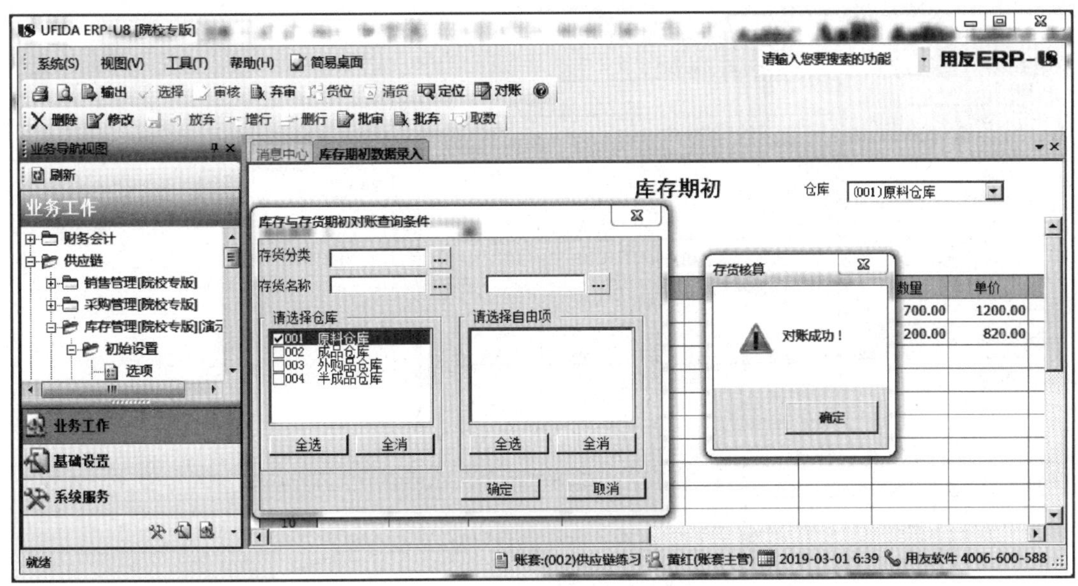

图 4-11 库存与存货期初对账(原料仓库)

同理选择其他几个仓库进行相应的操作，如图 4-12、图 4-13、图 4-14 和图 4-15 所示。

图 4-12 库存期初数据录入(成品仓库)

当所有仓库对账完成后，单击“供应链”|“库存管理”|“对账”|“库存与存货对账”窗口，跳出“库存存货对账”对话框，选择对账月份为 3 月，选中“包含未审核单据”，如图 4-16 所示。

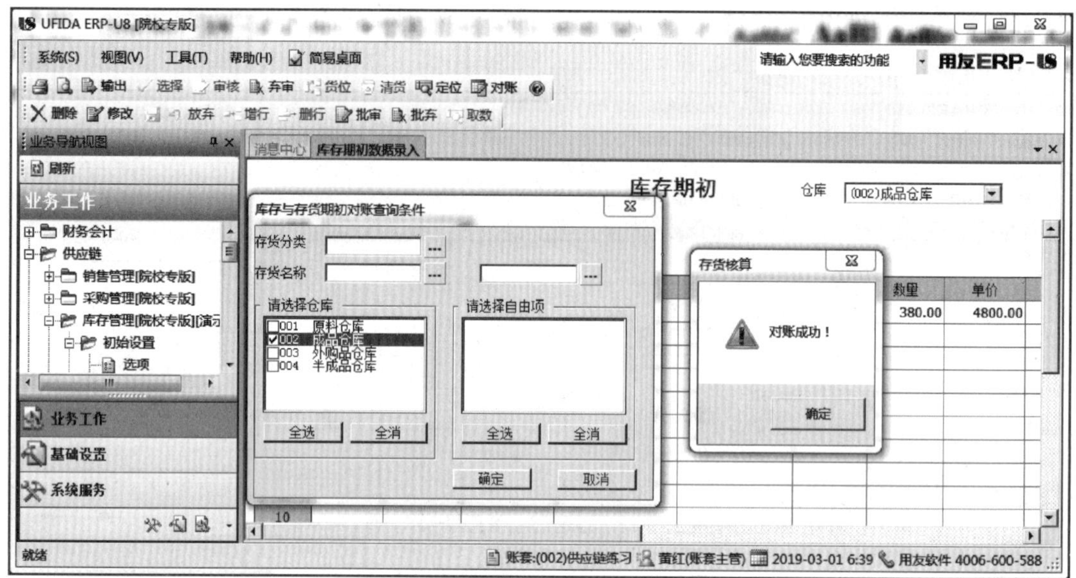

图 4-13　库存与存货期初对账(成品仓库)

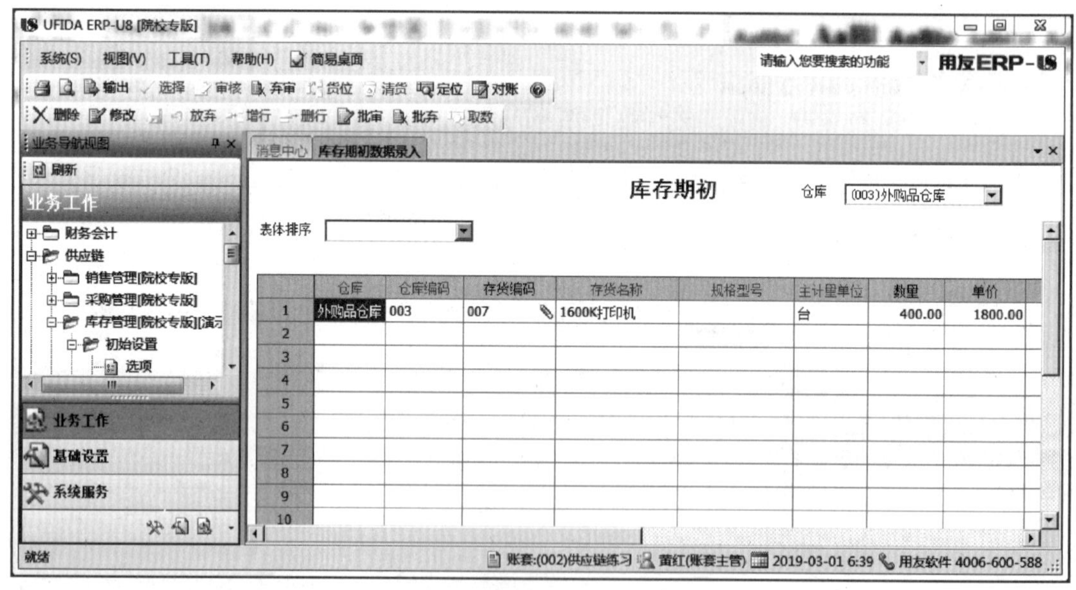

图 4-14　库存期初数据录入(外购品仓库)

单击“确定”,显示“对账报告”,如图 4-17 所示。退出库存管理系统。

最后,退出企业应用平台,再以系统管理员(admin)的身份在“系统管理”中备份数据,如备份至“D:\002 账套备份数据\4.2　期初设置”,便于以后引入。

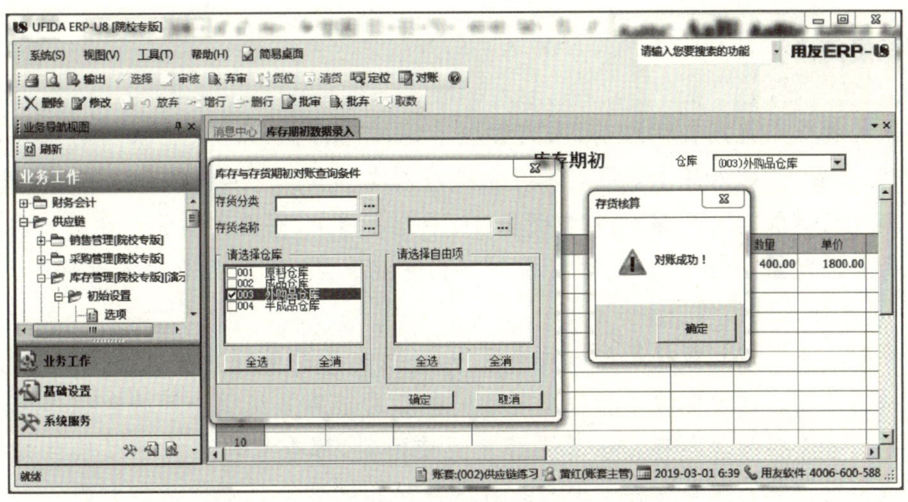

图 4-15　库存与存货期初对账(外购品仓库)

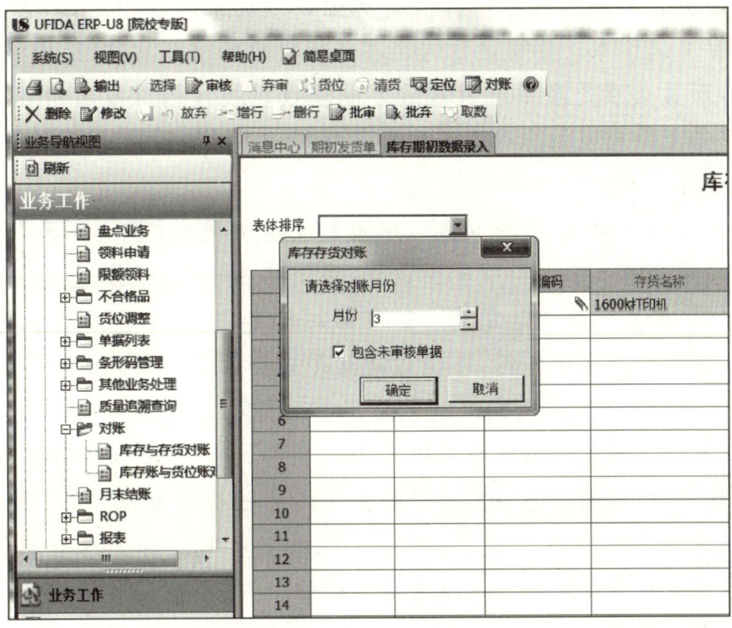

图 4-16　库存存货对账

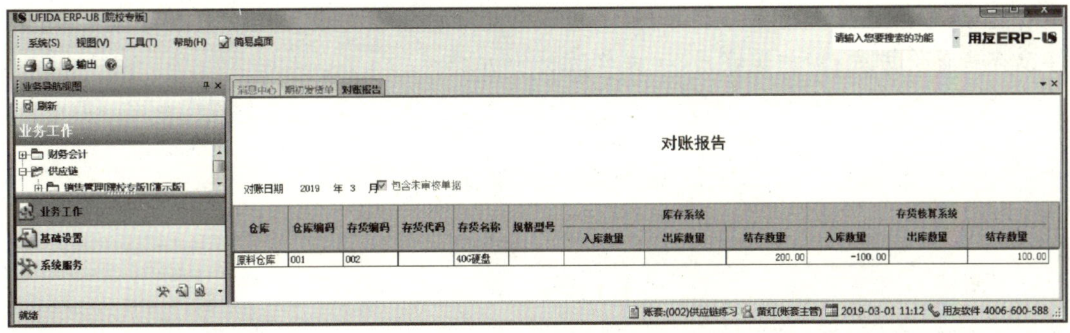

图 4-17　库存存货对账报告

【拓展阅读】

在采购管理系统期初记账前，采购管理系统的“采购入库”只能录入期初采购入库单；期初记账后，采购入库单需要在库存系统录入或生成。采购管理系统期初记账前，期初入库单可以增加、修改、删除；期初记账后，不允许增加、修改和删除。如果采购货物尚未运达企业但发票已经收到，则可以录入期初采购发票，表示企业的在途物资；待货物运达后，再办理采购结算。

库存管理系统期初数据录入方法有两种：一是在库存管理系统直接录入；二是从存货核算系统取数。这也体现了库存管理系统和存货核算系统模块间的数据传递和相互影响关系。当库存管理与存货核算系统集成使用时，库存管理系统可以从存货核算系统中读取存货核算系统与库存管理系统启用月份相同的会计期间的期初数。如果两个系统启用月份不同，如存货核算系统先启，库存管理系统后启，则期初数据需要将存货的期初数据和存货在库存系统启用之前的发生数进行汇总求出结存，才能作为存货的期初数据被库存系统读取。值得注意的是，“分期收款发出商品”的期初数据只能从销售管理系统取数，而且必须是经系统审核后才能取数。按计划价或售价核算出库成本的存货，都应有期初差异或差价。初次使用存货核算系统时，只能从存货核算系统录入这些存货的期初差异余额或期初差价余额。

从存货核算系统取数时，取数只能取出当前仓库的数据，即一次只能取出一个仓库的期初数据。如果当前仓库已存在期初数据，系统将提示“是否覆盖原来数据”，一般应选择覆盖，否则，期初数据会发生重复。只有第一年启用时，才能使用取数功能，以后年度结转上年后，取数功能不能使用，系统自动结转期初数据。取数成功后，还必须对所有仓库的所有存货进行审核，以完成期初记账工作。期初记账是指将有关期初数据记入相应的账表中，它标志着供应链管理系统各个子系统的初始工作全部结束，相关的参数和期初数据不能修改、删除。当供应链管理系统各个子系统集成使用，期初记账应该遵循一定的顺序：采购管理系统先记账；库存管理系统所有仓库的所有存货必须审核通过；最后是存货核算系统记账。如果没有期初数据，可以不输入期初数据，但必须执行记账操作，否则在普通采购业务中不会出现“业务核算”和“财务核算”模块。如果期初数据是运行“结转上年”功能得到的，为未记账状态，则需要执行记账功能后，才能进行日常业务的处理；如果已经进行业务核算，则不能恢复记账。存货核算系统在期初记账前，可以修改存货计价方式；期初记账后，不能修改计价方式。

5 采购业务

本章重点

采购管理系统的主要功能包括：对供应商进行有效管理，严格管理采购价格，可以选择采购流程，及时进行采购结算和采购执行情况分析。运用采购管理系统可以对普通采购业务、现付业务、费用发票结算、采购比价、跨月结算、采购退货等业务进行处理。该系统能够与应付款管理系统、总账系统集成使用，以便及时处理采购款项，并对采购业务进行相应的账务处理。

通过本章的学习，学生应掌握采购业务的处理流程和处理方法，深入了解采购管理系统与供应链系统的其他子系统、与ERP系统中的相关子系统之间的紧密联系和数据传递关系，以便正确处理采购业务和与采购相关的其他业务。

5.1 普通采购业务

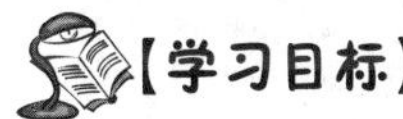

掌握普通采购业务的操作方法。

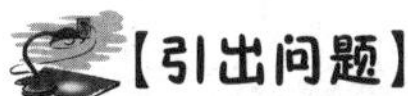

普通采购业务是制造企业最基础的经济业务。

【案例陈述】

（一）2019/03/01 业务三部的王新向创新公司询问 P4 2.4G 的价格（1 000 元/盒），觉得价格合适，随后向公司上级主管提出请购要求，请购数量为 300 盒，需求日期为 2019/03/03。业务员据此填制请购单。

（二）2019/03/03 上级主管同意向创新公司订购 P4 2.4G 300 盒，单价为 1 000 元，要求到货日期为 2019/03/03。

（三）2019/03/03 收到所订购的 P4 2.4G 300 盒。填制到货单。

（四）2019/03/03 将所收到的货物验收入原材料仓库。填制采购入库单。

（五）当天收到该笔货物的专用发票一张，票号 85010。

（六）业务部门将采购发票交给财务部门，财务部门确认此业务所涉及的应付账款和采购成本。

（七）账表查询。

【案例分析】

（一）业务中出现了在前节基础设置部分没有出现的基础信息，因此首先进行基础档案设置。

（1）系统时间修改为2019-03-31。

（2）启动"系统管理"，由系统管理员（admin）注册登录，引入第4章完成后的[002]账套，导入到"5.1普通采购业务"文件夹。

（3）启动企业应用平台，由账套主管[001]黄红登录，操作日期为2019-03-01。

（4）在"基础设置"选项卡下，参照第3章的基础设置部分，对基础档案进行修改：①增加存货档案[属"原材料"大类，存货编码：013，存货名称：P4 2.4G，单位：盒（无换算单位组），存货属性：外购、内销、外销、生产耗用]；②增加供应商档案（属"原料供应商"大类，供应商编码：CXGS，供应商简称：创新公司，税号：314835920，供应商属性：货物）；③增加部门档案（部门编码：0203；部门名称：业务三部）；④增加人员档案（0002王新：在职人员、业务三部、男、业务员、操作员）。当勾选中操作员后，"对应操作员编码"自动设置为0002，"对应操作员名称"自动出现"王新"，如图5-1所示。由于操作员中没有王新的信息，由系统管理员（admin）登录进入系统管理，增加用户0002王新，所属角色为"采购业务员"。单击"保存"按钮，并退出。

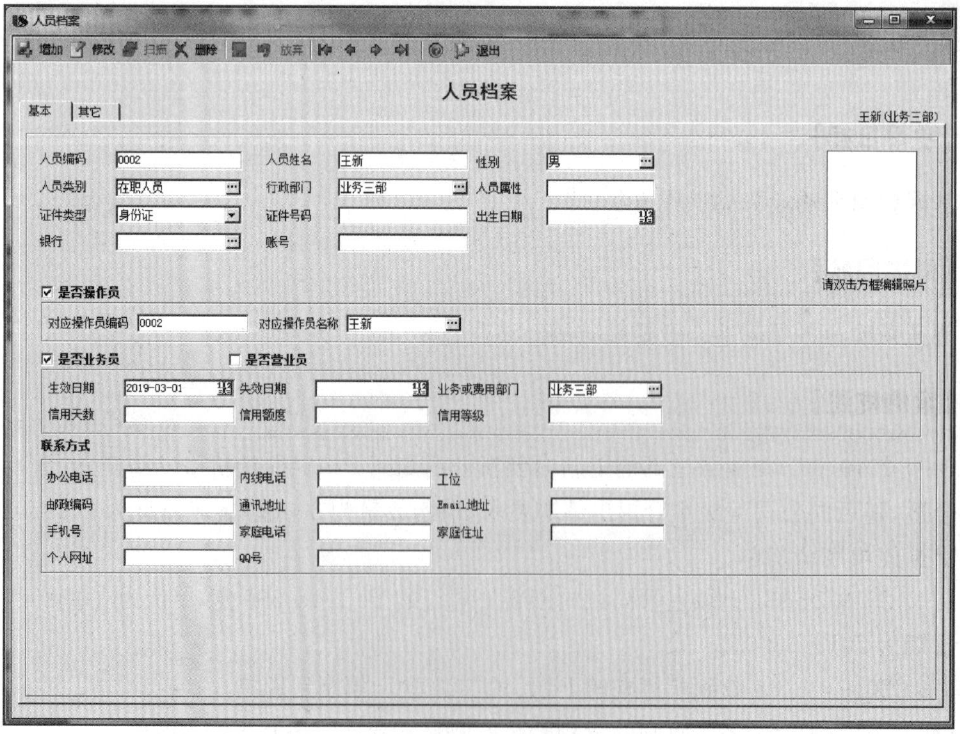

图5-1　人员档案

(5) 由系统管理员(admin)登录进入系统管理，对用户“0002 王新”的权限进行设置。执行“权限”|“权限”，选择“0002 王新”，选择“[002]供应链练习”账套，单击“修改”按钮，在跳出的“增加和调整权限”页面选择“公共单据”中的部分权限，这里将“王新”的采购管理权限仅设置为请购单的查询、录入、关闭，请购单列表和采购请购单执行统计表，如图 5-2 所示。单击“保存”返回，并退出操作员权限设置界面。

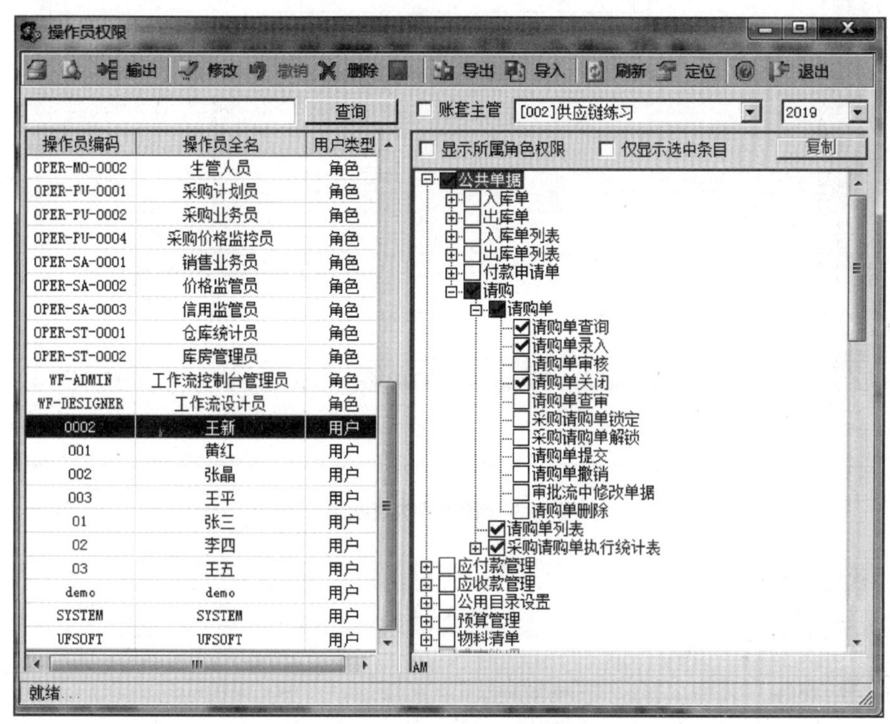

图 5-2 操作员权限设置(王新)

下面进行业务处理。

(6) 重注册企业应用平台，由“0002 王新”登录企业应用平台，操作日期为 2019-03-01。在“业务工作”选项卡中，执行“供应链”|“采购管理”|“请购”|“请购单”命令，进入“采购请购单”窗口。单击“增加”按钮，单据号自动添加，在表头位置作如下操作：业务类型参照选择“普通采购”，日期输入“2019-03-01”，部门参照选择“业务三部”，请购人员参照选择“王新”，采购类型参照选择“普通采购”。在表体位置作如下操作：存货编码参照选择“013(P4 2.4G)”，主计量单位“盒”，数量输入“300”，本币单价输入“1000”，金额自动汇算，需求日期输入“2019-03-03”。单击“保存”按钮保存该请购单，表体下方制单人处显示“王新”，如图 5-3 所示。

(二) 重注册企业应用平台，以操作员“[002]张晶”登录，操作日期为 2019-03-03。(这里认为上级主管是 002，或者由 002 来代替上级主管操作)

(1) 在“业务工作”选项卡中，执行“供应链”|“采购管理”|“请购”|“请购单”命令，进入“采购请购单”窗口。窗口显示王新输入的“0000000001 号采购请购单”。单击“审核”按钮审核该请购单，表体下方审核人处显示“张晶”，如图 5-4 所示。

消息中心 | 采购订单 | 采购请购单 | 专用发票 | 到货单 | 采购入库单

采购请购单

打印模版 8172 采购请购单打印模版

表体排序

合并显示 □

业务类型 普通采购　　单据号 0000000001　　日期 2019-03-01

请购部门 业务三部　　请购人员 王新　　采购类型 普通采购

	存货编码	存货名称	规格型号	主计量	数量	本币单价	本币价税合计	税率	需求日期
1	013	P4 2.4G		盒	300.00	1000.00	351000.00	17.00	2019-03-03
2									
3									
4									
5									
6									
7									
8									
9									
10									
11									
12									
13									
14									
15									
16									
17									
18									
19									
20									
合计					300.00		351000.00		

制单人 王新　　审核人　　关闭人

现存量

图 5-3　填制采购请购单

消息中心 | 采购入库单 | 采购订单 | 采购请购单

采购请购单

打印模版 8172 采购请购单打印模版

表体排序

合并显示 □

业务类型 普通采购　　单据号 0000000001　　日期 2019-03-01

请购部门 业务三部　　请购人员 王新　　采购类型 普通采购

	存货编码	存货名称	规格型号	主计量	数量	本币单价	本币价税合计	税率	需求日期
1	013	P4 2.4G		盒	300.00	1000.00	351000.00	17.00	2019-03-03
2									
3									
4									
5									
6									
7									
8									
9									
10									
11									
12									
13									
14									
15									
16									
17									
18									
19									
20									
合计					300.00		351000.00		

制单人 王新　　审核人 张晶　　关闭人

现存量

图 5-4　审核采购请购单

（2）在“业务工作”选项卡中，执行“供应链”|“采购管理”|“采购订货”|“采购订单”命令，进入“采购订单”窗口。单击“增加”按钮，订单编号、币种、税率和汇率将自动添加，在表

头位置作如下操作:业务类型参照选择“普通采购”,订单日期选择“2019-03-03”,采购类型参照选择“普通采购”,供应商参照选择“创新公司”,部门参照选择“业务三部”,业务员参照选择“王新”。选择“生单”|“请购单”,跳出“过滤条件选择”窗口,起止日期选择为“2019-03-03 到 2019-03-03”,单击“过滤”,在跳出的“拷贝并执行”中选择 0000000001 号请购单,单击“确定”按钮,返回“采购订单”窗口,表体中自动添加存货“P4 2.4G”的请购信息,计划到货日期为“2019-03-03”。单击“保存”按钮保存该采购订单。单击“审核”对该采购单进行审核。结果如图 5-5 所示。注意该制单人和审核人均为“张晶”。因请购人是王新,张晶审核了该请购单,由张晶生成订单,并审核是可控的,满足业务内部控制要求。当然也可以重注册由他人(如黄红)审核该订单。

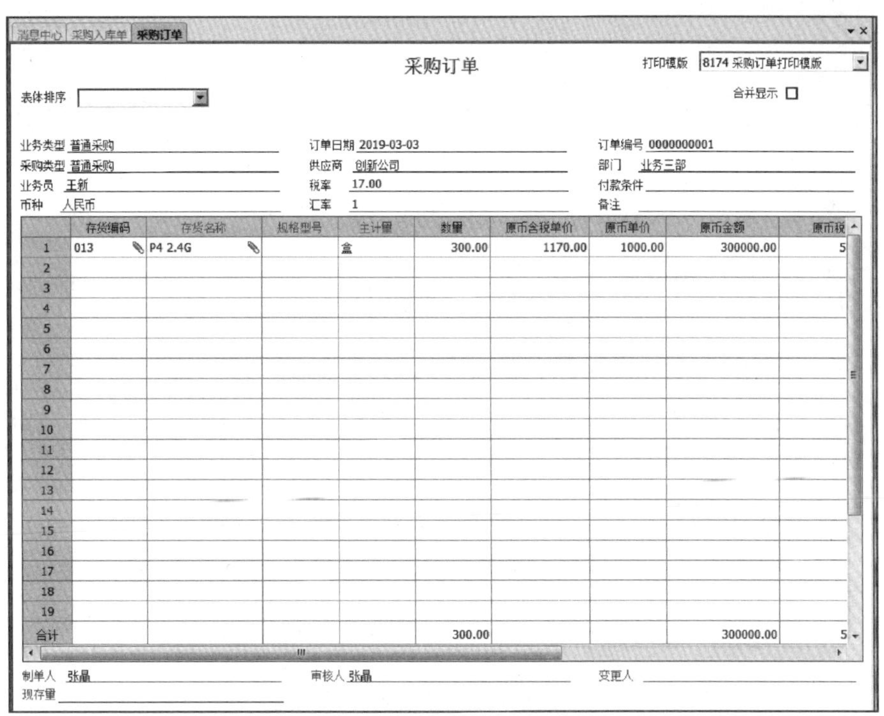

图 5-5 生成采购订单

(三) 在“业务工作”选项卡中,执行“供应链”|“采购管理”|“采购到货”|“到货单”命令,进入“到货单”窗口。单击“增加”按钮,选择“生单”|“采购订单”,跳出“过滤条件选择”窗口,起止日期选择为“2019-03-03 到 2019-03-03”,单击“过滤”,在跳出的“拷贝并执行”中选择 0000000001 号订单,单击“确定”按钮,返回“采购到货单”窗口。表体中自动将订单信息导入到到货单相应位置,检查无误,单击“保存”按钮保存该到货单,表体下方制单人处显示“张晶”,如图 5-6 所示。

(四) 重注册企业应用平台,以操作员“[001]黄红”登录,操作日期为 2019-03-03。在“业务工作”选项卡中,执行“供应链”|“采购管理”|“采购到货”|“到货单”命令,进入“到货单”窗口。找到 0000000001 号到货单,单击“审核”按钮审核该到货单。注意此处没有显示审核人信息。

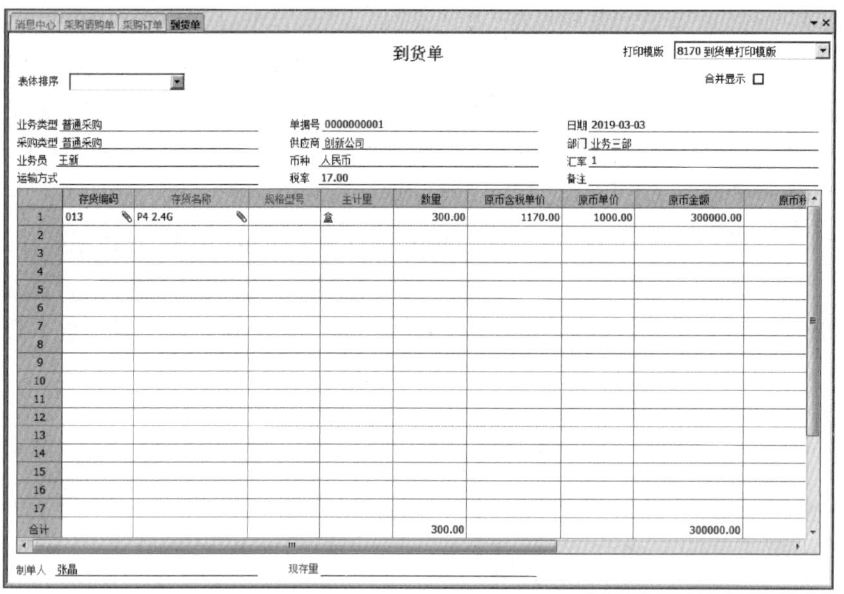

图 5-6 生成到货单

（五）重注册企业应用平台，以操作员“[003]王平”登录，操作日期为 2019-03-03。（这里认为 003 操作员管理库存和存货核算系统）

（1）在“业务工作”选项卡中，执行“供应链”|“库存管理”|“入库业务”|“采购入库单”命令，进入“采购入库单”窗口。单击“生单”|“采购到货单(蓝字)”，跳出“过滤条件选择”窗口，如图 5-7 所示。

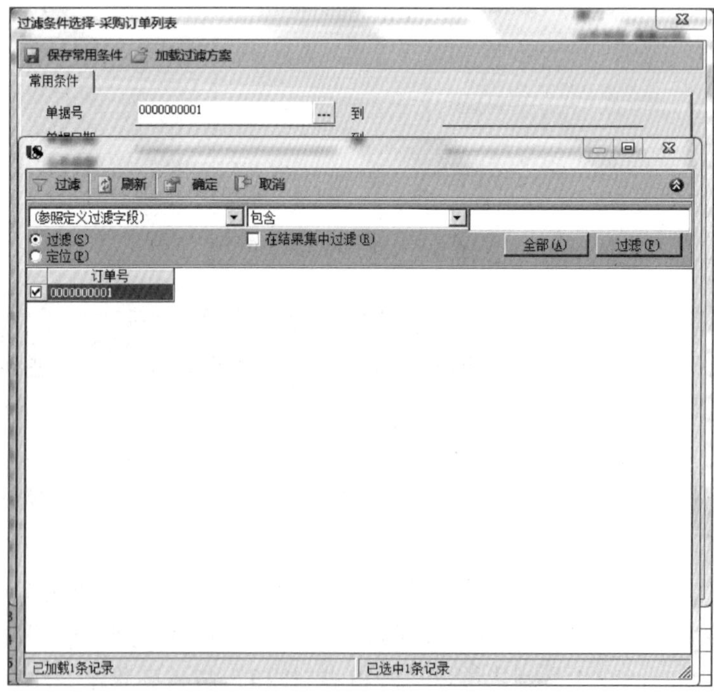

图 5-7 过滤条件选择窗口

(2) 选择订单号 0000000001，单击“确定”，返回“过滤条件选择”窗口，单击“过滤”，在“到货单生单表头”对应的单据号前双击，选择处显示“Y”，如图 5-8 所示。

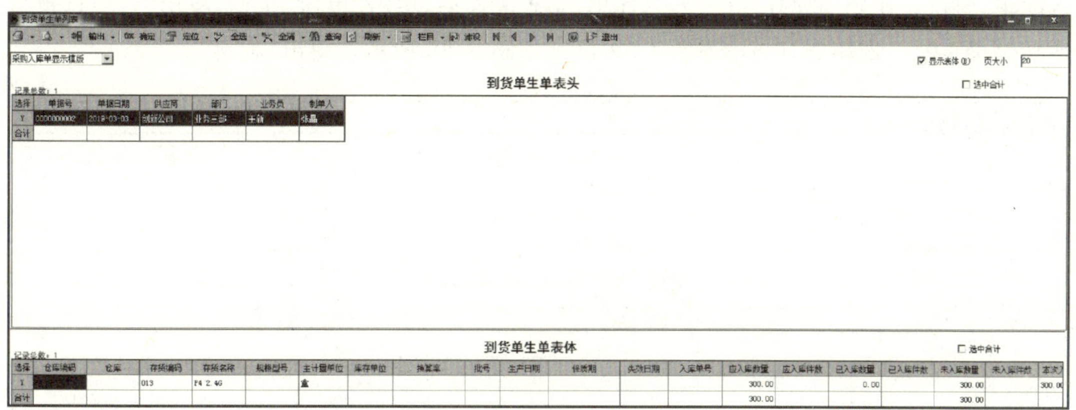

图 5-8 到货单生单表头

(3) 单击“确定”，在跳出的“采购入库单”窗口中显示生单信息，在“仓库”对应位置选择入库仓库“原料仓库”。表体下方显示制单人“王平”，如图 5-9 所示。单击“保存”。

消息中心 采购入库单

采购入库单 采购入库单打印模版

表体排序 蓝字 红字

入库单号 0000000002 入库日期 2019-03-03 仓库 原料仓库
订单号 0000000001 到货单号 0000000001 业务号
供货单位 创新公司 部门 业务三部 业务员 王新
到货日期 2019-03-03 业务类型 普通采购 采购类型 普通采购
入库类别 采购入库 审核日期 备注

	存货编码	存货名称	规格型号	主计量单位	数量	本币单价	本币金额
1	013	P4 2.4G		盒	300.00	1000.00	300000.(
2							
3							
4							
5							
6							
7							
8							
9							
10							
11							
12							
13							
14							
15							
16							
17							
18							
合计					300.00		300000.(

制单人 王平 审核人
现存量

图 5-9 生成采购入库单

（4）重注册企业应用平台，以操作员“[001]黄红”登录，操作日期为 2019-03-03。在“业务工作”选项卡中，执行“供应链”|“库存管理”|“入库业务”|“采购入库单”命令，进入“采购入库单”窗口。找到 0000000002 号入库单，检查无误后，单击“审核”按钮，跳出“该单据审核成功!”提示框。表体下方显示审核人“黄红”，如图 5-10 所示。单击“确定”。

消息中心 | 采购入库单

采购入库单　　采购入库单打印模版

表体排序　　◉ 蓝字　○ 红字

入库单号 0000000002　入库日期 2019-03-03　仓库 原料仓库
订单号 0000000001　到货单号 0000000001　业务号
供货单位 创新公司　部门 业务三部　业务员 王新
到货日期 2019-03-03　业务类型 普通采购　采购类型 普通采购
入库类别 采购入库　审核日期 2019-03-03　备注

	存货编码	存货名称	规格型号	主计量单位	数量	本币单价	本币金额
1	013	P4 2.4G		盒	300.00	1000.00	300000.(
2							
3							
4							
5							
6							
7							
8							
9							
10							
11							
12							
13							
14							
15							
16							
17							
18							
合计					300.00		300000.(

制单人 王平　审核人 黄红
现存量

图 5-10　审核采购入库单

（六）重注册企业应用平台，以操作员“[002]张晶”登录，操作日期为 2019-03-03。

（1）在“业务工作”选项卡中，执行“供应链”|“采购管理”|“采购发票”|“专用采购发票”命令，进入“专用发票”窗口。单击“增加”按钮，点击“生单”|“入库单”，跳出“过滤条件选择”窗口，起止日期选择为“2019-03-03 到 2019-03-03”，单击“过滤”，在跳出的“拷贝并执行”窗口中选择 0000000002 号入库单（入库单信息：2019-03-03 向创新公司购买 P4 2.4G 300 盒）。单击“确定”按钮，返回“专用发票”窗口，表体中自动将入库单信息导入到专用发票相应位置，在表头位置输入发票号“85010”，检查无误，单击“保存”按钮保存该发票，表体下方制单人处显示“张晶”，如图 5-11 所示。

（2）重注册企业应用平台，以操作员“[001]黄红”登录，操作日期为 2019-03-03。在“业务工作”选项卡中，执行“供应链”|“采购管理”|“采购结算”|“自动结算”命令，进入“自动结算”窗口。在跳出的“过滤条件选择”条件过滤中选择起止日期为“2019-03-01 至 2019-03-31”，结算模式选择“入库单和发票”，如图 5-12 所示。

消息中心 | 采购入库单 | 采购订单 | 采购请购单 | 专用发票

专用发票

打印模版 8164 专用发票打印模版

表体排序

合并显示 □

业务类型 普通采购　　发票类型 专用发票　　发票号 85010

开票日期 2019-03-03　　供应商 创新公司　　代垫单位 创新公司

采购类型 普通采购　　税率 17.00　　部门名称 业务三部

业务员 王新　　币种 人民币　　汇率 1

发票日期　　付款条件　　备注

	存货编码	存货名称	规格型号	主计量	数量	原币单价	原币金额	原币税额	原币价
1	013	P4 2.4G		盒	300.00	1000.00	300000.00	51000.00	
2									
3									
4									
5									
6									
7									
8									
9									
10									
11									
12									
13									
14									
15									
16									
17									
18									
19									
合计					300.00		300000.00	51000.00	

结算日期　　制单人 张晶　　审核人

图 5-11　生成专用采购发票

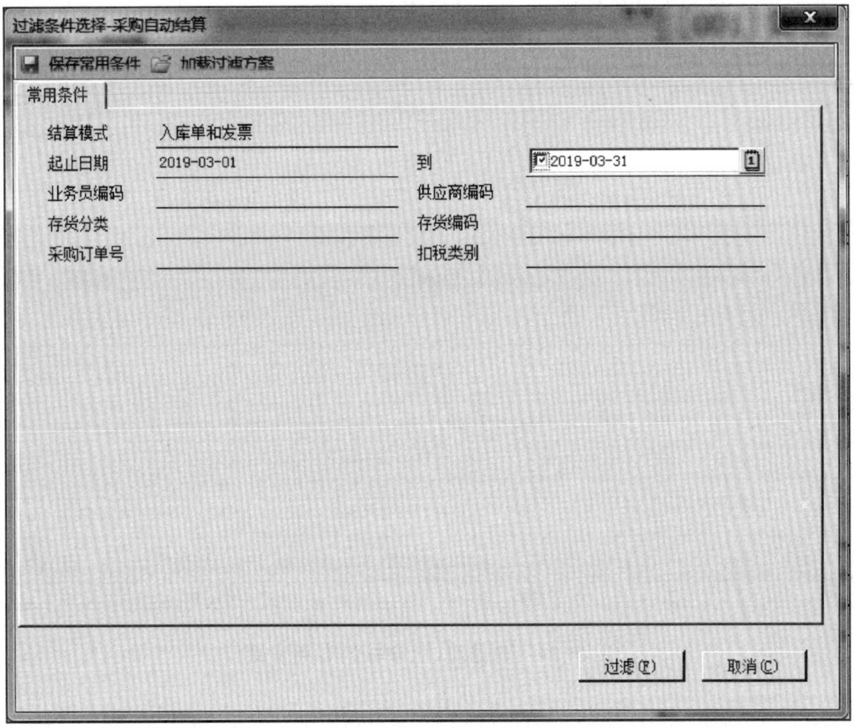

过滤条件选择-采购自动结算

保存常用条件　加载过滤方案

常用条件

结算模式 入库单和发票

起止日期 2019-03-01　　到 2019-03-31

业务员编码　　供应商编码

存货分类　　存货编码

采购订单号　　扣税类别

过滤(F)　取消(C)

图 5-12　设置自动结算的过滤条件

单击“过滤”，进行结算，结算完毕显示处理状态，如图 5-13 所示。单击“确定”退出。

图 5-13　结算结果提示框

在“业务工作”选项卡中，执行“供应链”|“采购管理”|“采购发票”|“专用采购发票”命令，进入“专用发票”窗口。发票号为“85010”的专用发票左上方显示“已结算”“已审核”标签，表体下方审核人处显示“黄红”，如图 5-14 所示。

消息中心　专用发票　采购入库单

已结算 已审核

专用发票

打印模版 8164 专用发票打印模版

表体排序

合并显示 □

业务类型 普通采购	发票类型 专用发票	发票号 85010
开票日期 2019-03-03	供应商 创新公司	代垫单位 创新公司
采购类型 普通采购	税率 17.00	部门名称 业务三部
业务员 王新	币种 人民币	汇率 1
发票日期	付款条件	备注

	存货编码	存货名称	规格型号	主计量	数量	原币单价	原币金额	原币税额	原币价税
1	013	P4 2.4G		盒	300.00	1000.00	300000.00	51000.00	
2									
3									
4									
5									
6									
7									
8									
9									
10									
11									
12									
13									
合计					300.00		300000.00	51000.00	

结算日期 2019-03-03　　制单人 张晶　　审核人 黄红

图 5-14　已结算、已审核的专用发票

在“业务工作”选项卡中，执行“供应链”|“采购管理”|“采购入库”|“采购入库单”命令，进入“采购入库单”窗口。0000000002 号入库单左上方显示“已结算”标签，如图 5-15 所示。

图 5-15 已结算的采购入库单

(3) 在“业务工作”选项卡中,执行“供应链”|“存货核算”|“业务核算”|“正常单据记账”命令,进入“过滤条件选择”窗口,勾选中仓库为“原料仓库”,单据类型为“采购入库单”,如图 5-16 所示。

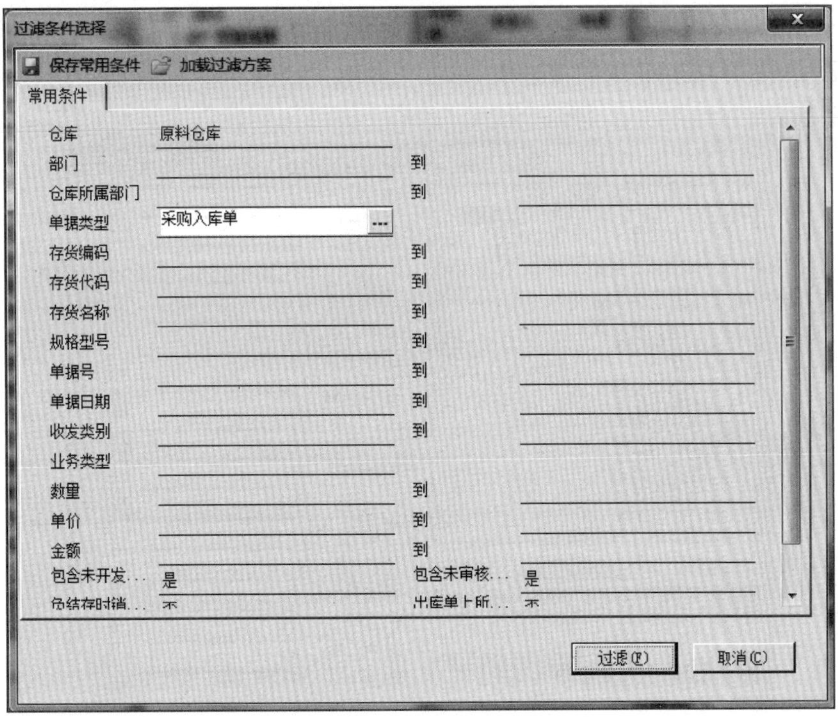

过滤条件选择
保存常用条件 加载过滤方案
常用条件
仓库 原料仓库
部门 到
仓库所属部门 到
单据类型 采购入库单
存货编码 到
存货代码 到
存货名称 到
规格型号 到
单据号 到
单据日期 到
收发类别 到
业务类型
数量 到
单价 到
金额 到
包含未开发... 是 包含未审核... 是
过滤(F) 取消(C)

图 5-16 设置过滤条件

单击“过滤”,跳出“正常单据记账列表”窗口,选择该单据,如图 5-17 所示。

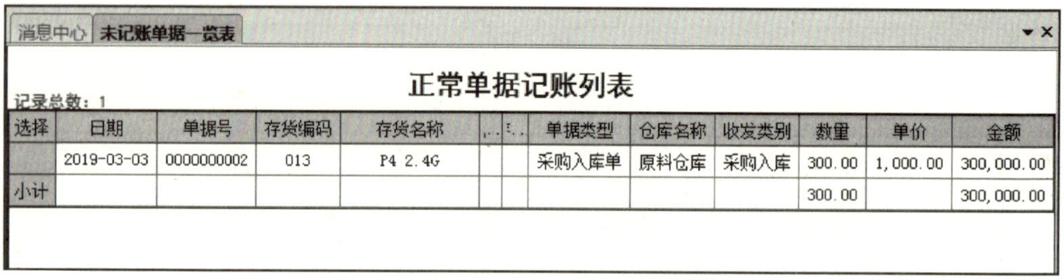

消息中心 | 未记账单据一览表

正常单据记账列表

记录总数：1

选择	日期	单据号	存货编码	存货名称			单据类型	仓库名称	收发类别	数量	单价	金额
	2019-03-03	0000000002	013	P4 2.4G			采购入库单	原料仓库	采购入库	300.00	1,000.00	300,000.00
小计										300.00		300,000.00

图 5-17 正常单据记账列表(未记账)

单击“记账”按钮，该单击记账完毕，正常单据记账列表中记录为 0 条，如图 5-18 所示。

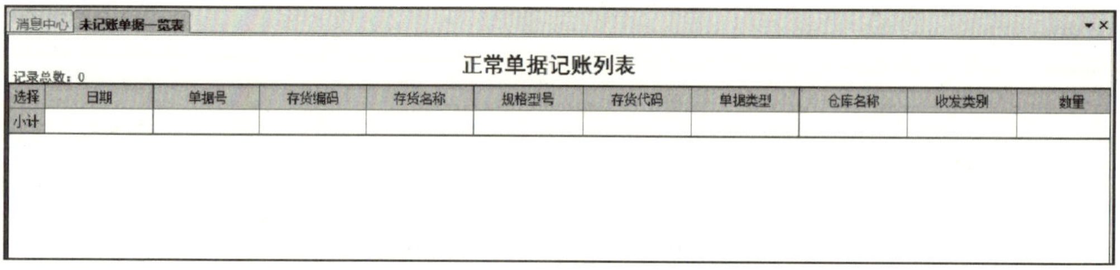

消息中心 | 未记账单据一览表

正常单据记账列表

记录总数：0

选择	日期	单据号	存货编码	存货名称	规格型号	存货代码	单据类型	仓库名称	收发类别	数量
小计										

图 5-18 正常单据记账列表(记账后)

(4) 在“业务工作”选项卡中，执行“供应链”|“存货核算”|“财务核算”|“生成凭证”命令，进入“生成凭证”窗口。单击“选择”按钮，跳出“查询条件”对话框，如图 5-19 所示，勾选中“(01)采购入库单(报销记账)”复选框。

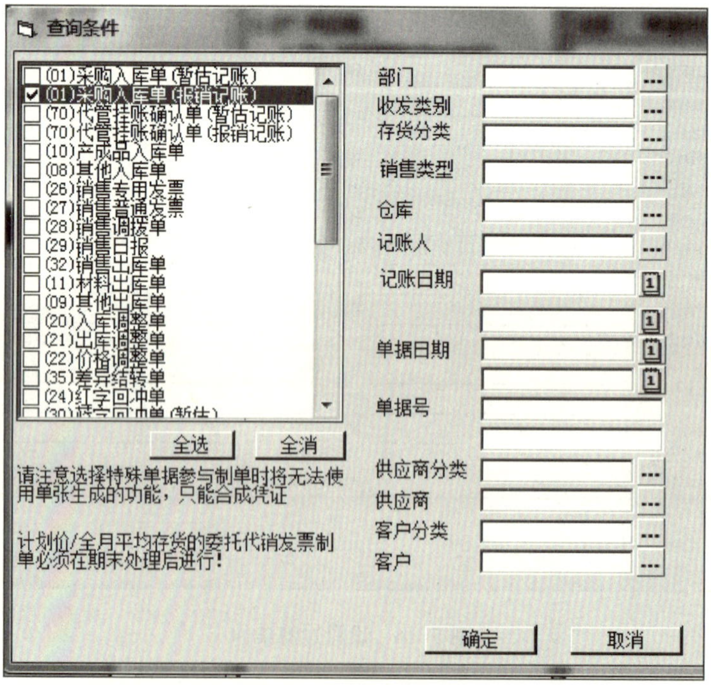

图 5-19 设置查询条件

单击"确定",跳出"选择单据"对话框,在单据日期为"2019-03-03"相应单据的"选择"列输入"1"选中该单据,如图 5-20 所示。

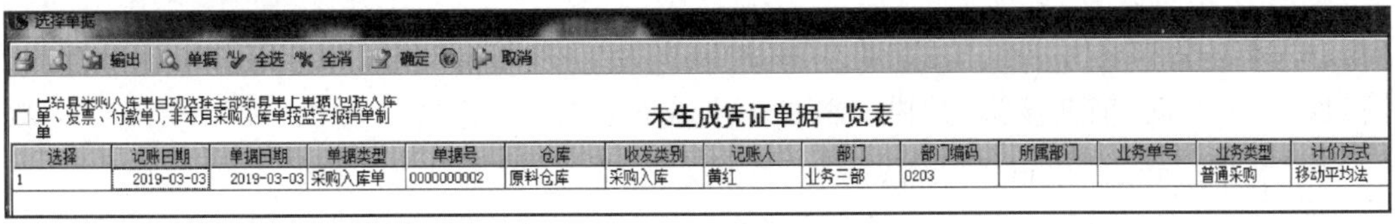

图 5-20　选择单据

单击"确定"按钮,返回"生成凭证"窗口,选择凭证类别"转转账凭证",选择存货科目"1403 原材料",对方科目"1401 材料采购",如图 5-21 所示。

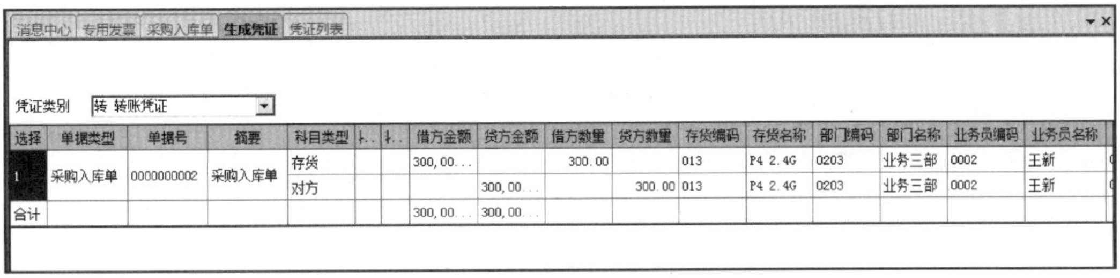

图 5-21　选择凭证类别及科目

单击"生成"按钮,跳出"填制凭证"窗口,如图 5-22 所示。检查无误,单击"保存"按钮保存该张凭证,凭证左上方显示"已生成"红字框。单击"退出"按钮退出。

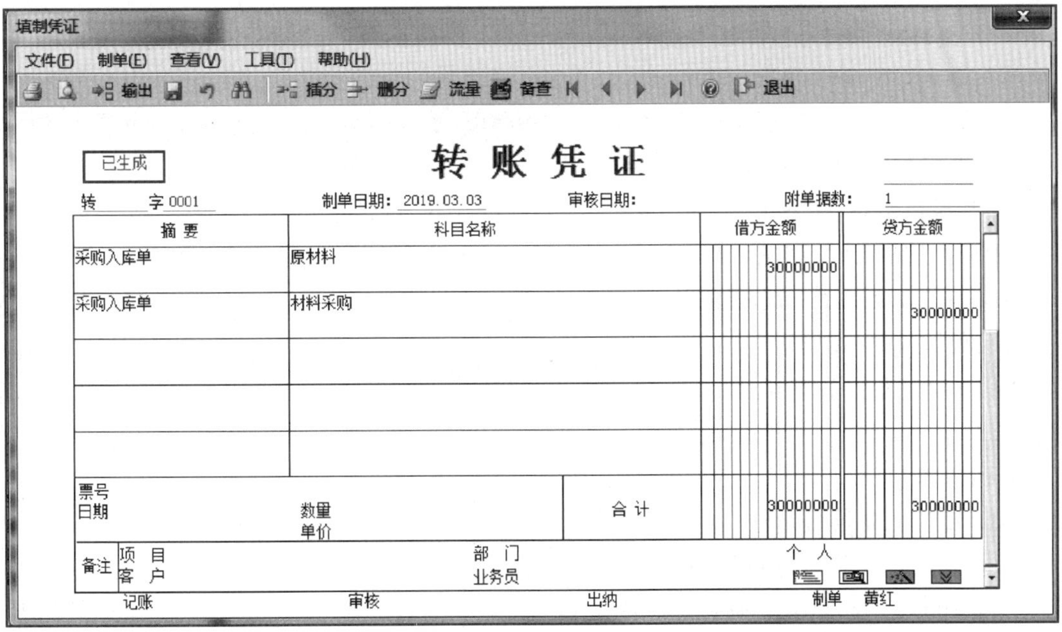

图 5-22　生成转账凭证

（七）采购结算后的发票会自动传递到应付款管理系统，需要在应付款管理系统确认后进行制单，形成应付账款并传递给总账系统。

（1）在"基础设置"选项卡中，执行"基础档案"|"财务"|"会计科目"命令，在弹出的"会计科目"窗口，修改会计科目"应收票据"辅助核算为"客户往来"，受控于"应收系统"；修改会计科目"应付票据"辅助核算为"供应商往来"，受控于"应付系统"；增加"220201 应付货款""220202 暂估应付款"科目，辅助核算为"供应商往来"，受控于"应付系统"。

（2）在"业务工作"选项卡中，执行"财务会计"|"应付款管理"|"设置"|"选项"命令，单击"编辑"按钮，对"账套参数设置"作相应调整。设置单据审核日期依据为"单据日期"、汇兑损益方式为"月末处理"、应付款核销方式为"按单据"，如图 5-23 和图 5-24 所示。

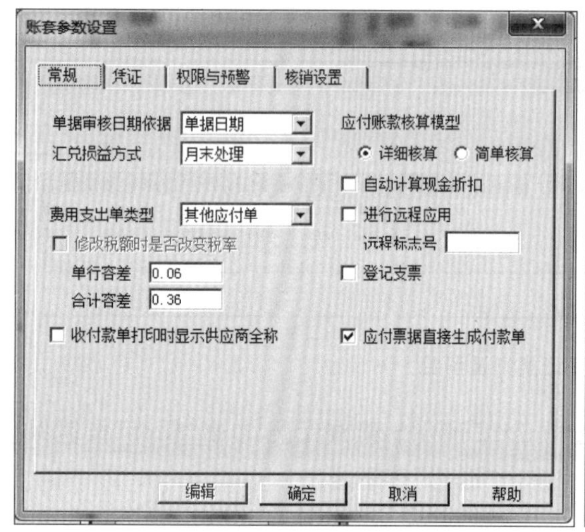

图 5-23　账套参数设置（常规）

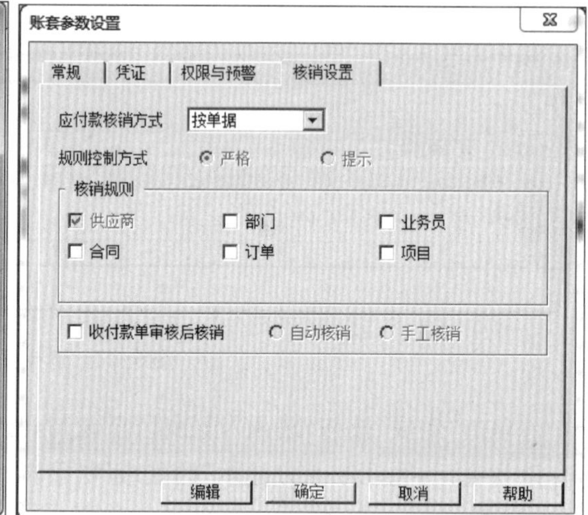

图 5-24　账套参数设置（核销设置）

设置受控科目制单方式为"明细到单据"、非控科目制单方式为"汇总方式"、控制科目依据为"按供应商"、采购科目依据为"按存货"，如图5-25所示。

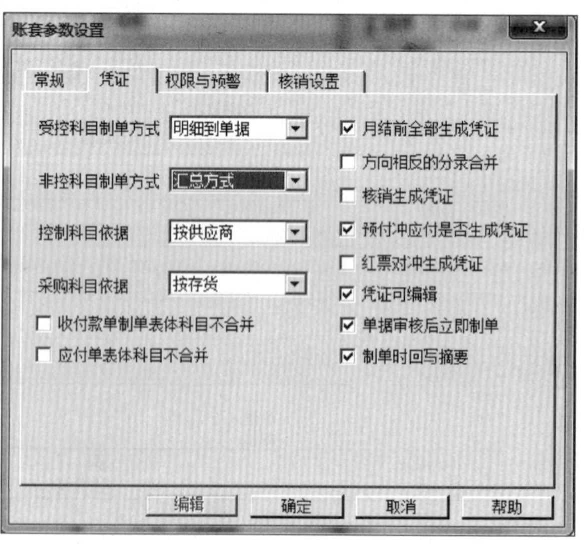

图 5-25　账套参数设置（凭证）

（3）在"业务工作"选项卡中，执行"财务会计"|"应付款管理"|"设置"|"初始设置"命令，进行基本科目设置：应付科目 220201，预付科目 1123，采购科目 1403，税金科目 22210101，银行承兑科目 2201，商业承兑科目 2201，如图 5-26 所示。注意此处需到会计科目中增加二级、三级科目，其中 220201 为应付货款，222101 为应交增值税，22210101 为进项税额。

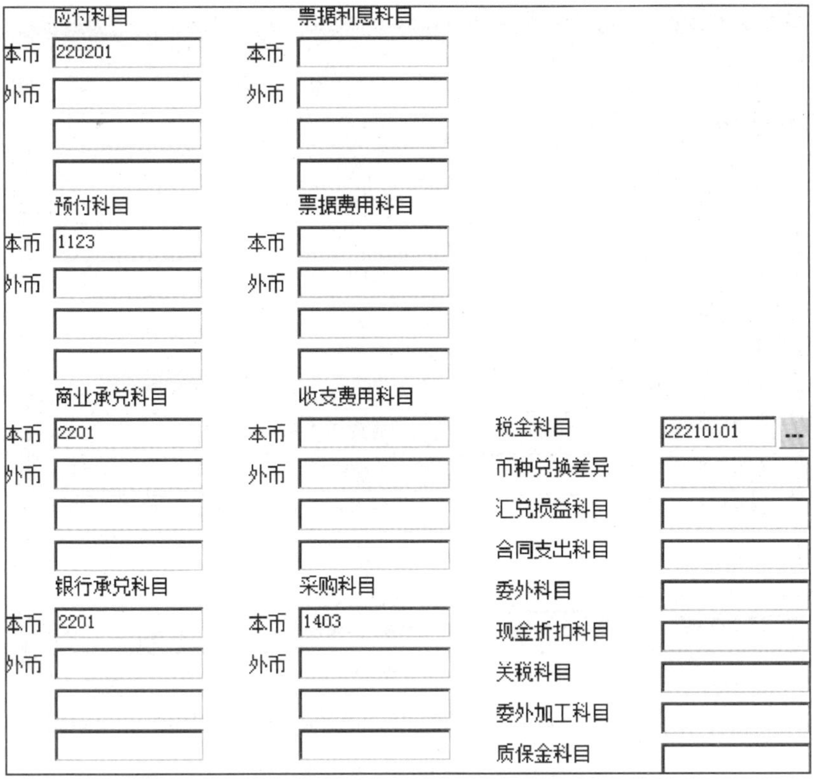

应付科目 本币 220201 外币
票据利息科目 本币 外币
预付科目 本币 1123 外币
票据费用科目 本币 外币
商业承兑科目 本币 2201 外币
收支费用科目 本币 外币
银行承兑科目 本币 2201 外币
采购科目 本币 1403 外币
税金科目 22210101
币种兑换差异
汇兑损益科目
合同支出科目
委外科目
现金折扣科目
关税科目
委外加工科目
质保金科目

图 5-26　设置基本科目

结算方式科目设置：现金结算 1001，支票结算 100201，本票结算、汇票结算 1012，如图 5-27 所示。

初始设置

设置科目
基本科目设置
控制科目设置
产品科目设置
结算方式科目设置
账期内账龄区间设置
逾期账龄区间设置
报警级别设置
单据类型设置

结算方式	币　种	本单位账号	科 ...
01 现金结算	人民币	765848981258	1001
02 支票结算	人民币	765848981258	100201
03 本票结算	人民币	765848981258	1012
04 汇票结算	人民币	765848981258	1012

图 5-27　设置结算方式科目

（4）在“业务工作”选项卡中，执行“财务会计”|“应付款管理”|“应付单据处理”|“应付单据审核”命令，选择过滤条件，单击“确定”按钮，如图 5-28 所示。跳出“应付单据列表”窗口，选择该单据，如图 5-29 所示。单击“审核”按钮，跳出“提示”框，单击“确定”，如图 5-30 所示。

应付单过滤条件

单据名称	采购发票	单据类型	全部
供应商	CXGS - 创新公司	——	
部门	0203 - 业务三部	业务员	0002 - 王新
单据编号		——	
单据日期	2019-03-03	——	
币种	人民币	方向	
原币金额	1000.00	——	
本币金额	30000.00	——	
采购类型	01 普通采购	制单人	张晶
存货分类		存货	
存货规格		合同类型	
合同号		——	
工序		——	

☑ 未审核 ☐ 已审核 ☑ 已整单报销 ☐ 未完全报销 ☐ 包含已现结发票 批审 确定 取消

图 5-28 选择应付单过滤条件

应付单据列表

记录总数：1

选择	审核人	单据日期	单据类型	单据号	供应商名称	部门	业务员	制单人	币种	汇率	原币金额	本币金额
		2019-03-03	采购专用发票	85010	创新公司	业务三部	王新	张晶	人民币	1.00000000	351,000.00	351,000.00
合计											351,000.00	351,000.00

图 5-29 应付单据列表

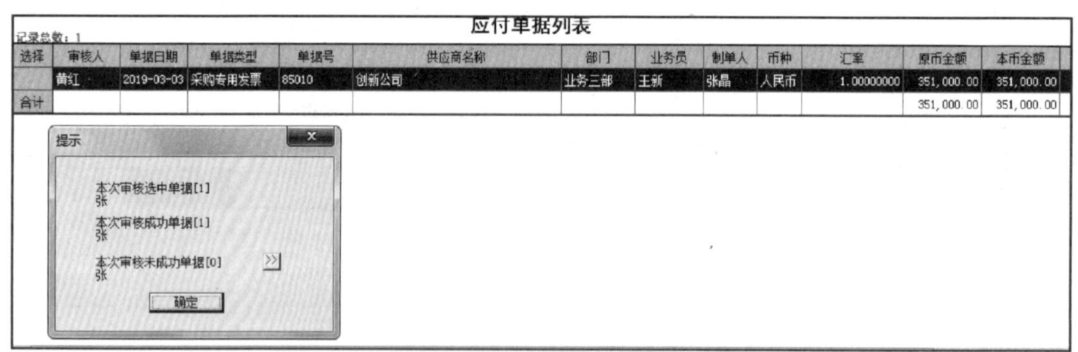

应付单据列表

记录总数：1

选择	审核人	单据日期	单据类型	单据号	供应商名称	部门	业务员	制单人	币种	汇率	原币金额	本币金额
	黄红	2019-03-03	采购专用发票	85010	创新公司	业务三部	王新	张晶	人民币	1.00000000	351,000.00	351,000.00
合计											351,000.00	351,000.00

图 5-30 审核应付单据

(5) 在“业务工作”选项卡中，执行“财务会计”|“应付款管理”|“转账”|“制单处理”命令，进入“制单查询”窗口。选择“发票制单”，单击“确定”，跳出“采购发票制单”窗口，选择凭证类别为“转账凭证”、制单日期为“2019-03-03”，在选择凭证处输入“1”，如图 5-31 所示。

单击“制单”按钮，生成转账凭证，如图 5-32 所示。

采购发票制单

凭证类别 转账凭证　　　　制单日期 2019-03-03

选择标志	凭证类别	单据类型	单据号	日期	供应商编码	供应商名称	部门	业务员	金额
1	收款凭证	采购专...	85010	2019-03-03	CXGS	创新公司	业务三部	王新	351,000.00

图 5-31　选择凭证

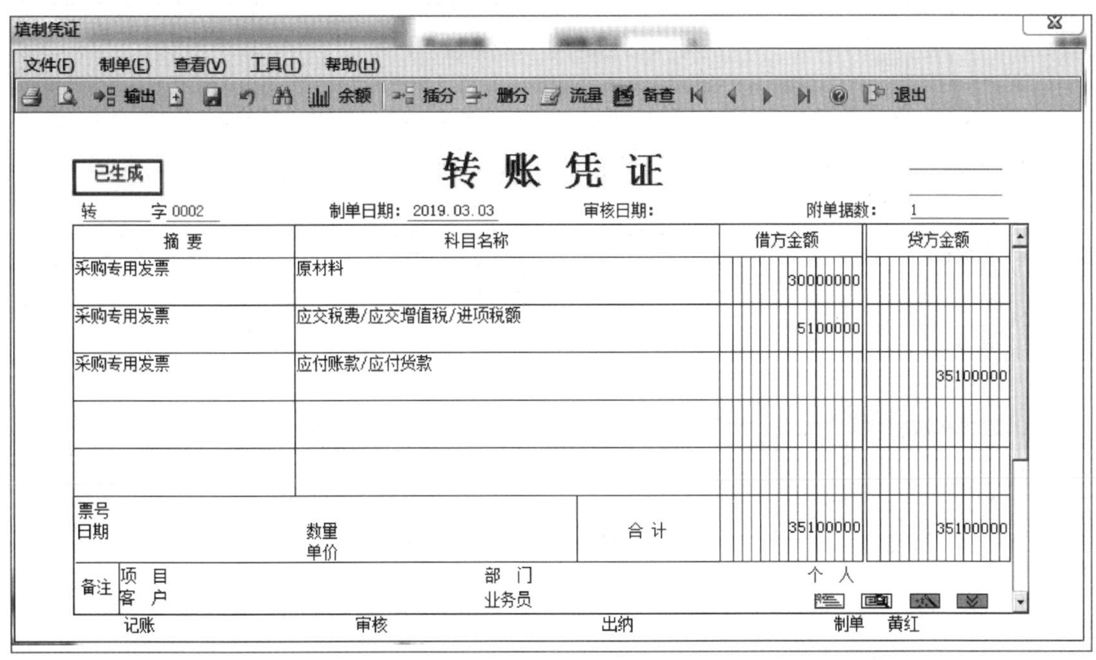

转 账 凭 证

转 字 0002　　制单日期：2019.03.03　　审核日期：　　附单据数：1

摘要	科目名称	借方金额	贷方金额
采购专用发票	原材料	30000000	
采购专用发票	应交税费/应交增值税/进项税额	5100000	
采购专用发票	应付账款/应付货款		35100000
票号 日期	数量 单价	合计 35100000	35100000

备注　项目　部门　个人
　　　客户　业务员

记账　审核　出纳　制单 黄红

图 5-32　生成转账凭证

（八）查询账表。

（1）在“业务工作”选项卡中，执行“供应链”|“采购管理”|“采购订货”|“采购订单执行统计表”命令，过滤后如图 5-33 所示。

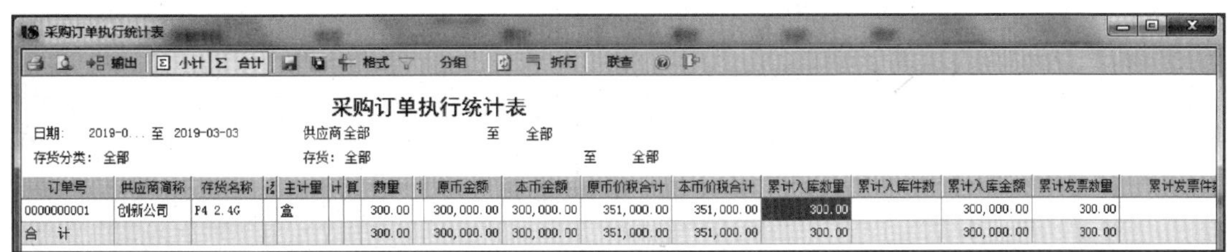

采购订单执行统计表

日期：2019-0... 至 2019-03-03　　供应商全部　至　全部

存货分类：全部　　存货：全部　至　全部

订单号	供应商简称	存货名称		主计量	计	算	数量		原币金额	本币金额	原币价税合计	本币价税合计	累计入库数量	累计入库件数	累计入库金额	累计发票数量	累计发票件数
0000000001	创新公司	P4 2.4G		盒			300.00		300,000.00	300,000.00	351,000.00	351,000.00	300.00		300,000.00	300.00	
合　计							300.00		300,000.00	300,000.00	351,000.00	351,000.00	300.00		300,000.00	300.00	

图 5-33　采购订单执行统计表

(2) 在“业务工作”选项卡中，执行“供应链”|“采购管理”|“报表”|“统计表”|“到货明细单”命令，过滤后如图 5-34 所示。

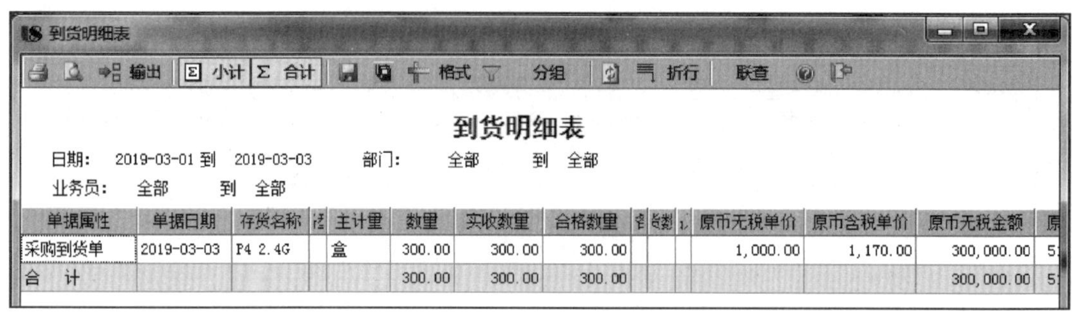

到货明细表

日期： 2019-03-01 到 2019-03-03 部门： 全部 到 全部

业务员： 全部 到 全部

单据属性	单据日期	存货名称	规	主计量	数量	实收数量	合格数量				原币无税单价	原币含税单价	原币无税金额	原
采购到货单	2019-03-03	P4 2.4G		盒	300.00	300.00	300.00				1,000.00	1,170.00	300,000.00	5
合 计					300.00	300.00	300.00						300,000.00	5

图 5-34　到货明细表

(3) 在“业务工作”选项卡中，执行“供应链”|“采购管理”|“报表”|“统计表”|“入库明细单”命令，过滤后如图 5-35 所示。

消息中心 入库明细表

入库明细表

日期： 2019-03-01 至 2019-03-03 供应商： 到

仓库： 到 部门： 到

存货： 到 业务员： 到

入库日期	入库单号	仓库名称	供应商简	存货名称	规格型号	主计量	入库数量	本币单价	本币金额
2019-03-03	0000000002	原料仓库	创新公司	P4 2.4G		盒	300.00	1,000.00	300,00...
总计							300.00		300,00...

图 5-35　入库明细表

(4) 在“业务工作”选项卡中，执行“供应链”|“采购管理”|“报表”|“统计表”|“采购明细单”命令，过滤后如图 5-36 所示。

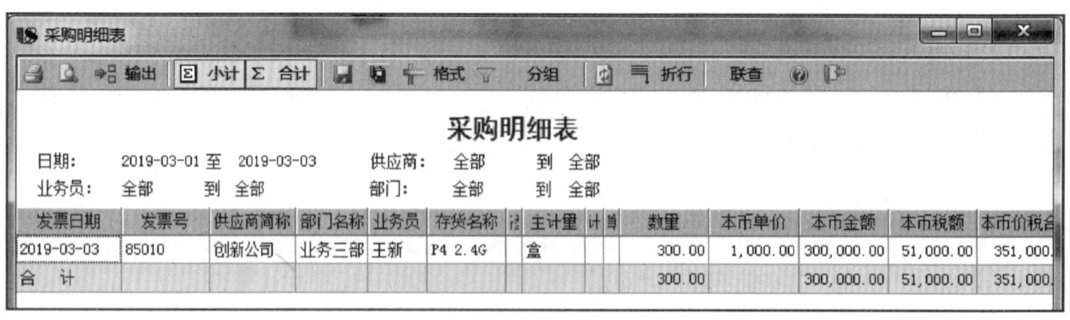

采购明细表

日期： 2019-03-01 至 2019-03-03 供应商： 全部 到 全部

业务员： 全部 到 全部 部门： 全部 到 全部

发票日期	发票号	供应商简称	部门名称	业务员	存货名称	规	主计量	计	单	数量	本币单价	本币金额	本币税额	本币价税合
2019-03-03	85010	创新公司	业务三部	王新	P4 2.4G		盒			300.00	1,000.00	300,000.00	51,000.00	351,000.
合 计										300.00		300,000.00	51,000.00	351,000.

图 5-36　采购明细表

(5) 在“业务工作”选项卡中，执行“供应链”|“库存管理”|“报表”|“库存账”|“库存台账”命令，过滤后结果如图 5-37 所示。

消息中心 | 库存台账备查簿

库存台账

存货分类 半成品　　编码 013　　名称 P4 2.4G　　代码
规格　　单位 盒　　库存单位　　安全库存
最高库存　　最低库存　　代管供应商

单据日期	审核日期	单据号	摘要		收入数量	发出数量	结存数量
			仓库	单据类型			
			期初结存				0.00
2019-03-03	2019-03-03	0000000002	原料仓库	采购入库单	300.00		300.00
			本月合计		300.00	0.00	300.00
			本年累计		300.00	0.00	300.00

图 5-37　库存台账

(6) 在“业务工作”选项卡中,执行“供应链”|“库存管理”|“报表”|“统计表”|“收发存汇总表”命令,过滤后如图 5-38 所示。

收发存汇总表

输出　小计　合计　格式　分组　折行

收发存汇总表

仓库名称	存货编码	存货名称	规	主计量单位	存货大类编码	货分类名	期初结存数量	结存	总计_入库数量	入	出	出	期末结存数量	期末结
原料仓库	001	PIII芯片		盒	01	原材料	700.00						700.00	
原料仓库	002	40G硬盘		盒	01	原材料	200.00						200.00	
原料仓库	013	P4 2.4G		盒	01	原材料			300.00				300.00	
成品仓库	006	计算机		台	02	产成品	380.00						380.00	
外购品仓库	007	1600K...		台	01	原材料	400.00						400.00	
合　计							1,600.00		300.00				1,080.00	

图 5-38　收发存汇总表

退出企业应用平台。由系统管理员(admin)在“系统管理”中备份数据,如备份至“D:\002 账套备份数据\5.1 普通采购业务”,便于以后引入。

【拓展阅读】

本案例是最普通的采购业务。其基本业务流程如图 5-39 所示。

采购业务的处理流程中请购单、采购订单、采购到货单在实际应用时可根据需要选择是否使用。在生单时有参照关系,后续业务单据可参照前期业务单据生成。如采购到货单可参照请购单或订单生成,采购入库单可参照订单、到货单生成,采购发票可参照采购订单、采购入库单生成,这样可以节省录入单据的时间,也可以保证表头、表体中主要数据的准确性,防止出错,且不影响表头、表体中非主要数据的修改。在采购结算过程中对发票和入库单进行自动结算时,与此同时对发票进行审核,在业务核算时对入库单进行记账,在财务核算时生成凭证。

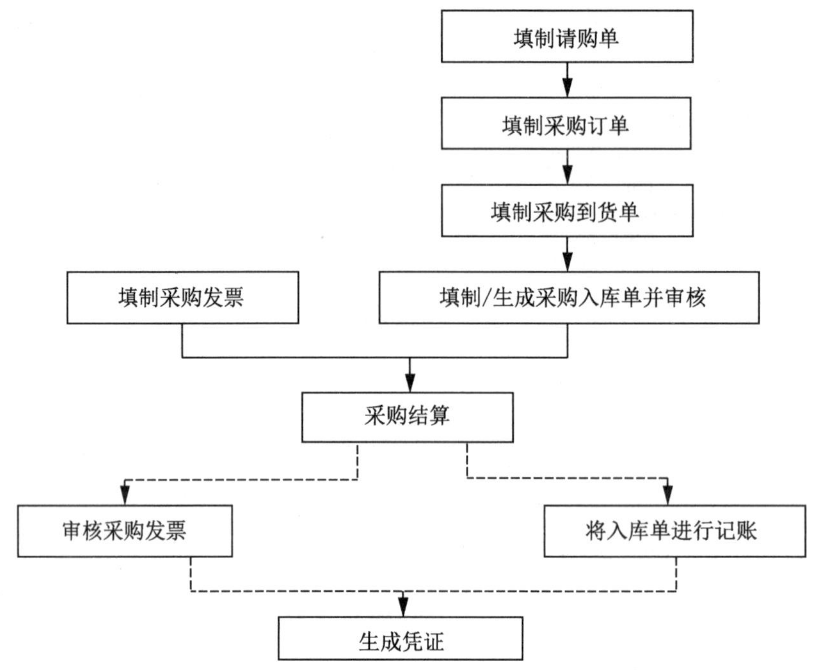

图 5-39　基本采购业务流程图

在生成凭证时会因“货到、票到”(即采购是否入库、发票是否到)等情况的不同而有不同的处理方式。下面就几种情况进行说明。

第一种情况：当月采购入库，当月采购发票到，并且当月进行结算。其凭证的处理方式如下：

(1)“采购入库单”生成凭证，在“存货核算”模块中生成凭证：

借：原材料(或库存商品)

　　贷：物资采购

(2) 采购发票审核后，在“应付”模块中“应付单”生成凭证：

借：物资采购

　　应交税费——应交增值税(进项税额)

　　贷：应付账款

两笔凭证中物资采购抵消，物资采购科目月末余额为零。

第二种情况：当月采购入库，当月发票未到，月末暂估处理。其凭证的处理方式如下：

借：原材料(或库存商品)

　　贷：应付账款——应付暂估款

第三种情况：期初暂估，当月发票到，当月结算。

执行"(采购)手工结算"功能,根据发票结算单自动生成一张红字、一张蓝字采购入库单。

(1) 根据红字采购入库单,冲销期初采购暂估。其凭证的处理方式如下:

借:原材料(或库存商品)　　(期初暂估金额红字)
　贷:应付账款——应付暂估款　　(期初暂估金额红字)

(2) 根据蓝字采购入库单,生成正式的采购入库凭证。其凭证的处理方式如下:

借:原材料(或库存商品)　　(发票货款金额部分)
　贷:物资采购　　(发票货款金额部分)

以上两笔分录,系统合并处理,产生一张实时凭证(在"采购入库单"中生成凭证)

借:原材料(或库存商品)　　(暂估金额与发票金额的差额部分)
　贷:应付账款——应付暂估款红字　　(期初暂估金额红字)
　　物资采购　　(发票货款金额部分)

(3) 根据发票在应付系统产生实时凭证(在"应付单"中生成凭证):

借:物资采购　　(发票货款金额部分)
　应交税费——应交增值税(进项税额)　　(发票税款金额)
　贷:应付账款——应付货款　　(发票货款金额+税款金额)

当月收到的同一张采购发票中,既包含期初暂估入库部分,也包含当月采购入库部分,一起在当月进行采购结算。当出现这种情况时,最简单的理解就是将当月收票分成两部分或看成是收到两张票,分别代表当月采购入库、当月收票、当月结算情况。但是做完采购结算后,在系统中进行财务处理时,无需特意将其分开,系统会根据采购入库情况和采购结算情况进行综合处理。

5.2 现付业务

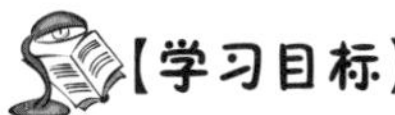

【学习目标】

掌握在采购业务中进行现付的操作方法。

【引出问题】

采购完成时立即进行货款支付,即为现付业务。

【案例陈述】

2019/03/03 业务一部向建昌公司购买鼠标 300 只到货并验收入原料仓库,单价为 50 元。同时收到专用发票一张,票号为 85011,立即以支票形式支付货款,票据号 2351。

【案例分析】

(1) 系统时间修改为 2019-03-31。

(2) 启动“系统管理”,由系统管理员(admin)注册登录,引入“5.1 普通采购业务”对应账套,导入到“5.2 现付业务”文件夹。

(3) 启动企业应用平台,由操作员“[002]张晶”登录,操作日期为 2019-03-03。

(4) 在“业务工作”选项卡中,执行“供应链”|“采购管理”|“采购到货”|“到货单”命令,进入“到货单”窗口。单击“增加”按钮,单据号、币种、汇率和税率会自动添加。在表头位置作如下操作:业务类型参照选择“普通采购”,采购类型参照选择“普通采购”,供应商参照选择“建昌公司”,部门参照选择“业务一部”,业务员参照选择“李平”。在表体位置作如下操作:存货编码参照选择“005”,数量选择“300”,原币单价选择“50”,原币含税单价、原币金额、原币税额和原币价税合计自动汇算。单击“保存”按钮保存该到货单,表体下方制单人处显示“张晶”,如图 5-40 所示。

到货单

到货单

打印模版 8170 到货单打印模版

表体排序　　合并显示 □

业务类型 普通采购　　单据号 0000000002　　日期 2019-03-03

采购类型 普通采购　　供应商 建昌公司　　部门 业务一部

业务员 李平　　币种 人民币　　汇率 1

运输方式　　税率 17.00　　备注

	存货编码	存货名称	规格型号	主计量	数量	原币含税单价	原币单价	原币金额	原币税额	原币价税合计	税率	订单号
1	005	鼠标		只	300.00	58.50	50.00	15000.00	2550.00	17550.00	17.00	
2												
3												
4												
5												
6												
7												
8												
9												
10												
11												
12												
13												
14												
15												
合计					300.00			15000.00	2550.00	17550.00		

制单人 张晶　　现存量 0.00

图 5-40　生成到货单

(5) 重注册企业应用平台,以操作员“[001]黄红”登录,操作日期为 2019-03-03。在“业务工作”选项卡中,执行“供应链”|“采购管理”|“采购到货”|“到货单”命令,进入“到货单”窗口,找到“张晶”输入的 0000000002 号到货单。检查无误后,单击“审核”按钮审核该到货单,但表体下方没有审核人信息显示处,如图 5-40 所示。

(6) 重注册企业应用平台,以操作员“[003]王平”登录,操作日期为 2019-03-03。在“业务工作”选项卡中,执行“供应链”|“库存管理”|“入库业务”|“采购入库单”命令,进入“采购入库单”窗口。单击“生单”|“采购到货单(蓝字)”按钮,跳出“过滤条件选择”窗口,选择单据日期为“2019-03-03 到 2019-03-03”,如图 5-41 所示。

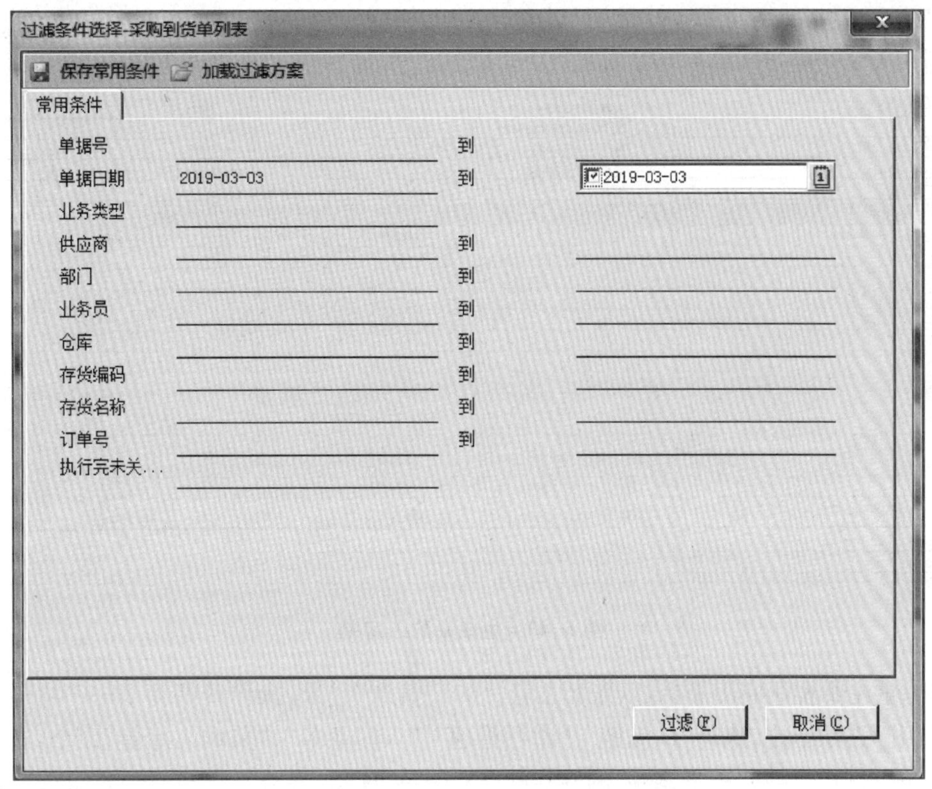

图 5-41　设置过滤条件

(7) 单击"过滤",显示到货单生单表头信息,双击选择该单据,如图5-42所示。

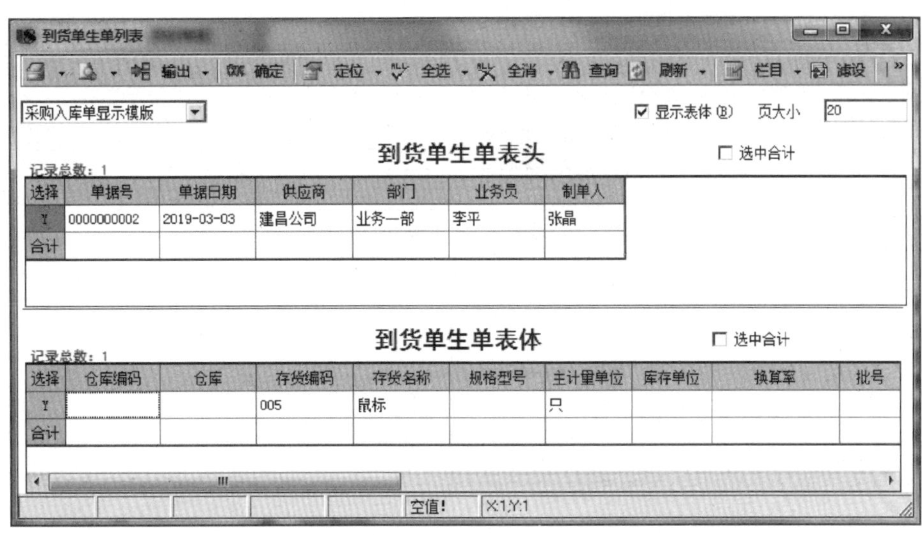

图 5-42　到货单生单列表

(8) 单击"确定",在采购入库单中显示生单信息,选择入库仓库"原料仓库",单击"保存"按钮保存该入库单,表体下方制单人处显示"王平",如图 5-43 所示。

采购入库单

采购入库单

采购入库单打印模版

表体排序

◉ 蓝字 ○ 红字

入库单号 0000000003　　入库日期 2019-03-03　　仓库 原料仓库
订单号　　到货单号 0000000002　　业务号
供货单位 建昌公司　　部门 业务一部　　业务员 李平
到货日期 2019-03-03　　业务类型 普通采购　　采购类型 普通采购
入库类别 采购入库　　审核日期　　备注

	存货编码	存货名称	规格型号	主计量单位	数量	本币单价	本币金额
1	005	鼠标		只	300.00	50.00	15000.00
2							
3							
4							
5							
6							
7							
8							
9							
10							
11							
12							
13							
合计					300.00		15000.00

制单人 王平　　审核人
现存量 300.00

图 5-43　生成采购入库单

(9) 重注册企业应用平台,以账套主管“[001]黄红”登录,操作日期为 2019-03-03。在“业务工作”选项卡中,执行“供应链”|“库存管理”|“入库业务”|“采购入库单”命令,进入“采购入库单”窗口。找到“王平”输入的 0000000003 号入库单,检查无误后,单击“审核”按钮审核该入库单,跳出“该单据审核成功!”提示框。单击“确定”,表体下方审核人处显示“黄红”,如图 5-44 所示。

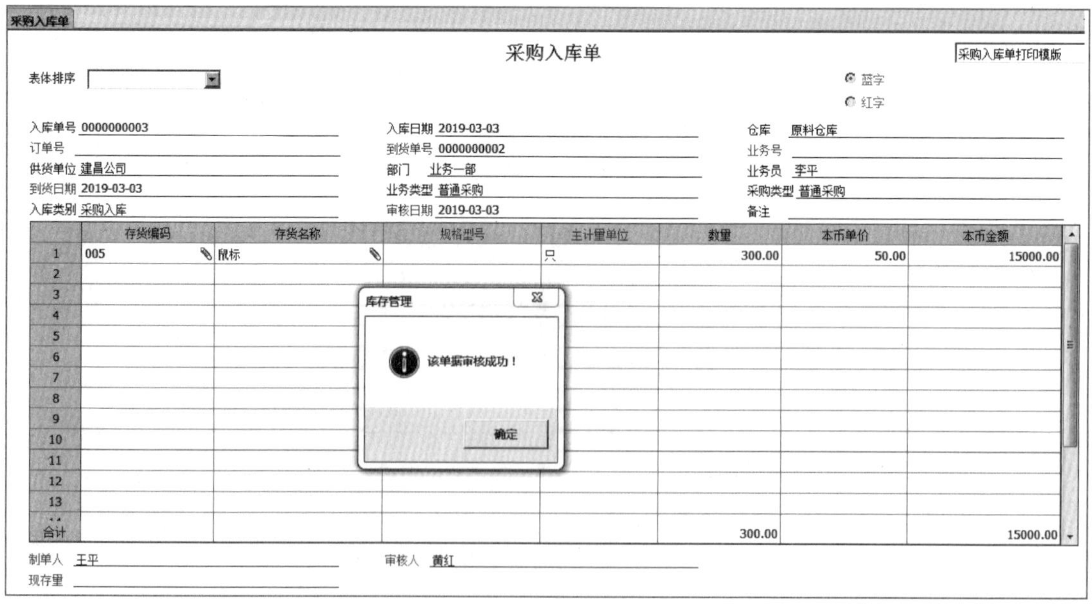

采购入库单

采购入库单

采购入库单打印模版

表体排序

◉ 蓝字 ○ 红字

入库单号 0000000003　　入库日期 2019-03-03　　仓库 原料仓库
订单号　　到货单号 0000000002　　业务号
供货单位 建昌公司　　部门 业务一部　　业务员 李平
到货日期 2019-03-03　　业务类型 普通采购　　采购类型 普通采购
入库类别 采购入库　　审核日期 2019-03-03　　备注

	存货编码	存货名称	规格型号	主计量单位	数量	本币单价	本币金额
1	005	鼠标		只	300.00	50.00	15000.00
2							
3							
4							
5							
6							
7							
8							
9							
10							
11							
12							
13							
合计					300.00		15000.00

库存管理

该单据审核成功!

确定

制单人 王平　　审核人 黄红
现存量

图 5-44　审核采购入库单

(10) 重注册企业应用平台,以操作员"[002]张晶"登录,操作日期为 2019-03-03。在"业务工作"选项卡中,执行"供应链"|"采购管理"|"采购发票"|"专用采购发票"命令,进入"专用发票"窗口。单击"增加"按钮,点击"生单"|"入库单",跳出"过滤条件选择"窗口,在"日期"中选择"2019-03-03 到 2019-03-03",单击"过滤",在跳出的"拷贝并执行"窗口中双击选择 0000000003 号入库单(入库单信息:2019-03-03 向建昌公司购买鼠标 300 只),如图 5-45 所示。单击"确定"按钮,返回"专用发票"窗口,表体中自动将入库单信息导入到专用发票相应位置,在表头位置输入发票号"85011"、发票日期"2019-03-03",检查无误,单击"保存"按钮保存该发票,表体下方制单人处显示"张晶",如图 5-46 所示。

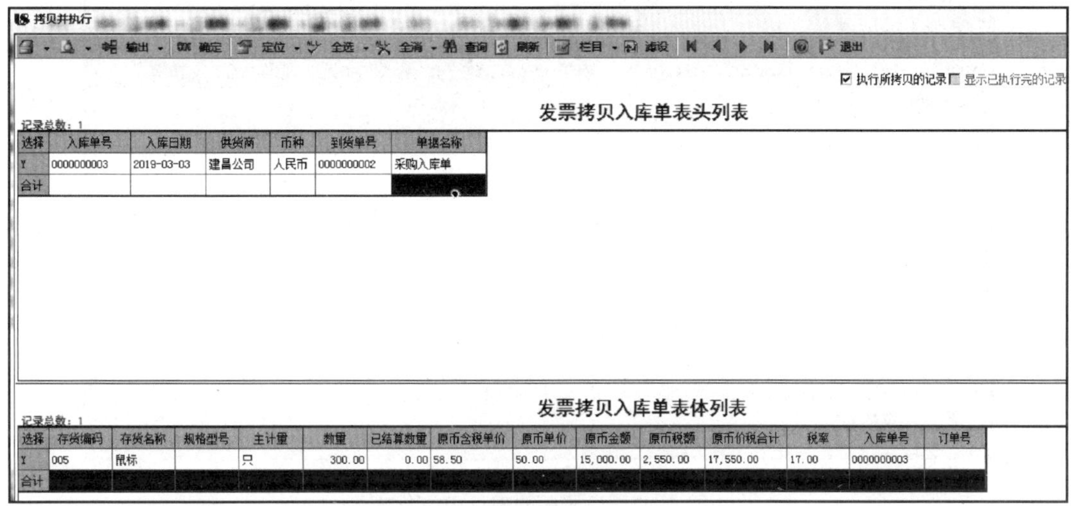

拷贝并执行

☑ 执行所拷贝的记录 ☐ 显示已执行完的记录

发票拷贝入库单表头列表

记录总数:1

选择	入库单号	入库日期	供货商	币种	到货单号	单据名称
Y	0000000003	2019-03-03	建昌公司	人民币	0000000002	采购入库单
合计						

发票拷贝入库单表体列表

记录总数:1

选择	存货编码	存货名称	规格型号	主计量	数量	已结算数量	原币含税单价	原币单价	原币金额	原币税额	原币价税合计	税率	入库单号	订单号
Y	005	鼠标		只	300.00	0.00	58.50	50.00	15,000.00	2,550.00	17,550.00	17.00	0000000003	
合计														

图 5-45 "拷贝并执行"窗口

专用发票

打印模版 8164 专用发票打印模版

表体排序

合并显示 ☐

业务类型 普通采购　　发票类型 专用发票　　发票号 85011

开票日期 2019-03-03　　供应商 建昌公司　　代垫单位 建昌公司

采购类型 普通采购　　税率 17.00　　部门名称 业务一部

业务员 李平　　币种 人民币　　汇率 1

发票日期 2019-03-03　　付款条件　　备注

	存货编码	存货名称	规格型号	主计量	数量	原币单价	原币金额	原币税额	原币价税合计	税率	订单号
1	005	鼠标		只	300.00	50.00	15000.00	2550.00	17550.00	17.00	
2											
3											
4											
5											
6											
7											
8											
9											
10											
11											
12											
13											
合计					300.00		15000.00	2550.00	17550.00		

结算日期　　制单人 张晶　　审核人

图 5-46 生成发票

（11）重注册企业应用平台，以账套主管“[001]黄红”登录，操作日期为 2019-03-03。在“业务工作”选项卡中，执行“供应链”|“采购管理”|“采购发票”|“专用采购发票”命令，进入“专用发票”窗口，找到“张晶”输入的 85011 号发票。单击“现付”按钮，跳出“采购现付”窗口，结算方式参照选择“02 支票结算”，原币金额为“15000.00”，票据号为“2351”，单击“确定”，如图 5-47 所示。

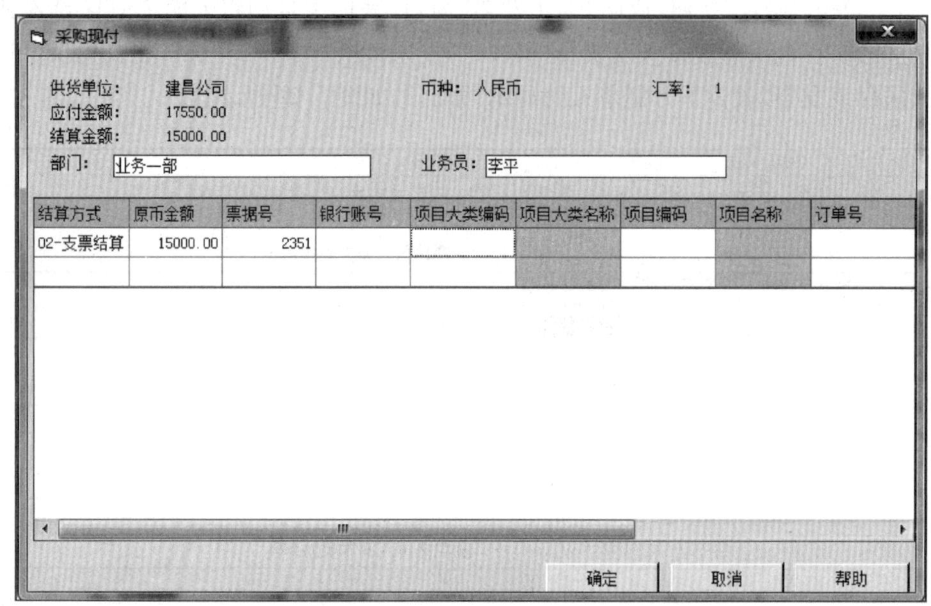

图 5-47 设置采购现付相关参数

（12）进行现付处理后，85011 号专用发票左上方显示“已现付”标签，如图 5-48 所示。

图 5-48 已现付的专用发票

（13）在“业务工作”选项卡中，执行“供应链”|“采购管理”|“采购结算”|“手工结算”命令，进入“手工结算”窗口。单击“选单”按钮，跳出“结算选单”窗口，单击“过滤”按钮，条件过滤中选择单据日期的起始日期和截止日期，如图 5-49 所示，单击“过滤”按钮。

过滤条件选择-采购手工结算

保存常用条件　加载过滤方案

常用条件

条件		到	
存货编码		到	
单据日期	2019-03-03	到	☑2019-03-03
采购类型		到	
部门		到	
项目		到	
业务员编码		到	
供应商编码		到	
存货分类		到	
采购订单号		到	
扣税类别			

过滤(F)　取消(C)

图 5-49　设置手工结算过滤条件

（14）在跳出的“结算选单”窗口显示符合条件的入库单和发票信息，双击选择需要结算的采购入库单和采购发票，如图 5-50 所示。

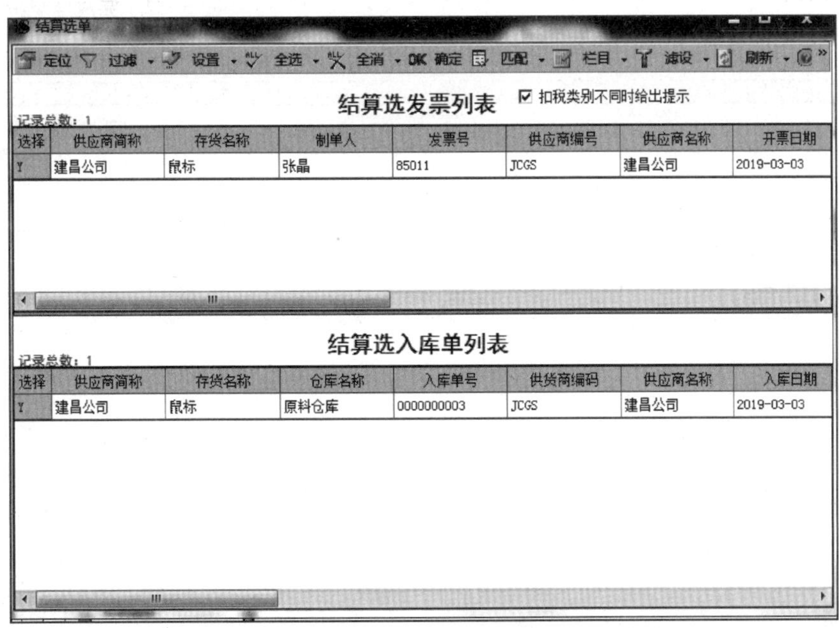

结算选单

定位　过滤　设置　全选　全消　确定　匹配　栏目　滤设　刷新

结算选发票列表　☑扣税类别不同时给出提示

记录总数：1

选择	供应商简称	存货名称	制单人	发票号	供应商编号	供应商名称	开票日期
Y	建昌公司	鼠标	张晶	85011	JCGS	建昌公司	2019-03-03

结算选入库单列表

记录总数：1

选择	供应商简称	存货名称	仓库名称	入库单号	供货商编码	供应商名称	入库日期
Y	建昌公司	鼠标	原料仓库	0000000003	JCGS	建昌公司	2019-03-03

图 5-50　结算选单

(15) 单击“确定”按钮，跳出“手工结算”窗口，如图 5-51 所示。确认信息无误后，单击“结算”按钮。

手工结算

结算汇总

单据类型	存货编号	存货名称	单据号	结算数量	发票数量	合理损耗数量	非合理损耗数量	非合理损耗金额
采购发票		鼠标	85011		300.00			
采购入库单	005		0000000003	300.00				
		合计		300.00	300.00	0.00	0.00	0.00

选择费用分摊方式：⊙ 按金额 ○ 按数量 □ 相同供应商

费用名称	发票号	开票日期	对应仓库	对应存货	供应单位	代垫单位	规格型号	计量单

图 5-51 结算汇总

(16) 完成结算，跳出“完成结算!”提示框，单击“确定”按钮，如图 5-52 所示。

图 5-52 完成结算提示框

(17) 在“业务工作”选项卡中，执行“供应链”|“采购管理”|“采购发票”|“专用采购发票”命令，进入“专用发票”窗口。找到 85011 号发票，发现其左上方显示“已结算”“已现付”标签，如图 5-53 所示。

(18) 在“业务工作”选项卡中，执行“供应链”|“采购管理”|“采购入库”|“采购入库单”命令，进入“采购入库单”窗口。找到 0000000003 号入库单，发现其左上方显示“已结算”标签，如图 5-54 所示。

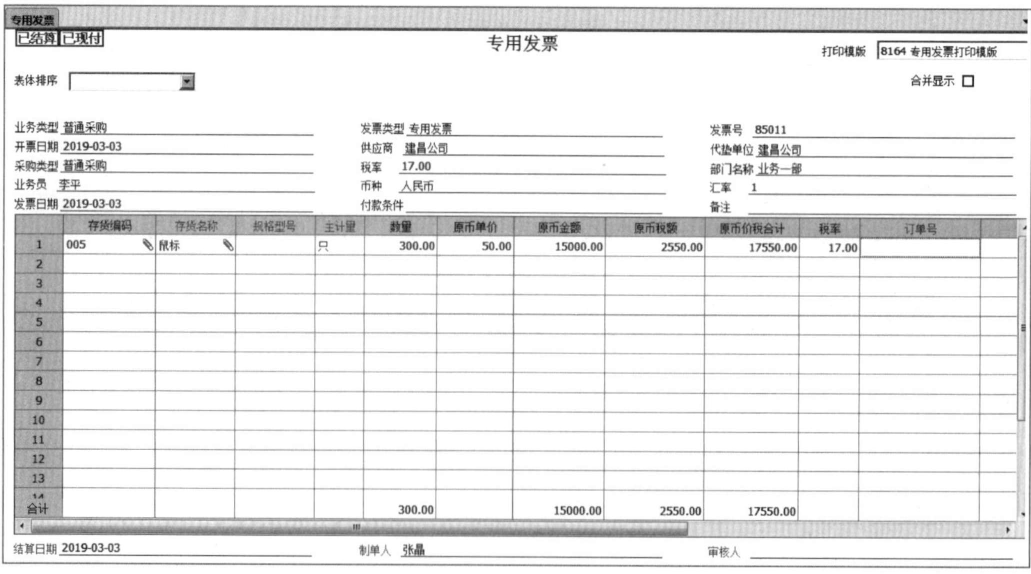

专用发票

已结算 已现付

打印模版 8164 专用发票打印模版

表体排序　　合并显示 □

业务类型 普通采购　发票类型 专用发票　发票号 85011

开票日期 2019-03-03　供应商 建昌公司　代垫单位 建昌公司

采购类型 普通采购　税率 17.00　部门名称 业务一部

业务员 李平　币种 人民币　汇率 1

发票日期 2019-03-03　付款条件　备注

	存货编码	存货名称	规格型号	主计量	数量	原币单价	原币金额	原币税额	原币价税合计	税率	订单号
1	005	鼠标		只	300.00	50.00	15000.00	2550.00	17550.00	17.00	
2											
3											
4											
5											
6											
7											
8											
9											
10											
11											
12											
13											
合计					300.00		15000.00	2550.00	17550.00		

结算日期 2019-03-03　制单人 张晶　审核人

图 5-53 已结算、已现付的专用发票

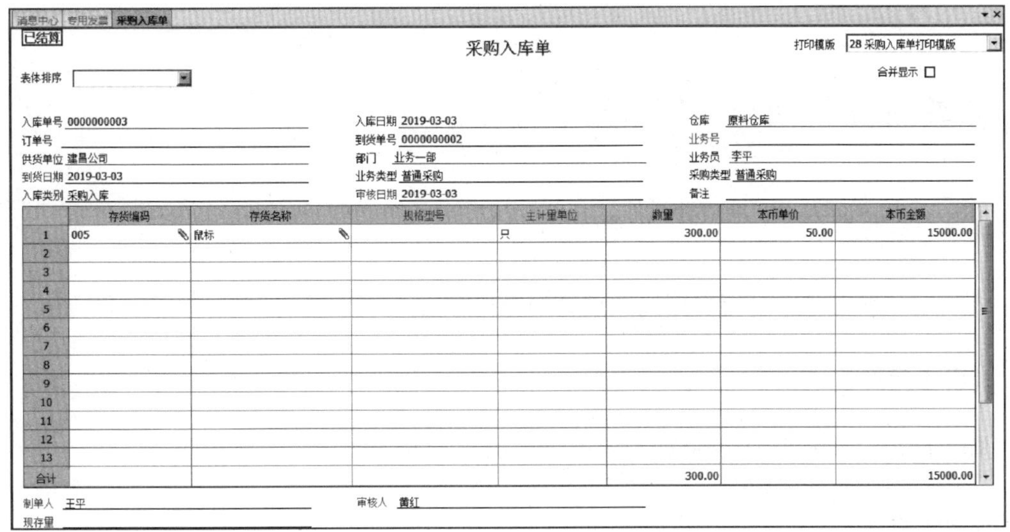

图 5-54　已结算的采购入库单

退出企业应用平台。由系统管理员（admin）在“系统管理”中备份数据，如备份至“D:\002账套备份数据\5.2 现付业务”，便于以后引入。

【拓展阅读】

采购现付与采购结算业务没有先后次序要求，可以先进行采购现付，再进行结算，也可以相反。若已经完成采购现付，但想要取消，可直接到“专用采购发票”中单击“齐付”，此时，该张专用发票左上方的“已现付”标签消失。进行现付时，也允许部分付款。如果已经完成采购结算，但想要取消，则到“结算单列表”中找到要取消结算的那张单子，双击进入该张结算单，然后单击“删除”删除该结算单，此时，该张专用发票左上方的“已结算”标签消失。

在进行结算时，有如下几个注意事项：

(1) 如果采购入库数量小于发票数量，属于损耗，可以根据损耗原因在采购手工结算时，在相应栏内输入损耗数量，即可进行采购结算。

(2) 如果采购入库数量大于发票数量，则应该在相应损耗数量栏内输入负数量，系统将入库数量大于发票的数量视为赠品，不计算金额，降低入库存货的采购成本。

(3) 如果入库数量＋合理损耗＋非合理损耗等项目不等于发票数量，则系统提示不能结算。

(4) 如果针对一张入库单进行分批结算，则需要手工修改结算数量，并按发票数量进行结算，否则系统会提示“入库数量＋合理损耗＋非合理损耗不等于发票数量，不能结算”。

(5) 如果在生成发票时没有立即付款，可以先确认为应付账款，然后在应付款管理系统手工录入一张付款单，审核确认后制单，或者期末合并制单。

5.3 费用发票结算

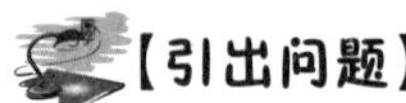

掌握在采购业务中进行费用发票结算的操作方法。

在采购过程中,发生了运输费等费用,需要进行合并结算。

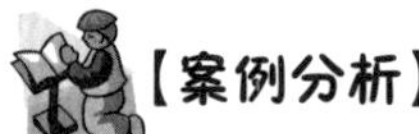

2019/03/04 业务一部向建昌公司购买 40G 硬盘 200 盒,单价为 800 元,到货并验收入原料仓库。同时收到专用发票一张,票号为 85012。另外,在采购的过程中,发生了一笔运输费 200 元,税率为 7%,收到相应的运费发票一张,票号为 5678。

【案例分析】

(1) 系统时间修改为 2019-03-31。

(2) 启动“系统管理”,由系统管理员(admin)注册登录,引入“5.2 现付业务”对应账套,导入到“5.3 费用发票结算”文件夹。

(3) 启动企业应用平台,由操作员 “[002]张晶”登录,操作日期为 2019-03-04。

(4) 在“业务工作”选项卡中,执行“供应链”|“采购管理”|“采购到货”|“到货单”命令,进入“到货单”窗口。单击“增加”按钮,单据号、币种、汇率和税率会自动添加。在表头位置作如下操作:业务类型参照选择“普通采购”,采购类型参照选择“普通采购”,供应商参照选择“建昌公司”,部门参照选择“业务一部”,业务员参照选择“李平”。在表体位置作如下操作:存货编码参照选择“002”,数量选择“200”,原币单价选择“800”,原币金额、原币税额和原币价税合计自动汇算。单击“保存” 按钮保存该到货单,表体下方制单人处显示“张晶”,没有审核人信息,如图 5-55 所示。

(5) 重注册企业应用平台,以操作员“[001]黄红”登录,操作日期为 2019-03-04。在“业务工作”选项卡中,执行“供应链”|“采购管理”|“采购到货”|“到货单”命令,进入“到货单”窗口。找到“张晶”输入的 0000000003 号到货单,检查无误后,单击“审核”按钮审核该到货单,但表体下方没有审核人信息显示处,如图 5-55 所示。

(6) 重注册企业应用平台,以操作员“[003]王平”登录,操作日期为 2019-03-04。在“业务工作”选项卡中,执行“供应链”|“库存管理”|“入库业务”|“采购入库单”命令,进入“采购入库单”窗口。单击“生单”|“采购到货单(蓝字)”按钮,跳出“过滤条件选择”窗口,选择单据日期为“2019-03-04 到 2019-03-04”,如图 5-56 所示。

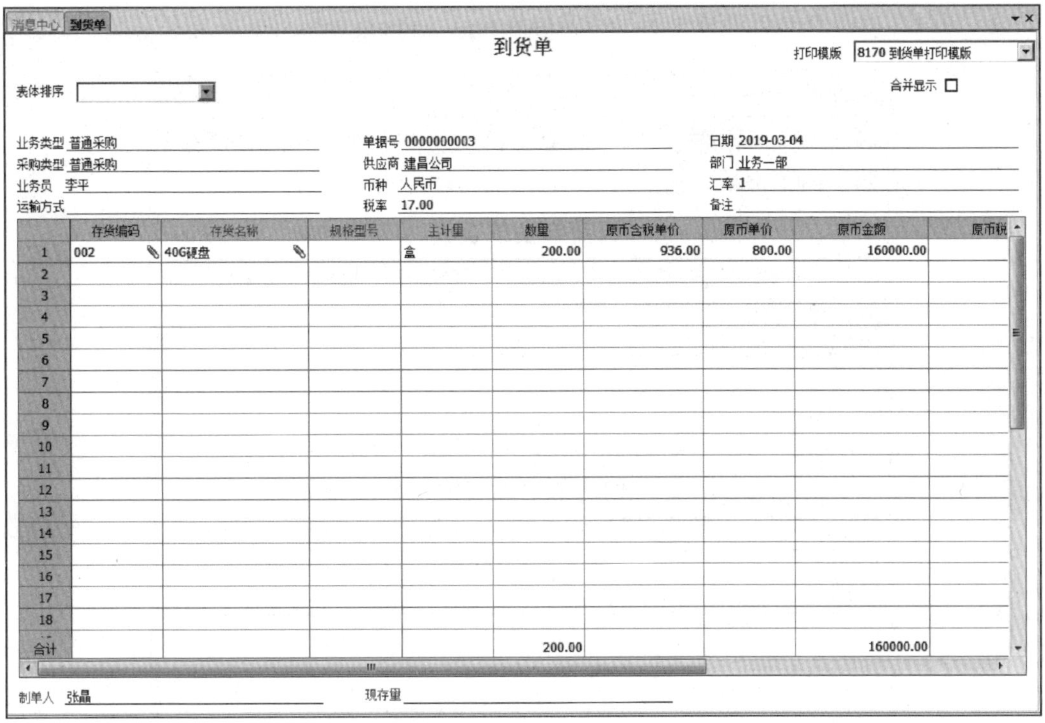

图 5-55 填制到货单

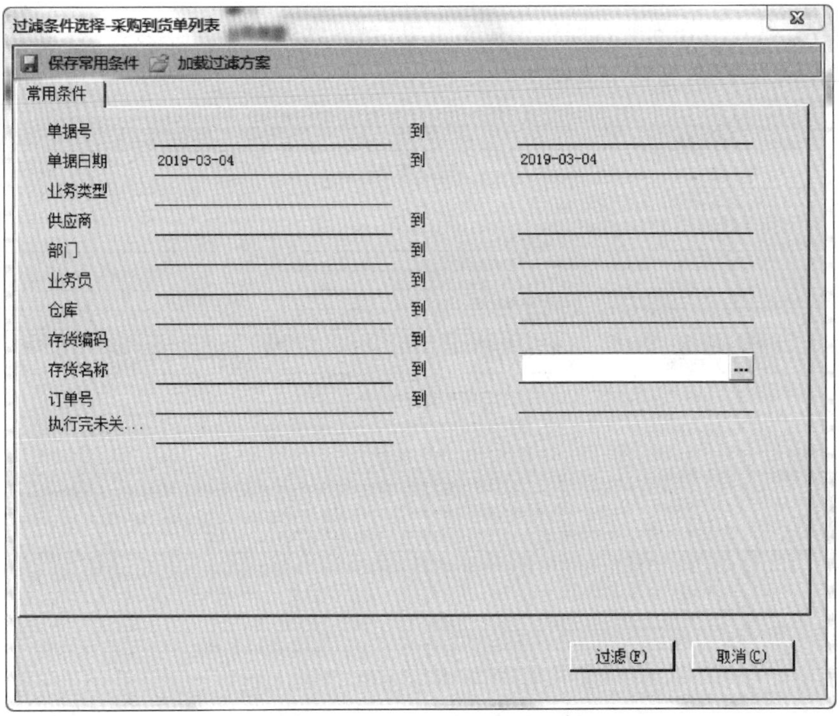

图 5-56 设置采购到货单过滤条件

(7) 单击“过滤”,显示到货单生单表头信息,双击选择该单据,如图5-57所示。

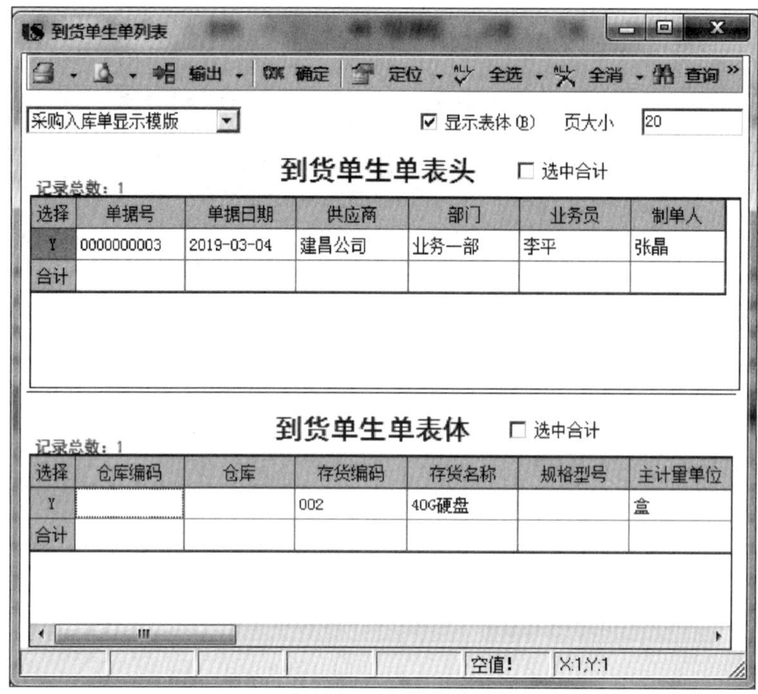

图 5-57　到货单生单列表

(8) 单击“确定”,在采购入库单中显示生单信息,选择入库仓库为“原料仓库”,单击“保存”按钮保存该入库单,表体下方制单人处显示“王平”,如图 5-58 所示。

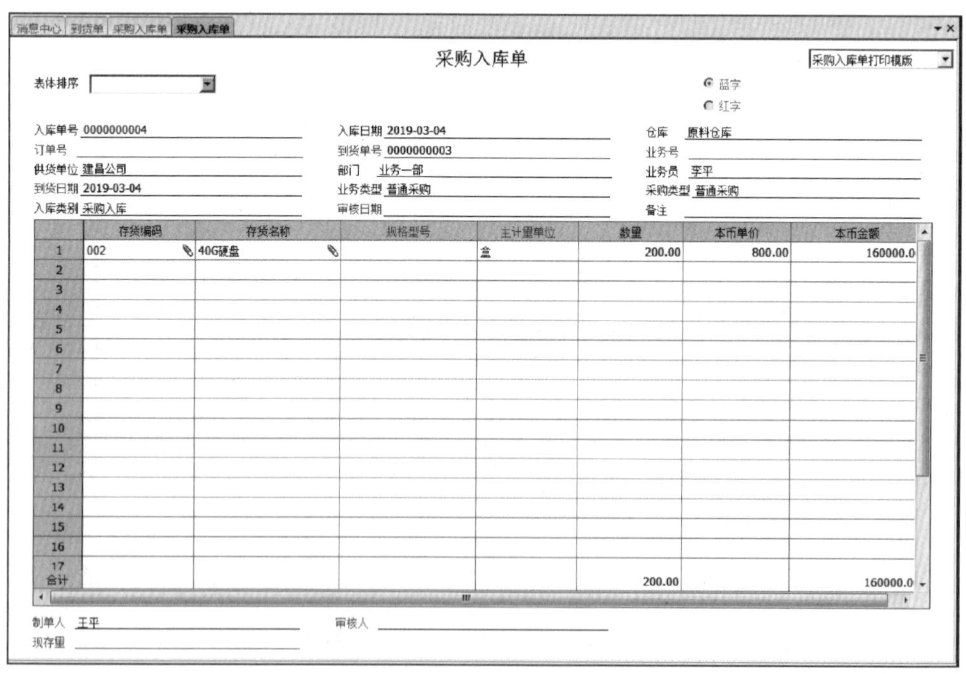

图 5-58　生成采购入库单

(9) 重注册企业应用平台,以账套主管“[001]黄红”登录,操作日期为 2019-03-04。在“业务工作”选项卡中,执行“供应链”|“库存管理”|“入库业务”|“采购入库单”命令,进入“采购入库单”窗口。找到“王平”输入的 0000000004 号入库单,检查无误后,单击“审核”按钮审核该入库单,跳出“该单据审核成功!”提示框。单击“确定”,表体下方审核人处显示“黄红”,如图 5-59 所示。

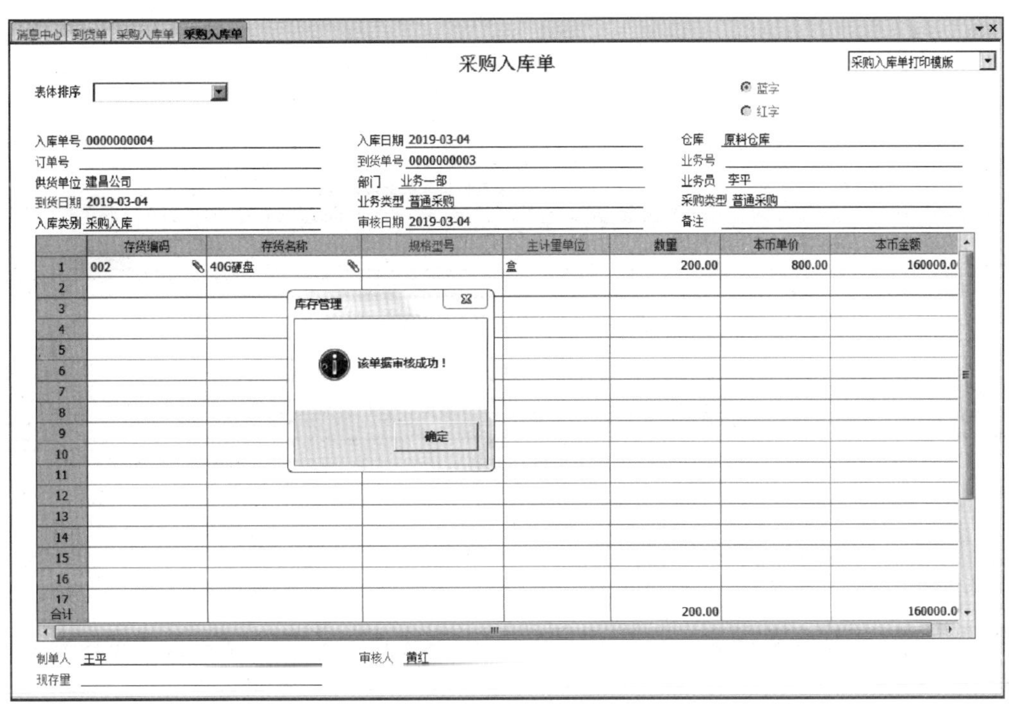

图 5-59 审核采购入库单

(10) 重注册企业应用平台,以操作员“[002]张晶”登录,操作日期为 2019-03-04。在“业务工作”选项卡中,执行“供应链”|“采购管理”|“采购发票”|“专用采购发票”命令,进入“专用发票”窗口。单击“增加”按钮,点击“生单”|“入库单”,跳出“过滤条件选择”窗口,在“日期”中选择“2019-03-04 到 2019-03-04”,单击“过滤”,在跳出的“拷贝并执行”窗口中选择 0000000004 号入库单(入库单信息:2019-03-04 向建昌公司购买 40G 硬盘 200 盒),如图 5-60 所示。单击“确定”按钮,返回“专用发票”窗口,表体中自动将入库单信息导入到专用发票相应位置,在表头位置输入发票号“85012”,输入发票日期“2019-03-04”。检查无误,单击“保存”按钮保存该发票,表体下方制单人处显示“张晶”,如图 5-61 所示。

(11) 在“业务工作”选项卡中,执行“供应链”|“采购管理”|“采购发票”|“运费发票”命令,进入“运费发票”窗口。单击“增加”按钮,发票类型、开票时间、汇率、币种和税率会自动添加,在表头位置作如下操作:业务类型参照选择“普通采购”,发票号为“5678”,采购类型参照选择“普通采购”,供应商参照选择“建昌公司”,部门参照选择“业务一部”,业务员参照选择“李平”,日期为“2019-03-04”。在表体位置,存货编码参照选择“008”,原币金额输入“200”,原币税额自动汇算。单击“保存” 按钮保存该运费发票,表体下方制单人处显示“张晶”,如图 5-62 所示。

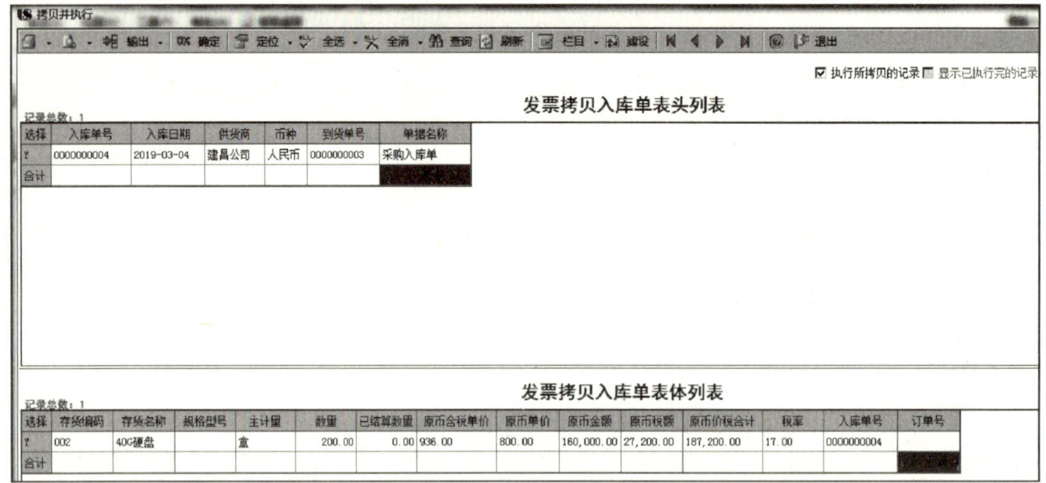

拷贝并执行

输出 确定 定位 全选 全消 查询 刷新 栏目 滤设 退出

☑ 执行所拷贝的记录 ☐ 显示已执行完的记录

发票拷贝入库单表头列表

记录总数：1

选择	入库单号	入库日期	供货商	币种	到货单号	单据名称
Y	0000000004	2019-03-04	建昌公司	人民币	0000000003	采购入库单
合计						

发票拷贝入库单表体列表

记录总数：1

选择	存货编码	存货名称	规格型号	主计量	数量	已结算数量	原币含税单价	原币单价	原币金额	原币税额	原币价税合计	税率	入库单号	订单号
Y	002	40G硬盘		盒	200.00	0.00	936.00	800.00	160,000.00	27,200.00	187,200.00	17.00	0000000004	
合计														

图 5-60 “拷贝并执行”窗口

消息中心 | 到货单 | 采购入库单 | 采购入库单 | 专用发票

专用发票

打印模版 8164 专用发票打印模版

表体排序

合并显示 ☐

业务类型 普通采购	发票类型 专用发票	发票号 85012
开票日期 2019-03-04	供应商 建昌公司	代垫单位 建昌公司
采购类型 普通采购	税率 17.00	部门名称 业务一部
业务员 李平	币种 人民币	汇率 1
发票日期 2019-03-04	付款条件	备注

	存货编码	存货名称	规格型号	主计量	数量	原币单价	原币金额	原币税额	原币价
1	002	40G硬盘		盒	200.00	800.00	160000.00	27200.00	
2									
3									
4									
5									
6									
7									
8									
9									
10									
11									
12									
13									
14									
15									
16									
17									
合计					200.00		160000.00	27200.00	

结算日期 　　制单人 张晶 　　审核人

图 5-61 生成专用发票

(12) 重注册企业应用平台，以账套主管“[001]黄红”登录，操作日期为 2019-03-04。在“业务工作”选项卡中，执行“供应链”|“采购管理”|“采购结算”|“手工结算”命令，进入“手工结算”窗口。单击“选单”按钮，跳出“结算选单”窗口，单击“过滤”按钮，条件过滤中选择单据日期为“2019-03-04 到 2019-03-04”。单击“过滤”按钮，“结算选单”显示符合条件的入库单列表和发票列表，如图 5-63 所示。

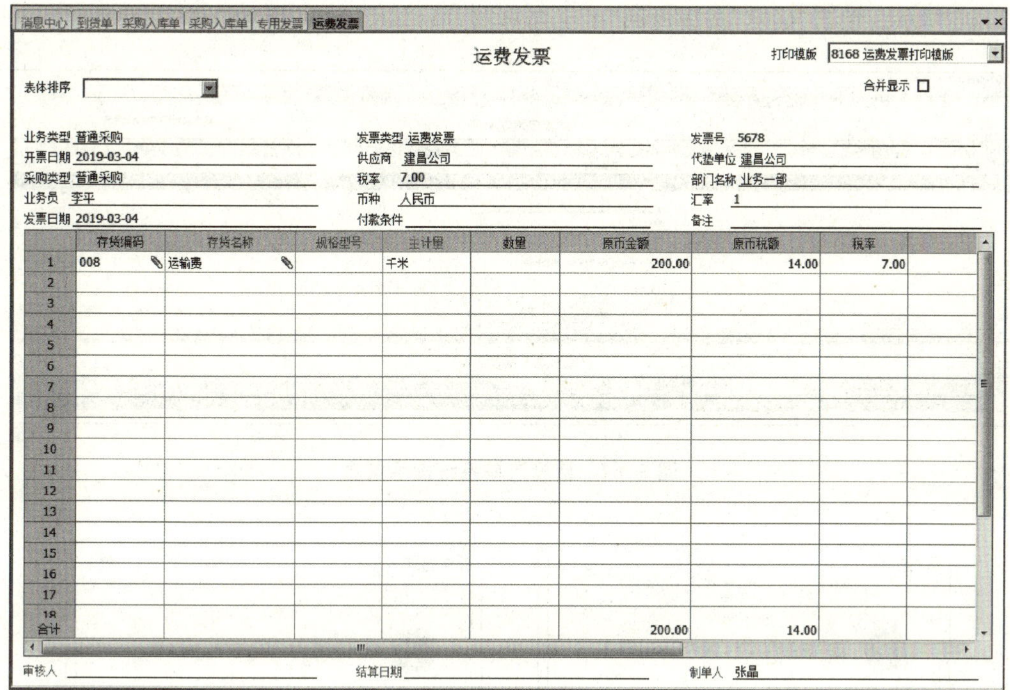

图 5-62 填制运费发票

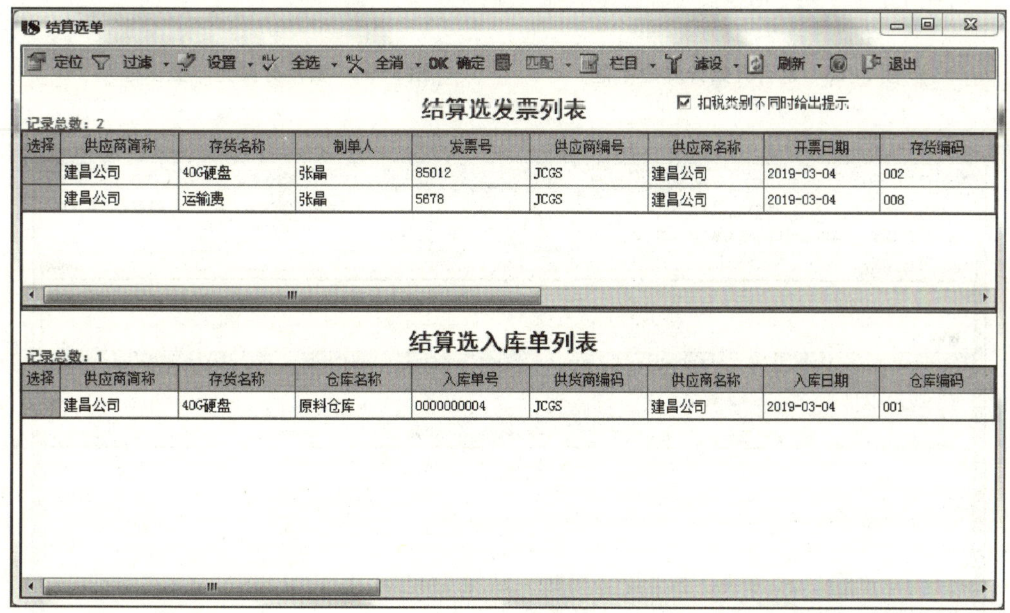

图 5-63 结算选单

(13) 双击选择需要结算的采购入库单和采购发票,单击"确定"按钮,跳出"手工结算"窗口和"所选单据和税类别不同,是否继续?"系统提示信息,如图 5-64 所示。单击"是"返回"手工结算"窗口。单击"分摊"按钮,跳出"选择按金额分摊,是否开始计算?"系统提示框,如图 5-65 所示。单击"是"按钮,再次跳出"费用分摊(按金额)完毕,请检查。"系统提示框,如

图 5-66 所示。单击“确定”按钮返回“手工结算”窗口，如图 5-67 所示。

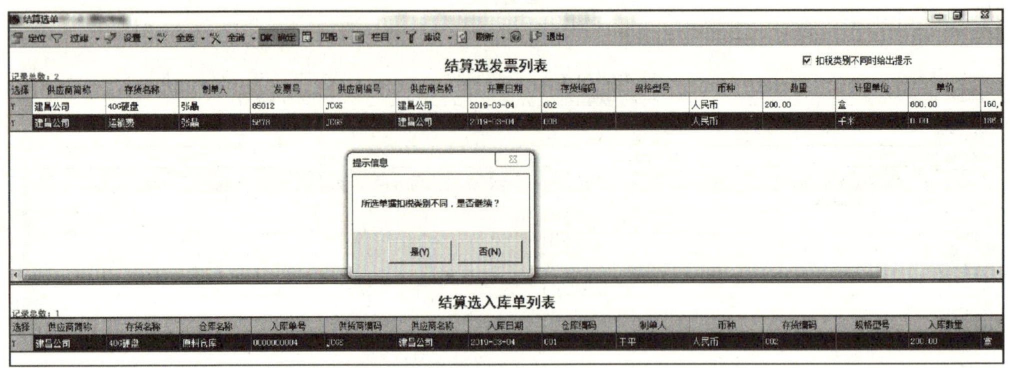

图 5-64　结算选单系统提示信息

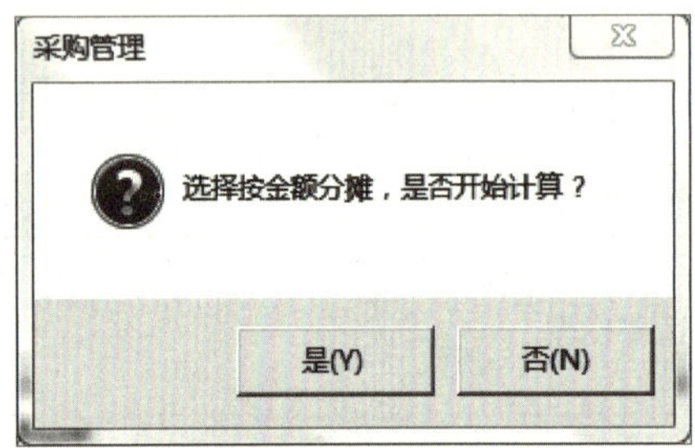

图 5-65　是否开始计算提示框

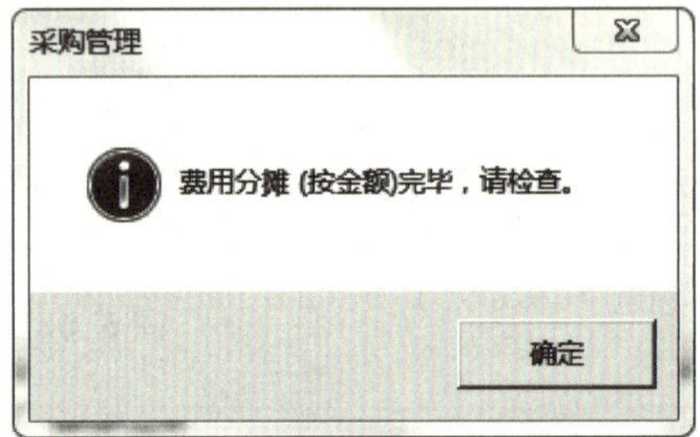

图 5-66　费用分摊完毕提示框

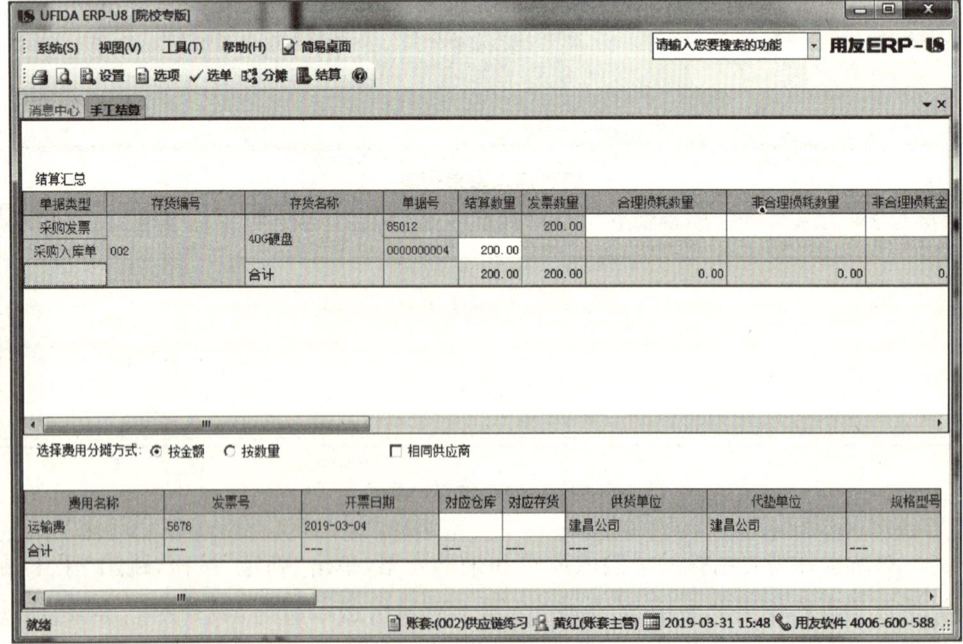

图 5-67　手工结算窗口

(14) 确认信息无误后，再单击“结算”按钮，完成结算，跳出“完成结算！”系统提示框，单击“确定”按钮，如图 5-68 所示。

(15) 在“业务工作”选项卡中，执行“供应链”|“采购管理”|“采购发票”|“专用采购发票”命令，进入“专用发票”窗口。85012 号发票左上方显示“已结算”标签，如图 5-69 所示。

(16) 在“业务工作”选项卡中，执行“供应链”|“采购管理”|“采购发票”|“运费发票”命令，进入“运费发票”窗口。5678 号发票左上方显示“已结算”标签，如图 5-70 所示。

图 5-68 完成结算提示框

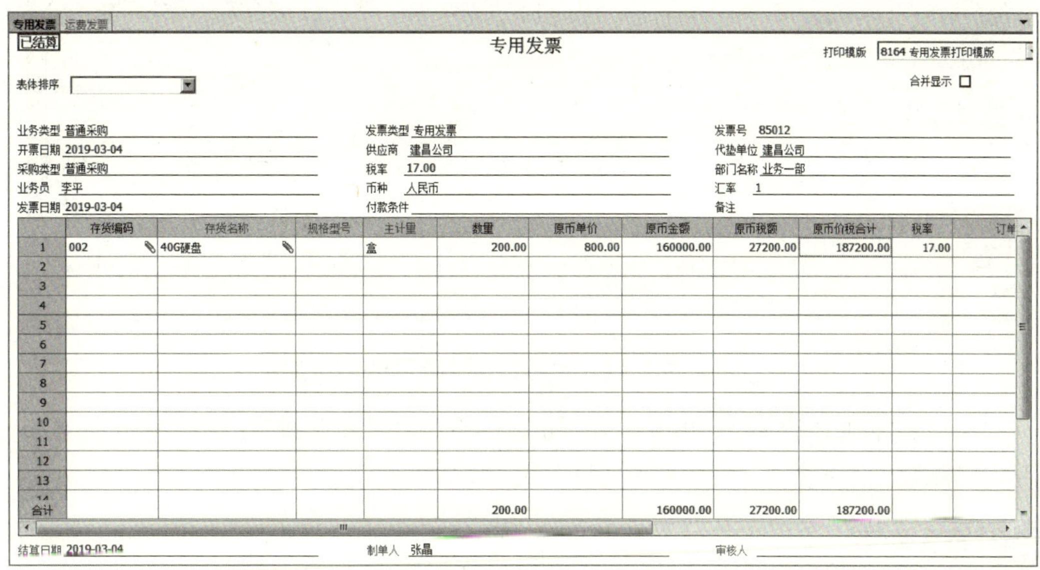

专用发票 | 运费发票

已结算

专用发票

打印模版 8164 专用发票打印模版

表体排序

合并显示 □

业务类型 普通采购　发票类型 专用发票　发票号 85012

开票日期 2019-03-04　供应商 建昌公司　代垫单位 建昌公司

采购类型 普通采购　税率 17.00　部门名称 业务一部

业务员 李平　币种 人民币　汇率 1

发票日期 2019-03-04　付款条件　备注

	存货编码	存货名称	规格型号	主计量	数量	原币单价	原币金额	原币税额	原币价税合计	税率	订单
1	002	40G硬盘		盒	200.00	800.00	160000.00	27200.00	187200.00	17.00	
2											
3											
4											
5											
6											
7											
8											
9											
10											
11											
12											
13											
合计					200.00		160000.00	27200.00	187200.00		

结算日期 2019-03-04　制单人 张晶　审核人

图 5-69 已结算的专用发票

专用发票 | 运费发票

已结算

运费发票

打印模版 8168 运费发票打印模版

表体排序

合并显示 □

业务类型 普通采购　发票类型 运费发票　发票号 5678

开票日期 2019-03-04　供应商 建昌公司　代垫单位 建昌公司

采购类型 普通采购　税率 7.00　部门名称 业务一部

业务员 李平　币种 人民币　汇率 1

发票日期 2019-03-04　付款条件　备注

	存货编码	存货名称	规格型号	主计量	数量	原币金额	原币税额	税率
1	008	运输费		千米		200.00	14.00	7.00
2								
3								
4								
5								
6								
7								
8								
9								
10								
11								
12								
13								
合计						200.00	14.00	

审核人　结算日期 2019-03-04　制单人 张晶

图 5-70 已结算的运费发票

(17) 在“业务工作”选项卡中，执行“供应链”|“采购管理”|“采购入库”|“采购入库单”命令，进入“采购入库单”窗口。0000000004号入库单左上方显示“已结算”标签，如图5-71所示。

采购入库单

已结算

采购入库单　　打印模版 28 采购入库单打印模版

表体排序　　合并显示 □

入库单号 0000000004　　入库日期 2019-03-04　　仓库 原料仓库
订单号　　到货单号 0000000003　　业务号
供货单位 建昌公司　　部门 业务一部　　业务员 李平
到货日期 2019-03-04　　业务类型 普通采购　　采购类型 普通采购
入库类别 采购入库　　审核日期 2019-03-04　　备注

	存货编码	存货名称	规格型号	主计量单位	数量	本币单价	本币金额
1	002	40G硬盘		盒	200.00	800.93	160186.00
2							
3							
4							
5							
6							
7							
8							
9							
10							
11							
12							
13							
合计					200.00		160186.00

制单人 王平　　审核人 黄红
现存量

图5-71　已结算的采购入库单

(18) 退出企业应用平台。由系统管理员(admin)在“系统管理”中备份数据，如备份至“D:\002账套备份数据\5.3费用发票结算”，便于以后引入。

【拓展阅读】

采购费用发票的录入需在采购入库单、采购专用发票录入后进行，然后按照采购入库单和采购专用发票进行费用分摊、结算。运费发票进行结算时有“按金额”和“按数量”两种结算方式。按金额是对采购入库的原材料按每个品种购入金额小计占总金额的比例进行分摊，按数量是对采购入库的原材料按每个品种购入数量占总数量的比例进行分摊。此处运费税率7%是举例参考数据。费用结算通常使用手工结算方式。

5.4 采购比价

【学习目标】

掌握在采购业务中进行比价的操作方法。

【引出问题】

采购过程中经常会碰到多家供应商的问题，企业为了降低成本，需要进行询价、比价。实践证明，比价采购有助于提高企业的市场竞争力，保证原材料的产品质量，也有助于防止采购工作中可能出现的腐败。

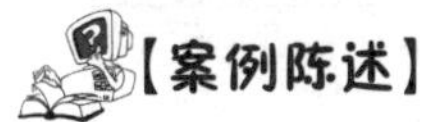

【案例陈述】

2019/03/06 业务员王新想购买 80 只键盘，提出请购要求，经同意填制并审核请购单。采购人员张晶得知提供键盘的供应商有两家，分别是兴华公司和建昌公司，他们的报价分别为 50 元/只、55 元/只。通过比价，公司决定向兴华公司订购，要求到货日期为 2019/03/07。

【案例分析】

（1）系统时间修改为 2019-03-31。

（2）启动"系统管理"，由系统管理员（admin）注册登录，引入"5.3 费用发票结算"对应账套，导入到"5.4 采购比价"文件夹。

（3）启动企业应用平台，由操作员"[002]张晶"登录，操作日期为 2019-03-06。

（4）在"业务工作"选项卡中，执行"供应链"|"采购管理"|"供应商管理"|"供应商供货信息"|"供应商存货调价单"命令，单击"增加"按钮，对供应商存货价格进行设置。作如下操作：供应类型参照选择"采购"，供应商参照选择"XHGS"，存货编码参照选择"004"，生效日期为"2019-03-06"，填写原币单价为"50"，税率为"17.00"，确认无误后，单击"保存"按钮，再单击"审核"按钮，如图 5-72 所示。

供应商存货调价单

供应商存货调价单　　打印模版 30964 调价单打印模版

表体排序

价格标识 含税价　　单据号 0000000001　　调价日期 2019-03-06

调价部门　　调价业务员　　表头备注

供应类型 采购

	操作类型	供应商	存货编码	存货名称	原币单价	含税单价	数量下限	生效日期	失效日期	是否
1	新增	兴华公司	004	键盘	50.00	58.50	0.00	2019-03-06		
2										
3										
4										
5										
6										
7										
8										
9										
10										
11										
12										
13										
合计										

制单人 张晶　　审批人 张晶　　审批日期 2019-03-06

图 5-72　供应商存货调价单（兴华公司）

（5）执行与（4）类似操作，供应类型参照选择"采购"，供应商参照选择"JCGS"，存货编码参照选择"004"，生效日期为"2019-03-06"，填写原币单价为"55"，税率为"17.00"，确认无误后，单击"保存"按钮，再点击"审核"按钮，如图 5-73 所示。

图 5-73　供应商存货调价单(建昌公司)

(6) 在“业务工作”选项卡中,执行“供应链”|“采购管理”|“供应商管理”|“供应商供货信息”|“供应商存货价格表”命令,在跳出的“过滤条件选择”窗口单击“过滤”按钮,“供应商存货价格表”窗口中显示供应商“兴华公司”和“建昌公司”的存货价格列表,如图 5-74 所示。

供应商存货价格表

记录总数：2

	价格标识	供应商	存货编码	规格型号	主计量	生效日期	失效日期	币种	是否促销价	数量下限	单价	税率	含税单价	供应类型	存
	含税价	建昌公司	004		只	2019-03-06		人民币	否	0.00	55.00	17.00	64.35	采购	
	含税价	兴华公司	004		只	2019-03-06		人民币	否	0.00	50.00	17.00	58.50	采购	
合计															

图 5-74　供应商存货价格表

(7) 重注册由操作员“[0002]王新”登录企业应用平台,操作日期为 2019-03-06。在“业务工作”选项卡中,执行“供应链”|“采购管理”|“请购”|“请购单”命令,进入“采购请购单”窗口。单击“增加”按钮,单据号自动添加,在表头位置作如下操作:业务类型参照选择“普通采购”,日期输入“2019-03-06”,请购部门参照选择“业务三部”,请购人员参照选择“王新”,采购类型参照选择“普通采购”。在表体位置作如下操作存货编码参照选择“004(键盘)”,主计量单位输入“只”,数量输入“80.00”,需求日期输入“2019-03-07”。单击“保存”按钮保存该请购单,表体下方制单人处显示“王新”,如图 5-75 所示。

(8) 重注册由操作员“[002]张晶”登录企业应用平台,操作日期为 2019-03-06。在“业务工作”选项卡中,执行“供应链”|“采购管理”|“请购”|“请购单”命令,进入“采购请购单”窗口。找到 0000000002 号采购请购单,单击“审核”,表体下方制单人处显示“张晶”,如图 5-76 所示。

(9) 在“业务工作”选项卡中,执行“供应链”|“采购管理”|“采购订货”|“请购比价生单”命令,跳出“过滤条件选择”窗口,单击“过滤”,进入“请购比价生单列表”窗口。双击选中填好的 0000000002 号订单,如图 5-77 所示。

消息中心 | 专用发票 | 到货单 | 采购入库单 | 供应商存货调价单 | 采购请购单

采购请购单

打印模版 8172 采购请购单打印模版

表体排序

合并显示 □

业务类型 普通采购　　单据号 0000000002　　日期 2019-03-06

请购部门 业务三部　　请购人员 王新　　采购类型 普通采购

	存货编码	存货名称	规格型号	主计量	数量	本币单价	本币价税合计	税率	需求日期
1	004	键盘		只	80.00			17.00	2019-03-07
2									
3									
4									
5									
6									
7									
8									
9									
10									
11									
12									
13									
14									
15									
16									
合计					80.00				

制单人 王新　　审核人　　关闭人

现存量

图 5-75　填制采购请购单

消息中心 | 专用发票 | 到货单 | 采购入库单 | 供应商存货调价单 | 采购请购单

采购请购单

打印模版 8172 采购请购单打印模版

表体排序

合并显示 □

业务类型 普通采购　　单据号 0000000002　　日期 2019-03-06

请购部门 业务三部　　请购人员 王新　　采购类型 普通采购

	存货编码	存货名称	规格型号	主计量	数量	本币单价	本币价税合计	税率	需求日期
1	004	键盘		只	80.00			17.00	2019-03-07
2									
3									
4									
5									
6									
7									
8									
9									
10									
11									
12									
13									
14									
15									
16									
合计					80.00				

制单人 王新　　审核人 张晶　　关闭人

现存量

图 5-76　审核采购请购单

请购比价生单列表											
选	请购单编号	请购日期	供应商	请购部门	请购员	存货编码	存货名称	规格型号	主计量	数量	含税单价
Y	0000000002	2019-03-06		业务三部	王新	004	键盘		只	80.00	0.00

图 5-77 请购比价生单列表

(10) 单击"比价"按钮,系统将根据供应商价格信息进行比价处理,列表中自动将价格相对较低的供应商、无税单价和含税单价信息补充完整,如图 5-78 所示。

请购比价生单列表												
选	请购单编号	请购日期	供应商	请购部门	请购员	存货编码	存货名称	规格型号	主计量	数量	含税单价	无税单价
Y	0000000002	2019-03-06	兴华公司	业务三部	王新	004	键盘		只	80.00	58.50	50.00

图 5-78 请购比价结果

(11) 单击"生单"按钮,系统跳出成功生成采购订单提示框,单击"确定"按钮,如图 5-79 所示。

(12) 重注册由账套主管"[001]黄红"登录企业应用平台,操作日期为 2019-03-06。在"业务工作"选项卡中,执行"供应链"|"采购管理"|"采购订货"|"采购订单"命令,进入"采购订单"窗口。找到生成的 0000000002 号采购订单,单击"审核",表体下方审核人处显示"黄红",如图 5-80 所示。

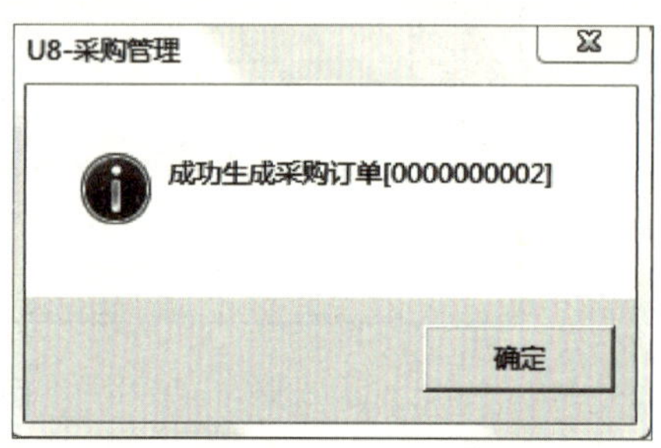

图 5-79 成功生成采购订单提示框

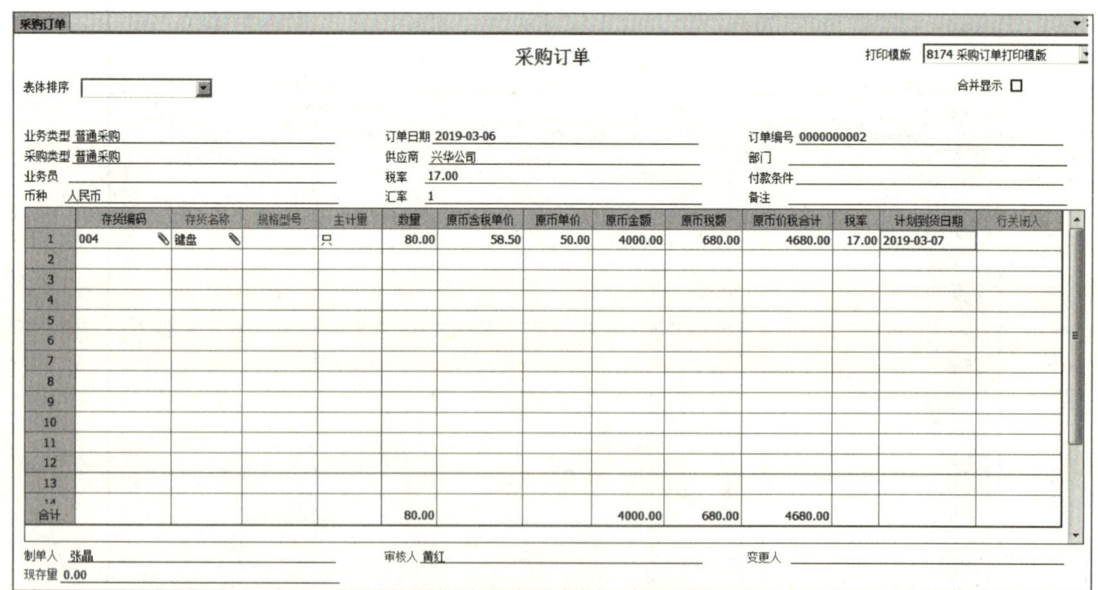

采购订单

打印模版 8174 采购订单打印模版

表体排序

合并显示 □

业务类型 普通采购　订单日期 2019-03-06　订单编号 0000000002
采购类型 普通采购　供应商 兴华公司　部门
业务员　税率 17.00　付款条件
币种 人民币　汇率 1　备注

	存货编码	存货名称	规格型号	主计量	数量	原币含税单价	原币单价	原币金额	原币税额	原币价税合计	税率	计划到货日期	行关闭人
1	004	键盘		只	80.00	58.50	50.00	4000.00	680.00	4680.00	17.00	2019-03-07	
2													
3													
4													
5													
6													
7													
8													
9													
10													
11													
12													
13													
合计					80.00			4000.00	680.00	4680.00			

制单人 张晶　审核人 黄红　变更人
现存量 0.00

图 5-80 审核采购订单

(13) 退出企业应用平台。由系统管理员(admin)在"系统管理"中备份数据,如备份至

“D:\002 账套备份数据\5.4 采购比价”,便于以后引入。

【拓展阅读】

从商务的角度看,比价采购的优势是非常明显的。首先,比价采购扩展了企业选择供应商的范围,提高了供应商的整体水平,通过比价采购使采购方以低成本获得更好的供应商,还可以降低原有供应市场的季节性波动,便于寻找到更稳定的供应源组合。

其次,比价采购提高了交易效率。采购方与供应商的谈判不受时间和空间的限制,价格是比价采购的主要考虑因素,企业通过逆向采购获得低廉的资源,新供应商的加入强化了供应商的竞争,竞争使采购方获得更大收益。逆向采购节约了采供各方协商谈判时间,提高了采购决策速度,降低采购管理费用,减小存货水平,缩短采购时间,加快了现金流动。与传统过程相比,管理费用大幅下降。研究发现,比价采购通常能节约5%~20%的采购成本和25%~35%的管理成本。

再次,比价采购增强了采购方对供应商的控制力。采购方由于有些项目采购金额小,采购周期短,在与供应商的谈判中常常处于劣势地位,不得不接受供应商的高价。但随着网络的普及和逆向采购的出现,采购方可以将有共同采购需求的小采购项目组合采购实现规模性集中采购。因为逆向采购只要采购金额足够大,产生的利润足以吸引众多的供应商投标竞争,就可能以优惠的采购价格达成交易合约。

最后,比价采购增加了采购的透明度,有效地保证了竞争的公平、公正、公开。采购方在参与竞标的供应商中选择更具竞争优势的供应商,实现动态供应商管理,提高其整体水平。

用友 ERP-U8(V8.72)软件在处理采购比价业务时,其操作思路如下:

(1) 设置供应商存货价格表,注意至少有两家供应商报价。

(2) 填写请购单:只需填写需求数量和需求日期,供应商和价格不用填写。

(3) 系统比价,显示价格,生单。

(4) 生成订单。

该操作思路是以最低价为采购存货的生单价格。但在实际业务中,不能一味地追求最低价,要注重产品的性价比。要选择合格承包方作为供应商,同一产品的可选供应商应该保证在两家以上。对于企业大型设备的技术改造或者报价较高的存货,或者涉及使用财政资金的政府采购项目,不仅应该选择多家供应商作报价比较,而且应该聆听专家意见,尽量保证花钱购买的产品物有所值。

5.5 跨月结算

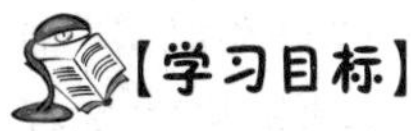

【学习目标】

掌握在采购业务中跨月结算的操作方法。

【引出问题】

上月发出货物，但尚未收到发票，在期初需要进行成本暂估。当收到上月货款发票时，需要进行采购结算。

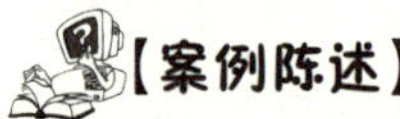【案例陈述】

2019/03/09 收到兴华公司提供的上月已验收入库的 100 盒 40G 硬盘的专用发票一张，票号为 48210，发票单价为 800 元。

【案例分析】

(1) 系统时间修改为 2019-03-31。

(2) 启动“系统管理”，由系统管理员(admin)注册登录，引入“5.4 采购比价”对应账套，导入到“5.5 跨月结算”文件夹。

(3) 启动企业应用平台，由操作员“[002]张晶”登录，操作日期为 2019-03-09。

(4) 在“业务工作”选项卡中，执行“供应链”|“采购管理”|“采购发票”|“专用采购发票”命令，进入“专用发票”窗口。单击“增加”按钮，点击“生单”|“入库单”，跳出“过滤条件选择”窗口，选择单据日期“2019-02-01 到 2019-03-09”，单击“过滤”。在跳出的“拷贝并执行”窗口中双击选择 0000000001 号入库单(入库单信息：2019-02-25 向兴华公司购买 40G 硬盘 100 盒)，如图 5-81 所示。单击“确定”按钮，返回“专用发票”窗口，表体中自动将入库单信息导入到专用发票相应位置，在表头位置输入发票日期“2019-03-09”、发票号“48210”。检查无误，单击“保存”按钮保存该发票，表体下方制单人处显示“张晶”，如图 5-82 所示。

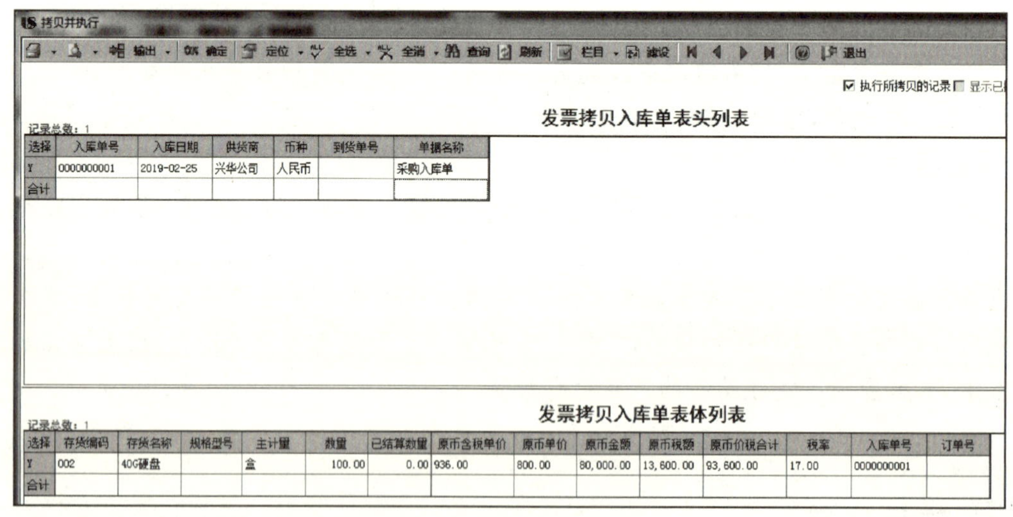

图 5-81 拷贝并执行窗口

(5) 在“业务工作”选项卡中，执行“供应链”|“采购管理”|“采购结算”|“自动结算”命令，进入“过滤条件选择”窗口。条件过滤中选择起止日期(需包含 2 月份)，结算模式选择“入库单和发票”，如图 5-83 所示。

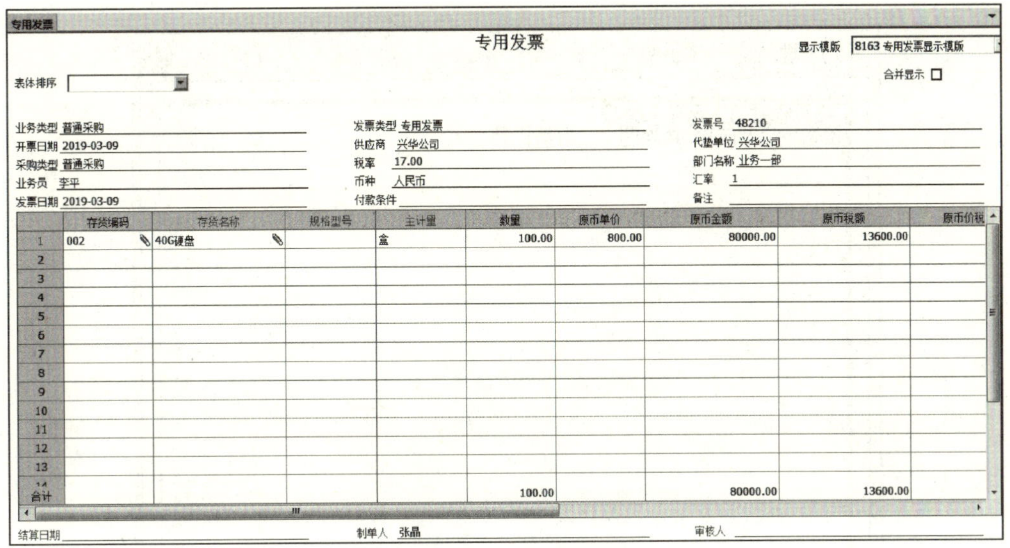

图 5-82　生成专用发票

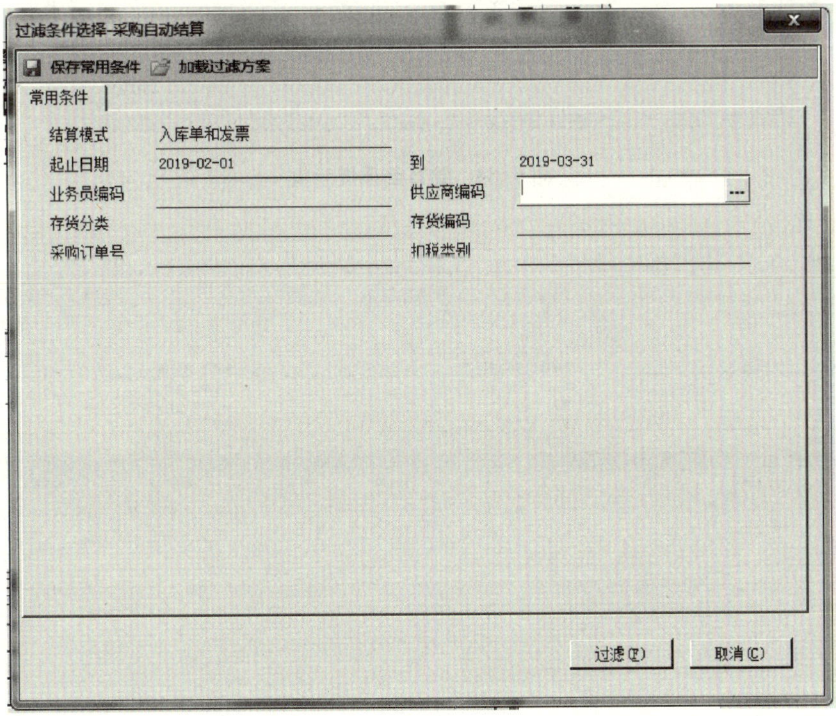

过滤条件选择-采购自动结算

保存常用条件　加载过滤方案

常用条件

结算模式　入库单和发票

起止日期　2019-02-01　到　2019-03-31

业务员编码　供应商编码

存货分类　存货编码

采购订单号　扣税类别

过滤(F)　取消(C)

图 5-83　设置过滤条件

(6) 单击“过滤”，跳出“采购管理”提示框，显示全部成功结算状态，如图 5-84 所示，单击“确定”退出。

(7) 在“业务工作”选项卡中，执行“供应链”|“采购管理”|“采购发票”|“专用采购发票”命令，进入“专用发票”窗口。找到 48210 号发票，发现其左上方显示“已结算”标签，表体下方结算日期处显示处理当日的日期，如图 5-85 所示。

图 5-84　结算结果提示框

专用发票

已结算

专用发票

打印模版 8164 专用发票打印模版

表体排序

合并显示 □

业务类型 普通采购　　发票类型 专用发票　　发票号 48210

开票日期 2019-03-09　　供应商 兴华公司　　代垫单位 兴华公司

采购类型 普通采购　　税率 17.00　　部门名称 业务一部

业务员 李平　　币种 人民币　　汇率 1

发票日期 2019-03-09　　付款条件　　备注

	存货编码	存货名称	规格型号	主计量	数量	原币单价	原币金额	原币税额	原币价税
1	002	40G硬盘		盒	100.00	800.00	80000.00	13600.00	
2									
3									
4									
5									
6									
7									
8									
9									
10									
11									
12									
13									
合计					100.00		80000.00	13600.00	

结算日期 2019-03-09　　制单人 张晶　　审核人

图 5-85　已结算的专用发票

(8) 在“业务工作”选项卡中,执行“供应链”|“采购管理”|“采购入库”|“采购入库单”命令,进入“采购入库单”窗口。向前翻到“期初采购入库单”找到 0000000001 号入库单,发现其左上方显示“已结算”标签,如图 5-86 所示。

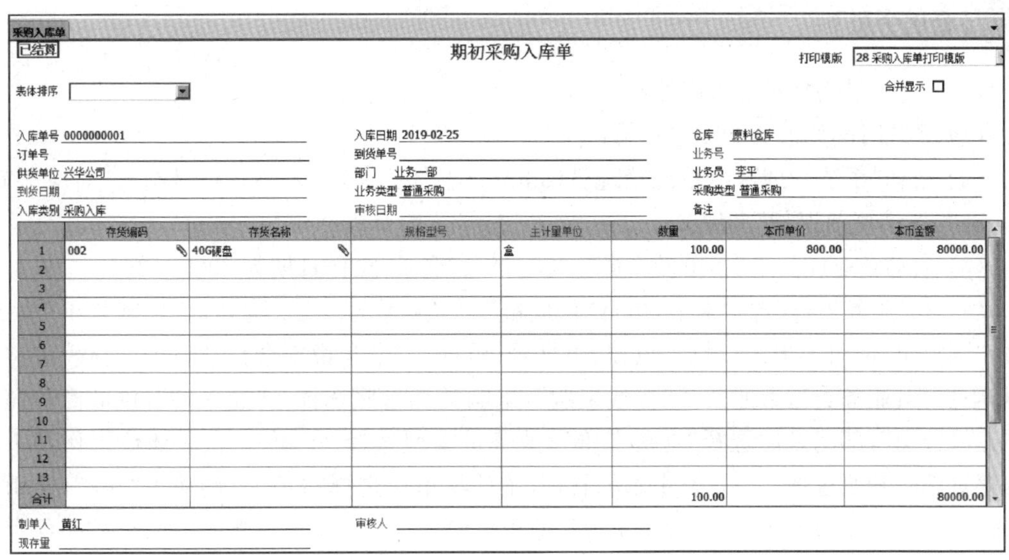

图 5-86　已结算的期初采购入库单

(9) 退出企业应用平台。由系统管理员(admin)在“系统管理”中备份数据，如备份至“D:\002 账套备份数据\5.5 跨月结算”，便于以后引入。

【拓展阅读】

进行跨月结算时，要特别注意选择开始结算日期是上一个会计期间的。跨月结算可以采用自动结算的方式，也可以采用手工结算的方式。

5.6 结算前退货

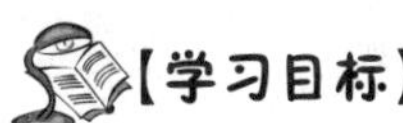

【学习目标】

掌握在采购业务中进行结算前退货的操作方法。

【引出问题】

在货票尚未结清前，货物出现质量或其他问题，需要进行退货处理。

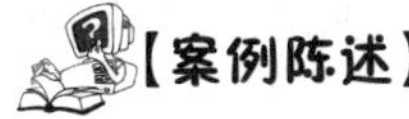

【案例陈述】

(一) 2019/03/10 业务二部收到建昌公司提供的 17 寸显示器，数量 202 台，单价为1 150 元。验收入原料仓库。

(二) 2019/03/11 仓库反映有 2 台显示器有质量问题，要求退回给供应商。

(三) 2019/03/11 收到建昌公司开具的专用发票一张(200 台)，其发票号为 AS4408。

(四) 对上述业务进行结算。

【案例分析】

（一）进行采购到货与入库处理。

（1）系统时间修改为 2019-03-31。

（2）启动“系统管理”，由系统管理员（admin）注册登录，引入“5.5 跨月结算”对应账套，导入到“5.6 结算前退货”文件夹。

（3）启动企业应用平台，由操作员“[002]张晶”登录，操作日期为 2019-03-10。

（4）在“业务工作”选项卡中，执行“供应链”|“采购管理”|“采购到货”|“到货单”命令，进入“到货单”窗口。单击“增加”按钮，单据号、币种、汇率和税率会自动添加。在表头位置作如下操作：业务类型参照选择“普通采购”，采购类型参照选择“普通采购”，供应商参照选择“建昌公司”，部门参照选择“业务二部”，业务员参照选择“王丽”。在表体位置作如下操作：存货编码参照选择“003（17 寸显示器）”，主计量单位选择“台”，数量输入“202”，原币单价输入“1150”，原币金额、原币含税单价和原币价税合计自动汇算。单击“保存”按钮保存该到货单，表体下方制单人处显示“张晶”，无审核人信息，如图 5-87 所示。

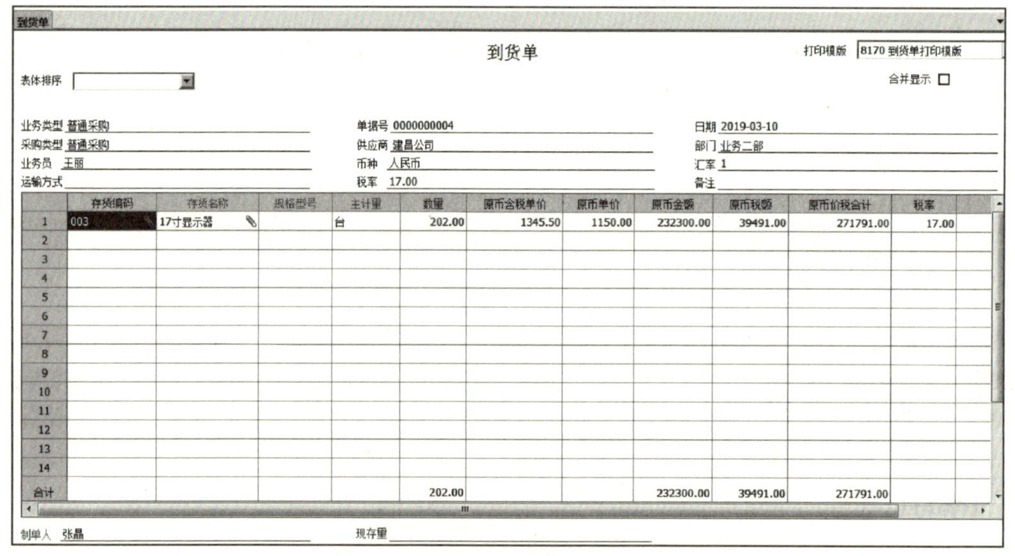
到货单

打印模版 8170 到货单打印模版

表体排序　　合并显示 □

业务类型 普通采购　单据号 0000000004　日期 2019-03-10

采购类型 普通采购　供应商 建昌公司　部门 业务二部

业务员 王丽　币种 人民币　汇率 1

运输方式　税率 17.00　备注

	存货编码	存货名称	规格型号	主计量	数量	原币含税单价	原币单价	原币金额	原币税额	原币价税合计	税率
1	003	17寸显示器		台	202.00	1345.50	1150.00	232300.00	39491.00	271791.00	17.00
2											
3											
4											
5											
6											
7											
8											
9											
10											
11											
12											
13											
14											
合计					202.00			232300.00	39491.00	271791.00	

制单人 张晶　现存量

图 5-87　填制到货单

（5）重注册企业应用平台，以账套主管“[001]黄红”登录，操作日期为 2019-03-10。在“业务工作”选项卡中，执行“供应链”|“采购管理”|“采购到货”|“到货单”命令，进入“到货单”窗口。找到 0000000004 号到货单，单击“审核”按钮审核该到货单。注意此处没有显示审核人信息。

（6）重注册，由操作员“[003]王平”登录企业应用平台，操作日期为 2019-03-10。在“业务工作”选项卡中，执行“供应链”|“库存管理”|“入库业务”|“采购入库单”命令，进入“采购入库单”窗口。单击“生单”|“采购到货单（蓝字）”按钮，跳出“过滤条件选择”窗口，单据日期选择“2019-03-10 到 2019-03-10”，单击“过滤”，在跳出的“到货单生单列表”窗口双击选择该单据，如图 5-88 所示。

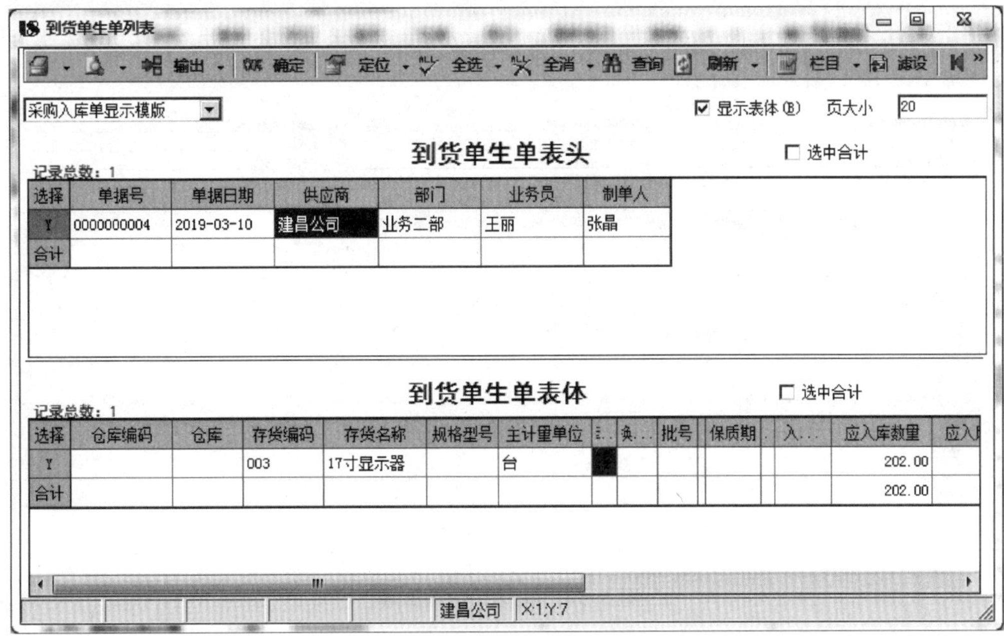
到货单生单列表

采购入库单显示模版　☑ 显示表体(B)　页大小 20

到货单生单表头　☐ 选中合计

记录总数：1

选择	单据号	单据日期	供应商	部门	业务员	制单人
Y	0000000004	2019-03-10	建昌公司	业务二部	王丽	张晶
合计						

到货单生单表体　☐ 选中合计

记录总数：1

选择	仓库编码	仓库	存货编码	存货名称	规格型号	主计量单位	…	换…	批号	保质期	入…	应入库数量	应入
Y			003	17寸显示器		台						202.00	
合计												202.00	

建昌公司　X:1,Y:7

图 5-88　到货单生单列表

(7) 单击“确定”，在采购入库单中显示生单信息，仓库参照选择“原料仓库”，单击“保存”，表体下方制单人处显示“王平”，如图 5-89 所示。

采购入库单

采购入库单打印模版

表体排序　◉ 蓝字　○ 红字

入库单号 0000000005　入库日期 2019-03-10　仓库 原料仓库

订单号　到货单号 0000000004　业务号

供货单位 建昌公司　部门 业务二部　业务员 王丽

到货日期 2019-03-10　业务类型 普通采购　采购类型 普通采购

入库类别 采购入库　审核日期　备注

	存货编码	存货名称	规格型号	主计量单位	数量	本币单价	本币金额
1	003	17寸显示器		台	202.00	1150.00	232300.00
2							
3							
4							
5							
6							
7							
8							
9							
10							
11							
12							
13							
合计					202.00		232300.00

制单人 王平　审核人

现存量 202.00

图 5-89　生成采购入库单

(8) 重注册企业应用平台，以账套主管“[001]黄红”登录，操作日期为 2019-03-10。在“业务工作”选项卡中，执行“供应链”|“库存管理”|“入库业务”|“采购入库单”命令，进入“采购入库单”窗口。找到 0000000005 号入库单，检查无误后，单击“审核”按钮，跳出“该单据审核成功！”提示框。单击“确定”，表体下方审核人处显示“黄红”，如图 5-90 所示。

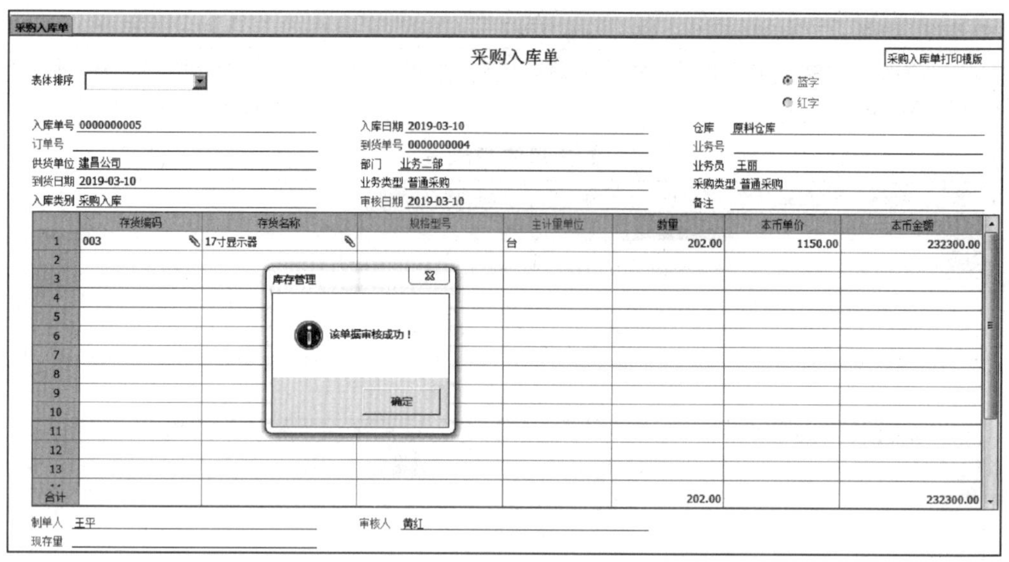

图 5-90　审核采购入库单

（二）采购退回。

（1）重注册由操作员“[002]张晶”登录企业应用平台，操作日期为 2019-03-11。

（2）在“业务工作”选项卡中，执行“供应链”|“采购管理”|“采购到货”|“采购退货单”命令，进入“采购退货单”窗口。单击“增加”按钮，再单击“生单”|“到货单”，跳出“过滤条件选择”窗口，在单据起始和截止日期中均选择 2019-03-10，单击“过滤”，在跳出的“拷贝并执行”窗口中双击选择 0000000004 号到货单，如图 5-91 所示。

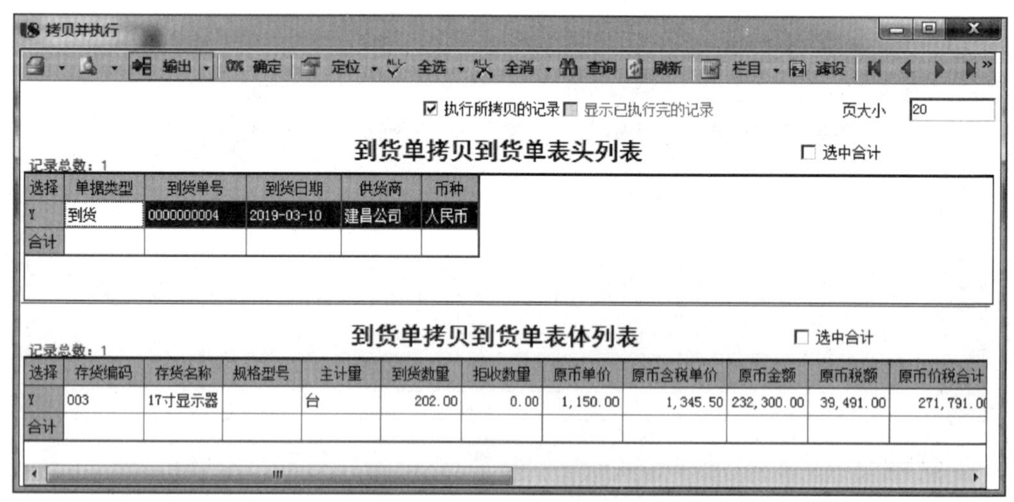

图 5-91　“拷贝并执行”窗口

（3）单击“确定”按钮。在表头和表体位置自动添加该到货单相关信息。将数量修改为“－2”，单击“保存”按钮保存该采购退货单，再单击“审核”按钮审核该单据，表体下方制单人处显示“张晶”，但没显示审核人信息。注意：鼠标放在数量“－2”处，表体下方的现存量显示

“202”，如图 5-92 所示。

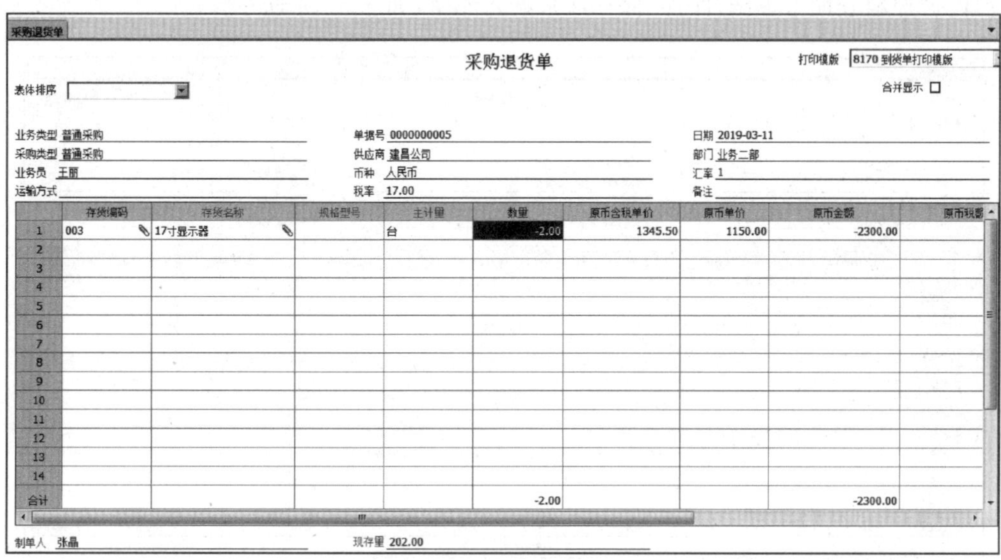

图 5-92　采购退货单

（4）重注册企业应用平台，以操作员“[003]王平”登录，操作日期为 2019-03-11。在“业务工作”选项卡中，执行“供应链”|“库存管理”|“入库业务”|“采购入库单”命令，进入“采购入库单”窗口。单击“生单”|“采购到货单(红字)”，跳出“过滤条件选择”窗口，在单据起始和截止日期中均选择 2019-03-11，单击“过滤”，在跳出的“到货单生单列表”窗口中双击选择 0000000005 号到货单，如图 5-93 所示。

到货单生单列表

输出　确定　定位　全选　全消　查询　刷新　栏目　滤设

采购入库单显示模版　☑ 显示表体(B)　页大小 20

到货单生单表头　☐ 选中合计

记录总数：1

选择	单据号	单据日期	供应商	部门	业务员	制单人
Y	0000000005	2019-03-11	建昌公司	业务二部	王丽	张晶
合计						

到货单生单表体　☐ 选中合计

记录总数：1

选择	仓库编码	仓库	存货编码	存货名称	规格型号	主计量单位	库存单位	换算率	批号
Y			003	17寸显示器		台			
合计									

000000000! X:1,Y:1

图 5-93　“拷贝并执行”窗口

(5) 单击“确定”按钮，返回“采购入库单”界面，表体下方制单人处显示“王平”，选择入库仓库为“原料仓库”，单击“保存”保存该采购入库单，如图 5-94 所示。

采购入库单

采购入库单　　采购入库单打印模版

表体排序　　○ 蓝字　◉ 红字

入库单号 0000000006　　入库日期 2019-03-11　　仓库 原料仓库
订单号　　到货单号 0000000005　　业务号
供货单位 建昌公司　　部门 业务二部　　业务员 王丽
到货日期 2019-03-11　　业务类型 普通采购　　采购类型 普通采购
入库类别 采购入库　　审核日期　　备注

	存货编码	存货名称	规格型号	主计量单位	数量	本币单价	本币金额
1	003	17寸显示器		台	-2.00	1150.00	-2300.00
2							
3							
4							
5							
6							
7							
8							
9							
10							
11							
12							
13							
合计					-2.00		-2300.00

制单人 王平　　审核人
现存量

图 5-94　生成采购入库单

(6) 重注册企业应用平台，以账套主管“[001]黄红”登录，操作日期为 2019-03-11。在“业务工作”选项卡中，执行“供应链”|“库存管理”|“入库业务”|“采购入库单”命令，进入“采购入库单”窗口。找到 0000000006 号入库单，单击“审核”按钮，跳出“该单据审核成功！”提示框，如图 5-95 所示，单击“确定”按钮。

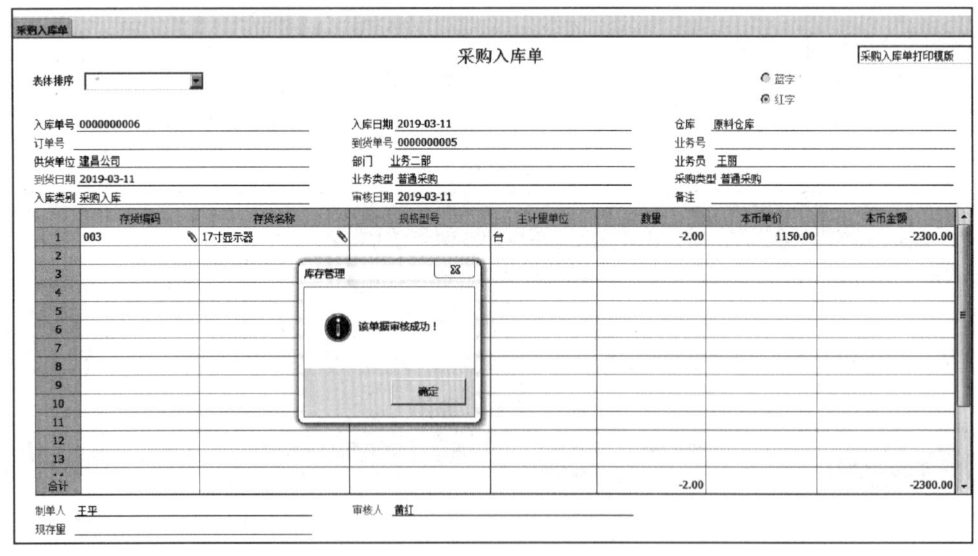

采购入库单

采购入库单　　采购入库单打印模版

表体排序　　○ 蓝字　◉ 红字

入库单号 0000000006　　入库日期 2019-03-11　　仓库 原料仓库
订单号　　到货单号 0000000005　　业务号
供货单位 建昌公司　　部门 业务二部　　业务员 王丽
到货日期 2019-03-11　　业务类型 普通采购　　采购类型 普通采购
入库类别 采购入库　　审核日期 2019-03-11　　备注

	存货编码	存货名称	规格型号	主计量单位	数量	本币单价	本币金额
1	003	17寸显示器		台	-2.00	1150.00	-2300.00
2							
3							
4							
5							
6							
7							
8							
9							
10							
11							
12							
13							
合计					-2.00		-2300.00

库存管理
该单据审核成功！
确定

制单人 王平　　审核人 黄红
现存量

图 5-95　审核采购入库单

(三) 采购退回后进行发票处理。

(1) 重注册企业应用平台，以操作员“[002]张晶”登录，操作日期为 2019-03-11。在“业

务工作”选项卡中，执行“供应链”|“采购管理”|“采购发票”|“专用采购发票”命令，进入“专用发票”窗口。单击“增加”按钮，点击“生单”|“入库单”，跳出“过滤条件选择”窗口，在日期中输入“2019-03-10 到 2019-03-11”。单击“过滤”，在跳出的“拷贝并执行”窗口中选择0000000005 号和 0000000006 号入库单(入库单信息:2019-03-10 向建昌公司购买 202 台 17 寸显示器和 2019-03-11 建昌公司退回 2 台 17 寸显示器)，单击“确定”按钮，如图 5-96 所示。

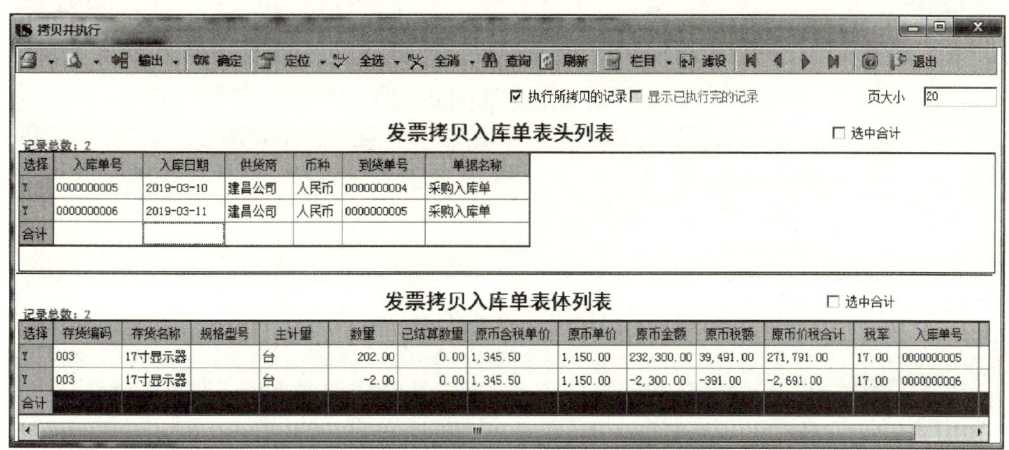

拷贝并执行

执行所拷贝的记录 显示已执行完的记录 页大小 20

发票拷贝入库单表头列表

记录总数：2

选择	入库单号	入库日期	供货商	币种	到货单号	单据名称
Y	0000000005	2019-03-10	建昌公司	人民币	0000000004	采购入库单
Y	0000000006	2019-03-11	建昌公司	人民币	0000000005	采购入库单
合计						

发票拷贝入库单表体列表

记录总数：2

选择	存货编码	存货名称	规格型号	主计量	数量	已结算数量	原币含税单价	原币单价	原币金额	原币税额	原币价税合计	税率	入库单号
Y	003	17寸显示器		台	202.00	0.00	1,345.50	1,150.00	232,300.00	39,491.00	271,791.00	17.00	0000000005
Y	003	17寸显示器		台	-2.00	0.00	1,345.50	1,150.00	-2,300.00	-391.00	-2,691.00	17.00	0000000006
合计													

图 5-96 “拷贝并执行”窗口

(2) 返回“专用发票”窗口，在表头和表体位置自动添加该专用发票相关信息。在表头位置输入发票日期“2019-03-11”，发票号“AS4408”，检查无误，单击“保存”按钮保存该发票，表体下方制单人处显示“张晶”，如图 5-97 所示。

专用发票

打印模版 8164 专用发票打印模版

表体排序 合并显示

业务类型 普通采购　发票类型 专用发票　发票号 AS4408

开票日期 2019-03-11　供应商 建昌公司　代垫单位 建昌公司

采购类型 普通采购　税率 17.00　部门名称 业务二部

业务员 王丽　币种 人民币　汇率 1

发票日期 2019-03-11　付款条件　备注

	存货编码	存货名称	规格型号	主计量	数量	原币单价	原币金额	原币税额	原币价税
1	003	17寸显示器		台	202.00	1150.00	232300.00	39491.00	
2	003	17寸显示器		台	-2.00	1150.00	-2300.00	-391.00	
合计					200.00		230000.00	39100.00	

结算日期　制单人 张晶　审核人

图 5-97 生成专用发票

(四) 对本业务进行结算。

(1) 重注册企业应用平台，以账套主管“[001]黄红”登录，操作日期为 2019-03-11。在

“业务工作”选项卡中，执行“供应链”|“采购管理”|“采购结算”|“手工结算”命令，进入“手工结算”窗口。单击“选单”按钮，跳出“结算选单”窗口，单击“过滤”按钮，在“过滤条件选择”窗口单据日期中输入“2019-03-10 到 2019-03-11”。单击“过滤”按钮，在跳出的“结算选单”窗口中双击选择需要结算的发票和入库单，如图 5-98 所示。

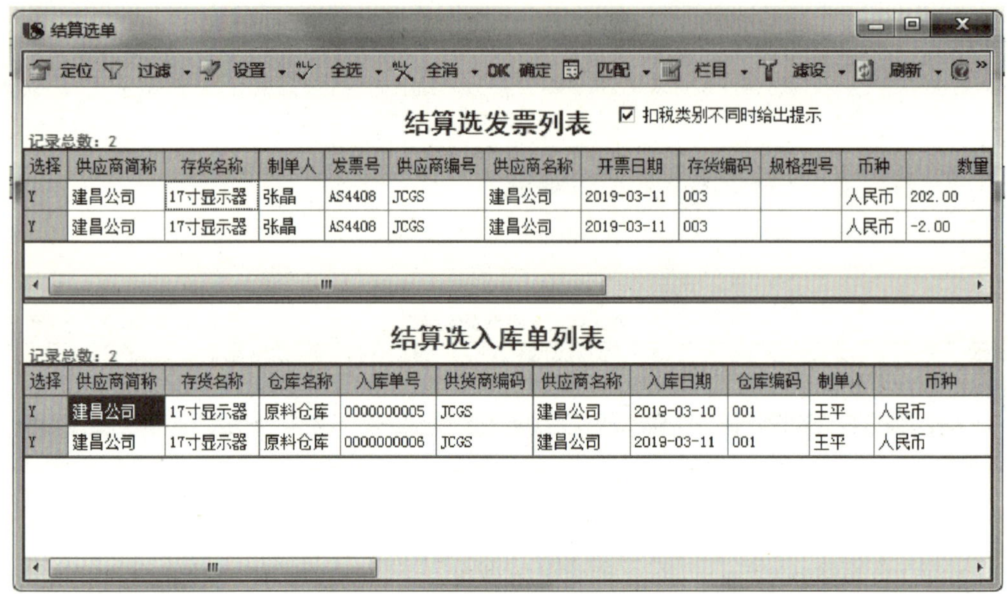

选择	供应商简称	存货名称	制单人	发票号	供应商编号	供应商名称	开票日期	存货编码	规格型号	币种	数量
Y	建昌公司	17寸显示器	张晶	AS4408	JCGS	建昌公司	2019-03-11	003		人民币	202.00
Y	建昌公司	17寸显示器	张晶	AS4408	JCGS	建昌公司	2019-03-11	003		人民币	-2.00

选择	供应商简称	存货名称	仓库名称	入库单号	供货商编码	供应商名称	入库日期	仓库编码	制单人	币种
Y	建昌公司	17寸显示器	原料仓库	0000000005	JCGS	建昌公司	2019-03-10	001	王平	人民币
Y	建昌公司	17寸显示器	原料仓库	0000000006	JCGS	建昌公司	2019-03-11	001	王平	人民币

图 5-98 结算选单

(2) 单击“确定”按钮，跳出“手工结算”窗口，确认信息无误后，单击“结算”按钮，如图 5-99 所示。

结算汇总

单据类型	存货编号	存货名称	单据号	结算数量	发票数量	合...	非...	非...	分...	寸...	暂估单价	暂估金额	发票单价	发票金额	非合理损耗类型
采购发票	003	17寸显示器	AS4408		202.00							0.00	1150.00	232300.00	
采购发票			AS4408		-2.00							0.00	1150.00	-2300.00	
采购入库单			000000...	202.00							1150.00	232300.00			
采购入库单			000000...	-2.00							1150.00	-2300.00			
		合计		200.00	200.00	0.00	0.00	0.00	0.00	)...		230000.00		230000.00	

图 5-99 结算汇总

(3) 完成结算，跳出“完成结算！”系统提示框，单击“确定”按钮，如图 5-100 所示。

图 5-100 完成结算提示框

(4) 在“业务工作”选项卡中，执行“供应链”|“采购管理”|“采购发票”|“专用采购发票”命令，进入“专用发票”窗口。找到发票号 AS4408，发现其左上方显示“已结算”标签，如图 5-101 所示。

(5) 在“业务工作”选项卡中，执行“供应链”|“采购管理”|“采购入库”|“采购入库单”命令，进入“采购入库单”窗口。找

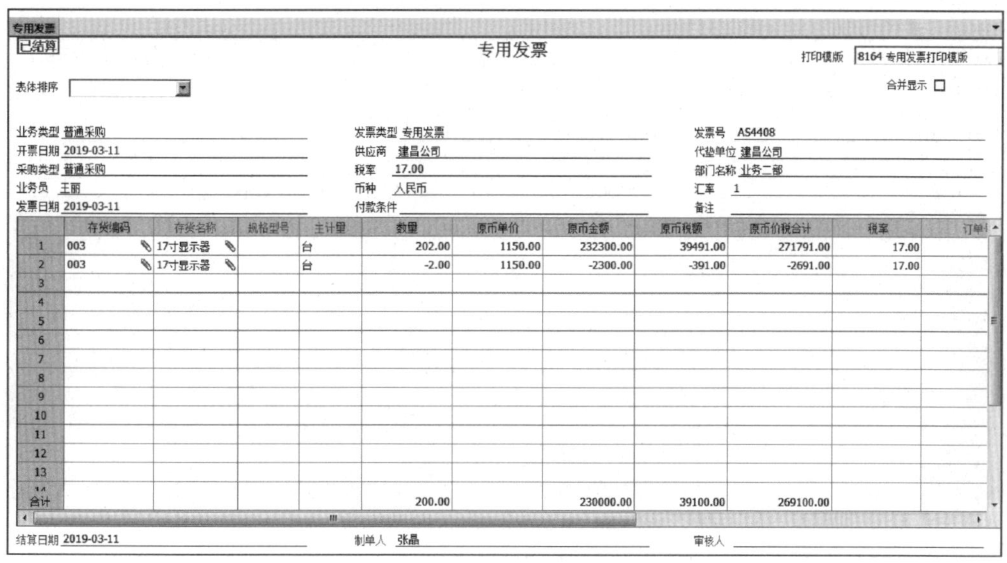

图 5-101 已结算的专用发票

到入库单号 0000000005(入库单信息:2019-03-10 向建昌公司购买 202 台 17 寸显示器),发现其左上方显示“已结算”标签,如图 5-102 所示。

图 5-102 已结算的采购入库单

(6) 在“业务工作”选项卡中,执行“供应链”|“采购管理”|“采购入库”|“红字采购入库单”命令,进入红色的“采购入库单”窗口。找到入库单号 0000000006(入库单信息:2019-03-11 建昌公司退回 2 台 17 寸显示器),发现其左上方显示“已结算”标签,如图 5-103 所示。

(7) 退出企业应用平台。由系统管理员(admin)在“系统管理”中备份数据,如备份至“D:\002 账套备份数据\5.6 结算前退货”,便于以后引入。

采购入库单

已结算

采购入库单

打印模版 28 采购入库单打印模版

表体排序

合并显示 □

入库单号 0000000006　入库日期 2019-03-11　仓库 原料仓库

订单号　到货单号 0000000005　业务号

供货单位 建昌公司　部门 业务二部　业务员 王丽

到货日期 2019-03-11　业务类型 普通采购　采购类型 普通采购

入库类别 采购入库　审核日期 2019-03-11　备注

	存货编码	存货名称	规格型号	主计量单位	数量	本币单价	本币金额
1	003	17寸显示器		台	-2.00	1150.00	-2300.00
2							
3							
4							
5							
6							
7							
8							
9							
10							
11							
12							
13							
合计					-2.00		-2300.00

制单人 王平　审核人 黄红

现存量

图 5-103　已结算的采购入库单(退货,红字)

【拓展阅读】

在采购结算前发生退货业务,只影响采购入库单。此时需要在采购入库单审核完成后,在采购系统中参照采购到货单生成退货单,在库存系统中生成并审核红字入库单,再进行审核,然后填制采购专用发票,最后进行采购结算。因此,该处理过程不影响采购发票的编制。

5.7 结算后退货

【学习目标】

掌握在采购业务中结算后进行退货的操作方法。

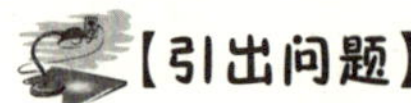

【引出问题】

货票已经结清,但货物出现质量或其他问题,需要进行退货处理。

【案例陈述】

2019/03/15 仓库发现从创新公司购入的 P4 2.4G 质量有问题,退回 2 只,单价为1 000 元,同时收到票号为 65218 的红字专用发票一张。对该业务进行结算。

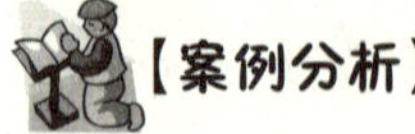

【案例分析】

(1) 系统时间修改为 2019-03-31。

(2) 启动“系统管理”,由系统管理员(admin)注册登录,引入“5.6 结算前退货”对应的账套,导入到“5.7 结算后退货”文件夹。

(3) 启动企业应用平台,由 操作员“[003]王平”登录,操作日期为 2019-03-15。

(4) 在“业务工作”选项卡中,执行“供应链”|“库存管理”|“入库业务”|“采购入库单”命令,进入“采购入库单”窗口。单击“增加”按钮,选择“红字”,入库单号、采购类型自动生成。在表头位置进行如下操作:入库时间为“2019-03-15”,仓库参照选择“原料仓库”,业务类型参照选择“普通采购”,供货单位参照选择“创新公司”,部门参照选择“业务三部”,业务员参照选择“王新”,入库类别参照选择“采购入库”。在表体位置作如下操作:存货编码参照选择“013(P4 2.4G)”,主计量单位为“盒”,数量为“-2.00”,本币单价为“1000”, 检查无误后,单击“保存”按钮,表体下方制单人处显示“王平”,现存量显示“298”,如图 5-104 所示。

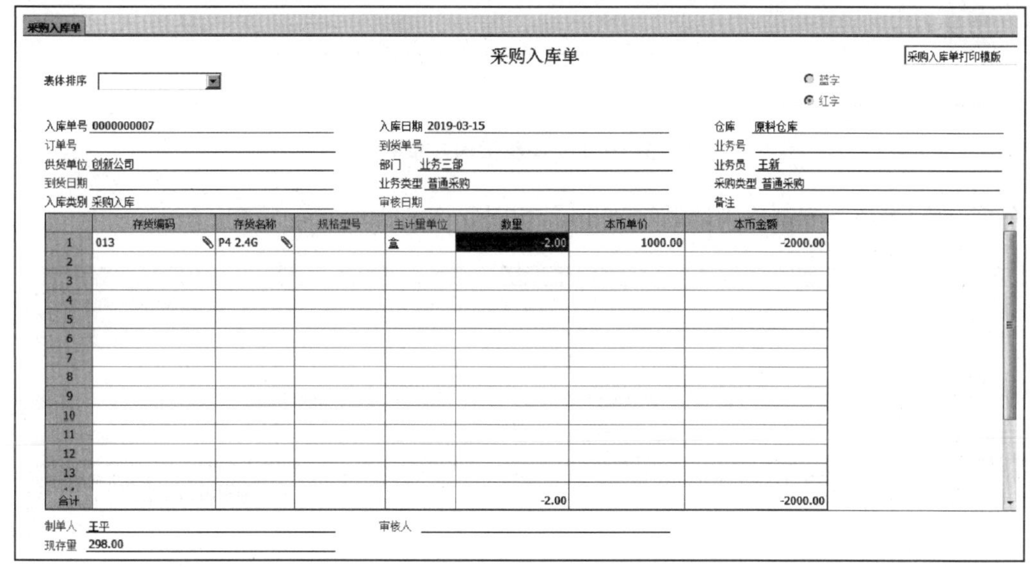

图 5-104 生成采购入库单

(5) 重注册企业应用平台,以账套主管“[001]黄红”登录,操作日期为 2019-03-15。在“业务工作”选项卡中,执行“供应链”|“库存管理”|“入库业务”|“采购入库单”命令,进入“采购入库单”窗口。找到 0000000007 号入库单,单击“审核”按钮,跳出“该单据审核成功!”提示框,如图 5-105 所示。单击“确定”,其表体下方审核人处显示“黄红”。

(6) 重注册企业应用平台,以操作员“[002]张晶”登录,操作日期为 2019-03-15。在“业务工作”选项卡中,执行“供应链”|“采购管理”|“采购发票”|“红字专用采购发票”命令,进入红色的“专用发票”窗口。单击“增加”按钮,业务类型、发票类型、采购类型、汇率、币种和税率会自动添加,在表头位置作如下操作:点击“生单”|“入库单”,跳出“过滤条件选择”窗口,在“日期”中选择“2019-03-15 到 2019-03-15”,单击“过滤”,在跳出的“拷贝并执行”窗口中双击选择 0000000007 号入库单(入库单信息:2019-03-15 向创新公司退回 2 盒 P4 2.4)。单击“确定”按钮,返回“专用发票”窗口,表体中自动将入库单信息导入到专用发票相应位置,在表头位置输入发票号“65218”,发票日期输入“2019-03-15”,检查无误后,单击“保存”按钮

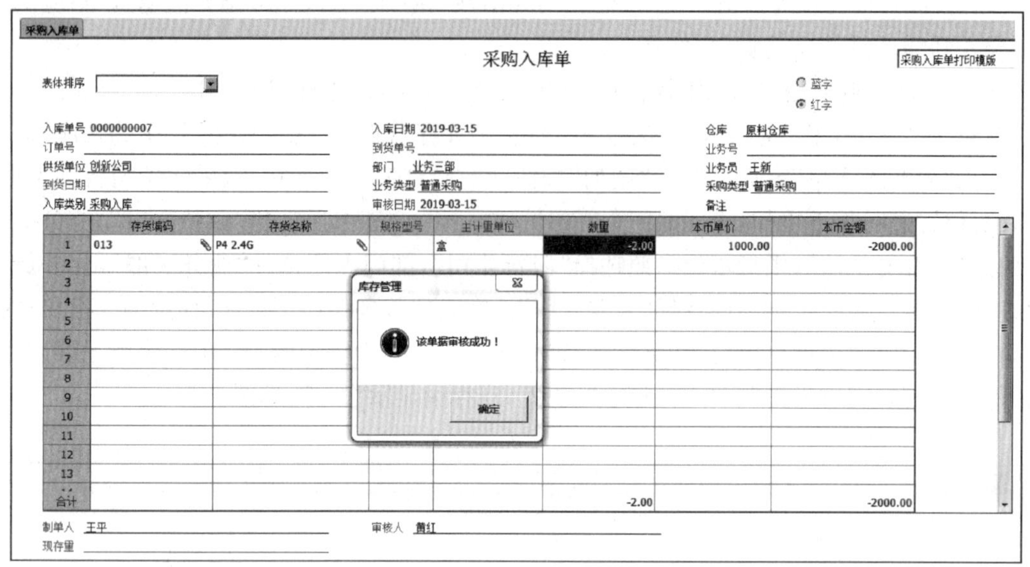

图 5-105 审核采购入库单

保存该发票,表体下方制单人处显示“张晶”,如图 5-106 所示。

图 5-106 生成专用发票

(7) 重注册企业应用平台,以账套主管“[001]黄红”登录,操作日期为 2019-03-15。在“业务工作”选项卡中,执行“供应链”|“采购管理”|“采购结算”|“自动结算”命令,跳出“过滤条件选择”窗口,结算模式选择“入库单和发票”,起止日期为“2019-03-15 到 2019-03-15”,单击“过滤”,进行结算,结算完毕显示处理状态,如图 5-107 所示。单击“确定”退出。

(8) 在“业务工作”选项卡中,执行“供应链”|“采购管理”|“采购发票”|“红字专用采购发票”命令,进入红色的“专用发票”窗口。找到 65218 号发票,发现其左上方显示“已结算”标签,如图 5-108 所示。

图 5-107　结算结果提示框

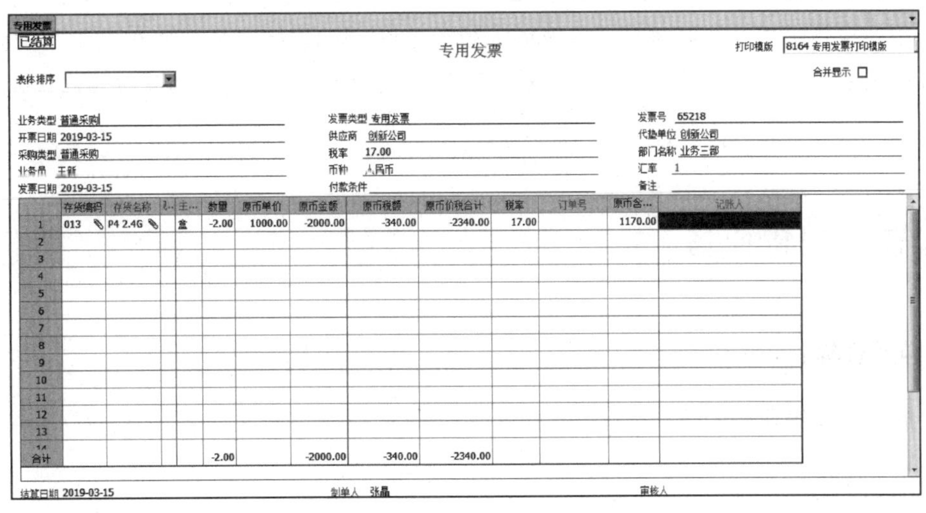

图 5-108　已结算的专用发票

(9) 退出企业应用平台。由系统管理员(admin)在"系统管理"中备份数据，如备份至"D:\002 账套备份数据\5.7 结算后退货"，便于以后引入。

【拓展阅读】

当采购货票结算后发生退货业务，不仅会影响到采购入库单，还会影响到采购发票的编制。此时需要在采购入库单审核完成后，在采购系统中参照采购到货单生成退货单，在库存系统中生成并审核红字入库单，再进行审核，还需要在采购系统中填制红字采购专用发票，最后进行采购结算。

6 销售业务

本章重点

销售管理系统的主要功能包括:有效管理客户,根据市场需求信息进行产品销售预测,编制销售计划,销售订单管理,销售物流管理,销售资金流管理,销售计划管理,价格政策,信用管理,远程应用,批次与追踪管理等。运用销售管理系统对普通销售业务、现结业务、多次发货一次开票业务、一次发货多次开票业务、销售费用支出、开票直接发货、委托代销、销售退货等业务进行处理,正确及时处理各类销售业务,以便及时确认销售收入,确认并收取应收款项。销售管理系统能够与应收款管理系统、总账系统集成使用,以便及时处理销售款项,并对销售业务进行相应的账务处理。

通过本章的学习,学生应该掌握主要销售业务的处理流程、处理方法与处理步骤,深入了解销售管理系统与供应链系统的其他子系统、与ERP系统中的相关子系统之间的紧密联系和数据传递关系,以便正确处理销售业务和与销售业务相关的其他业务。

6.1 普通销售业务

【学习目标】

掌握普通销售业务的操作方法。

【引出问题】

普通销售业务是企业最基础的经济业务,也是最重要的业务。

【案例陈述】

(一) 2019/03/04 先行公司想购买10台计算机,向业务一部了解价格。业务一部报价为6 000元/台(含税)。假设税率为17%,填制并审核报价单。

(二) 该客户了解情况后,要求订购10台,要求发货日期为2019/03/06。填制并审核销售订单。

(三) 2019/03/06 业务一部从成品仓库向先行公司发出其所订货物,并据此开具专用销售发票一张,票号为38275。

（四）业务部门将销售发票交给财务部门，财务部门结转上述业务的收入及成本。

（五）账表查询。

【案例分析】

（一）由于业务中出现了在前节基础设置部分没有出现的基础信息，因此首先进行基础档案设置。

（1）系统时间修改为2019-03-04。

（2）启动“系统管理”，由系统管理员(admin)注册登录，引入第5章完成后的[002]账套，导入到“6.1普通销售业务”文件夹。

（3）启动企业应用平台，由账套主管[001]黄红登录，操作日期为2019-03-04。

（4）在“基础设置”选项卡下，参照第3章的基础设置部分，对基础档案进行增设。增加客户档案：在“批发”大类下，客户编码“XXGS”，客户简称“先行公司”，税号“310003156”，开户银行“工商银行上海分行”，银行账号“138”，账号名称“先行公司”，默认值选择“是”，如图6-1和图6-2所示。单击“保存”按钮保存该设置，退出“增加客户档案”窗口。

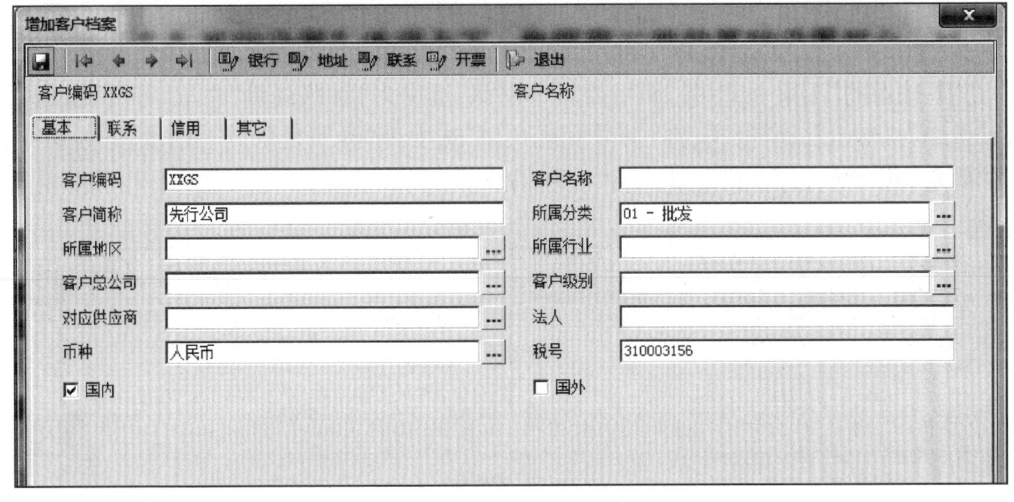

图6-1 增加客户档案

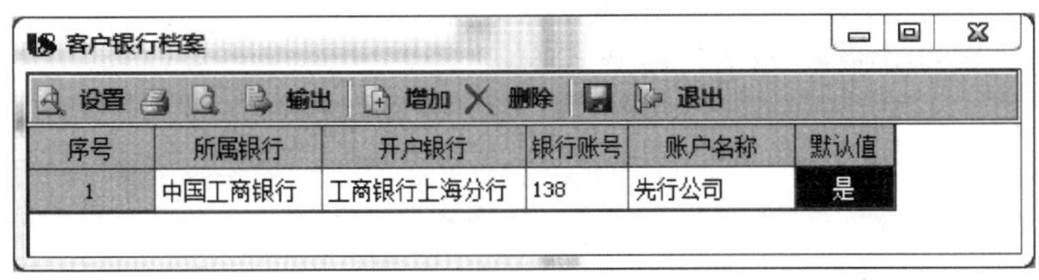

序号	所属银行	开户银行	银行账号	账户名称	默认值
1	中国工商银行	工商银行上海分行	138	先行公司	是

图6-2 客户银行档案

（5）在“业务工作”选项卡中，执行“供应链”|“销售管理”|“设置”|“销售选项”命令，进入“销售选项”窗口。在“业务控制”选项卡中，勾选中“报价含税”和“有委托代销业务”，如图6-3所示。

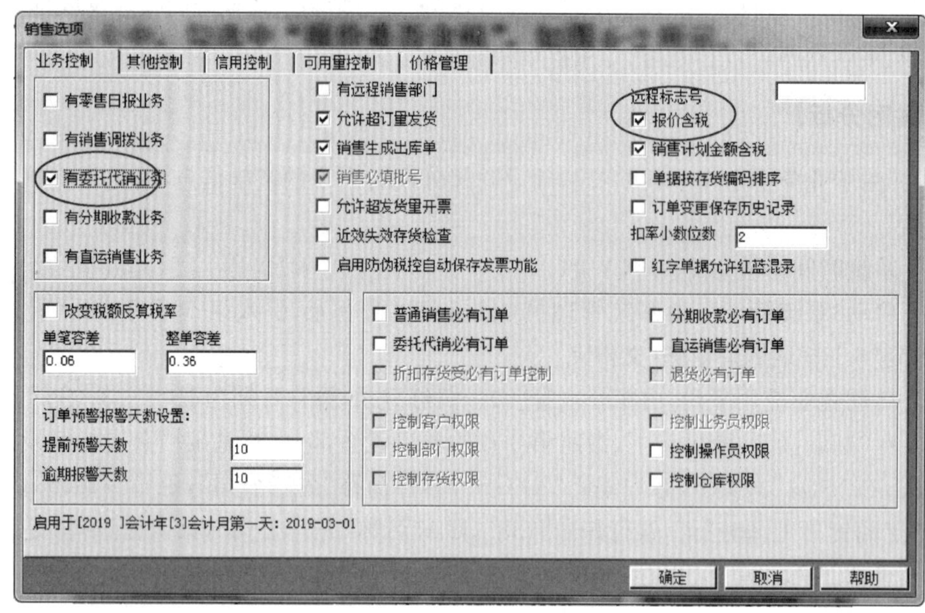

图 6-3 销售选项(业务控制)

在“其他控制”选项卡中,将“新增发货单默认”选中为“参照订单”生成,将“新增退货单默认”选中为“参照发货”生成,将“新增发票默认”选中为“参照发货”生成,如图 6-4 所示。单击“确定”退出“销售选项”设置。

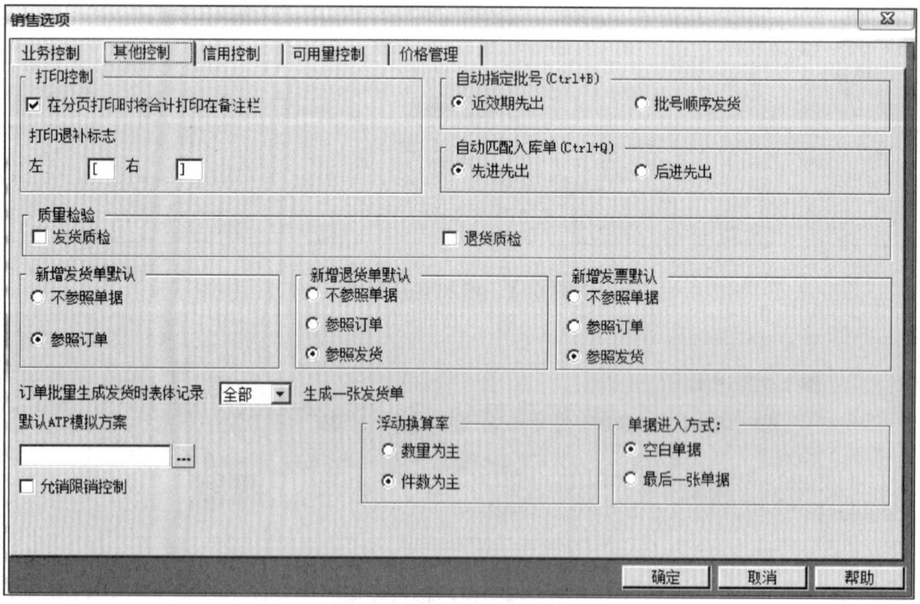

图 6-4 销售选项(其他控制)

(6) 在“业务工作”选项卡中,执行“财务会计”|“应收款管理”|“设置”|“选项”命令,进入“账套参数设置”窗口,单击“编辑”,跳出“选项修改需要重新登录才能生效”提示框,单击

“确定”。在“常规”选项卡中，将“坏账处理方式”改为“应收余额百分比法”，如图 6-5 所示。

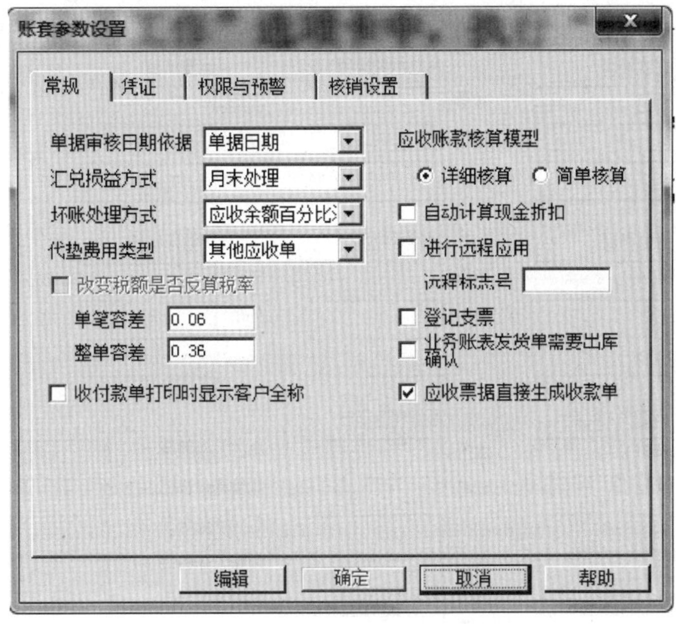

图 6-5　账套参数设置(常规)

在“凭证”选项卡中，将“受控科目制单方式”改为“明细到单据”，单击“确定”，如图 6-6 所示。

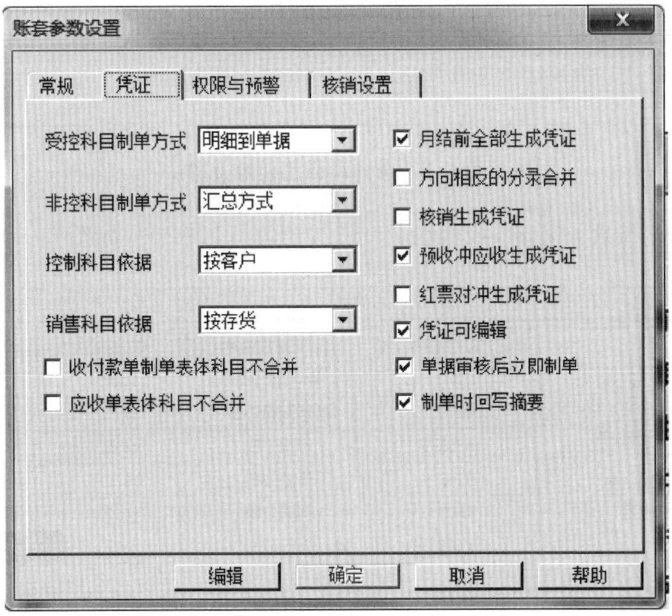

图 6-6　账套参数设置(凭证)

(7) 在“业务工作”选项卡中，执行“财务会计”|“应收款管理”|“设置”|“初始设置”命令，进入“初始设置”窗口。设置科目：应收科目 1122，预收科目 2203，销售收入科目 6001，税

金科目 22210102(在“会计科目”中增加“22210102 销项税额”科目),销售退回科目 6001,如图 6-7 所示。

应收科目		商业承兑科目		运费科目	
本币	1122	本币		本币	
外币		外币		外币	
预收科目		**银行承兑科目**		**保险费科目**	
本币	2203	本币		本币	
外币		外币		外币	
销售收入科目		**票据利息科目**		币种兑换差异	
本币	6001	本币		代垫费用科目	
外币		外币		汇兑损益科目	
				坏账入账科目	
出口销售收入科目		**票据费用科目**		合同收入科目	
本币		本币		现金折扣科目	
外币		外币		税金科目	22210102
				佣金科目	
销售退回科目		**收支费用科目**		服务收入科目	
本币	6001	本币		质保金科目	
外币		外币			

图 6-7　会计科目的初始设置

控制科目设置:按客户设置,应收科目 1122,预收科目 2203,如图 6-8 所示。

初始设置

设置科目
- 基本科目设置
- 控制科目设置
- 产品科目设置
- 结算方式科目设置

坏账准备设置
账期内账龄区间设置
逾期账龄区间设置
报警级别设置
单据类型设置

客户编码	客户简称	应收科目	预收科目
ALXGS	爱立信公司	1122	2203
CXMYGS	昌新贸易公司	1122	2203
HHGS	华宏公司	1122	2203
JYGS	精益公司	1122	2203
LSGS	利氏公司	1122	2203
XXGS	先行公司	1122	2203

图 6-8　控制科目设置

产品科目设置:按商品设置,销售收入和销售退回科目 6001,应交增值税 22210102,如图 6-9 所示。

初始设置

- 设置科目
  - 基本科目设置
  - 控制科目设置
  - 产品科目设置
  - 结算方式科目设置
- 坏账准备设置
- 账期内账龄区间设置
- 逾期账龄区间设置
- 报警级别设置
- 单据类型设置

存货编码	存货名称	存货规格	销售收入科目	应交增值税科目	销售退回科目
001	PIII芯片		6001	22210102	6001
002	40G硬盘		6001	22210102	6001
003	17寸显示器		6001	22210102	6001
004	键盘		6001	22210102	6001
005	鼠标		6001	22210102	6001
006	计算机		6001	22210102	6001
007	1600K打印机		6001	22210102	6001
008	运输费		6001	22210102	6001
009	主机箱（带电源）		6001	22210102	6001
010	内存条		6001	22210102	6001
011	集成主板（带风扇）		6001	22210102	6001
012	电脑主机		6001	22210102	6001
013	P4 2.4G		6001	22210102	6001

图 6-9　产品科目设置

结算方式科目设置：现金结算选择 1001，支票结算选择 100201，本票结算、汇票结算、贷记凭证选择 1012，如图6-10 所示。

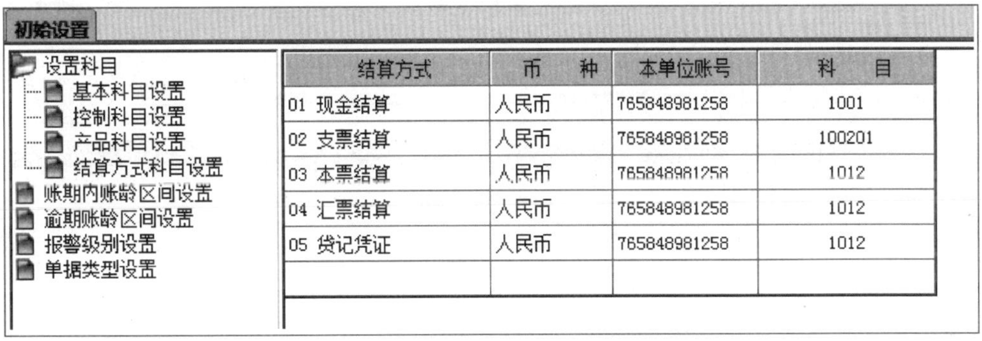

初始设置

- 设置科目
  - 基本科目设置
  - 控制科目设置
  - 产品科目设置
  - 结算方式科目设置
- 账期内账龄区间设置
- 逾期账龄区间设置
- 报警级别设置
- 单据类型设置

结算方式	币　种	本单位账号	科　目
01 现金结算	人民币	765848981258	1001
02 支票结算	人民币	765848981258	100201
03 本票结算	人民币	765848981258	1012
04 汇票结算	人民币	765848981258	1012
05 贷记凭证	人民币	765848981258	1012

图 6-10　结算方式科目设置

坏账准备设置：提取比率 1%，坏账准备期初余额为 0，坏账准备科目 1231，对方科目 6701。单击“确定”，弹出“储存完毕”提示框，如图 6-11 所示，单击“确定”退出“初始设置”窗口。

下面进行业务处理。

(8) 重注册，由[002]张晶登录“企业应用平台”，操作日期为 2019-03-04。在“业务工作”选项卡中，执行“供应链”|“销售管理”|“销售报价”|“销售报价单”命令，进入“销售报价单”窗口。单击“增加”按钮，单据号自动添加，在表头位置作如下操作：业务类型参照选择“普通销售”，日期输入“2019-03-04”，销售部门参照选择“业务一部”，业务员参照选择“李平”，销售类型参照选择“经销”，客户简称参照选择“先行公司”税率输入“17.00”。在表体位置作如下操作：存货编码参照选择“006(计算机)”，主计量单位“台”，数量输入“10”，报价输入“6000”，含税单价、无税单价、无税金额、税额和价税合计自动汇算。单击“保存”按钮保存该报价单，表体下方制单人处显示“张晶”，如图 6-12 所示。

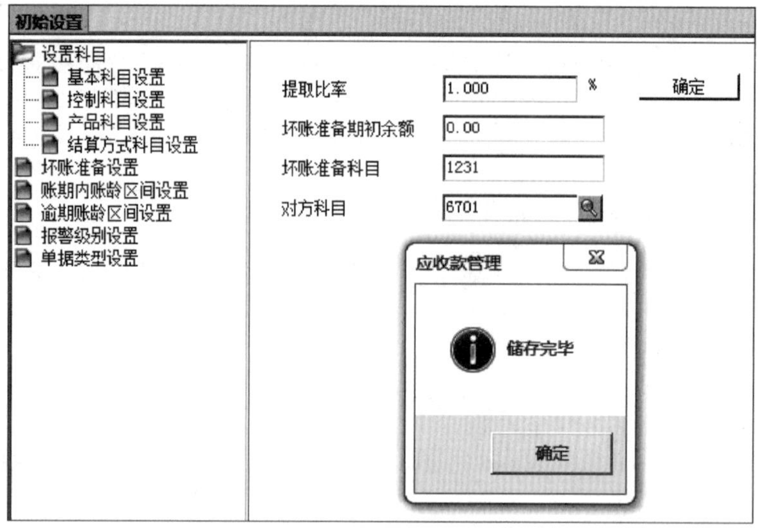

图 6-11 坏账准备设置

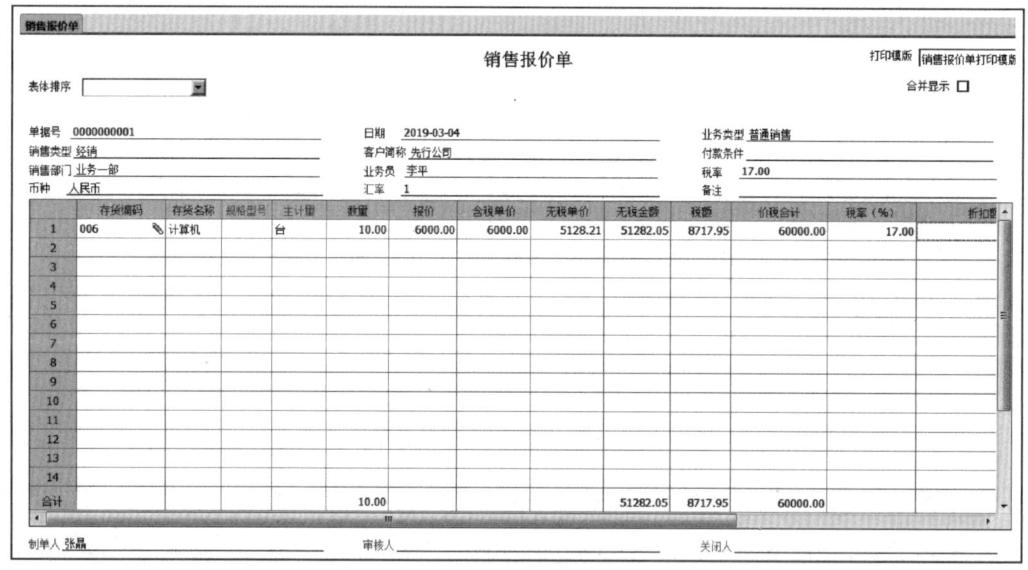

图 6-12 填制销售报价单

(9) 重注册，由[001]黄红登录“企业应用平台”，操作日期为 2019-03-04。在“业务工作”选项卡中，执行“供应链”|“销售管理”|“销售报价”|“销售报价单”命令，进入“销售报价单”窗口。找到 0000000001 号销售报价单，确认无误后，单击“审核”按钮，表体下方审核人处显示“黄红”，如图 6-13 所示。

（二）填制并审核销售订单。

(1) 系统时间修改为 2019-03-31。重注册，由[002]张晶登录“企业应用平台”，操作日期为 2019-03-04。在“业务工作”选项卡中，执行“供应链”|“销售管理”|“销售订货”|“销售订单”命令，进入“销售订单”窗口。单击“增加”按钮，订单号、币种和汇率将自动添加，单击

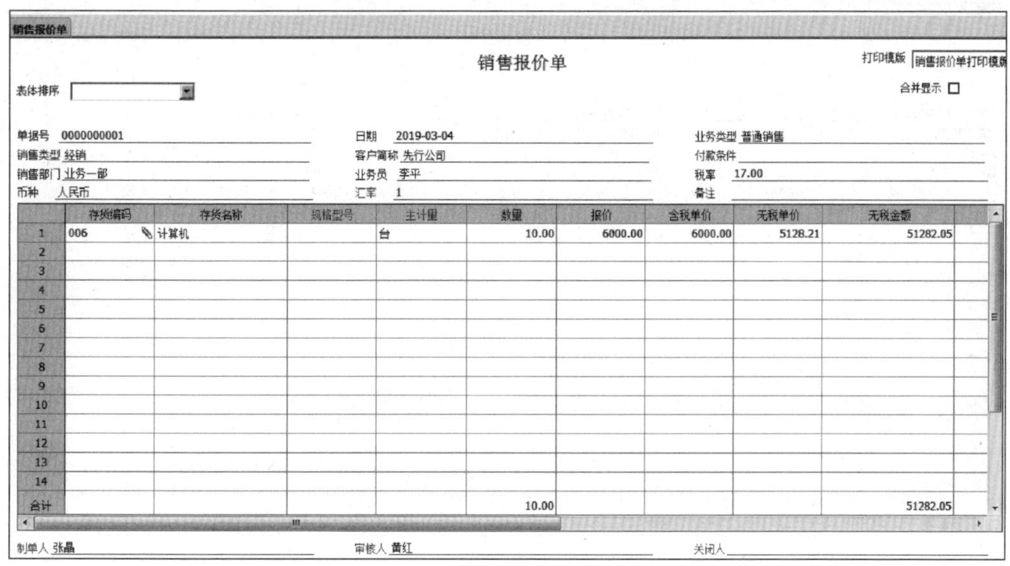

图 6-13　审核销售报价单

“生单”|“报价”按钮，跳出“过滤条件选择”窗口，报价单日期选择“2019-03-04 到 2019-03-04”，跳出“参照生单”窗口，双击选择该记录，如图 6-14 所示。

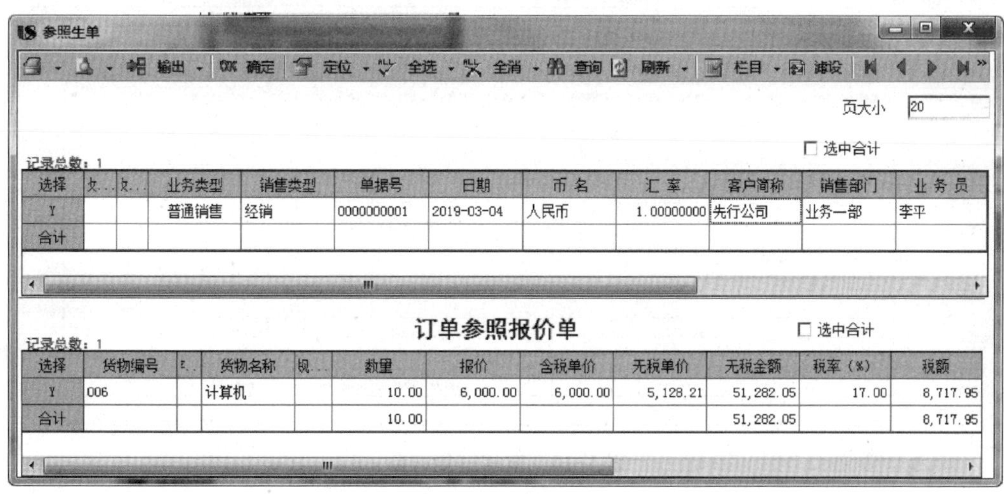

图 6-14　参照生单

(2) 单击“确定”按钮，返回“销售订单”界面，此时已参照“销售报价单”生成“销售订单”，预发货日期输入“2019-03-06”。单击“保存”按钮保存该销售订单，表体下方制单人处显示“张晶”，如图 6-15 所示。

(3) 重注册，由[001]黄红登录“企业应用平台”，操作日期为 2019-03-04。在“业务工作”选项卡中，执行“供应链”|“销售管理”|“销售订货”|“销售订单”命令，进入“销售订单”窗口。找到 0000000001 号销售订单，确认无误后，单击“审核”按钮，表体下方审核人处显示“黄红”，如图 6-16 所示。

销售订单

销售订单

打印模版 销售订单打印模版

表体排序

合并显示 □

订单号 0000000001　订单日期 2019-03-04　业务类型 普通销售

销售类型 经销　客户简称 先行公司　付款条件

销售部门 业务一部　业务员 李平　税率 17.00

币种 人民币　汇率 1　备注

	存货编码	存货名称	规格型号	主计量	数量	报价	含税单价	无税单价	无税金额
1	006	计算机		台	10.00	6000.00	6000.00	5128.21	51282.05
2									
3									
4									
5									
6									
7									
8									
9									
10									
11									
12									
13									
14									
合计					10.00				51282.05

制单人 张晶　审核人　关闭人

图 6-15　生成销售订单

销售订单

销售订单

打印模版 销售订单打印模版

表体排序

合并显示 □

订单号 0000000001　订单日期 2019-03-04　业务类型 普通销售

销售类型 经销　客户简称 先行公司　付款条件

销售部门 业务一部　业务员 李平　税率 17.00

币种 人民币　汇率 1　备注

	存货编码	存货名称	规格…	主计量	数量	报价	含税单价	无税单价	无税金额	税额	价税合计	税率（…	折…	扣率…	扣率2（…	预发货日期
1	006	计算机		台	10.00	6000.00	6000.00	5128.21	51282.05	8717.95	60000.00	17.00	0.00	100.00	100.00	2019-03-06
2																
3																
4																
5																
6																
7																
8																
9																
10																
11																
12																
13																
14																
15																
合计					10.00				51282.05	8717.95	60000.00		0.00			

制单人 张晶　审核人 黄红　关闭人

图 6-16　审核销售订单

（三）参照销售订单生成并审核销售发货单。

（1）重注册，由[002]张晶登录“企业应用平台”，操作日期为 2019-03-06。在“业务工作”选项卡中，执行“供应链”|“销售管理”|“销售发货”|“发货单”命令，进入“发货单”窗口。单击“增加”按钮，订单号、币种和汇率将自动添加，跳出“过滤条件选择”窗口，订单日期输入从“2019-03-04 到 2019-03-04”，单击“过滤”，跳出“参照生单”窗口，双击选择该订单，如图 6-17 所示。

（2）单击“确定”按钮，返回“发货单”界面，此时已参照“销售订单”生成“发货单”，仓库名称参照选择“成品仓库”。单击“保存”按钮保存该发货单，表体下方制单人处显示“张晶”，如图6-18 所示。

图 6-17 参照生单

图 6-18 生成发货单

(3) 重注册,由[001]黄红登录"企业应用平台",操作日期为 2019-03-06。在"业务工作"选项卡中,执行"供应链"|"销售管理"|"销售发货"|"发货单"命令,进入"发货单"窗口。找到 0000000002 号发货单,确认无误后,单击"审核"按钮,表体下方审核人处显示"黄红",如图 6-19 所示。

(4) 重注册,由[002]张晶登录"企业应用平台",操作时间为 2019-03-06。在"业务工作"选项卡中,执行"供应链"|"销售管理"|"销售开票"|"销售专用发票"命令,进入"销售专用发票"窗口。单击"增加"按钮,币种和汇率将自动添加,跳出"过滤条件选择"窗口,发货单日期输入"2019-03-06 到 2019-03-06",单击"过滤",跳出"参照生单"窗口,双击选择该发货单,如图 6-20 所示。

图 6-19 审核发货单

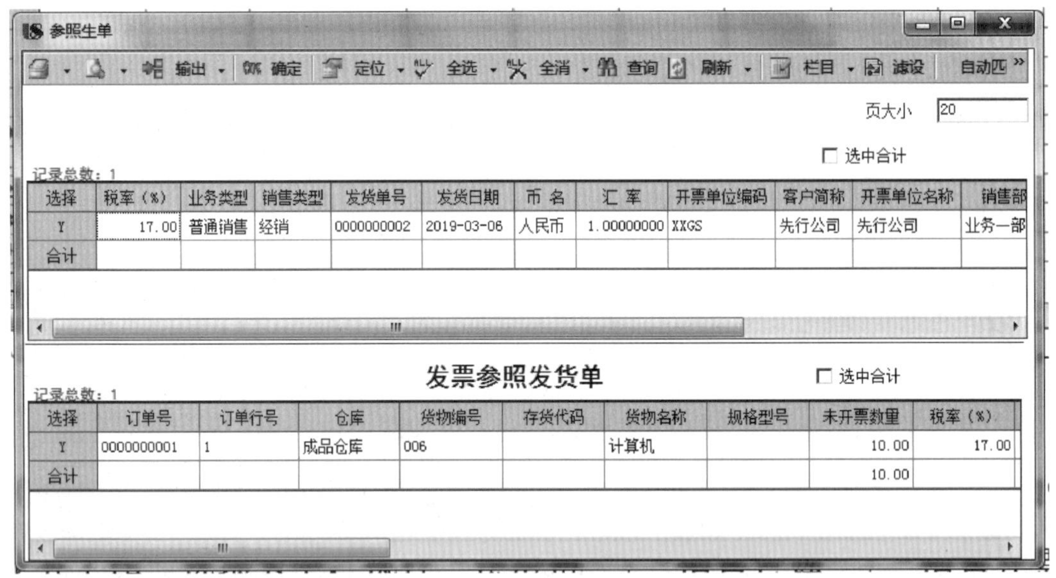

图 6-20 参照生单

（5）单击“确定”按钮，返回“销售专用发票”界面，此时已参照“发货单”生成“销售专用发票”。输入发票号为“38275”，单击“保存”按钮保存该销售专用发票，表体下方制单人处显示“张晶”。重注册，由[001]黄红登录“企业应用平台”，操作日期为 2019-03-06。在“业务工作”选项卡中，执行“供应链”|“销售管理”|“销售开票”|“销售专用发票”命令，进入“销售专用发票”窗口。找到 38275 号发票，确认无误后，单击“复核”按钮，表体下方复核人处显示“黄红”，如图 6-21 所示。

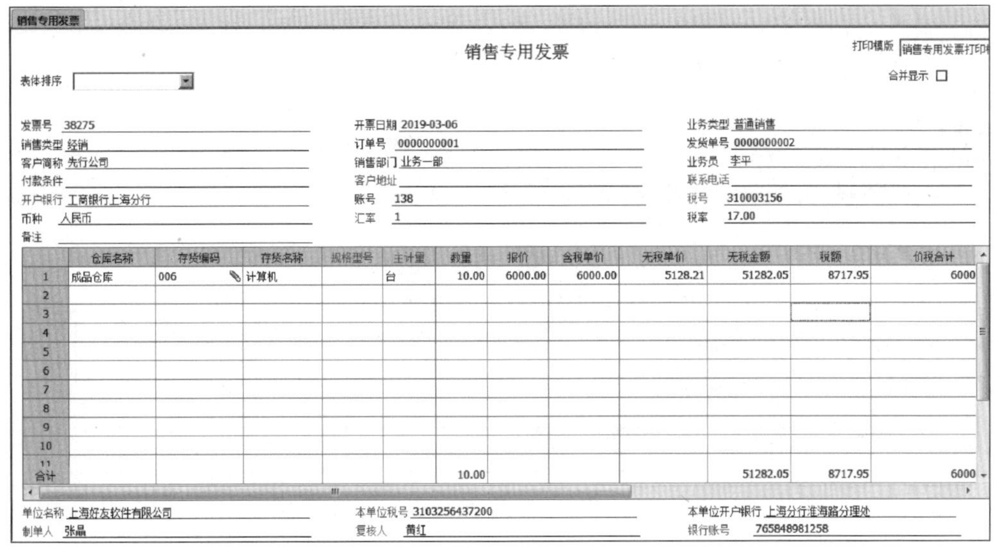

图 6-21　生成并复核销售专用发票

（四）财务部门结转此业务的收入及成本。

(1) 在“业务工作”选项卡中，执行“财务会计”|“应收款管理”|“应收单据处理”|“应收单据审核”命令，跳出“应收单过滤条件”窗口，点击“确定”按钮，进入“单据处理”窗口。双击选择所显示单据，单击“审核”按钮，系统将自动跳出“提示”窗口，提示本次成功审核单据 1 张，此时审核人处显示“黄红”，如图 6-22 所示。单击“确定”按钮退出，关闭“单据处理”窗口。

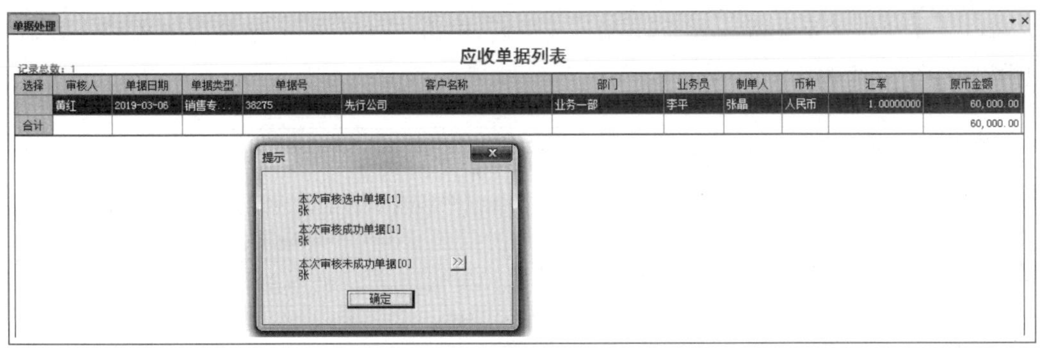

图 6-22　已审核的应收单据列表

(2) 在“业务工作”选项卡中，执行“财务会计”|“应收款管理”|“制单处理”命令。跳出“制单查询”窗口，单击“确定”按钮，在跳出的“制单”窗口 38275 单据号前的“选择标志”列输入“1”，将凭证类别修改为“转账凭证”，如图 6-23 所示。

制单

销售发票制单

凭证类别 转账凭证　　制单日期 2019-03-06　　共 1 条

选择标志	凭证类别	单据类型	单据号	日期	客户编码	客户名称	部门	业务员	金额
1	转账凭证	销售专...	38275	2019-03-06	XXGS	先行公司	业务一部	李平	60,000.00

图 6-23　销售发票制单

(3) 单击"制单"按钮,跳出"填制凭证"窗口,确认无误后,单击"保存"按钮,凭证左上方显示"已生成",如图 6-24 所示。

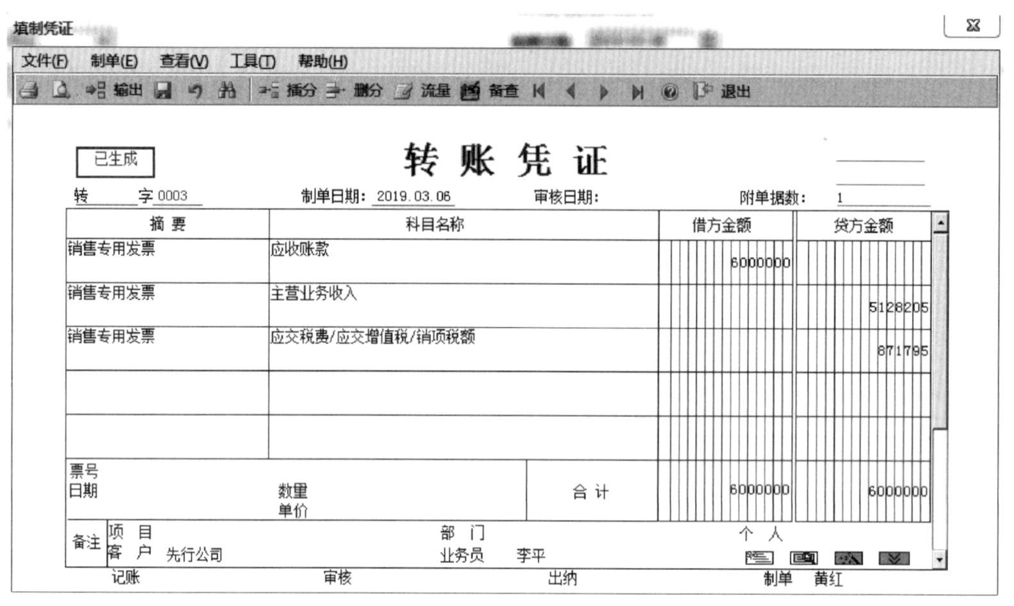

图 6-24 生成转账凭证

(4) 重注册,由[003]王平登录"企业应用平台",操作日期为 2019-03-06。在"业务工作"选项卡中,执行"供应链"|"库存管理"|"出库业务"|"销售出库单"命令,进入"销售出库单"窗口。找到前述业务销售出库单,确认无误后,单击"审核"按钮,表体下方审核人处显示"王平",如图 6-25 所示。

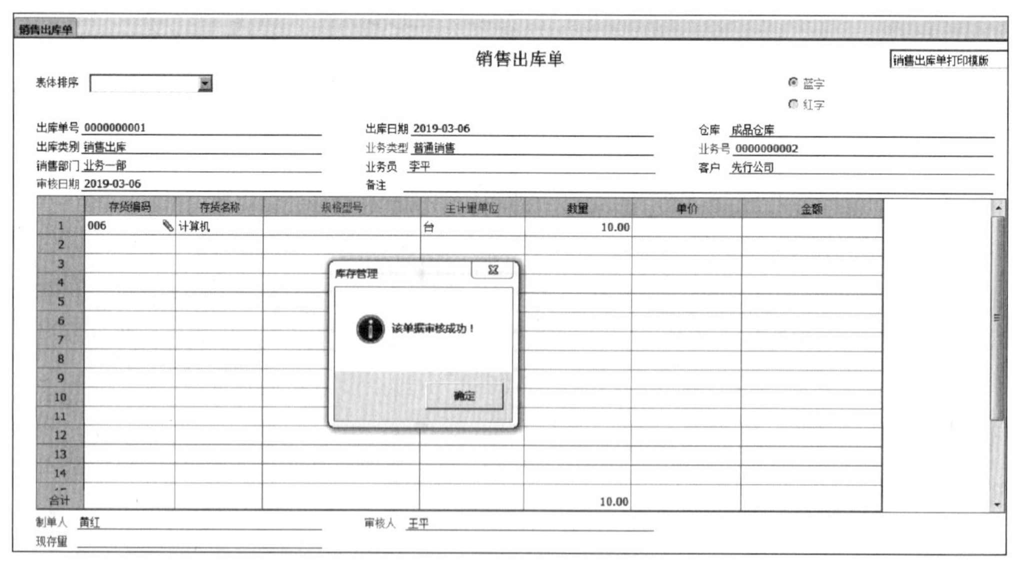

图 6-25 审核销售出库单

(5) 在"业务工作"选项卡中,执行"供应链"|"存货核算"|"业务核算"|"正常单据记账"

命令，跳出“过滤条件选择”窗口，单据日期输入“2019-03-06 到 2019-03-06”，单击“过滤”，进入“未记账单据一览表”窗口。双击选择 38275 号单据，单击“记账”按钮，系统提示记账成功，如图 6-26 所示。单击“确定”，这条记录在“正常单据记账列表”中清空。

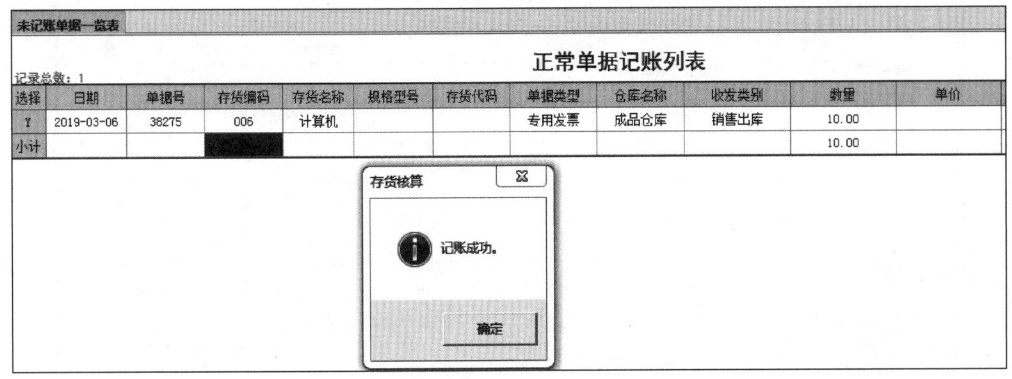

未记账单据一览表

正常单据记账列表

记录总数：1

选择	日期	单据号	存货编码	存货名称	规格型号	存货代码	单据类型	仓库名称	收发类别	数量	单价
Y	2019-03-06	38275	006	计算机			专用发票	成品仓库	销售出库	10.00	
小计										10.00	

图 6-26　未记账单据一览表

(6) 在“业务工作”选项卡中，执行“供应链”|“存货核算”|“财务核算”|“生成凭证”命令，进入“生成凭证”窗口。单击“选择”按钮，跳出“查询条件”窗口，单击“确定”，跳出“选择单据”窗口。双击选择符合条件的 38275 号单据，如图 6-27 所示。

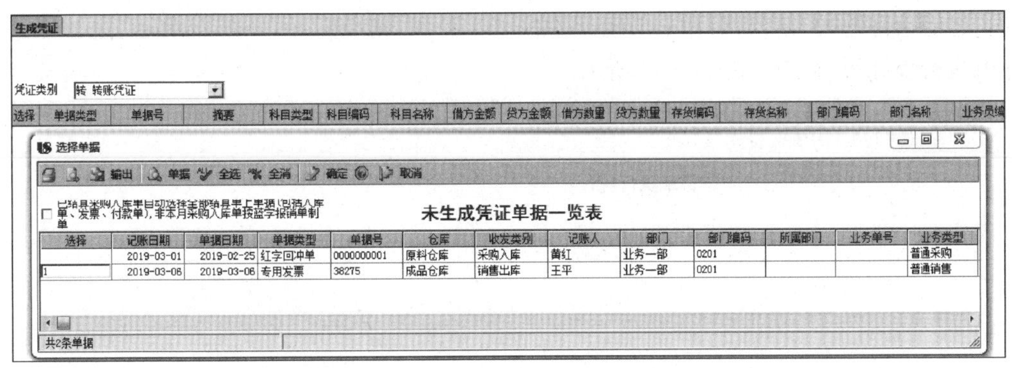

未生成凭证单据一览表

选择	记账日期	单据日期	单据类型	单据号	仓库	收发类别	记账人	部门	部门编码	所属部门	业务单号	业务类型
	2019-03-01	2019-02-25	红字回冲单	0000000001	原料仓库	采购入库	黄红	业务一部	0201			普通采购
1	2019-03-06	2019-03-06	专用发票	38275	成品仓库	销售出库	王平	业务一部	0201			普通销售

图 6-27　选择单据

(7) 单击“确定”按钮，返回“生成凭证”窗口，凭证类型选择“转账凭证”，选择符合条件的发票，如图 6-28 所示。

生成凭证

凭证类别　转 转账凭证

选择	单据类型	单据号	摘要	科目类型	科目编码	科目名称	借方金额	贷方金额	借方数量	贷方数量	存货编码	存货名称	部门编码	部门名称	业务员编码	业务员
1	专用发票	38275	专用发票	对方	6401	主营业务...	48,000.00		10.00		006	计算机	0201	业务一部	0001	李平
				存货	1405	库存商品		48,000.00		10.00	006	计算机	0201	业务一部	0001	李平
合计							48,000.00	48,000.00								

图 6-28　选择凭证类型及发票

(8) 单击“生成”按钮，自动跳出“填制凭证”窗口，确认无误后，单击“保存”按钮，凭证左上角将显示“已生成”，如图 6-29 所示。单击“退出”，这条单据在“生成凭证”窗口清空。

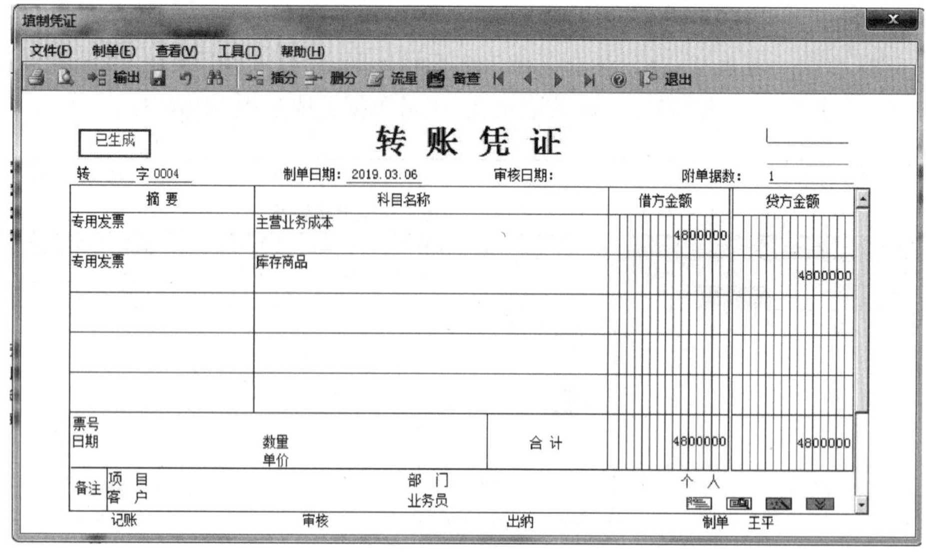

填制凭证

文件(F) 制单(E) 查看(V) 工具(T) 帮助(H)

已生成

转账凭证

转 字 0004 制单日期：2019.03.06 审核日期： 附单据数：1

摘要	科目名称	借方金额	贷方金额
专用发票	主营业务成本	4800000	
专用发票	库存商品		4800000
票号 日期	数量 单价 合计	4800000	4800000

备注 项目 部门 个人

客户 业务员

记账 审核 出纳 制单 王平

图 6-29 生成转账凭证

（五）账表查询。

（1）重注册企业应用平台，以账套主管“[001]黄红”身份登录，操作日期为 2019-03-06。在“业务工作”选项卡中，执行“供应链”|“销售管理”|“销售订货”|“订单执行统计表”命令，跳出“过滤条件选择”窗口，订单日期输入“2019-03-01 到 2019-03-06”，单击“过滤”，进入“订单执行统计表”窗口，如图 6-30 所示。

订单执行统计表

部门	客户简称	业务员	币种	订单号	订单日期	业务类型	存货编码	存货名称	备型	数量	件数	无税单价	含税单价	无税金额	税额	价税合计
业务一部	先行公司	李平	人民币	0000000001	2019-03-04	普通销售	006	计算机		10.00		5,128.21	6,00...	51,28...	8,7...	60,00...
合 计										10.00		5,128.21	6,00...	51,28...	8,7...	60,00...

【用友软件】

图 6-30 订单执行统计表

（2）在“业务工作”选项卡中，执行“供应链”|“销售管理”|“报表”|“统计表”|“发货统计表”命令，跳出“过滤条件选择”窗口，日期输入“2019-03-01 到 2019-03-06”，单击“过滤”，进入“发货统计表”窗口，如图 6-31 所示。

发货统计表

日期： 2019-03-01 2019-03-08

部门	客户	业务员	币种	存货名称	存货编码	期初数量	期初金额	期初税额	期初价税合计	计	发货数量	发货金额	发货税额	发货价税合计	货折	开票数量	开票金额	开票税额
业务一部	昌新贸易公司	李平	人民币	计算机	006	10.00	55,555.56	9,444.44	65,000.00									
	(昌新贸易公司)小计:					10.00	55,555.56	9,444.44	65,000.00									
业务一部	先行公司	李平	人民币	计算机	008						10.00	51,282.05	8,717.95	60,000.00		10.00	51,282.05	8,717.95
	(先行公司)小计:										10.00	51,282.05	8,717.95	60,000.00		10.00	51,282.05	8,717.95
(业务一部)小计:						10.00	55,555.56	9,444.44	65,000.00		10.00	51,282.05	8,717.95	60,000.00		10.00	51,282.05	8,717.95
合 计						10.00	55,555.56	9,444.44	65,000.00		10.00	51,282.05	8,717.95	60,000.00		10.00	51,282.05	8,717.95

【用友软件】

图 6-31 发货统计表

(3) 在“业务工作”选项卡中,执行“供应链”|“销售管理”|“报表”|“统计表”|“销售统计表”命令,跳出“过滤条件选择”窗口,开票日期和结算日期均输入“2019-03-01 到 2019-03-06”,单击“过滤”,进入“销售统计表”窗口,如图 6-32 所示。

部门名称	客户简称	业务员名称	存货分类	日期	存货编码	存货名称	数量	单价	金额	税额	价税合计	折扣	成本	毛利率	毛利
业务一部	先行公司	李平	产成品	2019-03-06	006	计算机	10.00	5,128.21	51,282.05	8,717.95	60,000.00		48,000.00	6.40%	3,282.05
合　计							10.00	5,128.21	51,282.05	8,717.95	60,000.00		48,000.00	6.40%	3,282.05

图 6-32　销售统计表

(4) 在“业务工作”选项卡中,执行“供应链”|“存货核算”|“账表”|“汇总表”|“出库汇总表”命令,进入“出库汇总表”窗口。在跳出的“出库汇总统计”窗口,据不同的汇总条件,会生成不同的汇总结果。在“查询条件选择”选项卡中输入单据日期为“2019-03-01”到“2019-03-06”,在“汇总依据及排序方式”选项卡中按“单据号”进行“汇总求和”,得到出库汇总统计结果,如图 6-33、图 6-34、图 6-35 所示。

图 6-33　出库汇总统计(查询条件选择)

(5) 退出企业应用平台。由系统管理员(admin)在“系统管理”中备份数据,如备份至“D:\002 账套备份数据\6.1 普通销售业务”,便于以后引入。

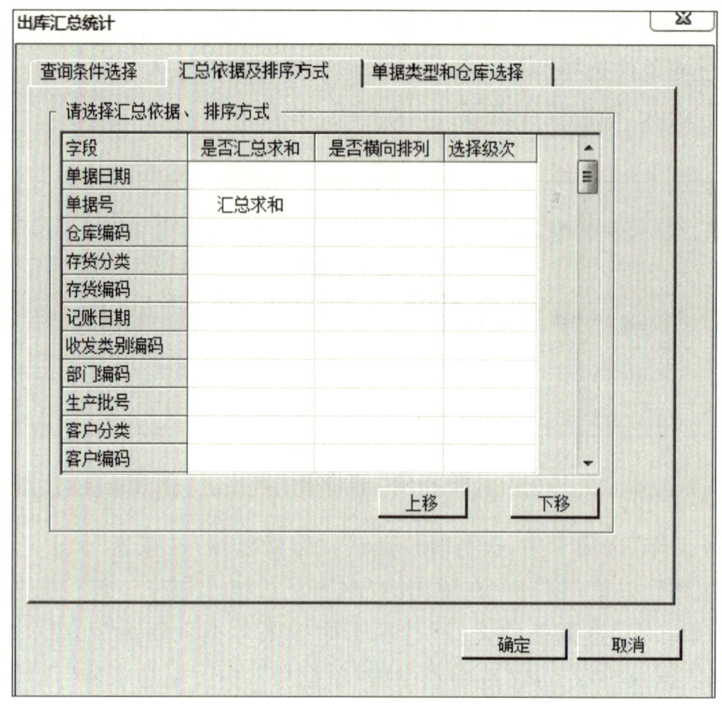

图 6-34　出库汇总统计(汇总依据及排序方式)

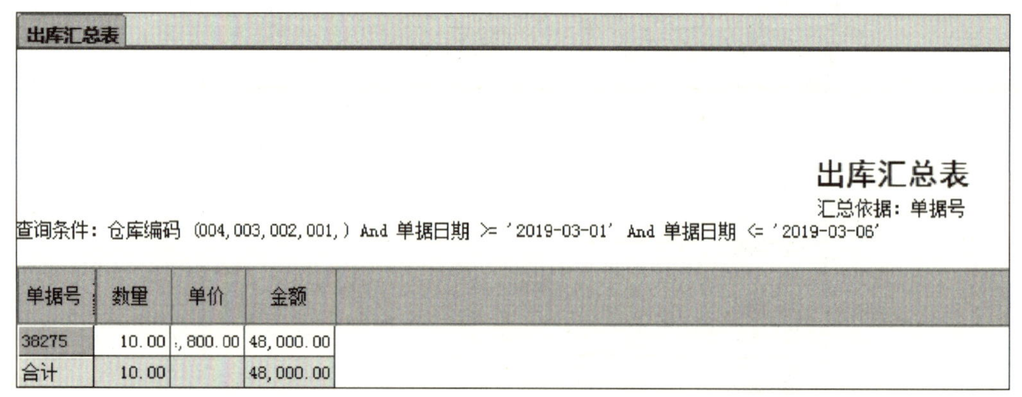

图 6-35　出库汇总统计结果

【拓展阅读】

在处理销售业务之前，需要对销售管理系统参数进行检查，包括销售业务的范围、类型及对各种销售业务的核算要求。因为一旦销售管理开始处理日常业务，有的系统参数就不能修改，有的也不能重新设置。因此，在管理系统初始化时应该设置好相关的系统参数。应收款管理系统与销售管理系统在联用的情况下，两个系统存在着数据传递关系。因此，启用销售管理系统的同时，应该启用应收款管理系统。应收款管理系统参数设置和初始设置，也是系统的初始化工作，应该在处理日常业务之前完成。如果应收款管理系统已经进行了日常业务处理，则其系统参数和初始设置就不能随意修改。

本案例是一个比较典型的销售业务，涉及销售管理系统参数设置、应收款管理系统参数设置和初始设置，业务操作中涉及基础档案的设置，先发货后开票的销售业务处理，应收业务处理，库存管理和存货核算以及账表查询。案例中从系统参数设置和初始设置到最终生成记账凭证，涉及销售管理系统、应收款管理系统、库存管理系统、存货核算系统等多个系统模块，因此也是一个较完整的先发货后开票销售业务。

为了更清晰地体现本案例业务处理流程，本书以图 6-36 将其反映出来。

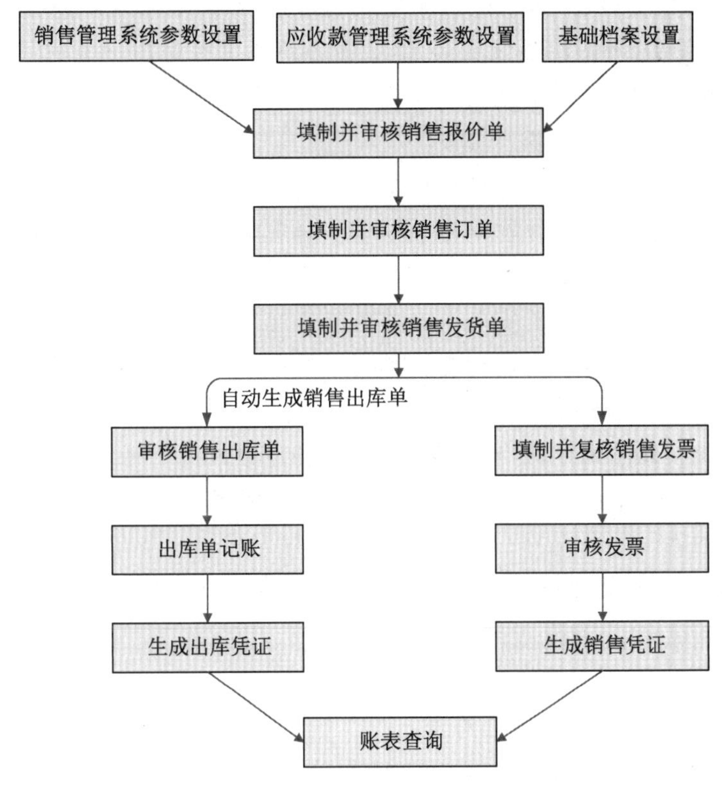

图 6-36　普通销售业务处理流程

(1) 在销售管理系统进行参数设置。

在业务控制中，选中“报价是否含税”；在其他控制中，将新增发货单默认选中为“参照订单生成”，将新增退货单默认选中为“参照发货单生成”，将新增发票默认选中为“参照发货单生成”。

(2) 在应收款管理系统进行参数设置和初始设置。

在“账套参数设置”窗口，单击“编辑”，在常规选项卡中，将坏账处理方式改为“应收余额百分比法”；在凭证选项卡中，将受控科目制单方式改为“明细到单据”确定。

初始设置：

基本科目设置：应收科目 1122，预收科目 2203，销售收入科目 6001。税金科目比较复杂，由于前面已经在“应交税费”科目下设置了二级科目“应交增值税”，三级科目“进项税额”，这里首先设置“销项税额”，再进行选择。

控制科目设置:按客户设置,应收科目1122,预收科目2203。

产品科目设置:按商品设置,销售收入和销售退回科目6001,应交增值税选择科目22210102。

结算方式科目设置:现金结算选择1001,支票结算选择100201,本票结算、汇票结算、贷记凭证选择1012。

坏账准备设置:提取比率1%,坏账准备期初余额为0,坏账准备科目1231,对方科目6701。(值得注意的是:如果在账套参数设置时,坏账处理方式不是"应收余额百分比法",则此处不会显示"坏账准备设置"。这也是系统内部控制的一个例证。)

(3) 在基础设置中,进行单据编号设置。

(4) 在基础档案中,增加客户档案。

(5) 在销售系统中,填制并审核报价单。

(6) 在销售系统中,参照报价单生成并审核销售订单。

(7) 在销售系统中,参照销售订单生成并审核销售发货单。

(8) 在销售系统中,根据发货单填制并复核销售发票。

(9) 在应收款管理系统中,进行应收单据审核;然后进行制单处理,生成记账凭证。

(10) 在库存管理系统中,填制"销售出库单"并审核。

(11) 在存货核算系统中,进行业务核算,完成正常单据记账。

(12) 在存货核算系统中,进行财务核算,生成记账凭证。

(13) 账表查询:

A. 在销售系统中,查询销售订单执行情况统计表。

B. 在销售系统中,查询发货统计表。

C. 在销售系统中,查询销售统计表。

D. 在存货系统中,查询出库汇总表。

值得一提的是,销售业务能开展的前提是被销售商品的库存量大于零。如果直接启用销售管理模块,前面章节所述的期初设置、期初余额录入、期初结存和采购管理系统的期初记账都是必不可少的。

6.2 销售现结业务

【学习目标】

掌握销售现结业务的操作方法。

【引出问题】

销售现结业务是指在销售过程中客户直接使用现金或者支票等支付货款。此时生成的是一张收款凭证。

【案例陈述】

（一）2019/03/07 业务一部向昌新贸易公司出售计算机 10 台，报价为 6 400 元/台，货物从成品仓库发出。

（二）2019/03/07 根据上述发货单开具专用发票一张，票据号 38372。同时收到客户以支票所支付的全部货款，票据号为 2532。

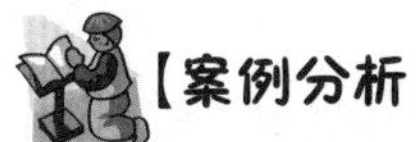

【案例分析】

（一）填制并审核销售发货单。

（1）系统时间修改为 2019-03-31。

（2）启动"系统管理"，由系统管理员（admin）注册登录，引入"6.1 普通销售业务"对应的账套，导入到"6.2 销售现结业务"文件夹。

（3）启动企业应用平台，由操作员"[002]张晶"登录，操作日期为 2019-03-07。

（4）在"业务工作"选项卡中，执行"供应链"|"销售管理"|"销售发货"|"发货单"命令，进入"发货单"窗口。单击"增加"按钮，跳出"过滤条件选择"窗口，点击"取消"，关闭该窗口，发货单号自动添加。在表头位置作如下操作：发货日期输入"2019-03-07"，业务类型参照选择"普通销售"，销售类型参照选择"经销"，客户简称参照选择"昌新贸易公司"，销售部门参照选择"业务一部"，业务员参照选择"李平"，税率输入"17.00"。在表体位置作如下操作：仓库参照选择"成品仓库"，存货编码参照选择"006（计算机）"，主计量单位"台"，数量输入"10"，报价输入"6400"，含税单价、无税单价、无税金额、税额和价税合计自动汇算。单击"保存"按钮保存该发货单，表体下方制单人处显示"张晶"，如图 6-37 所示。

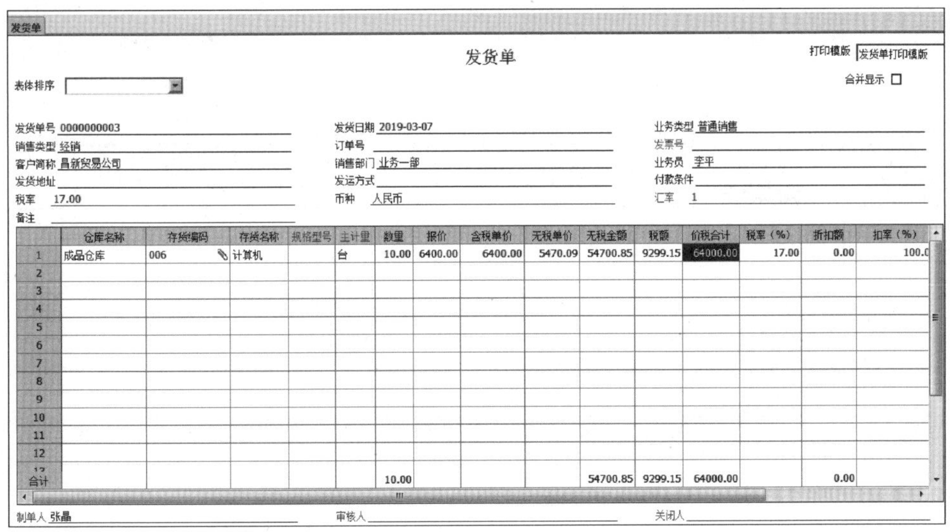

发货单

发货单

打印模版 发货单打印模版

表体排序

合并显示 ☐

发货单号 0000000003 | 发货日期 2019-03-07 | 业务类型 普通销售

销售类型 经销 | 订单号 | 发票号

客户简称 昌新贸易公司 | 销售部门 业务一部 | 业务员 李平

发货地址 | 发运方式 | 付款条件

税率 17.00 | 币种 人民币 | 汇率 1

备注

	仓库名称	存货编码	存货名称	规格型号	主计量	数量	报价	含税单价	无税单价	无税金额	税额	价税合计	税率（%）	折扣额	扣率（%）
1	成品仓库	006	计算机		台	10.00	6400.00	6400.00	5470.09	54700.85	9299.15	64000.00	17.00	0.00	100.0
2															
3															
4															
5															
6															
7															
8															
9															
10															
11															
12															
合计						10.00				54700.85	9299.15	64000.00		0.00	

制单人 张晶 | 审核人 | 关闭人

图 6-37 填制发货单

（5）重注册，由[001]黄红登录"企业应用平台"，操作日期为 2019-03-07。在"业务工作"选项卡中，执行"供应链"|"销售管理"|"销售发货"|"发货单"命令，进入"发货单"窗口。

找到 0000000003 号发货单(2019-03-07 出售计算机 10 台),确认无误后,单击"审核"按钮,表体下方审核人处显示"黄红",如图 6-38 所示。

发货单

打印模版 发货单打印模版

表体排序　　　　合并显示 □

发货单号 0000000003　　发货日期 2019-03-07　　业务类型 普通销售
销售类型 经销　　订单号　　发票号
客户简称 昌新贸易公司　　销售部门 业务一部　　业务员 李平
发货地址　　发运方式　　付款条件
税率 17.00　　币种 人民币　　汇率 1
备注

	仓库名称	存货编码	存货名称	规格型号	主计量	数量	报价	含税单价	无税单价	无税金
1	成品仓库	006	计算机		台	10.00	6400.00	6400.00	5470.09	
2										
3										
4										
5										
6										
7										
8										
9										
10										
11										
12										
合计						10.00				

制单人 张晶　　审核人 黄红　　关闭人

图 6-38　审核发货单

(二) 根据发货单填制销售发票,执行现结功能,复核销售发票。

(1) 重注册,由[002]张晶登录"企业应用平台",操作日期为 2019-03-07。在"业务工作"选项卡中,执行"供应链"|"销售管理"|"销售开票"|"销售专用发票"命令,进入"销售专用发票"窗口。单击"增加"按钮,跳出"过滤条件选择"窗口,发货单日期输入"2019-03-07 到 2019-03-07",单击"过滤",跳出"参照生单"窗口,双击选择该发货单,如图 6-39 所示。

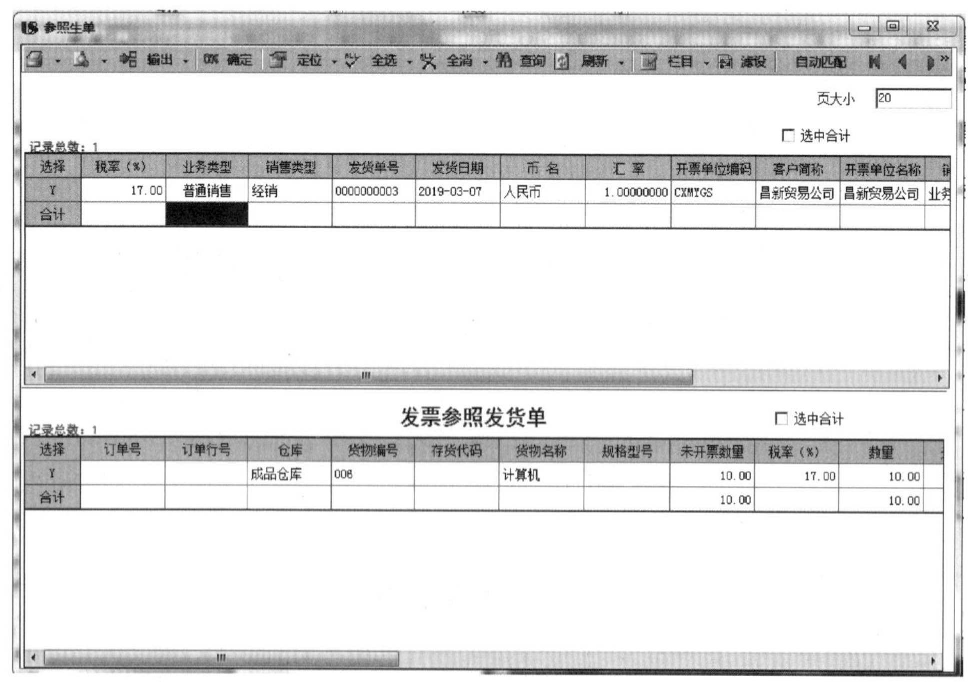

参照生单

页大小 20

记录总数: 1　　□ 选中合计

选择	税率(%)	业务类型	销售类型	发货单号	发货日期	币名	汇率	开票单位编码	客户简称	开票单位名称	业务
Y	17.00	普通销售	经销	0000000003	2019-03-07	人民币	1.00000000	CXMYGS	昌新贸易公司	昌新贸易公司	业务
合计											

发票参照发货单

记录总数: 1　　□ 选中合计

选择	订单号	订单行号	仓库	货物编号	存货代码	货物名称	规格型号	未开票数量	税率(%)	数量
Y			成品仓库	006		计算机		10.00	17.00	10.00
合计								10.00		10.00

图 6-39　参照生单

(2) 单击“确定”按钮,返回“销售专用发票”界面,此时已参照“发货单”生成“销售专用发票”。在表头位置输入发票号为“38372”,单击“保存”按钮保存该销售专用发票,表体下方制单人处显示“张晶”,如图 6-40 所示。

图 6-40 生成销售专用发票

(3) 单击“现结”按钮,跳出“现结”窗口。结算方式参照选择“02(支票结算)”,原币金额输入“64000.00”,票据号输入“2532”,如图 6-41 所示。

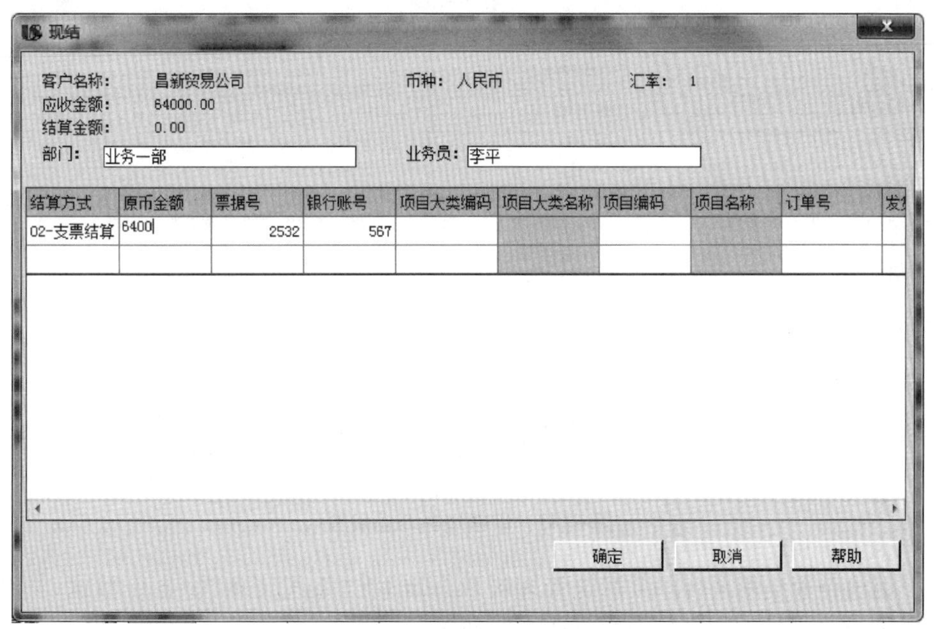

图 6-41 设置现结相关参数

(4) 单击“确定”按钮,返回“销售专用发票”窗口,此时发票号为“38372”的发票左上角显示“现结”标签,如图 6-42 所示。

图 6-42 现结的销售专用发票

(5) 重注册，由[001]黄红登录“企业应用平台”，操作时间为 2019-03-07。在“业务工作”选项卡中，执行“供应链”|“销售管理”|“销售开票”|“销售专用发票”命令，进入“销售专用发票”窗口。找到 38372 号发票(2019-03-07 向昌新贸易公司出售 10 台计算机)，确认无误后，单击“复核”按钮，表体下方复核人处显示“黄红”，如图 6-43 所示。

图 6-43 审核销售专用发票

(6) 退出企业应用平台。由系统管理员(admin)在“系统管理”中备份数据，如备份至“D:\002 账套备份数据\6.2 销售现结业务”，便于以后引入。

【拓展阅读】

值得注意的是，本案例进行销售现结时，通过录入现结金额(可以是全部金额现结，也可以是部分金额现结)对销售发票做现结。若销售发票反应的是多个存货的金额合计,则现结处理不能指定到对某个存货做现结。在销售系统中可以通过销售日报表或自定义账表查询出已经现结的那部分销售发票。在用友应收系统中,对于已经现结的销售发票是不记入应收往来账的,也就是说在应收系统中的任何账表中都查不出现结部分的销售数据。因此,销售合计应该是现结金额和应收金额之和,现结金额从销售系统中查询,应收金额从应收系统中查询。

6.3 多次发货一次开票

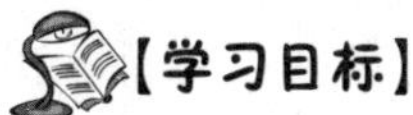

【学习目标】

掌握销售中多次发货一次开票的业务处理方法。

【引出问题】

多数商家都存在这样的经营情况:一个月发出几次货给同一客户,月底一次性对以前发生的业务开发票,结算货款。这种情况在用友 ERP 软件中如何体现呢?

【案例陈述】

(一) 2019/03/08 业务一部向昌新贸易公司出售计算机 10 台,报价为 6 400 元/台,货物从成品仓库发出。

(二) 2019/03/08 业务二部向昌新贸易公司出售 1600K 打印机 5 台,报价为 2 300 元/台,货物从外购品仓库发出。

(三) 2019/03/08 根据上述两张发货单开具专用发票一张,票号为 38375。

【案例分析】

(一) 填制并审核销售发货单。

(1) 系统时间修改为 2019-03-31。

(2) 启动"系统管理",由系统管理员(admin)注册登录,引入"6.2 销售现结业务"对应的账套,导入到"6.3 多次发货一次开票"文件夹。

(3) 启动企业应用平台,由[002]张晶登录,操作日期为 2019-03-08。

(4) 在"业务工作"选项卡中,执行"供应链"|"销售管理"|"销售发货"|"发货单"命令,进入"发货单"窗口。单击"增加"按钮,跳出"过滤条件选择"窗口,单击"取消",关闭该窗口,发货单号自动添加。在表头位置作如下操作:发货日期输入"2019-03-08",业务类型参照选择"普通销售",销售类型参照选择"经销",客户简称参照选择"昌新贸易公司",销售部门参照选择"业务一部",业务员参照选择"李平",税率输入"17.00"。在表体位置作如下操作:仓库名称参照选择"成品仓库",存货编码参照选择"006(计算机)",主计量单位"台",数量输入"10",报价输入"6400",含税单价、无税单价、无税金额、税额和价税合计自动汇算。单击"保

存”按钮保存该发货单，表体下方制单人处显示“张晶”，如图 6-44 所示。

发货单

发货单

显示模版 发货单显示模版

表体排序

合并显示 □

发货单号 0000000004　　发货日期 2019-03-08　　业务类型 普通销售
销售类型 经销　　订单号　　发票号
客户简称 昌新贸易公司　　销售部门 业务一部　　业务员 李平
发货地址　　发运方式　　付款条件
税率 17.00　　币种 人民币　　汇率 1.00000000
备注

	存货编码	存货名称	规格型号	主计量	数量	报价	含税单价	无税单价	无税金额	税额	价税合计	税率（%）	折扣额	扣率（%）	扣率2（%）
1	006	计算机		台	10.00	6400.00	6400.00	5470.09	54700.85	9299.15	64000.00	17.00	0.00	100.00	100.0
2															
3															
4															
5															
6															
7															
8															
9															
10															
11															
12															
合计					10.00				54700.85	9299.15	64000.00		0.00		

制单人 张晶　　审核人　　关闭人

图 6-44　填制发货单(计算机)

(5) 在“业务工作”选项卡中，执行“供应链”|“销售管理”|“销售发货”|“发货单”命令，进入“发货单”窗口。单击“添加”按钮，跳出“过滤条件选择”窗口，单击“取消”，关闭该窗口，发货单号自动添加。在表头位置作如下操作：发货日期输入“2019-03-08”，业务类型参照选择“普通销售”，销售类型参照选择“经销”，客户简称参照选择“昌新贸易公司”，销售部门参照选择“业务二部”，业务员参照选择“王丽”，税率输入“17.00”。在表体位置作如下操作：仓库名称参照选择“外购品仓库”，存货编码参照选择“007(1600K 打印机)”，主计量单位“台”，数量输入“5”，报价输入“2300”，含税单价、无税单价、无税金额、税额和价税合计自动汇算。单击“保存”按钮保存该发货单，表体下方制单人处显示“张晶”，如图 6-45 所示。

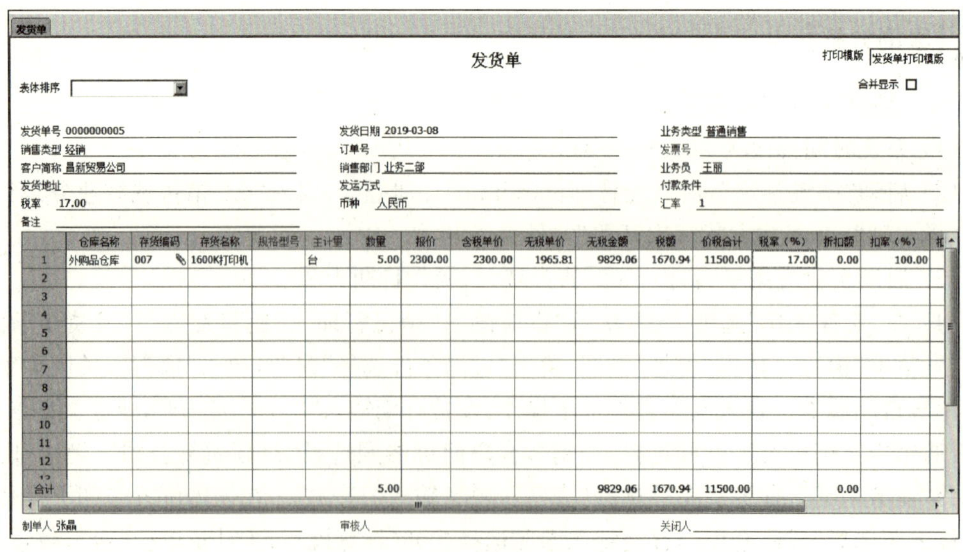

发货单

发货单

打印模版 发货单打印模版

表体排序

合并显示 □

发货单号 0000000005　　发货日期 2019-03-08　　业务类型 普通销售
销售类型 经销　　订单号　　发票号
客户简称 昌新贸易公司　　销售部门 业务二部　　业务员 王丽
发货地址　　发运方式　　付款条件
税率 17.00　　币种 人民币　　汇率 1
备注

	仓库名称	存货编码	存货名称	规格型号	主计量	数量	报价	含税单价	无税单价	无税金额	税额	价税合计	税率（%）	折扣额	扣率（%）	扣
1	外购品仓库	007	1600K打印机		台	5.00	2300.00	2300.00	1965.81	9829.06	1670.94	11500.00	17.00	0.00	100.00	
2																
3																
4																
5																
6																
7																
8																
9																
10																
11																
12																
合计						5.00				9829.06	1670.94	11500.00		0.00		

制单人 张晶　　审核人　　关闭人

图 6-45　填制发货单(打印机)

（6）重注册，由[001]黄红登录“企业应用平台”，操作日期为 2019-03-08。在“业务工作”选项卡中，执行“供应链”|“销售管理”|“销售发货”|“发货单”命令，进入“发货单”窗口。找到 0000000004 号单据（2019-03-08 向昌新贸易公司出售 10 台计算机）发货单，确认无误后，单击“审核”按钮，表体下方审核人处显示“黄红”，如图 6-46 所示。

发货单

发货单

打印模版 发货单打印模版

表体排序

合并显示 □

发货单号 0000000004　　发货日期 2019-03-08　　业务类型 普通销售

销售类型 经销　　订单号　　发票号

客户简称 昌新贸易公司　　销售部门 业务一部　　业务员 李平

发货地址　　发运方式　　付款条件

税率 17.00　　币种 人民币　　汇率 1

备注

	仓库名称	存货编码	存货名称	规格型号	主计量	数量	报价	含税单价	无税单价	无税金额	税额	价税合计	税率（%）	折扣额
1	成品仓库	006	计算机		台	10.00	6400.00	6400.00	5470.09	54700.85	9299.15	64000.00	17.00	
2														
3														
4														
5														
6														
7														
8														
9														
10														
11														
12														
合计						10.00				54700.85	9299.15	64000.00		

制单人 张晶　　审核人 黄红　　关闭人

图 6-46　审核发货单（计算机）

（7）在“业务工作”选项卡中，执行“供应链”|“销售管理”|“销售发货”|“发货单”命令，进入“发货单”窗口。找到 0000000005 号单据（2019-03-08 向昌新贸易公司出售 5 台 1600K 打印机）发货单，确认无误后，单击“审核”按钮，表体下方审核人处显示“黄红”，如图 6-47 所示。

发货单

发货单

打印模版 发货单打印模版

表体排序

合并显示 □

发货单号 0000000005　　发货日期 2019-03-08　　业务类型 普通销售

销售类型 经销　　订单号　　发票号

客户简称 昌新贸易公司　　销售部门 业务二部　　业务员 王丽

发货地址　　发运方式　　付款条件

税率 17.00　　币种 人民币　　汇率 1

备注

	仓库名称	存货编码	存货名称	规格型号	主计量	数量	报价	含税单价	无税单价	无税金额	税额	价税合计	税率（%）	折扣额
1	外购品仓库	007	1600K打印机		台	5.00	2300.00	2300.00	1965.81	9829.06	1670.94	11500.00	17.00	
2														
3														
4														
5														
6														
7														
8														
9														
10														
11														
12														
合计						5.00				9829.06	1670.94	11500.00		

制单人 张晶　　审核人 黄红　　关闭人

图 6-47　审核发货单（打印机）

（二）填制并复核销售发票。

（1）重注册，由[002]张晶登录“企业应用平台”，操作日期为 2019-03-08。在“业务工作”选项卡中，执行“供应链”|“销售管理”|“销售开票”|“销售专用发票”命令，进入“销售专用发票”窗口。单击“增加”按钮，跳出“过滤条件选择”窗口，发货单日期输入“2019-03-08 到 2019-03-08”，单击“过滤”，在跳出的“参照生单”窗口，双击选择这两条记录，如图 6-48 所示。系统提示“选择了不同部门的单据”和“选择了不同业务员的单据”提示框，单击“确定”即可。

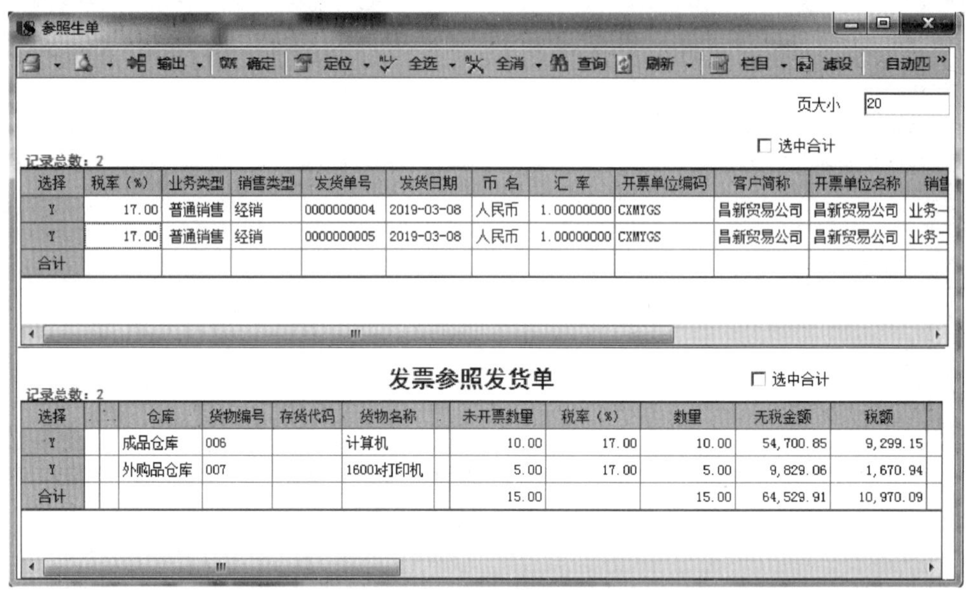
参照生单

输出 确定 定位 全选 全消 查询 刷新 栏目 滤设 自动匹

页大小 20

选中合计

记录总数：2

选择	税率（%）	业务类型	销售类型	发货单号	发货日期	币名	汇率	开票单位编码	客户简称	开票单位名称	销售
Y	17.00	普通销售	经销	0000000004	2019-03-08	人民币	1.00000000	CXMYGS	昌新贸易公司	昌新贸易公司	业务一
Y	17.00	普通销售	经销	0000000005	2019-03-08	人民币	1.00000000	CXMYGS	昌新贸易公司	昌新贸易公司	业务二
合计											

发票参照发货单

选中合计

记录总数：2

选择	仓库	货物编号	存货代码	货物名称	未开票数量	税率（%）	数量	无税金额	税额
Y	成品仓库	006		计算机	10.00	17.00	10.00	54,700.85	9,299.15
Y	外购品仓库	007		1600k打印机	5.00	17.00	5.00	9,829.06	1,670.94
合计					15.00		15.00	64,529.91	10,970.09

图 6-48 参照生单

（2）单击“确定”按钮，返回“销售专用发票”界面，此时已参照“发货单”生成“销售专用发票”。发票号输入“38375”，单击“保存”按钮保存该销售专用发票，表体下方制单人处显示“张晶”，如图 6-49 所示。

销售专用发票

销售专用发票

打印模版 销售专用发票打印

表体排序

合并显示

发票号 38375　开票日期 2019-03-08　业务类型 普通销售

销售类型 经销　订单号　发货单号 0000000004，0000000005

客户简称 昌新贸易公司　销售部门 业务一部　业务员 李平

付款条件　客户地址　联系电话

开户银行 招商银行上海分行　账号 567　税号 310108777

币种 人民币　汇率 1　税率 17.00

备注

	仓库名称	存货编码	存货名称	规格型号	主计量	数量	报价	含税单价	无税单价	无税金额	税额	价税合计	税率（%）	折扣额
1	成品仓库	006	计算机		台	10.00	6400.00	6400.00	5470.09	54700.85	9299.15	64000.00	17.00	0.0(
2	外购品仓库	007	1600K打印机		台	5.00	2300.00	2300.00	1965.81	9829.06	1670.94	11500.00	17.00	0.0(
3														
4														
5														
6														
7														
8														
9														
10														
合计						15.00				64529.91	10970.09	75500.00		0.0(

单位名称 上海好友软件有限公司　本单位税号 3103256437200　本单位开户银行 上海分行淮海路分理处

制单人 张晶　复核人　银行账号 765848981258

图 6-49 生成销售专用发票

(3) 重注册，由[001]黄红登录“企业应用平台”，操作日期为 2019-03-08。在“业务工作”选项卡中，执行“供应链”|“销售管理”|“销售开票”|“销售专用发票”命令，进入“销售专用发票”窗口。找到 38375 号发票(2019-03-08 向昌新贸易公司出售 10 台计算机和 5 台 1600K 打印机)，确认无误后，单击“复核”按钮，表体下方复核人处显示“黄红”，如图 6-50 所示。

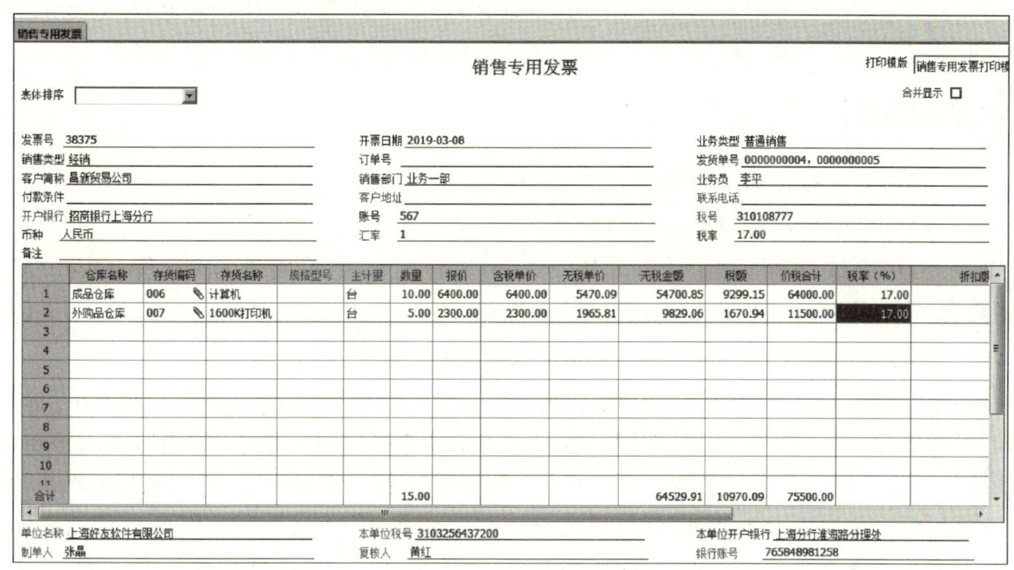

	仓库名称	存货编码	存货名称	规格型号	主计量	数量	报价	含税单价	无税单价	无税金额	税额	价税合计	税率（%）	折扣额
1	成品仓库	006	计算机		台	10.00	6400.00	6400.00	5470.09	54700.85	9299.15	64000.00	17.00	
2	外购品仓库	007	1600K打印机		台	5.00	2300.00	2300.00	1965.81	9829.06	1670.94	11500.00	17.00	
3														
4														
5														
6														
7														
8														
9														
10														
合计						15.00				64529.91	10970.09	75500.00		

图 6-50 复核销售专用发票

(4) 退出企业应用平台。由系统管理员(admin)在“系统管理”中备份数据，如备份至“D:\002 账套备份数据\6.3 多次发货一次开票”，便于以后引入。

【拓展阅读】

对于批发客户或者经常性客户，销售时往往存在同一会计期间多次发货一次开票结算的情况。此时，开票金额应该是多张发货单的金额合计。结算时将多张发货单与该发票进行合并结算。(注意：这类业务发货单填制在前，发票的填制和复核在后。)

6.4 一次发货多次开票

【学习目标】

掌握销售中一次发货多次开票的业务处理方法。

【引出问题】

多数商家都存在这样的经营情况：某客户购买了数量较多或者金额较高的货物，希望一次发货，多开几张发票。这种情况在用友 ERP 软件中如何体现呢？

【案例陈述】

（一）2019/03/08 业务二部向华宏公司出售 1600K 打印机 20 台，报价为 2 300 元/台，货物从外购品仓库发出。

（二）2019/03/09 应客户要求，对上述所发出的商品开具两张专用销售发票，第一张发票中所列示的数量为 15 台，票号为 38381；第二张发票中所列示的数量为 5 台，票号为 38384。

【案例分析】

（一）填制并审核销售发货单。

（1）系统时间修改为 2019-03-31。

（2）启动“系统管理”，由系统管理员（admin）注册登录，引入“6.3 多次发货一次开票”对应的账套，导入到“6.4 一次发货多次开票”文件夹。

（3）启动企业应用平台，由[002]张晶登录，操作日期为 2019-03-08。

（4）在“业务工作”选项卡中，执行“供应链”|“销售管理”|“销售发货”|“发货单”命令，进入“发货单”窗口。单击“增加”按钮，跳出“过滤条件选择”窗口，单击“取消”，关闭该窗口，发货单号自动添加。在表头位置作如下操作：发货日期输入“2019-03-08”，业务类型参照选择“普通销售”，销售类型参照选择“经销”，客户简称参照选择“华宏公司”，销售部门参照选择“业务二部”，业务员参照选择“王丽”，税率输入“17.00”。在表体位置作如下操作：仓库名称参照选择“外购品仓库”，存货编码参照选择“007（1600K 打印机）”，主计量单位“台”，数量输入“20”，报价输入“2300”，含税单价、无税单价、无税金额、税额和价税合计自动汇算。单击“保存”按钮保存该发货单，表体下方制单人处显示“张晶”，如图 6-51 所示。

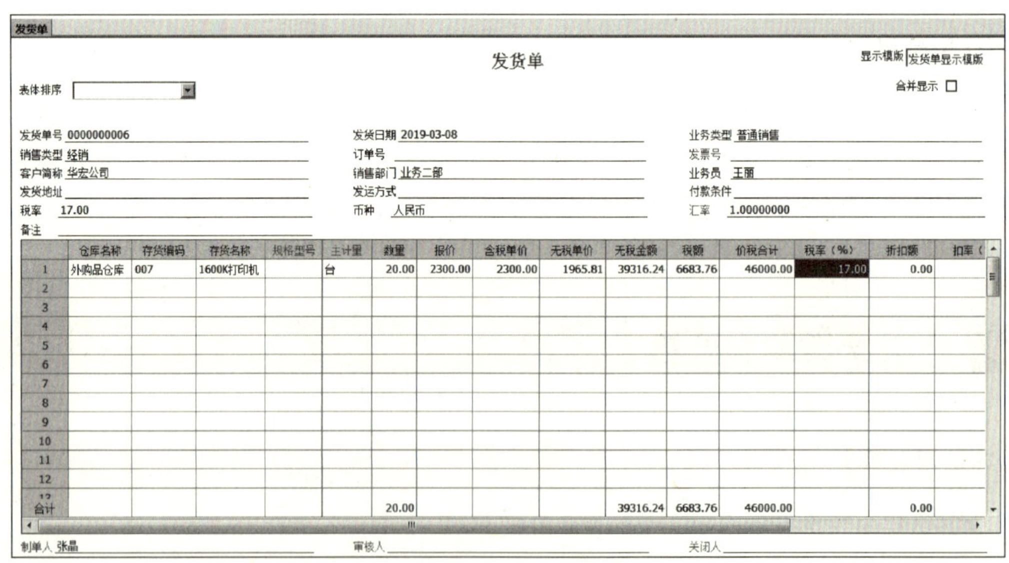

发货单

发货单

显示模版 发货单显示模版

表体排序

合并显示 □

发货单号 0000000006　　发货日期 2019-03-08　　业务类型 普通销售

销售类型 经销　　订单号　　发票号

客户简称 华宏公司　　销售部门 业务二部　　业务员 王丽

发货地址　　发运方式　　付款条件

税率 17.00　　币种 人民币　　汇率 1.00000000

备注

	仓库名称	存货编码	存货名称	规格型号	主计量	数量	报价	含税单价	无税单价	无税金额	税额	价税合计	税率（%）	折扣额	扣率（
1	外购品仓库	007	1600K打印机		台	20.00	2300.00	2300.00	1965.81	39316.24	6683.76	46000.00	17.00	0.00	
2															
3															
4															
5															
6															
7															
8															
9															
10															
11															
12															
合计						20.00				39316.24	6683.76	46000.00		0.00	

制单人 张晶　　审核人　　关闭人

图 6-51　填制发货单

（5）重注册，由[001]黄红登录“企业应用平台”，操作日期为 2019-03-08。在“业务工作”选项卡中，执行“供应链”|“销售管理”|“销售发货”|“发货单”命令，进入“发货单”窗口。

找到 0000000006 号发货单(2019-03-08 向华宏公司出售 20 台 1600K 打印机),确认无误后,单击"审核"按钮,表体下方审核人处显示"黄红",如图 6-52 所示。

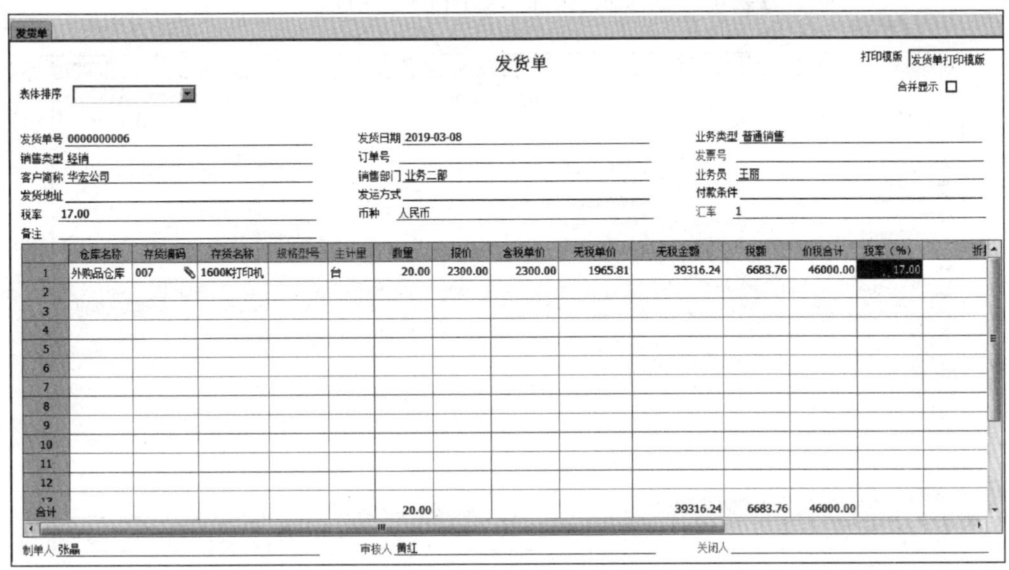

图 6-52 审核发货单

(二) 开具两张销售专用发票。

(1) 重注册,由[002]张晶登录"企业应用平台",操作日期为 2019-03-09。在"业务工作"选项卡中,执行"供应链"|"销售管理"|"销售开票"|"销售专用发票"命令,进入"销售专用发票"窗口。单击"增加"按钮,跳出"过滤条件选择"窗口,发货单日期输入"2019-03-08 到 2019-03-08",单击"过滤"按钮,跳出"参照生单"窗口,双击选择该记录,如图 6-53 所示。

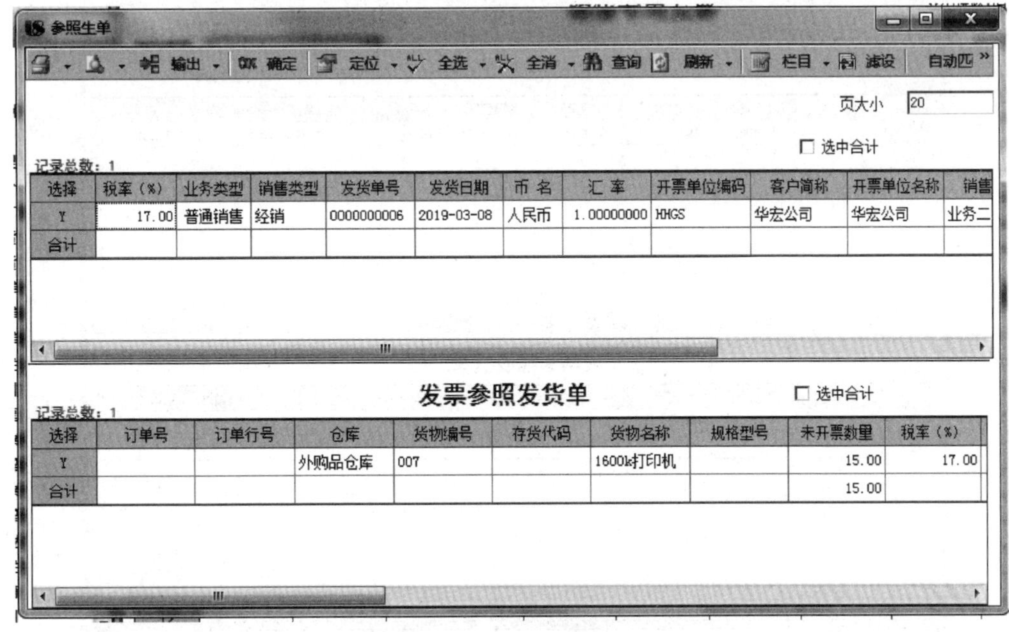

图 6-53 参照生单

（2）单击“确定”按钮，返回“销售专用发票”界面，此时已参照“发货单”生成“销售专用发票”。输入发票号“38381”，修改存货编码007的数量为“15.00”，单击“保存”按钮保存该销售专用发票，表体下方制单人处显示“张晶”，如图6-54所示。

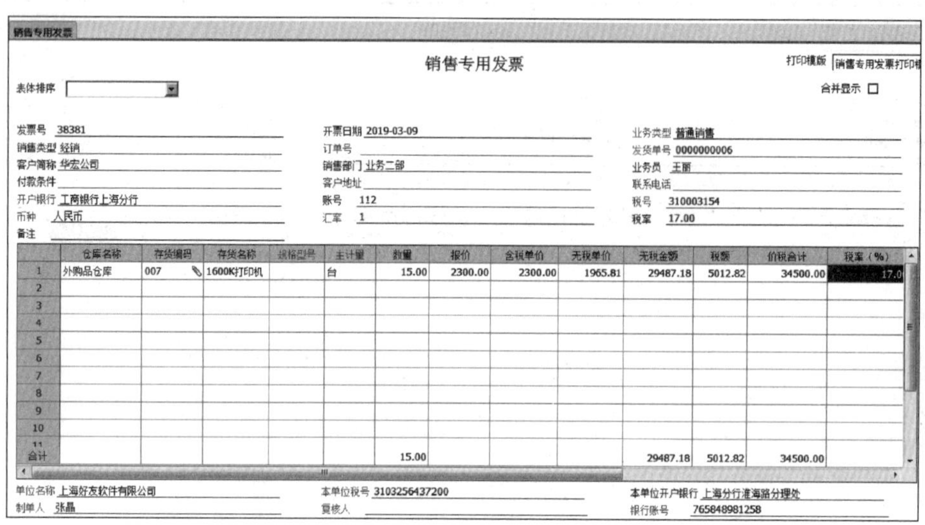

图6-54　生成销售专用发票

（3）再次执行“供应链”|“销售管理”|“销售开票”|“销售专用发票”命令，进入“销售专用发票”窗口。单击“增加”按钮，跳出“过滤条件选择”窗口，发货单日期输入“2019-03-08到2019-03-08”，单击“过滤”按钮，跳出“参照生单”窗口，选择记录，如图6-55所示。（注意：未开票数量自动变为“5”。）

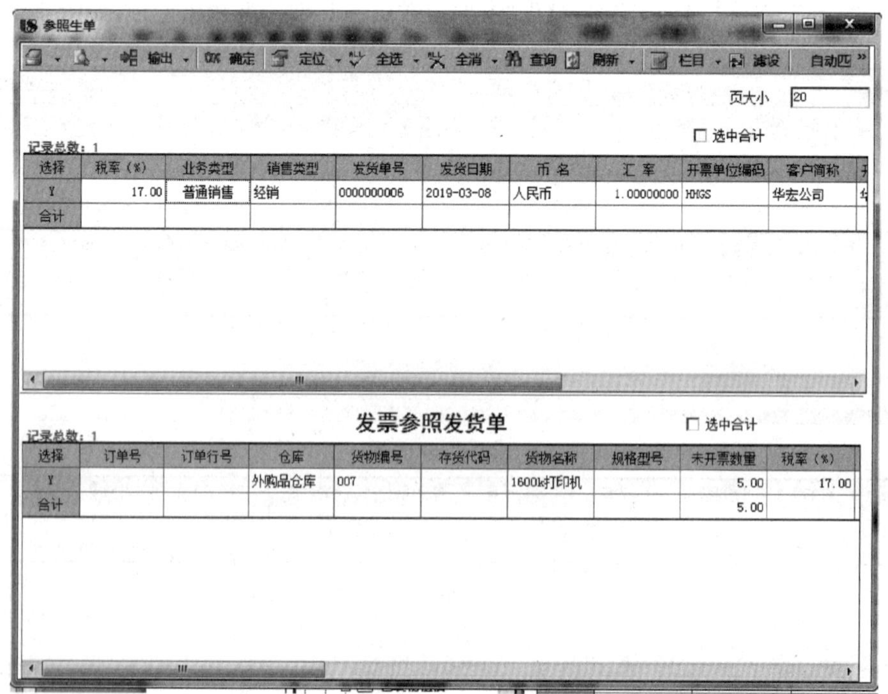

图6-55　参照生单

(4) 单击"确定"按钮,返回"销售专用发票"界面,此时已参照"发货单"生成"销售专用发票"。输入发票号"38384",单击"保存"按钮保存该销售专用发票,表体下方制单人处显示"张晶",如图 6-56 所示。

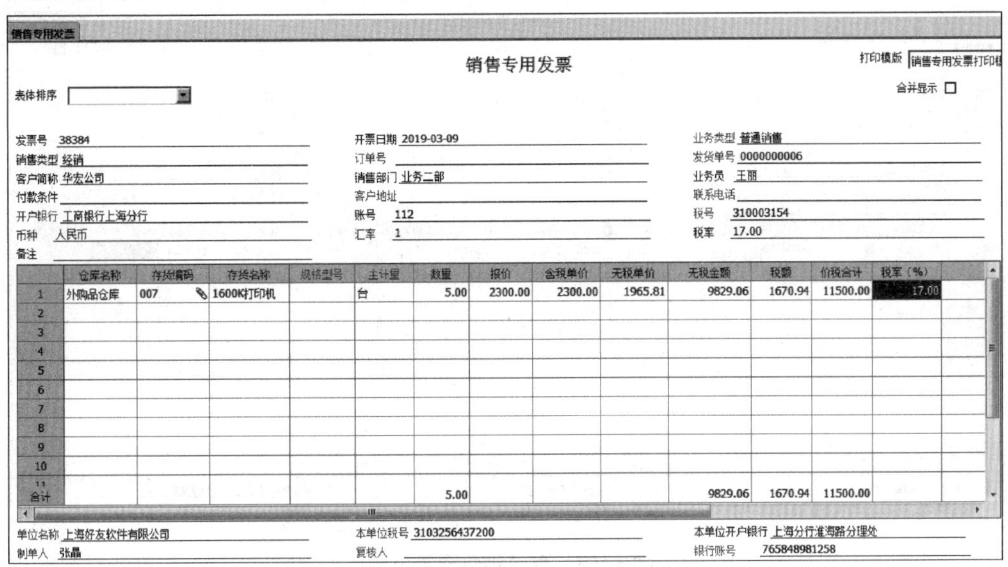

销售专用发票

销售专用发票

打印模版 销售专用发票打印

表体排序

合并显示 □

发票号 38384　开票日期 2019-03-09　业务类型 普通销售

销售类型 经销　订单号　发货单号 0000000006

客户简称 华宏公司　销售部门 业务二部　业务员 王丽

付款条件　客户地址　联系电话

开户银行 工商银行上海分行　账号 112　税号 310003154

币种 人民币　汇率 1　税率 17.00

备注

	仓库名称	存货编码	存货名称	规格型号	主计量	数量	报价	含税单价	无税单价	无税金额	税额	价税合计	税率（%）
1	外购品仓库	007	1600K打印机		台	5.00	2300.00	2300.00	1965.81	9829.06	1670.94	11500.00	17.00
2													
3													
4													
5													
6													
7													
8													
9													
10													
合计						5.00				9829.06	1670.94	11500.00	

单位名称 上海好友软件有限公司　本单位税号 3103256437200　本单位开户银行 上海分行淮海路分理处

制单人 张晶　复核人　银行账号 765848981258

图 6-56　生成销售专用发票(38384)

(5) 重注册,由[001]黄红登录"企业应用平台",操作日期为 2019-03-09。在"业务工作"选项卡中,执行"供应链"|"销售管理"|"销售开票"|"销售专用发票"命令,进入"销售专用发票"窗口。找到 38381 号发票(2019-03-09 向华宏公司开具的第一张销售专用发票),确认无误后,单击"复核"按钮,表体下方复核人处显示"黄红",如图 6-57 所示。

销售专用发票

销售专用发票

打印模版 销售专用发票打印

表体排序

合并显示 □

发票号 38381　开票日期 2019-03-09　业务类型 普通销售

销售类型 经销　订单号　发货单号 0000000006

客户简称 华宏公司　销售部门 业务二部　业务员 王丽

付款条件　客户地址　联系电话

开户银行 工商银行上海分行　账号 112　税号 310003154

币种 人民币　汇率 1　税率 17.00

备注

	仓库名称	存货编码	存货名称	规格型号	主计量	数量	报价	含税单价	无税单价	无税金额	税额	价税合计	税率（%）	折
1	外购品仓库	007	1600K打印机		台	15.00	2300.00	2300.00	1965.81	29487.18	5012.82	34500.00	17.00	
2														
3														
4														
5														
6														
7														
8														
9														
10														
合计						15.00				29487.18	5012.82	34500.00		

单位名称 上海好友软件有限公司　本单位税号 3103256437200　本单位开户银行 上海分行淮海路分理处

制单人 张晶　复核人 黄红　银行账号 765848981258

图 6-57　复核销售专用发票

(6) 找到发票号 38384(2019-03-09 向华宏公司开具的第二张销售专用发票),确认无误后,单击“复核”按钮,表体下方复核人处显示“黄红”,如图 6-58 所示。

销售专用发票

销售专用发票

打印模版 销售专用发票打印模

表体排序

合并显示 □

发票号 38384　开票日期 2019-03-09　业务类型 普通销售
销售类型 经销　订单号　发货单号 0000000006
客户简称 华宏公司　销售部门 业务二部　业务员 王丽
付款条件　客户地址　联系电话
开户银行 工商银行上海分行　账号 112　税号 310003154
币种 人民币　汇率 1　税率 17.00
备注

	仓库名称	存货编码	存货名称	规格型号	主计量	数量	报价	含税单价	无税单价	无税金额	税额	价税合计	税率(%)	折
1	外购品仓库	007	1600K打印机		台	5.00	2300.00	2300.00	1965.81	9829.06	1670.94	11500.00	17.00	
2														
3														
4														
5														
6														
7														
8														
9														
10														
合计						5.00				9829.06	1670.94	11500.00		

单位名称 上海好友软件有限公司　本单位税号 3103256437200　本单位开户银行 上海分行淮海路分理处
制单人 张晶　复核人 黄红　银行账号 765848981258

图 6-58　复核销售专用发票

(7) 退出企业应用平台。由系统管理员(admin)在“系统管理”中备份数据,如备份至“D:\002 账套备份数据\6.4 一次发货多次开票”,便于以后引入。

【拓展阅读】

在销售管理系统中,先填制并审核销售发货单。若需要填制两张销售专用发票,第一张发票上的货物数量需要手工填入(该数据小于发货单上的货物数量),当填制第二张销售专用发票时系统自动显示剩余开票数量。若开票数量多于两张,则手工修改第二张销售专用发票上的货物数量,在填制第三张销售专用发票时系统自动显示剩余开票数量,以此类推。

若结算时将一张发货单与对应的多张发票合并结算,这类业务发货单填制在前,发票的填制和复核在后。一般情况下,不将一件货物分拆开出几张发票。若实际业务确有需要,则需变通处理。

6.5 销售费用支出

【学习目标】

掌握销售中代垫安装费的业务处理方法。

【引出问题】

通常情况下，安装费由客户来支付，除非销售方主动提出承包安装费。但很多情况是客户需要销售方代垫安装后，即公司先帮客户付钱，之后客户再来还给公司。

【案例陈述】

2019/03/09 业务一部在向昌新贸易公司销售商品过程中发生了一笔代垫的安装费 500 元。代垫款尚未支付。

【案例分析】

（一）基础信息设置。

（1）系统时间修改为 2019-03-31。

（2）启动"系统管理"，由系统管理员（admin）注册登录，引入"6.4 一次发货多次开票"对应的账套，导入到"6.5 销售费用支出"文件夹。

（3）启动企业应用平台，由账套主管[001]黄红登录，操作日期为 2019-03-09。

（4）在"基础设置"选项卡中，执行"基础档案"|"业务"|"费用项目分类"命令，进入"费用项目分类"窗口。单击"增加"按钮，分类编码输入"1"，分类名称输入"代垫费"，单击"保存"按钮保存该费用项目分类，如图 6-59 所示。

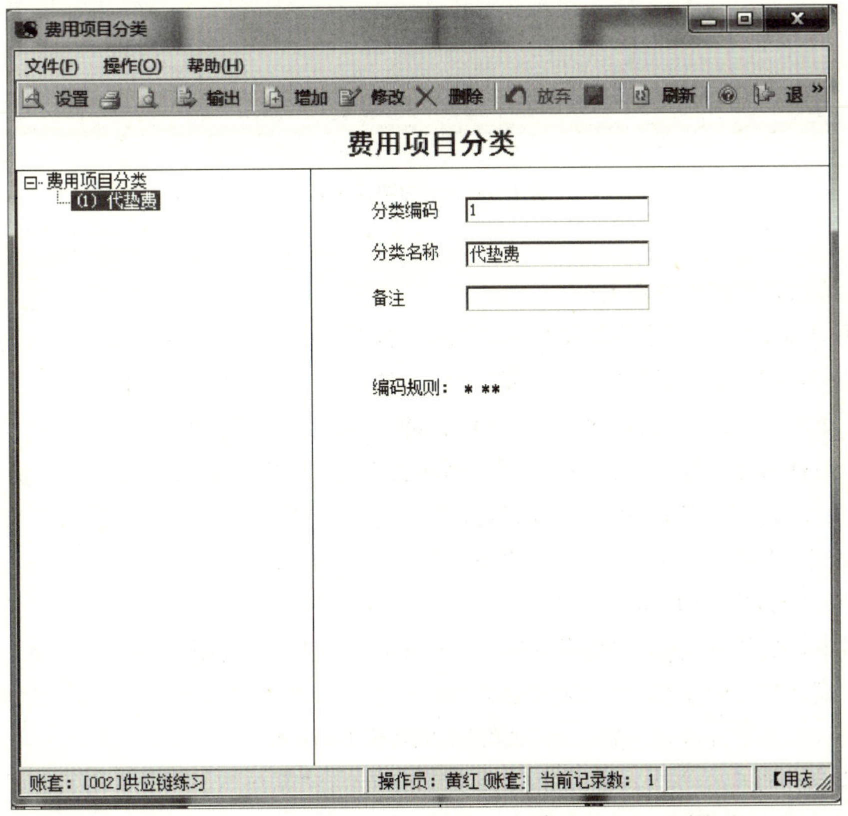

图 6-59 增加费用项目分类

(5) 在“基础设置”选项卡中,执行“基础档案”|“业务”|“费用项目”命令,进入“费用项目”窗口。单击“增加”按钮,在代垫费下增设“安装费”,单击“保存”按钮保存该费用项目,如图 6-60 所示。

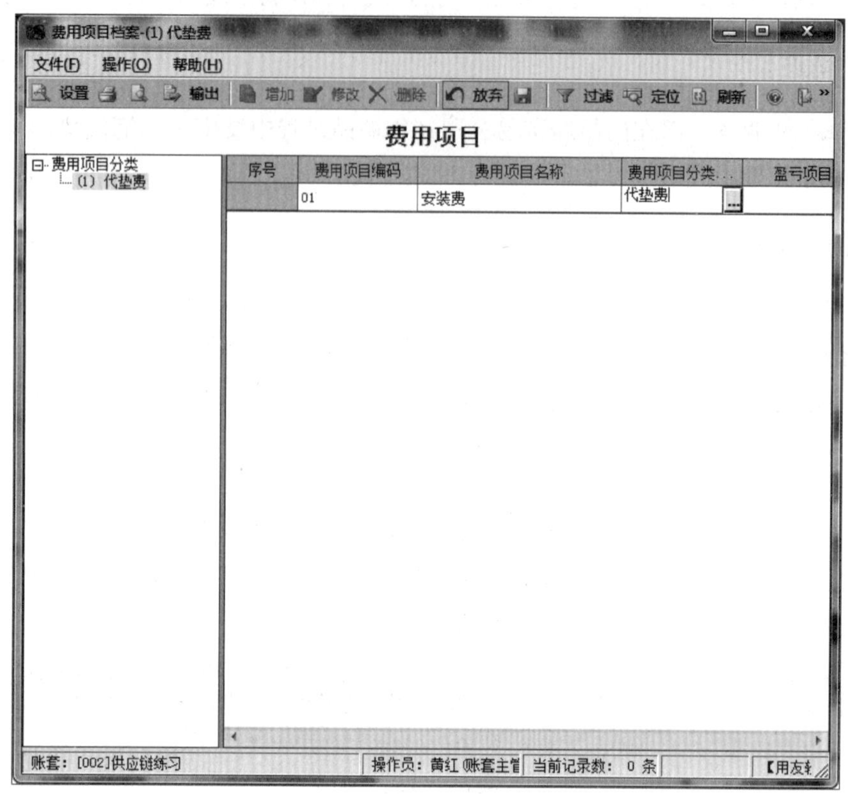

图 6-60 增加费用项目

(二) 填制并审核代垫费用单。

(1) 重注册,由[002]张晶登录“企业应用平台”,操作日期为 2019-03-09。在“业务工作”选项卡中,执行“供应链”|“销售管理”|“代垫费用”|“代垫费用单”命令,进入“代垫费用单”窗口。单击“增加”按钮,代垫单号、代垫日期、币种和汇率自动添加,在表头位置作如下操作:客户简称参照选择“昌新贸易公司”,销售部门参照选择“业务一部”,业务员参照选择“李平”。在表体位置作如下操作:费用项目参照选择“安装费”,代垫金额输入“500.00”。单击“保存”按钮,表体下方制单人处显示“张晶”,如图 6-61 所示。

(2) 重注册,由[001]黄红登录“企业应用平台”,操作日期为 2019-03-09。在“业务工作”选项卡中,执行“供应链”|“销售管理”|“代垫费用”|“代垫费用单”命令,进入“代垫费用单”窗口。找到 0000000001 号代垫费用单(2019-03-09 安装费 500 元),确认无误后,单击“审核”按钮,表体下方审核人处显示“黄红”,如图 6-62 所示。

(3) 退出企业应用平台。由系统管理员(admin)在“系统管理”中备份数据,如备份至“D:\002 账套备份数据\6.5 销售费用支出”,便于以后引入。

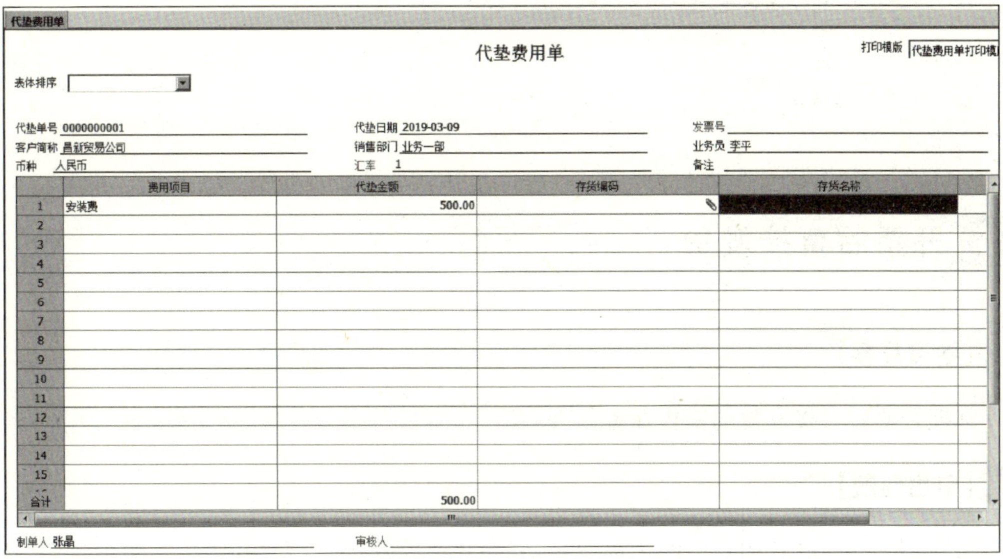

代垫费用单

代垫费用单

打印模版 代垫费用单打印模

表体排序

代垫单号 0000000001　代垫日期 2019-03-09　发票号

客户简称 昌新贸易公司　销售部门 业务一部　业务员 李平

币种 人民币　汇率 1　备注

	费用项目	代垫金额	存货编码	存货名称
1	安装费	500.00		
2				
3				
4				
5				
6				
7				
8				
9				
10				
11				
12				
13				
14				
15				
合计		500.00		

制单人 张晶　审核人

图 6-61　填制代垫费用单

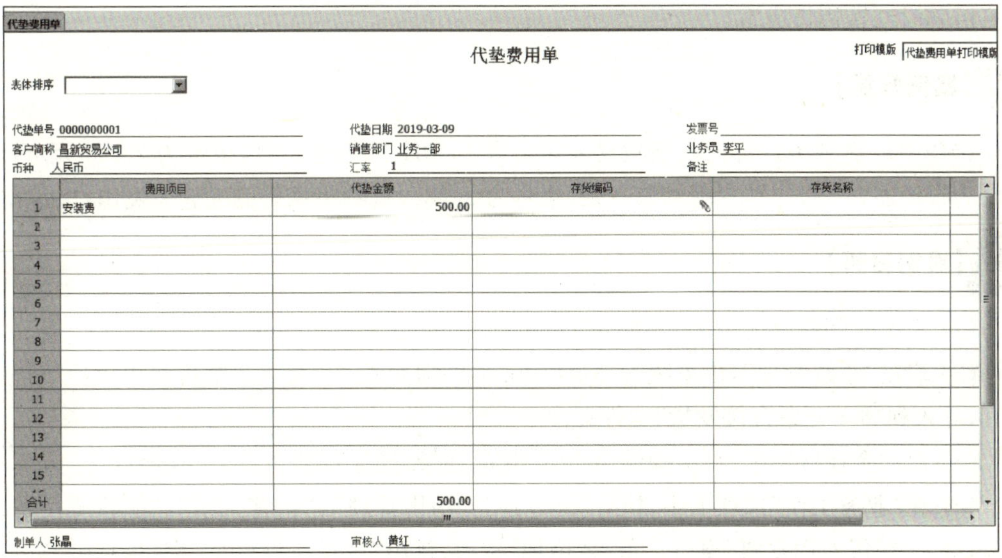

代垫费用单

代垫费用单

打印模版 代垫费用单打印模版

表体排序

代垫单号 0000000001　代垫日期 2019-03-09　发票号

客户简称 昌新贸易公司　销售部门 业务一部　业务员 李平

币种 人民币　汇率 1　备注

	费用项目	代垫金额	存货编码	存货名称
1	安装费	500.00		
2				
3				
4				
5				
6				
7				
8				
9				
10				
11				
12				
13				
14				
15				
合计		500.00		

制单人 张晶　审核人 黄红

图 6-62　审核代垫费用单

【拓展阅读】

因为此前业务没有对费用项目进行分类，所以先进行费用项目分类和费用项目设置，再来填制并审核代垫费用。当代垫费用发生时，要分两种情形编制分录和会计凭证。一种是帮客户代垫费用，客户未还。其分录为：

借：其他应收款

　　贷：库存现金(或银行存款)

另一种是客户还代垫费用，则增加一个分录：

借：银行存款

　　贷：其他应收款

6.6 开票后直接发货

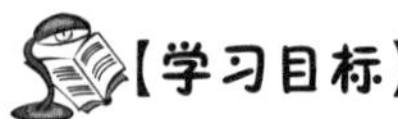

【学习目标】

掌握开票后直接发货的销售业务处理方法。

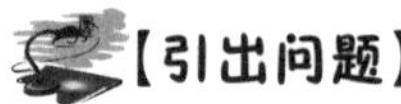

【引出问题】

与“先发货后开票”相对应的销售业务是“先开票后发货”或者“开票后直接发货”。这两种业务都可以直接开具发票，系统根据发票自动生成发货单，根据发货单系统参照生成销售出库单。这两种业务可以是现销业务，也可以是赊销业务。如果存货采用先进先出法核算，也可以随时结转销售成本。

【案例陈述】

2019/03/09 业务二部向昌新贸易公司出售1600K打印机5台，报价为2 300元/台，成交价为报价的90%，开具专用发票一张，票号为38385，货物将从外购品仓库发出。

【案例分析】

(1) 系统时间修改为2019-03-31。

(2) 启动“系统管理”，由系统管理员(admin)注册登录，引入“6.5 销售费用支出”对应的账套，导入到“6.6 开票直接发货”文件夹。

(3) 启动企业应用平台，由操作员[002]张晶登录，操作日期为2019-03-09。

(4) 在“业务工作”选项卡中，执行“供应链”|“销售管理”|“销售开票”|“销售专用发票”命令，进入“销售专用发票”窗口。单击“增加”按钮，跳出“过滤条件选择”窗口，点击“取消”，关闭该窗口。在“销售专用发票”窗口表头位置作如下操作：发票号输入“38385”，开票日期输入“2019-03-09”，业务类型参照选择“普通销售”，销售类型参照选择“经销”，客户简称参照选择“昌新贸易公司”，销售部门参照选择“业务二部”，业务员参照选择“王丽”，税率输入“17.00”，开户银行、账号、税号、币种自动添加。在表体位置作如下操作：仓库名称参照选择“外购品仓库”，存货编码参照选择“007(1600K打印机)”，主计量单位“台”，数量输入“5”，报价输入“2300”，扣率输入“90%”，折扣额、无税单价、无税金额、税额和价税合计自动汇算。单击“保存”按钮保存该销售专用发票，表体下方制单人处显示“张晶”，如图6-63所示。

(5) 重注册，由[001]黄红登录“企业应用平台”，操作日期为2019-03-09。在“业务工作”选项卡中，执行“供应链”|“销售管理”|“销售开票”|“销售专用发票”命令，进入“销售专

图 6-63　填制销售专用发票

用发票"窗口。找到 38385 号发票(2019-03-09 向昌新贸易公司出售 5 台 1600K 打印机)，确认无误后，单击"复核"按钮，表体下方复核人处显示"黄红"，如图 6-64 所示。

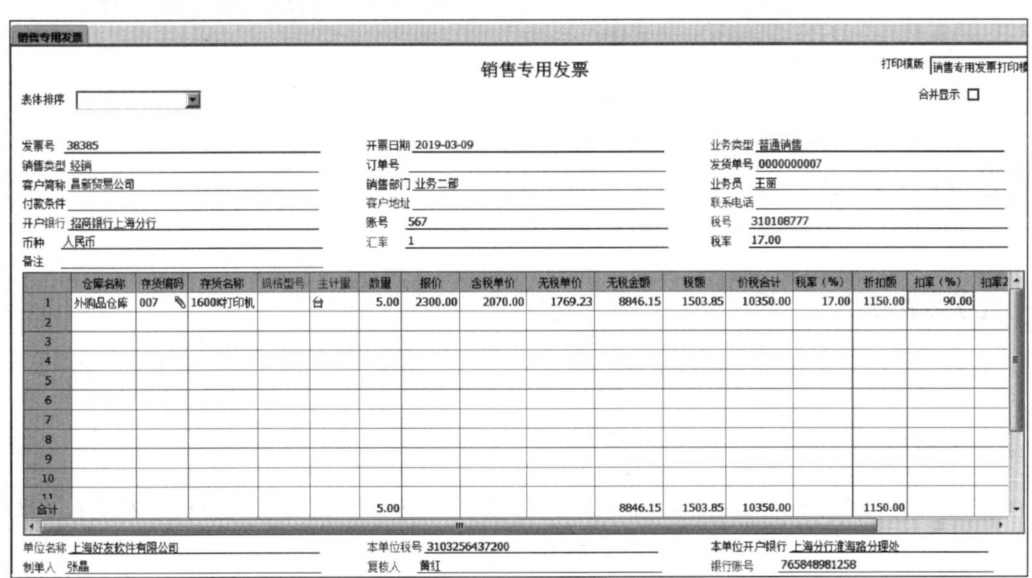

图 6-64　复核销售专用发票

(6)"在业务工作"选项卡中，执行"供应链"|"销售管理"|"销售发货"|"发货单"命令，进入"发货单"窗口，可以发现发票号为 38385 号对应的发货单已经自动生成并审核。制单人、审核人均为"黄红"。

(7) 在"业务工作"选项卡中，执行"供应链"|"库存管理"|"出库业务"|"销售出库单"命令，进入"销售出库单"窗口，可以发现业务号为 38385 对应的销售出库单已经自动生成，制

单人为“黄红”，审核人为空。

(8) 退出企业应用平台。由系统管理员(admin)在“系统管理”中备份数据，如备份至“D:\002 账套备份数据\6.6 开票直接发货”，便于以后引入。

【拓展阅读】

对于一个完整的开票后直接发货业务来说，除了本案例分析进行的“填制并复核销售发票”外，系统自动生成销售发货单，参照发货单生成销售出库单，此时还需要对销售出库单进行审核、记账和生成凭证，同时发票会传递到应收款管理系统，对应收单进行审核并生成凭证。整个操作流程如图 6-65 所示。案例完整操作需在库存管理、存货核算和应收款管理系统中进行，操作可以参照 6.1 的案例分析部分，在此不再赘述。此外，本案例中出现成交价发生折扣的情况，在填制销售专用发票时通过扣率来实现，100%扣率表示没有折扣，扣率低于 100%表示有折扣。

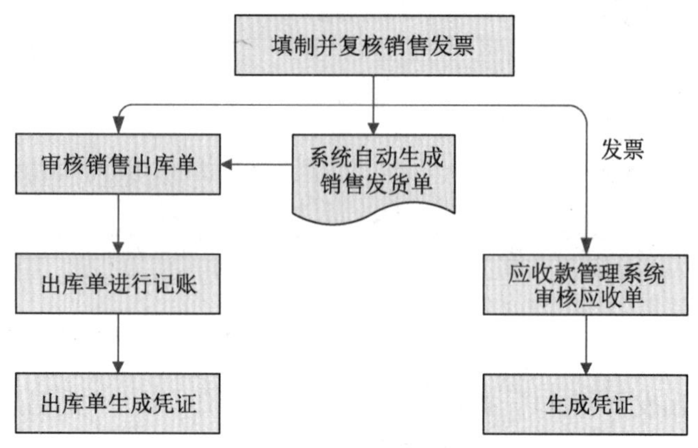

图 6-65 开票后直接发货业务操作流程

6.7 委托代销

【学习目标】

掌握委托代销销售业务处理方法。

【引出问题】

委托代销是指受托方(一般为商业企业)按委托方的要求销售委托方的货物，并收取手续费的经营活动。本案例中的企业是委托方。

【案例陈述】

(一) 2019/03/10 业务二部委托利氏公司代为销售计算机 50 台，售价为 2 200 元/台，货物从成品仓库发出。

(二) 2019/03/15 收到利氏公司的委托代销清单一张，结算计算机 30 台，售价为2 200 元/台。立即开具销售专用发票给利氏公司。

(三) 账表查询。

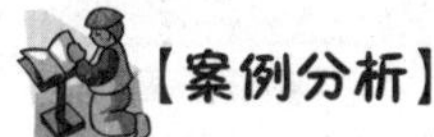

【案例分析】

（一）选项设置、填制并审核委托代销发货单。

（1）系统时间修改为 2019-03-31。

（2）启动“系统管理”，由系统管理员（admin）注册登录，引入“6.6 开票直接发货”对应的账套，导入到“6.7 委托代销”文件夹。

（3）启动企业应用平台，由账套主管[001]黄红登录，操作日期为 2019-03-10。

（4）在“业务工作”选项卡中，执行“供应链”|“销售管理”|“设置”|“销售选项”命令，进入“销售选项”窗口，勾选中“有委托代销业务”（这里第 6.1 节设置时勾选过，因此不用操作。若前面没有设置，则此时需勾选），单击“确定”按钮，如图 6-66 所示。

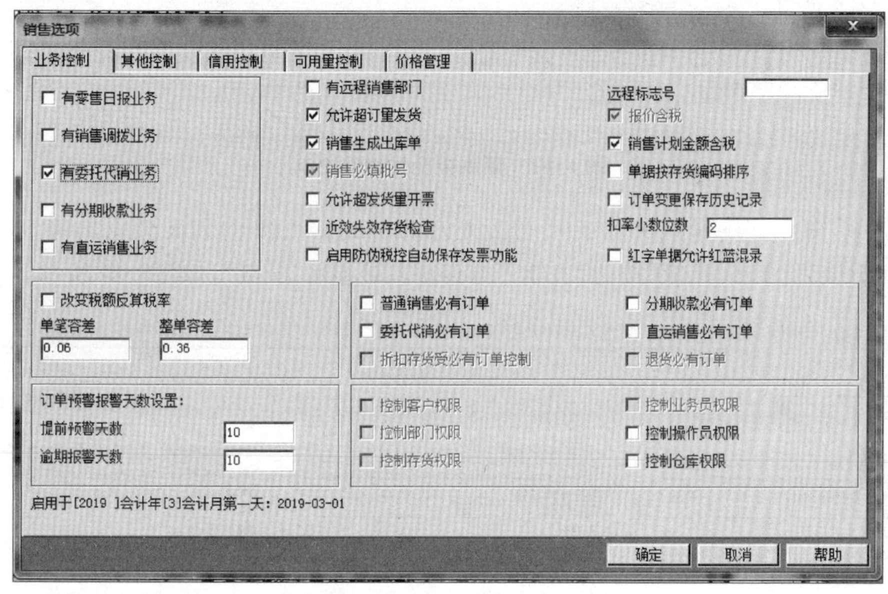

图 6-66 销售选项设置

（5）重注册，由[002]张晶登录“企业应用平台”，操作日期为 2019-03-10。在“业务工作”选项卡中，执行“供应链”|“销售管理”|“委托代销”|“委托代销发货单”命令，进入“委托代销发货单”窗口。单击“增加”按钮，跳出“过滤条件选择”窗口，单击“取消”，关闭该窗口。在“委托代销发货单”窗口，发货单号、币种和汇率自动添加，在表头位置作如下操作：发货日期输入“2019-03-10”，业务类型参照选择“委托代销”，销售类型参照选择“代销”，税率输入“17.00”，客户简称参照选择“利氏公司”，销售部门参照选择“业务二部”，业务员参照选择“王丽”。在表体位置作如下操作：仓库名称参照选择“成品仓库”，存货编码参照选择“006（计算机）”，主计量单位“台”，数量输入“50.00”，报价输入“2200.00”、含税单价、无税单价、无税金额、税额和价税合计自动汇算。单击“保存”按钮保存该发货单，表体下方制单人处显示“张晶”，如图 6-67 所示。

（6）重注册，由[001]黄红登录“企业应用平台”，操作日期为 2019-03-10。在“业务工作”选项卡中，执行“供应链”|“销售管理”|“委托代销”|“委托代销发货单”命令，进入“委托

委托代销发货单

委托代销发货单

打印模版 委托代销发货单打E

表体排序

合并显示 □

发货单号 0000000001　发货日期 2019-03-10　业务类型 委托代销

销售类型 代销　订单号　税率 17.00

客户简称 利氏公司　销售部门 业务二部　业务员 王丽

发货地址　发运方式　付款条件

币种 人民币　汇率 1　备注

	仓库名称	存货编码	存货名称	规格型号	主计量	数量	报价	含税单价	无税单价	无税金额	税额	价税合计	税率（%）
1	成品仓库	006	计算机		台	50.00	2200.00	2200.00	1880.34	94017.09	15982.91	110000.00	1
2													
3													
4													
5													
6													
7													
8													
9													
10													
11													
12													
13													
合计						50.00				94017.09	15982.91	110000.00	

制单人 张晶　审核人

图 6-67　填制委托代销发货单

代销发货单”窗口。找到 0000000001 号发货单(2019-03-10 向利氏公司出售 50 台计算机)，确认无误后，单击“审核”按钮，表体下方审核人处显示“黄红”，如图6-68所示。

委托代销发货单

委托代销发货单

打印模版 委托代销发货单打E

表体排序

合并显示 □

发货单号 0000000001　发货日期 2019-03-10　业务类型 委托代销

销售类型 代销　订单号　税率 17.00

客户简称 利氏公司　销售部门 业务二部　业务员 王丽

发货地址　发运方式　付款条件

币种 人民币　汇率 1　备注

	仓库名称	存货编码	存货名称	规格型号	主计量	数量	报价	含税单价	无税单价	无税金额	税额	价税合计	税率（%）
1	成品仓库	006	计算机		台	50.00	2200.00	2200.00	1880.34	94017.09	15982.91	110000.00	1
2													
3													
4													
5													
6													
7													
8													
9													
10													
11													
12													
13													
合计						50.00				94017.09	15982.91	110000.00	

制单人 张晶　审核人 黄红

图 6-68　审核委托代销发货单

（二）结算开票处理。

（1）重注册，由[002]张晶登录“企业应用平台”，操作日期为 2019-03-15。在“业务工作”选项卡中，执行“供应链”|“销售管理”|“委托代销”|“委托代销结算单”命令，进入“委托代销结算单”窗口。单击“增加”按钮，跳出“过滤条件选择”窗口，发货单日期输入“2019-03-10 到 2019-03-10”，单击“过滤”按钮，双击选择该记录，如图 6-69 所示。

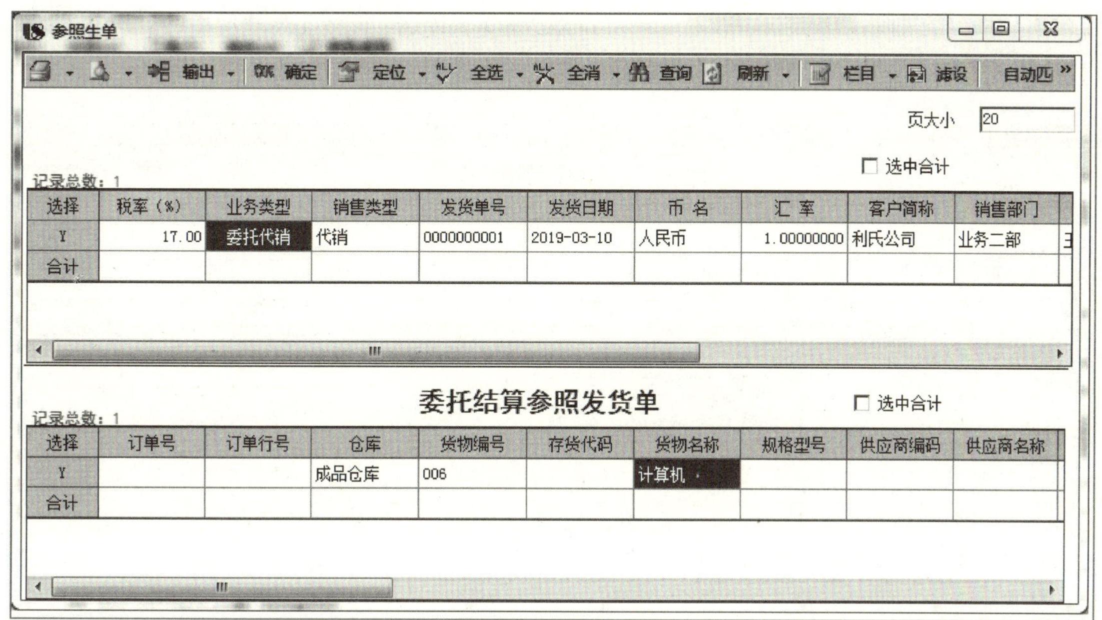

图 6-69　参照生单

(2) 单击“确定”按钮，返回“委托代销结算单”界面，此时已参照“委托代销发货单”生成“委托代销结算单”。把数量修改为“30”，单击“保存”按钮，表体下方制单人处显示“张晶”，如图 6-70 所示。

委托代销结算单

委托代销结算单　　显示模版 委托代销结算单显示

表体排序　　合并显示 □

结算单号 0000000001　结算日期 2019-03-15　销售类型 代销
客户简称 利氏公司　销售部门 业务二部　业务员 王丽
付款条件　币种 人民币　汇率 1
税率 17.00　备注

	仓库名称	货物编码	存货名称	规格型号	主计量	数量	报价	含税单价	无税单价	无税金额	税额	价税合计	税率（%）
1	成品仓库	006	计算机		台	30.00	2200.00	2200.00	1880.34	56410.26	9589.74	66000.00	17.(
2													
3													
4													
5													
6													
7													
8													
9													
10													
11													
12													
13													
合计						30.00				56410.26	9589.74	66000.00	

制单人 张晶　审核　本单位开户银行 上海分行淮海路分理处
银行账号 765848981258

图 6-70　生成委托代销结算单

(3) 重注册，由[001]黄红登录“企业应用平台”，操作日期为 2019-03-15。在“业务工作”选项卡中，执行“供应链”|“销售管理”|“委托代销”|“委托代销结算单”命令，进入“委托

代销结算单”窗口。找到 0000000001 号结算单，确认无误后，单击“审核”按钮，跳出“请选择发票类型”窗口，选择“专用发票”，表体下方审核人处显示“黄红”，如图 6-71 所示。

委托代销结算单

委托代销结算单

打印模版 委托代销结算单打印

表体排序

合并显示 □

结算单号 0000000001　结算日期 2019-03-15　销售类型 代销

客户简称 利氏公司　销售部门 业务二部　业务员 王丽

付款条件　币种 人民币　汇率 1

税率 17.00　备注

	仓库名称	货物编码	存货名称	规格型号	主计量	数量	报价	含税单价	无税单价	无税金
1	成品仓库	006	计算机		台	30.00	2200.00	2200.00	1880.34	
2										
3										
4										
5										
6										
7										
8										
9										
10										
11										
12										
13										
合计						30.00				

请选择发票类型

请选择审核生成的发票类型

○ 普通发票　⊙ 专用发票

确定　取消

制单人 张晶　审核 黄红　本单位开户银行 上海分行淮海路分理处

银行账号 765848981258

图 6-71　选择发票类型

（4）单击“确定”按钮，显示结果，如图 6-72 所示。

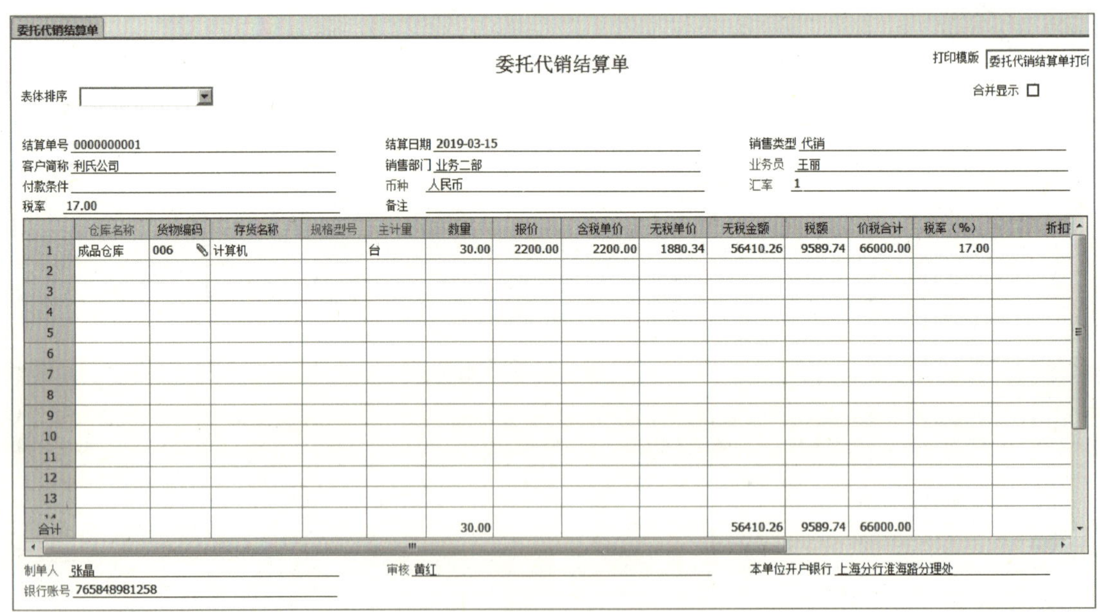

委托代销结算单

委托代销结算单

打印模版 委托代销结算单打印

表体排序

合并显示 □

结算单号 0000000001　结算日期 2019-03-15　销售类型 代销

客户简称 利氏公司　销售部门 业务二部　业务员 王丽

付款条件　币种 人民币　汇率 1

税率 17.00　备注

	仓库名称	货物编码	存货名称	规格型号	主计量	数量	报价	含税单价	无税单价	无税金额	税额	价税合计	税率（%）	折扣
1	成品仓库	006	计算机		台	30.00	2200.00	2200.00	1880.34	56410.26	9589.74	66000.00	17.00	
2														
3														
4														
5														
6														
7														
8														
9														
10														
11														
12														
13														
合计						30.00				56410.26	9589.74	66000.00		

制单人 张晶　审核 黄红　本单位开户银行 上海分行淮海路分理处

银行账号 765848981258

图 6-72　审核委托代销结算单

（5）在“业务工作”选项卡中，执行“供应链”|“销售管理”|“销售开票”|“销售专用发票”命令，进入“销售专用发票”窗口。找到 00000001 号发票，确认无误后，单击“复核”按钮，表体下方制单人和复核人处均显示“黄红”，如图 6-73 所示。

销售专用发票

销售专用发票　　打印模版 销售专用发票打印

表体排序　　合并显示 □

发票号 00000001　　开票日期 2019-03-15　　业务类型 委托
销售类型 代销　　订单号　　发货单号 0000000001
客户简称 利氏公司　　销售部门 业务二部　　业务员 王丽
付款条件　　客户地址　　联系电话
开户银行　　账号　　税号 315452453
币种 人民币　　汇率 1　　税率 17.00
备注

	仓库名称	存货编码	存货名称	规格型号	主计量	数量	报价	含税单价	无税单价	无税金额	税额	价税合计	税率（%）	折扣
1	成品仓库	006	计算机		台	30.00	2200.00	2200.00	1880.34	56410.26	9589.74	66000.00	17.00	
2														
3														
4														
5														
6														
7														
8														
9														
10														
合计						30.00				56410.26	9589.74	66000.00		

单位名称 上海好友软件有限公司　　本单位税号 3103256437200　　本单位开户银行 上海分行淮海路分理处
制单人 黄红　　复核人 黄红　　银行账号 765848981258

图 6-73　复核销售专用发票

（三）账表查询。

在“业务工作”选项卡中，执行“供应链”|“销售管理”|“报表”|“统计表”|“委托代销统计表”命令，跳出“过滤条件选择”窗口，日期输入“2019-03-01 到 2019-03-31”，过滤，进入“委托代销统计表”窗口。结果如图 6-74 所示。

委托代销统计表

日期：　2019-03-01　　2019-03-31

部门	客户	业务员	币种	货编	货名称				货数量	发货金额	发货税额	货价税合计	算数量	结算金额	结算税额	结
业务二部	利氏公司	王丽	人民币	006	计算机				50.00	94,017.09	15,982.91	110,000.00	30.00	56,410.26	9,589.74	
	(利氏...								50.00	94,017.09	15,982.91	110,000.00	30.00	56,410.26	9,589.74	
(业务二...									50.00	94,017.09	15,982.91	110,000.00	30.00	56,410.26	9,589.74	
合　计									50.00	94,017.09	15,982.91	110,000.00	30.00	56,410.26	9,589.74	

图 6-74　委托代销统计表

退出企业应用平台。由系统管理员（admin）在“系统管理”中备份数据，如备份至“D:\002 账套备份数据\6.7 委托代销”，便于以后引入。

【拓展阅读】

委托代销的特点是受托方只是一个代理商，委托方将商品发出后，所有权并未转移给受托方，因此商品所有权上的主要风险和报酬仍在委托方。只有在受托方将商品售出后，商品所有权上的主要风险和报酬才转移出委托方。所以，企业采用委托代销方式销售商品，应在受托方售出商品，并取得受托方提供的代销清单时确认销售收入实现。

委托代销的主要类型有如下 4 种：

(1) 受托方按照委托方的要求销售商品，受托方只收取代销手续费，并且该代销手续费与商品销售量、销售额无必然联系。

(2) 受托方按照委托方的要求销售商品，受托方只收取代销手续费，并且该代销手续费与商品销售量、销售额挂钩。

(3) 受托方将代销商品加价出售，与委托方按协议价结算，不再另外收取手续费。这种类型就是日常所说的视同买断，受托方以商品差价作为经营报酬。

(4) 以上 2 种或 2 种以上类型的结合。

在处理委托代销业务时，首先要在销售管理系统中调整选项参数，勾选中"委托代销业务"，然后填制并审核委托代销发货单，系统自动生成销售出库单，审核销售出库单，对出库单进行记账和生成凭证，同时填制并审核委托代销结算单；系统自动生成销售发票，复核销售发票，并传至应收款管理系统等待确认。整个操作流程如图 6-75 所示。案例完整操作需在库存管理、存货核算和应收款管理系统中进行，操作可以参照 6.1 的案例分析部分，在此不再赘述。

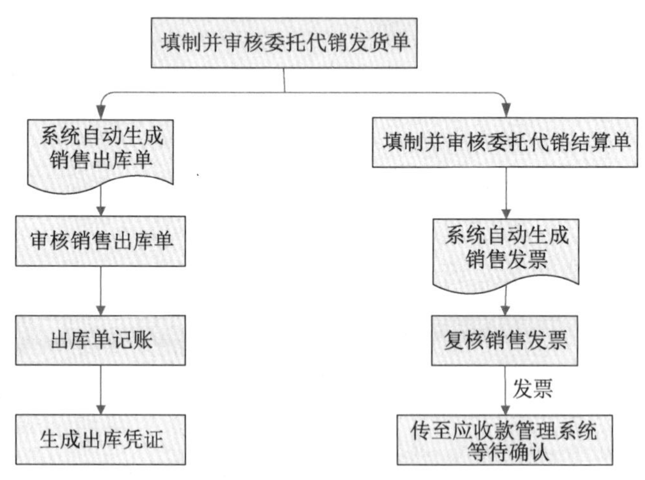

图 6-75 委托代销操作流程

6.8 普通销售开票前退货

【学习目标】

掌握普通销售开票前退货的业务处理方法。

【引出问题】

销售退货业务包括普通销售退货和委托代销退货业务的处理，分为开具发票前退货和开具发票后退货，委托代销结算前退货和委托代销结算后退货。不同阶段发生的退货业务，其业务处理不完全相同。本案例主要指先发货后开票的普通销售业务，以及开票前退货的业务情形。

【案例陈述】

(一) 2019/03/15 业务一部售给昌新贸易公司的计算机 10 台，单价为 6 500 元，从成品仓库发出。

（二）2019/03/16 业务一部售给昌新贸易公司的计算机因质量问题，退回 1 台，单价为 6 500 元，收回成品仓库。

（三）2019/03/16 开具相应的专用发票一张，数量为 9 台，发票号为 38386。

【案例分析】

（一）填制并审核发货单。

（1）系统时间修改为 2019-03-31。

（2）启动"系统管理"，由系统管理员（admin）注册登录，引入"6.7 委托代销"对应的账套，导入到"6.8 普通销售开票前退货"文件夹。

（3）启动企业应用平台，由[002]张晶登录，操作日期为 2019-03-15。

（4）在"业务工作"选项卡中，执行"供应链"|"销售管理"|"销售发货"|"发货单"命令，进入"发货单"窗口。单击"增加"按钮，跳出"过滤条件选择"窗口，单击"取消"，关闭该窗口，发货单号自动添加。在表头位置作如下操作：发货日期输入"2019-03-15"，业务类型参照选择"普通销售"，销售类型参照选择"经销"，客户简称参照选择"昌新贸易公司"，销售部门参照选择"业务一部"，业务员参照选择"李平"，税率输入"17.00"。在表体位置作如下操作：仓库名称参照选择"成品仓库"，存货编码参照选择"006（计算机）"，主计量单位"台"，数量输入"10"，报价输入"6500"，含税单价、无税单价、无税金额、税额和价税合计自动汇算。单击"保存"按钮保存该发货单，表体下方制单人处显示"张晶"，如图 6-76 所示。

图 6-76 填制发货单

（5）重注册，由[001]黄红登录"企业应用平台"，操作日期为 2019-03-15。在"业务工作"选项卡中，执行"供应链"|"销售管理"|"销售发货"|"发货单"命令，进入"发货单"窗口。找到 0000000008 号发货单（2019-03-15 向昌新贸易公司出售 10 台计算机），确认无误后，单击"审核"按钮，表体下方审核人处显示"黄红"，如图 6-77 所示。

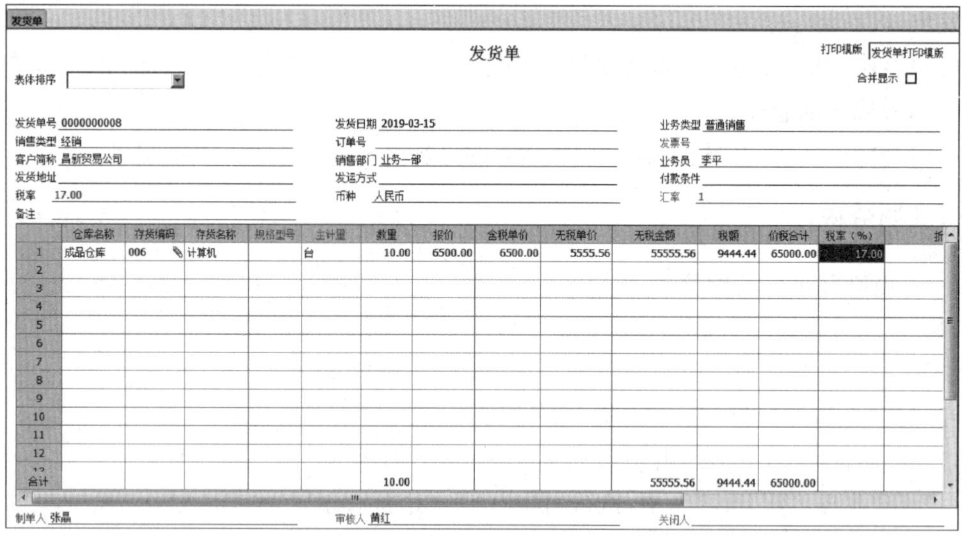

图 6-77 审核发货单

（二）填制并审核退货单。

（1）重注册，由[002]张晶登录"企业应用平台"，操作日期为 2019-03-16。在"业务工作"选项卡中，执行"供应链"|"销售管理"|"销售发货"|"退货单"命令，进入"退货单"窗口。单击"增加"按钮，跳出"过滤条件选择"窗口，起始日期输入"2019-03-15 到 2019-03-15"，单击"过滤"按钮，双击选择该记录，如图 6-78 所示。

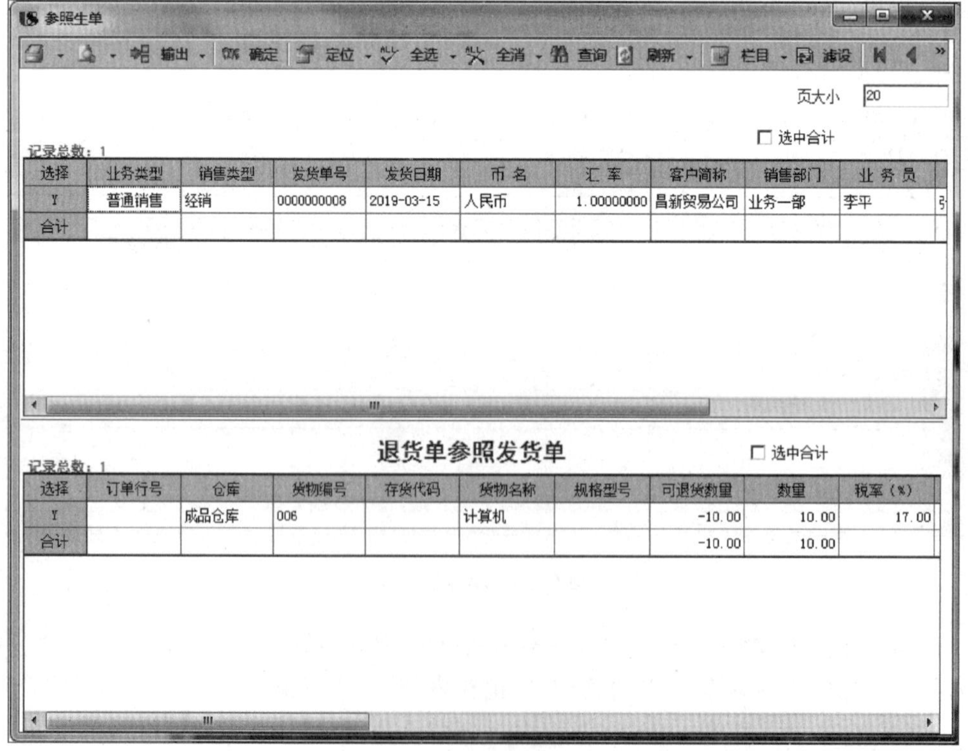

图 6-78 参照生单

（2）单击“确定”按钮，返回“退货单”界面，此时已参照“销售订单”生成“退货单”。修改数量为“－1”，单击“保存”按钮保存该退货单，表体下方制单人处显示“张晶”，如图 6-79 所示。

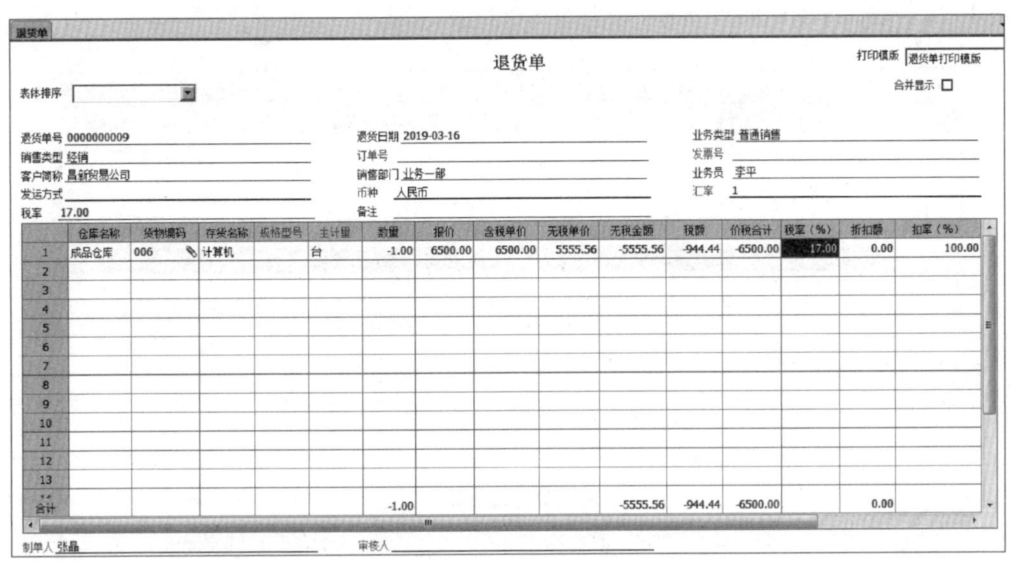

退货单

退货单

打印模版 退货单打印模版

表体排序

合并显示 □

退货单号 0000000009　退货日期 2019-03-16　业务类型 普通销售

销售类型 经销　订单号　发票号

客户简称 昌新贸易公司　销售部门 业务一部　业务员 李平

发运方式　币种 人民币　汇率 1

税率 17.00　备注

	仓库名称	货物编码	存货名称	规格型号	主计量	数量	报价	含税单价	无税单价	无税金额	税额	价税合计	税率（%）	折扣额	扣率（%）
1	成品仓库	006	计算机		台	-1.00	6500.00	6500.00	5555.56	-5555.56	-944.44	-6500.00	17.00	0.00	100.00
2															
3															
4															
5															
6															
7															
8															
9															
10															
11															
12															
13															
合计						-1.00				-5555.56	-944.44	-6500.00		0.00	

制单人 张晶　审核人

图 6-79　生成退货单

（3）重注册，由[001]黄红登录“企业应用平台”，操作日期为 2019-03-16。在“业务工作”选项卡中，执行“供应链”|“销售管理”|“销售发货”|“退货单”命令，进入“退货单”窗口。找到 0000000009 号退货单(2019-03-16 销售退回 1 台计算机)，确认无误后，单击“审核”按钮，表体下方审核人处显示“黄红”，如图 6-80 所示。

退货单

退货单

打印模版 退货单打印模版

表体排序

合并显示 □

退货单号 0000000009　退货日期 2019-03-16　业务类型 普通销售

销售类型 经销　订单号　发票号

客户简称 昌新贸易公司　销售部门 业务一部　业务员 李平

发运方式　币种 人民币　汇率 1

税率 17.00　备注

	仓库名称	货物编码	存货名称	规格型号	主计量	数量	报价	含税单价	无税单价	无税金额	税额	价税合计	税率（%）	折扣额
1	成品仓库	006	计算机		台	-1.00	6500.00	6500.00	5555.56	-5555.56	-944.44	-6500.00	17.00	
2														
3														
4														
5														
6														
7														
8														
9														
10														
11														
12														
13														
合计						-1.00				-5555.56	-944.44	-6500.00		

制单人 张晶　审核人 黄红

图 6-80　审核退货单

（三）填制并复核销售发票。

（1）重注册，由[002]张晶登录“企业应用平台”，操作日期为 2019-03-16。在“业务工

作”选项卡中,执行“供应链”|“销售管理”|“销售开票”|“销售专用发票”命令,进入“销售专用发票”窗口。单击“增加”按钮,跳出“过滤条件选择”窗口,发货单日期选择“2019-03-15 到 2019-03-15”,单击“过滤”按钮,双击选择该记录,如图 6-81 所示。

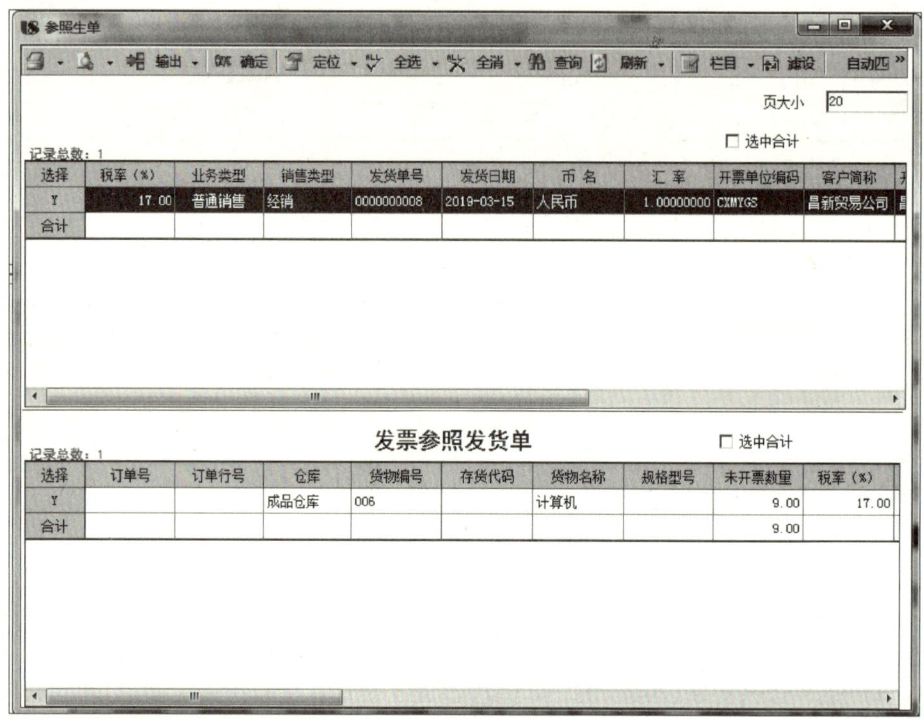

选择	税率(%)	业务类型	销售类型	发货单号	发货日期	币名	汇率	开票单位编码	客户简称
Y	17.00	普通销售	经销	0000000008	2019-03-15	人民币	1.00000000	CXMYGS	昌新贸易公司
合计									

发票参照发货单

记录总数: 1　　选中合计

选择	订单号	订单行号	仓库	货物编号	存货代码	货物名称	规格型号	未开票数量	税率(%)
Y			成品仓库	006		计算机		9.00	17.00
合计								9.00	

图 6-81　参照生单

(2) 单击“确定”按钮,自动返回“销售专用发票”界面,此时已参照“发货单”生成“销售专用发票”。发票号填写为“38386”,单击“保存”按钮保存该销售专用发票,表体下方制单人处显示“张晶”,如图 6-82 所示。

销售专用发票

销售专用发票

打印模版 销售专用发票打印模

表体排序　　合并显示 □

发票号 38386　开票日期 2019-03-16　业务类型 普通销售
销售类型 经销　订单号　发货单号 0000000008
客户简称 昌新贸易公司　销售部门 业务一部　业务员 李平
付款条件　客户地址　联系电话
开户银行 招商银行上海分行　账号 567　税号 310108777
币种 人民币　汇率 1　税率 17.00
备注

	仓库名称	存货编码	存货名称	规格型号	主计量	数量	报价	含税单价	无税单价	无税金额	税额	价税合计	税率(%)	折扣额	扣率(%)
1	成品仓库	006	计算机		台	9.00	6500.00	6500.00	5555.56	50000.00	8500.00	58500.00	17.00	0.00	100.0
2															
3															
4															
5															
6															
7															
8															
9															
10															
合计						9.00				50000.00	8500.00	58500.00		0.00	

单位名称 上海好友软件有限公司　本单位税号 3103256437200　本单位开户银行 上海分行淮海路分理处
制单人 张晶　复核人　银行账号 765848981258

图 6-82　生成销售专用发票

（3）重注册，由[001]黄红登录“企业应用平台”，操作日期为2019-03-16。在“业务工作”选项卡中，执行“供应链”|“销售管理”|“销售开票”|“销售专用发票”命令，进入“销售专用发票”窗口。找到38386号发票，确认无误后，单击“复核”按钮，表体下方复核人处显示“黄红”，如图6-83所示。

销售专用发票

销售专用发票

打印模版 销售专用发票打印模

表体排序

合并显示 □

发票号 38386　　开票日期 2019-03-16　　业务类型 普通销售

销售类型 经销　　订单号　　发货单号 0000000008

客户简称 昌新贸易公司　　销售部门 业务一部　　业务员 李平

付款条件　　客户地址　　联系电话

开户银行 招商银行上海分行　　账号 567　　税号 310108777

币种 人民币　　汇率 1　　税率 17.00

备注

	仓库名称	存货编码	存货名称	规格型号	主计量	数量	报价	含税单价	无税单价	无税金额	税额	价税合计	税率（%）	折扣额	扣率（%）
1	成品仓库	006	计算机		台	9.00	6500.00	6500.00	5555.56	50000.00	8500.00	58500.00	17.00	0.00	100.00
2															
3															
4															
5															
6															
7															
8															
9															
10															
合计						9.00				50000.00	8500.00	58500.00		0.00	

单位名称 上海好友软件有限公司　　本单位税号 3103256437200　　本单位开户银行 上海分行淮海路分理处

制单人 张晶　　复核人 黄红　　银行账号 765848981258

图6-83　复核销售专用发票

（4）退出企业应用平台。由系统管理员（admin）在“系统管理”中备份数据，如备份至“D:\002账套备份数据\6.8普通销售开票前退货”，便于以后引入。

【拓展阅读】

普通销售分为先发货后开票、开票后直接发货两种情况。在先发货后开票业务模式下，其完整的退货处理流程是：①在销售管理系统中，填制并审核退货单；②根据退货单生成红字销售出库单，自动传递至库存管理系统；③在销售管理系统中，填制并复核红字销售专用发票，自动传递至应收款管理系统；④红字销售发票经复核，形成红字应收款；⑤红字销售出库单在存货核算系统记账，进行成本处理。

在开票后直接发货业务模式下，其完整的退货处理流程是：①在销售管理系统中，填制并复核红字销售专用发票，自动生成退货单；②在库存管理系统中，生成红字销售出库单；③复核后的红字销售发票自动传递至应收款管理系统，审核后，形成红字应收单；④审核后的红字销售出库单在存货核算系统记账，进行成本处理。

本案例中描述了先发货后开票的普通销售业务，因此需先在销售管理系统中填制并审核发货单，进行发货处理，再在销售管理系统中填制并审核退货单，进行退货处理。此时，如果在销售管理系统中填制销售专用发票时选择“蓝字记录”和“红字记录”，系统会自动扣除退货数量，生成销售专用发票。案例完整操作需在库存管理、存货核算和应收款管理系统中进行，操作可以参照6.1的案例分析部分，在此不再赘述。

6.9 委托代销开票结算后退货

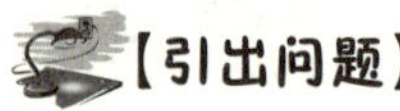【学习目标】

掌握委托代销开票结算后退货的业务处理方法。

【引出问题】

本案例主要指委托代销开票结算后销售退货的业务情形。

【案例陈述】

2019/03/17 业务二部委托利氏公司销售的计算机退回 2 台，入成品仓库。由于该货物已经结算，故开具红字专用发票一张。

【案例分析】

（一）填制并审核委托代销结算退回单。

（1）系统时间修改为 2019-03-31。

（2）启动“系统管理”，由系统管理员（admin）注册登录，引入“6.8 普通销售开票前退货”对应的账套，导入到“6.9 委托代销开票结算后退货”文件夹。

（3）启动企业应用平台，由[002]张晶登录，操作日期为 2019-03-17。

（4）在“业务工作”选项卡中，执行“供应链”|“销售管理”|“委托代销”|“委托代销结算退回”命令，进入“委托代销结算退回”窗口。单击“增加”按钮，跳出“过滤条件选择”窗口，客户编码选择输入“LSGS-利氏公司”，单击“过滤”按钮，双击选择该记录，如图 6-84 所示。

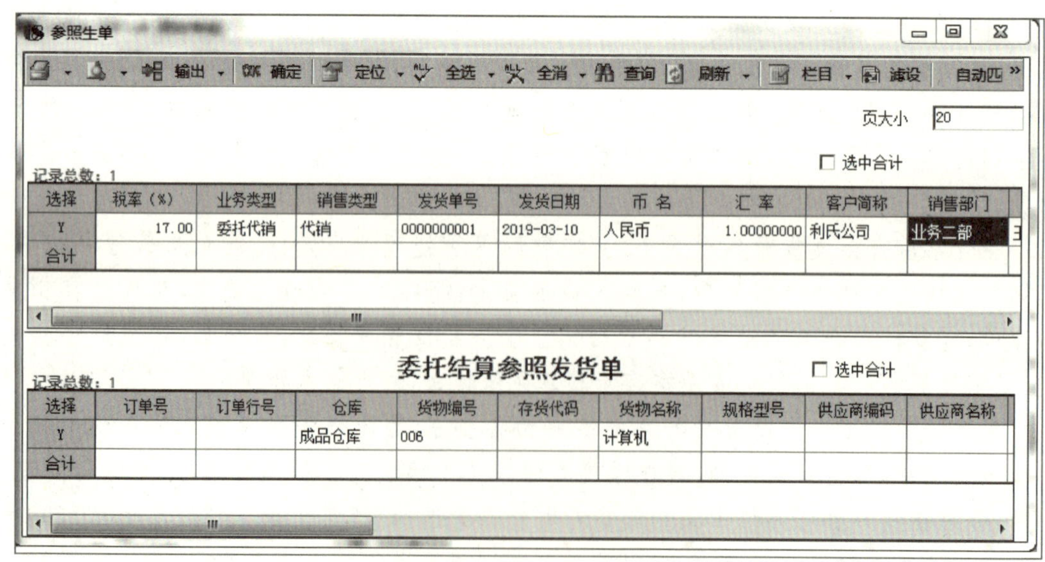

图 6-84 参照生单

(5) 单击“确定”按钮，返回“委托代销结算退回”窗口，此时已参照“委托代销发货单”生成“委托代销结算退回”。修改数量为“－2”，单击“保存”按钮，表体下方制单人处显示“张晶”，如图 6-85 所示。

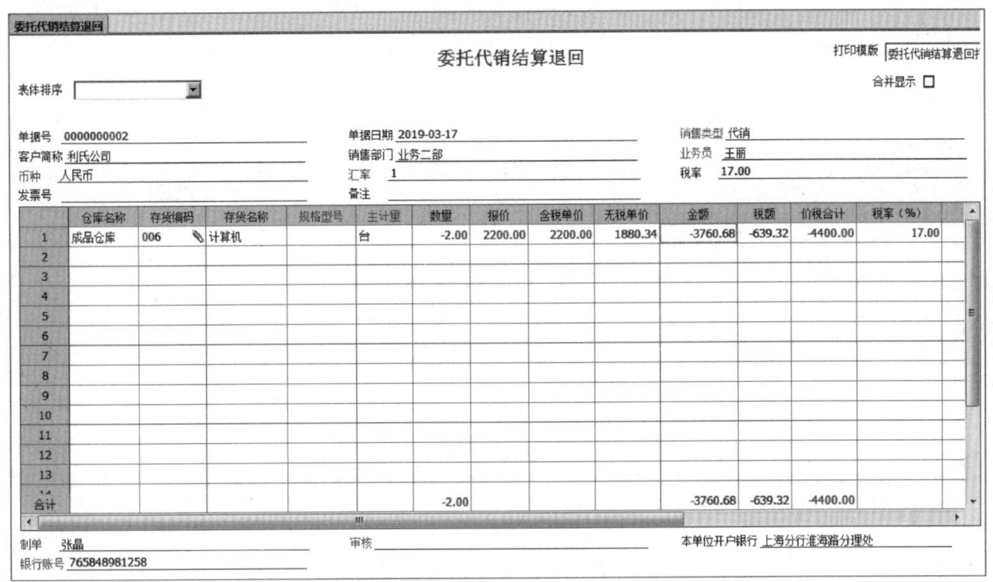

委托代销结算退回

委托代销结算退回

打印模版 委托代销结算退回打

表体排序

合并显示 □

单据号 0000000002 单据日期 2019-03-17 销售类型 代销

客户简称 利氏公司 销售部门 业务二部 业务员 王丽

币种 人民币 汇率 1 税率 17.00

发票号 备注

	仓库名称	存货编码	存货名称	规格型号	主计量	数量	报价	含税单价	无税单价	金额	税额	价税合计	税率（%）
1	成品仓库	006	计算机		台	-2.00	2200.00	2200.00	1880.34	-3760.68	-639.32	-4400.00	17.00
2													
3													
4													
5													
6													
7													
8													
9													
10													
11													
12													
13													
合计						-2.00				-3760.68	-639.32	-4400.00	

制单 张晶 审核 本单位开户银行 上海分行淮海路分理处

银行账号 765848981258

图 6-85 生成委托代销结算退回

(6) 重注册，由[001]黄红登录“企业应用平台”，操作日期为 2019-03-17。在“业务工作”选项卡中，执行“供应链”|“销售管理”|“委托代销”|“委托代销结算退回”命令，进入“委托代销结算退回”窗口。找到 0000000002 号委托代销结算退回(2019-03-17 销售退回 2 台计算机)，确认无误后，单击“审核”按钮。系统自动跳出“请选择发票类型”提示框，选择“专用发票”，如图 6-86 所示。

委托代销结算退回

委托代销结算退回

打印模版 委托代销结算退回打

表体排序

合并显示 □

单据号 0000000002 单据日期 2019-03-17 销售类型 代销

客户简称 利氏公司 销售部门 业务二部 业务员 王丽

币种 人民币 汇率 1 税率 17.00

发票号 备注

	仓库名称	存货编码	存货名称	规格型号	主计量	数量	报价	含税单价	无税单价	金额
1	成品仓库	006	计算机		台	-2.00	2200.00	2200.00	1880.34	
2										
3										
4										
5										
6										
7										
8										
9										
10										
11										
12										
13										
合计						-2.00				

请选择发票类型

请选择审核生成的发票类型

○ 普通发票 ● 专用发票

确定 取消

制单 张晶 审核 黄红 本单位开户银行 上海分行淮海路分理处

银行账号 765848981258

图 6-86 选择发票类型

（7）单击“确定”按钮，“委托代销结算退回”表体下方审核人处显示“黄红”，如图 6-87 所示。

委托代销结算退回

委托代销结算退回

打印模版 委托代销结算退回打

表体排序

合并显示 □

单据号 0000000002　单据日期 2019-03-17　销售类型 代销

客户简称 利氏公司　销售部门 业务二部　业务员 王丽

币种 人民币　汇率 1　税率 17.00

发票号 00000002　备注

	仓库名称	存货编码	存货名称	规格型号	主计量	数量	报价	含税单价	无税单价	金额	税额	价税合计	税率（%）
1	成品仓库	006	计算机		台	-2.00	2200.00	2200.00	1880.34	-3760.68	-639.32	-4400.00	17.00
合计						-2.00				-3760.68	-639.32	-4400.00	

制单 张晶　审核 黄红　本单位开户银行 上海分行淮海路分理处

银行账号 765848981258

图 6-87　审核委托代销结算退回

（8）在“业务工作”选项卡中，执行“供应链”|“销售管理”|“销售开票”|“红字销售专用发票”命令，进入“销售专用发票”（红字）窗口。找到 00000002 号发票，确认无误后，单击“复核”按钮，表体下方审核人处显示“黄红”，如图 6-88 所示。值得注意的是，红字销售专用发票是在审核“委托代销结算退回”单据时自动生成的，因此该“销售专用发票”（红字）制单人为“黄红”。

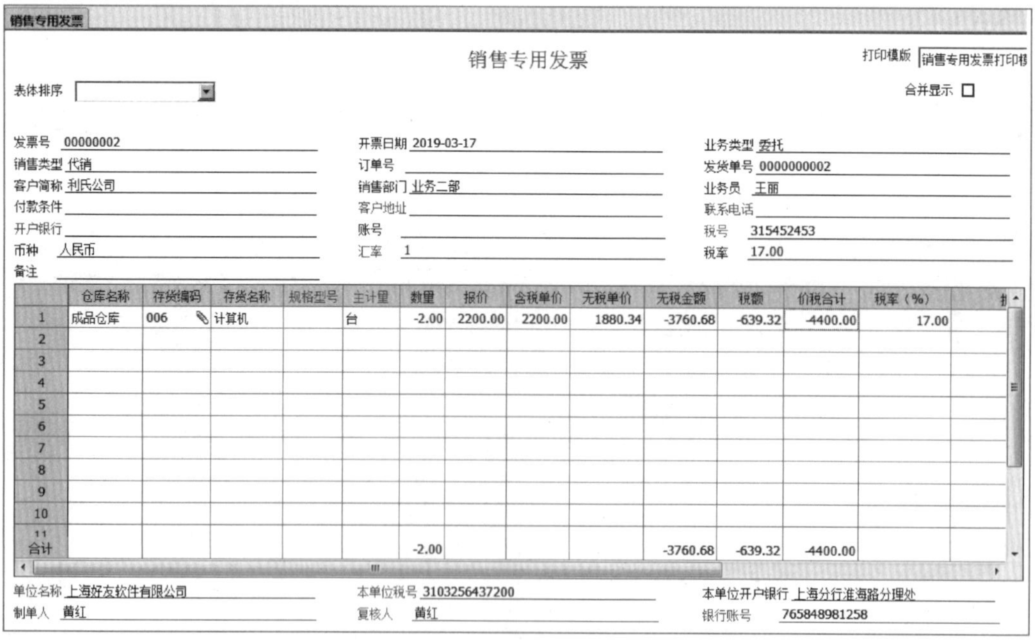

销售专用发票

销售专用发票

打印模版 销售专用发票打印模

表体排序

合并显示 □

发票号 00000002　开票日期 2019-03-17　业务类型 委托

销售类型 代销　订单号　发货单号 0000000002

客户简称 利氏公司　销售部门 业务二部　业务员 王丽

付款条件　客户地址　联系电话

开户银行　账号　税号 315452453

币种 人民币　汇率 1　税率 17.00

备注

	仓库名称	存货编码	存货名称	规格型号	主计量	数量	报价	含税单价	无税单价	无税金额	税额	价税合计	税率（%）
1	成品仓库	006	计算机		台	-2.00	2200.00	2200.00	1880.34	-3760.68	-639.32	-4400.00	17.00
合计						-2.00				-3760.68	-639.32	-4400.00	

单位名称 上海好友软件有限公司　本单位税号 3103256437200　本单位开户银行 上海分行淮海路分理处

制单人 黄红　复核人 黄红　银行账号 765848981258

图 6-88　生成红字销售专用发票

(9) 重注册，由[002]张晶登录“企业应用平台”，操作日期为 2019-03-17。在“业务工作”选项卡中，执行“供应链”|“销售管理”|“委托代销”|“委托代销退货单”命令，进入“委托代销退货单”窗口。单击“增加”按钮，跳出“过滤条件选择”窗口，客户编码选择输入“LSGS-利氏公司”，单击“过滤”按钮，跳出“参照生单”窗口，双击选择该记录，如图 6-89 所示。

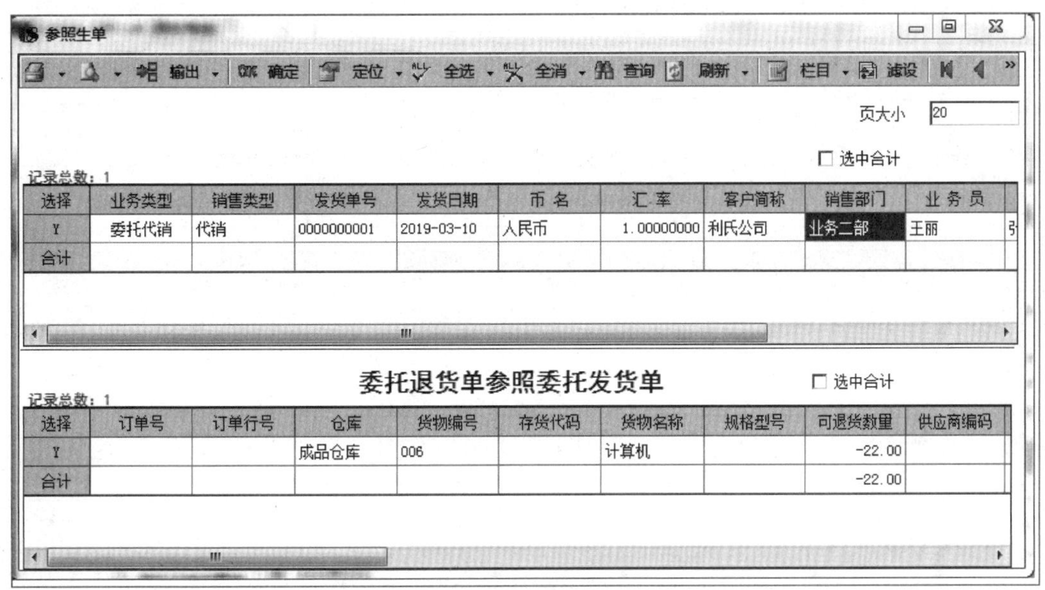

参照生单

页大小 20

选中合计

记录总数：1

选择	业务类型	销售类型	发货单号	发货日期	币名	汇率	客户简称	销售部门	业务员
Y	委托代销	代销	0000000001	2019-03-10	人民币	1.00000000	利氏公司	业务二部	王丽
合计									

委托退货单参照委托发货单

选中合计

记录总数：1

选择	订单号	订单行号	仓库	货物编号	存货代码	货物名称	规格型号	可退货数量	供应商编码
Y			成品仓库	006		计算机		-22.00	
合计								-22.00	

图 6-89　参照生单

(10) 单击“确定”按钮，返回“委托代销退货单”界面，此时已参照“委托代销发货单”生成“委托代销退货单”。数量改为“-2”，单击“保存”按钮保存该委托代销退货单，表体下方制单人处显示“张晶”，如图 6-90 所示。

委托代销退货单

委托代销退货单

显示模版 委托代销退货单显示

表体排序

合并显示 □

退货单号 0000000002　退货日期 2019-03-17　业务类型 委托代销

销售类型 代销　订单号　税率 17.00

客户简称 利氏公司　销售部门 业务二部　业务员 王丽

发运方式　币种 人民币　汇率 1

备注

	仓库名称	存货编码	存货名称	规格型号	主计量	数量	无税金额	报价	含税单价	无税单价	税额	价税合计	税率(%)	折扣额
1	成品仓库	006	计算机		台	-2.00	-3760.68	2200.00	2200.00	1880.34	-639.32	-4400.00	17.00	0.00
2														
3														
4														
5														
6														
7														
8														
9														
10														
11														
12														
13														
合计						-2.00	-3760.68				-639.32	-4400.00		0.00

制单人 张晶　审核人

图 6-90　生成委托代销退货单

（11）重注册，由[001]黄红登录“企业应用平台”，操作日期为 2019-03-17。在“业务工作”选项卡中，执行“供应链”|“销售管理”|“委托代销”|“委托代销退货单”命令，进入“委托代销退货单”窗口。找到 0000000002 号退货单(2019-03-17 委托代销退回 2 台计算机)，确认无误后，单击“审核”按钮，表体下方审核人处显示“黄红”，如图 6-91 所示。

委托代销退货单

打印模版 委托代销退货单打E

表体排序 合并显示

退货单号 0000000002　退货日期 2019-03-17　业务类型 委托代销

销售类型 代销　订单号　税率 17.00

客户简称 利氏公司　销售部门 业务二部　业务员 王丽

发运方式　币种 人民币　汇率 1

备注

	存货编码	存货名称	规格型号	主计量	数量	无税金额	报价	含税单价	无税单价	税额	价税合计	税率（%）	折扣额	扣率
1	006	计算机		台	-2.00	-3760.68	2200.00	2200.00	1880.34	-639.32	-4400.00	17.00	0.00	
合计					-2.00	-3760.68				-639.32	-4400.00		0.00	

制单人 张晶　审核人 黄红

图 6-91　审核委托代销退货单

（12）在“业务工作”选项卡中，执行“供应链”|“库存管理”|“报表”|“库存账”|“委托代销备查簿”命令，在跳出的“委托代销备查簿”窗口输入查询条件，客户选择输入“LSGS”，如图 6-92 所示。单击“确定”，进入“委托代销备查簿”窗口，如图 6-93 所示。

委托代销备查簿

请输入查询条件

单据日期 -

客户 LSGS

存货分类 -

存货 -

规格型号

业务规范 所有存货

☑ 包含未审核单据　自由项过滤

辅计量　存货自定义项

确定　取消

图 6-92　委托代销备查簿(查询条件)

委托代销备查簿

委托代销备...

存货分类 产成品　　编码 006　　名称 计算机　　代码　　规格

单位 台　　库存单位

单据日期	单据号	摘要		档案换算率	发出件数	发出数量	结算件数	结算数量	未结算件数	未结算数量
		转换前仓库	单据类型							
		期初结存							0.00	0.00
2019-03-10	0000000001	成品仓库	委托代销发货单		0.00	50.00			0.00	50.00
2019-03-15	0000000001	成品仓库	委托代销结算清单				0.00	30.00	0.00	-30.00
2019-03-17	0000000002	成品仓库	委托代销发货单		0.00	-2.00			0.00	-2.00
2019-03-17	0000000002	成品仓库	委托代销结算清单				0.00	-2.00	0.00	2.00
			本月合计		0.00	48.00	0.00	28.00	0.00	20.00
			本年累计		0.00	48.00	0.00	28.00	0.00	20.00

图 6-93　委托代销备查簿(查询结果)

(13) 退出企业应用平台。由系统管理员(admin)在“系统管理”中备份数据,如备份至“D:\002 账套备份数据\6.9 委托代销开票结算后退货”,便于以后引入。

【拓展阅读】

委托代销退货分为委托代销结算前退货、委托代销结算后退货两种情况。

在委托代销结算前退货业务模式下,其完整的退货处理流程是:①在销售管理系统中,填制并审核委托代销退货单;②根据委托代销退货单生成红字销售出库单,自动传递至库存管理系统;③在销售管理系统中,填制并复核红字销售专用发票,自动传递至应收款管理系统;④红字销售发票经审核,形成红字应收款;⑤红字销售出库单在存货核算系统记账,进行成本处理。

在委托代销结算后退货业务模式下,其完整的退货处理流程是:①在销售管理系统中,填制并审核委托代销结算退回单,审核后自动生成红字销售专用发票;②在销售管理系统中,复核红字销售专用发票;③在销售管理系统中,填制并审核委托代销退货单;④在库存管理系统中,生成红字销售出库单;⑤复核后的红字销售专用发票自动传递至应收款管理系统,审核后,形成红字应收单;⑥审核后的红字销售出库单在存货核算系统记账,进行成本处理。

本案例中描述了委托代销开票结算后退货的销售业务,在案例分析部分介绍了委托代销结算退回单、红字销售专用发票、委托代销退货单的操作方法。案例完整操作需在库存管理、存货核算和应收款管理系统中进行,操作可以参照 6.1 的案例分析部分,在此不再赘述。

7 库存业务

本章重点

库存管理的主要功能包括：采购入库、销售出库、产成品入库、材料出库、其他出入库、盘点管理和形态转换等业务需要，提供仓库货位管理、批次管理、保质期管理、出库跟踪、入库管理和可用量管理等业务应用。库存管理可以单独使用，也可以与采购管理、销售管理、物料需求计划、存货核算集成使用，发挥更强大的应用功能。

本章学习应从了解库存管理的初始设置、各种出入库业务、盘点业务和一些特殊业务等入手，进而了解库存管理与采购管理、销售管理、存货核算模块之间的关系。通过本章的学习，学生应掌握企业在日常业务中如何通过软件来处理库存管理业务及相关账表查询。

7.1 采购入库

【学习目标】

掌握使用用友 ERP 软件处理采购入库业务的操作方法。

【引出问题】

采购入库是企业最基础的库存业务。采购入库有两种情形：一是原材料采购入库，二是退货入库。

【案例陈述】

（一）2019/03/27 收到向建昌公司所订购的键盘 200 只，货物验收入原料仓库。

（二）2019/03/28 收到向建昌公司所订购的键盘 100 只，货物验收入原料仓库。

（三）2019/03/29 发现 2019/03/28 验收入库的键盘有 2 只有质量问题，退回。

（四）查询库存台账。

【案例分析】

（一）填制并审核采购入库单。

（1）系统时间修改为 2019-03-31。

(2) 启动"系统管理",由系统管理员(admin)注册登录,引入第6章完成后的[002]账套,导入到"7.1 采购入库"文件夹。

(3) 启动企业应用平台,由[003]王平登录,操作日期为2019-03-27。

(4) 在"业务工作"选项卡中,执行"供应链"|"库存管理"|"入库业务"|"采购入库单"命令,进入"采购入库单"窗口。单击"增加"按钮,入库单号、入库日期自动添加,在表头位置作如下操作:仓库参照选择"原料仓库",供货单位参照选择"建昌公司",业务类型参照选择"普通采购",采购类型参照选择"普通采购",入库类别参照选择"采购入库"。在表体位置作如下操作:存货编码参照选择"004(键盘)",主计量单位"只",数量输入"200",本币单价空着。单击"保存"按钮保存该采购入库单,如图7-1所示。

图 7-1 填制采购入库单

(5) 重注册,由[001]黄红登录"企业应用平台",操作日期为2019-03-27。在"业务工作"选项卡中,执行"供应链"|"库存管理"|"入库业务"|"采购入库单"命令,进入"采购入库单"窗口。找到0000000008号采购入库单(2013-03-27收到建昌公司200只键盘),确认无误后,单击"审核"按钮,表体下方审核人处显示"黄红",如图7-2所示。

(二) 同上述步骤完成采购入库单。

(1) 重注册,由[003]王平登录"企业应用平台",操作日期为2019-03-28。在"业务工作"选项卡中,执行"供应链"|"库存管理"|"入库业务"|"采购入库单"命令,进入"采购入库单"窗口。单击"增加"按钮,入库单号、入库日期自动添加,在表头位置作如下操作:仓库参照选择"原料仓库",供货单位参照选择"建昌公司",业务类型参照选择"普通采购",采购类型参照选择"普通采购",入库类别参照选择"采购入库"。在表体位置作如下操作:存货编码参照选择"004(键盘)",主计量单位"只",数量输入"100",本币单价空着。单击"保存"按钮保存该采购入库单,如图7-3所示。

(2) 重注册,由[001]黄红登录"企业应用平台",操作日期为2019-03-28。在"业务工作"选项卡中,执行"供应链"|"库存管理"|"入库业务"|"采购入库单"命令,进入"采购入库

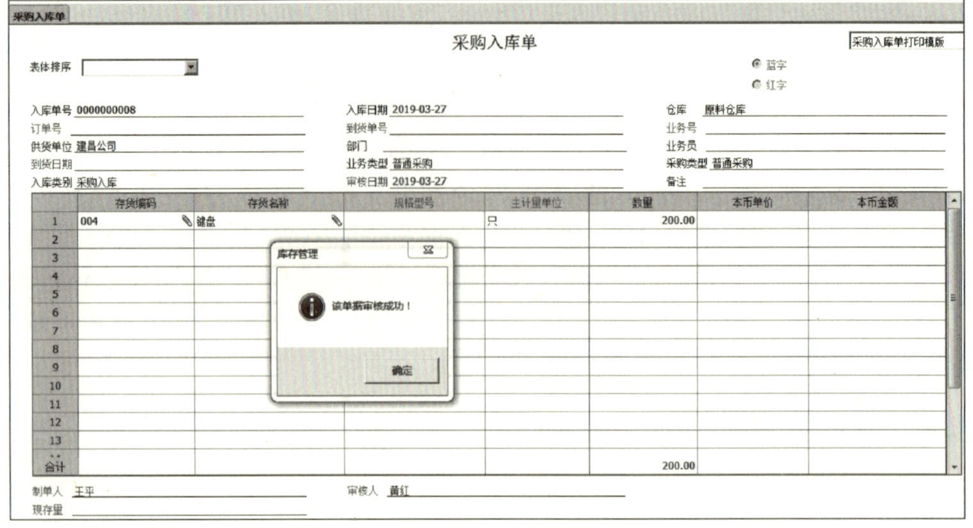

图 7-2　审核采购入库单

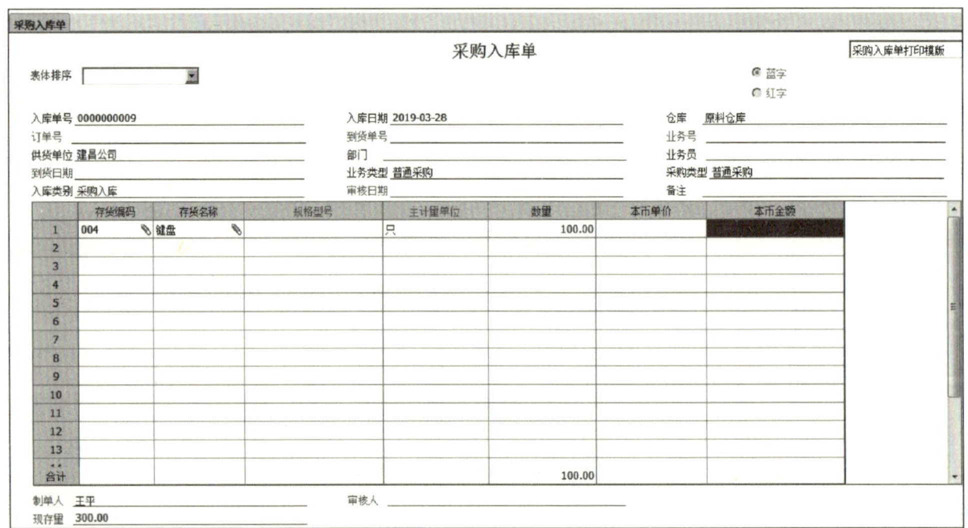

图 7-3　填制采购入库单

单”窗口。找到 0000000009 号采购入库单(2019-03-28 收到建昌公司 100 只键盘)，确认无误后，单击“审核”按钮，表体下方审核人处显示“黄红”，如图 7-4 所示。

(三) 入库质量有问题退回，填写红字采购入库单。

(1) 重注册，由[003]王平登录“企业应用平台”，操作日期为 2019-03-29。在“业务工作”选项卡中，执行“供应链”|“库存管理”|“入库业务”|“采购入库单”命令，进入“采购入库单”窗口。单击“增加”按钮，入库单号、入库日期自动添加，在表头位置，选择“红字”，作如下操作：仓库参照选择“原料仓库”，供货单位参照选择“建昌公司”，业务类型参照选择“普通采购”，采购类型参照选择“普通采购”，入库类别参照选择“采购入库”。在表体位置作如下操作：存货编码参照选择“004(键盘)”，主计量单位“只”，数量输入“−2”，本币单价空着。单击“保存”按钮保存该红字采购入库单，如图 7-5 所示。

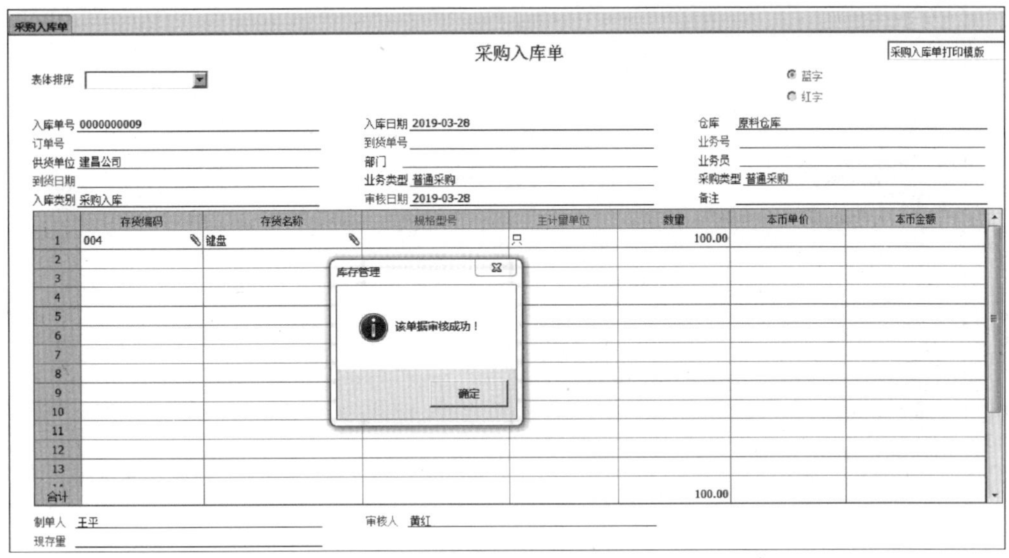

图 7-4　审核采购入库单

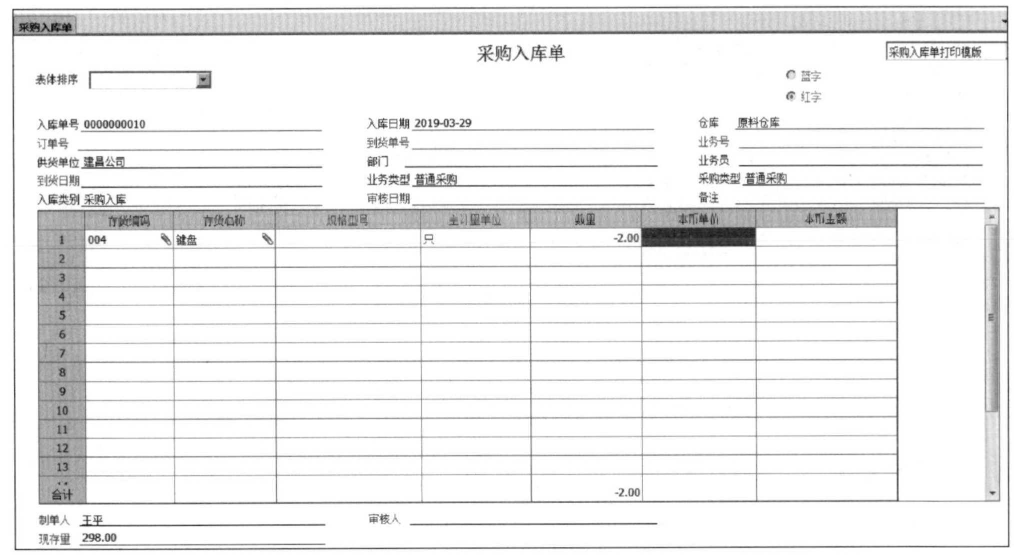

图 7-5　填写红字采购入库单

(2) 重注册，由[001]黄红登录“企业应用平台”，操作日期为 2019-03-29。在“业务工作”选项卡中，执行“供应链”|“库存管理”|“入库业务”|“采购入库单”命令，进入“采购入库单”窗口。找到 0000000010 号采购入库单(2019-03-29 退回建昌公司 2 只键盘)，确认无误后，单击“审核”按钮，表体下方审核人处显示“黄红”，如图 7-6 所示。

(四) 查询库存台账。

在“业务工作”选项卡中，执行“供应链”|“库存管理”|“报表”|“库存账”|“库存台账”命令，在跳出的“输入查询条件”窗口，单据日期输入“2019-03-27 到 2019-03-29”，点击“确定”，进入“库存台账备查簿”窗口，如图 7-7 所示。

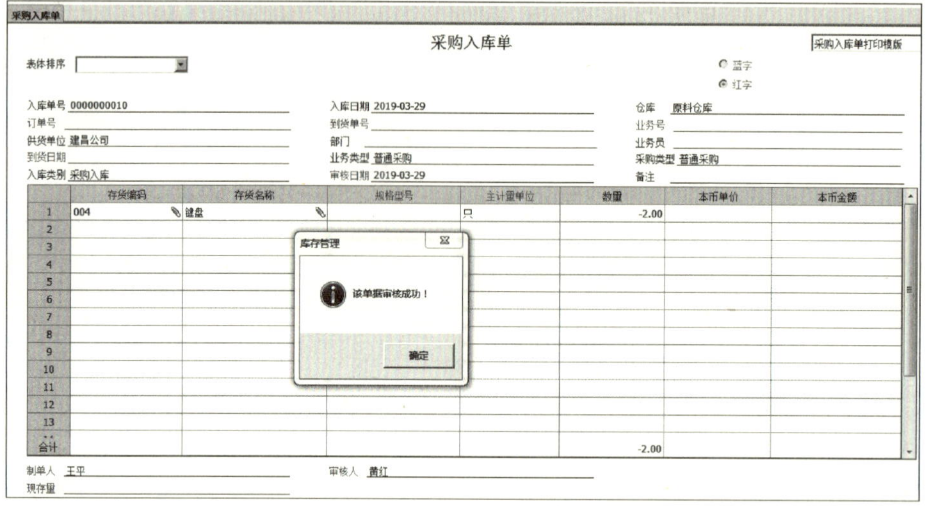

图 7-6　审核红字采购入库单

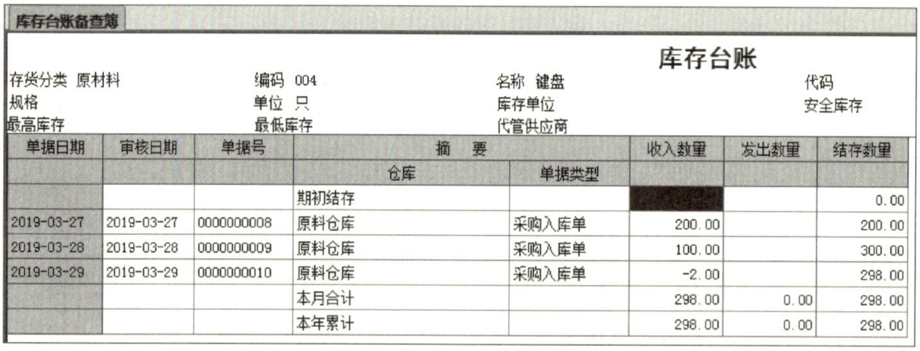

库存台账备查簿

库存台账

存货分类 原材料　　编码 004　　名称 键盘　　代码
规格　　单位 只　　库存单位　　安全库存
最高库存　　最低库存　　代管供应商

单据日期	审核日期	单据号	摘要 仓库	 单据类型	收入数量	发出数量	结存数量
			期初结存				0.00
2019-03-27	2019-03-27	0000000008	原料仓库	采购入库单	200.00		200.00
2019-03-28	2019-03-28	0000000009	原料仓库	采购入库单	100.00		300.00
2019-03-29	2019-03-29	0000000010	原料仓库	采购入库单	-2.00		298.00
			本月合计		298.00	0.00	298.00
			本年累计		298.00	0.00	298.00

图 7-7　库存台账备查簿

退出企业应用平台。由系统管理员(admin)在“系统管理”中备份数据，如备份至“D:\002 账套备份数据\7.1 采购入库”，便于以后引入。

【拓展阅读】

本案例中涉及的采购入库业务重点是介绍库存管理系统如何来实现采购入库单和红字采购入库单的操作。在采购业务中，只能提出采购申请，填写各种请购单据，但货物是否到达仓库，则需要仓库保管员来确定，这也是企业内部控制的需要。因此，当被采购或者被退回的货物送达仓库时，仓库保管员需要填制采购入库单或者红字采购入库单，并能通过库存台账查询。

7.2 产成品入库

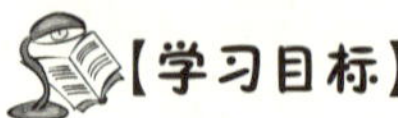
【学习目标】

掌握使用用友 ERP 软件处理产成品入库业务的操作方法。

【引出问题】

产成品入库是指企业生产加工的产品送达仓库的业务。对于生产制造型企业，这是最基础的库存业务。

【案例陈述】

（一）2019/03/25 成品仓库收到当月加工的 10 台计算机，做产成品入库。

（二）2019/03/26 成品仓库收到当月加工的 20 台计算机，做产成品入库。

（三）查询收发存汇总表。

【案例分析】

（一）填制并审核产成品入库单。

（1）系统时间修改为 2019-03-31。

（2）启动"系统管理"，由系统管理员（admin）注册登录，引入"7.1 采购入库"对应的账套，导入到"7.2 产成品入库"文件夹。

（3）启动企业应用平台，由[003]王平登录，操作日期为 2019-03-25。

（4）在"业务工作"选项卡中，执行"供应链"|"库存管理"|"入库业务"|"产成品入库单"命令，进入"产成品入库单"窗口。单击"增加"按钮，入库单号、入库日期自动添加，在表头位置作如下操作：仓库参照选择"成品仓库"，入库类别参照选择"产成品入库"。在表体位置作如下操作：产品编码参照选择"006（计算机）"，主计量单位"台"，数量输入"10"，单价空着。单击"保存"按钮保存该产成品入库单，如图 7-8 所示。

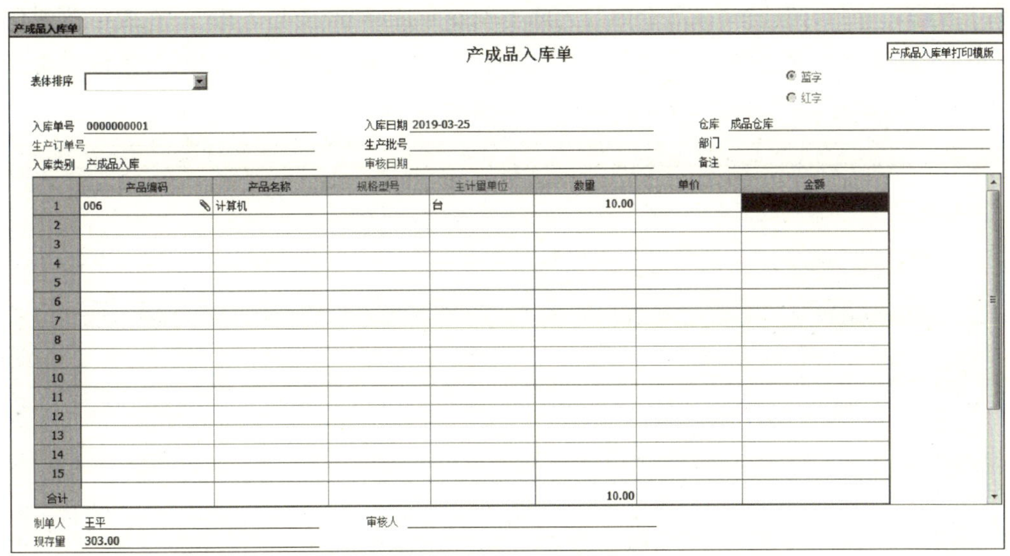

产成品入库单

产成品入库单

产成品入库单打印模版

表体排序

蓝字
红字

入库单号 0000000001　　入库日期 2019-03-25　　仓库 成品仓库

生产订单号　　生产批号　　部门

入库类别 产成品入库　　审核日期　　备注

	产品编码	产品名称	规格型号	主计量单位	数量	单价	金额
1	006	计算机		台	10.00		
2							
3							
4							
5							
6							
7							
8							
9							
10							
11							
12							
13							
14							
15							
合计					10.00		

制单人 王平　　审核人

现存量 303.00

图 7-8　填制产成品入库单

（5）重注册，由[001]黄红登录"企业应用平台"，操作日期为 2019-03-25。在"业务工作"选项卡中，执行"供应链"|"库存管理"|"入库业务"|"产成品入库单"命令，进入"产成品

入库单”窗口。找到 0000000001 号产成品入库单(2019-03-25 收到 10 台当月加工的计算机),确认无误后,单击“审核”按钮,表体下方审核人处显示“黄红”,如图 7-9 所示。

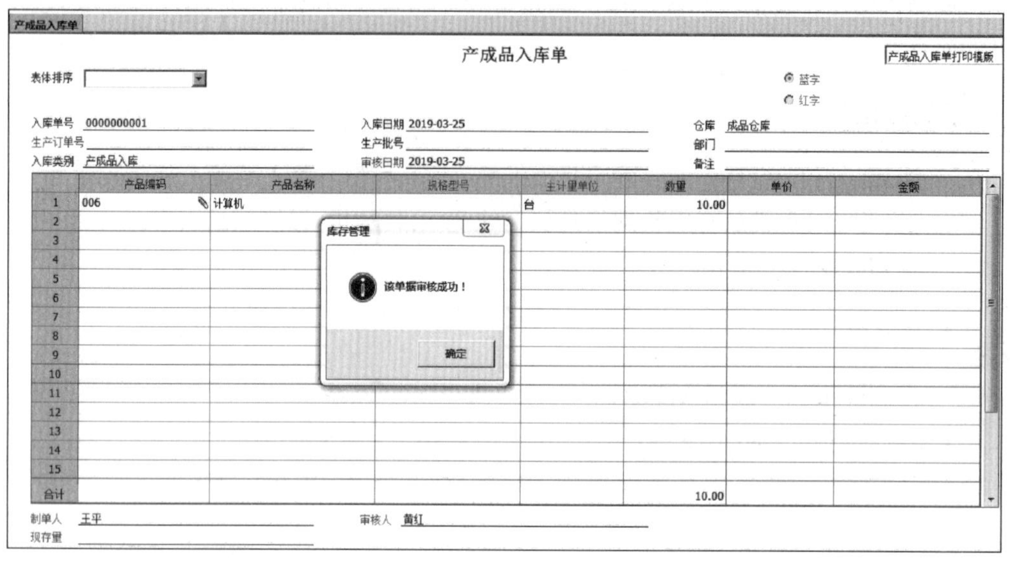

图 7-9　审核产成品入库单

(二) 同上述步骤完成产成品入库单。

(1) 重注册,由[003]王平登录“企业应用平台”,操作日期为 2019-03-26。

在“业务工作”选项卡中,执行“供应链”|“库存管理”|“入库业务”|“产成品入库单”命令,进入“产成品入库单”窗口。单击“增加”按钮,入库单号、入库日期自动添加,在表头位置作如下操作:仓库参照选择“成品仓库”,入库类别参照选择“产成品入库”。在表体位置作如下操作:产品编码参照选择“006(计算机)”,主计量单位“台”,数量输入“20”,单价空着。单击“保存”按钮保存该产成品入库单,如图 7-10 所示。

产成品入库单

产成品入库单　　产成品入库单打印模版

表体排序　　◉ 蓝字　○ 红字

入库单号 0000000002　　入库日期 2019-03-26　　仓库 成品仓库

生产订单号　　生产批号　　部门

入库类别 产成品入库　　审核日期　　备注

	产品编码	产品名称	规格型号	主计量单位	数量	单价	金额
1	006	计算机		台	20.00		
2							
3							
4							
5							
6							
7							
8							
9							
10							
11							
12							
13							
14							
15							
合计					20.00		

制单人 王平　　审核人

现存量 323.00

图 7-10　填制产成品入库单

(2) 重注册，由[001]黄红登录“企业应用平台”，操作日期为 2019-03-26。在“业务工作”选项卡中，执行“供应链”|“库存管理”|“入库业务”|“产成品入库单”命令，进入“产成品入库单”窗口。找到 0000000002 号产成品入库单(2019-03-26 收到 20 台当月加工的计算机)，确认无误后，单击“审核”按钮，表体下方审核人处显示“黄红”，如图 7-11 所示。

图 7-11 审核产成品入库单

(三) 查询收发存汇总表。

在“业务工作”选项卡中，执行“供应链”|“库存管理”|“报表”|“统计表”|“收发存汇总表”命令，在跳出的“过滤条件选择”窗口，单据日期自动显示从 2019-03-01 到 2019-03-26，单击“过滤”按钮，进入“收发存汇总表”窗口，如图 7-12 所示。

收发存汇总表

仓库名称	存货编码	存货代码	存货名称	规格型号	主计量单位	存货大类编码	存货分类名称	期初结存数量	期初结存金额	总计_入库数量	入库	总计_出库数量	_出库	期末结存数量	期末结存金额
原料仓库	001		PIII芯片		盒	01	原材料	700.00						700.00	
原料仓库	002		40G硬盘		盒	01	原材料	200.00		200.00				400.00	
原料仓库	003		17寸显示器		台	01	原材料			200.00				200.00	
原料仓库	005		鼠标		只	01	原材料			300.00				300.00	
原料仓库	013		P4 2.4G		盒	01	原材料			298.00				298.00	
成品仓库	006		计算机		台	02	产成品	380.00		30.00		87.00		323.00	
外购品仓库	007		1600K打...		台	01	原材料	400.00				30.00		370.00	
合　计								1,680.00		1,028.00		117.00		2,591.00	

【用友软件】

图 7-12 收发存汇总表

退出企业应用平台。由系统管理员(admin)在“系统管理”中备份数据，如备份至“D:\002 账套备份数据\7.2 产成品入库”，便于以后引入。

【拓展阅读】

本案例中涉及的产成品入库业务重点是介绍库存管理系统实现产成品入库单的操作。当产品生产完毕送达仓库时，仓库保管员需要填写产成品入库单登记产品情况，并能通过收发存汇总表进行查询。

7.3 销售分批出库

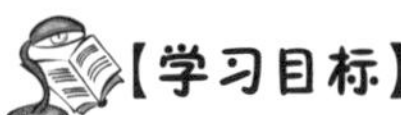

【学习目标】

掌握使用用友 ERP 软件处理销售分批出库业务的操作方法。

【引出问题】

一般情况下，同一销售订单统一打包出库。但若客户提出需求，同一订单要求分批出库，这种情况下就需要在库存管理系统中进行销售分批出库处理。

【案例陈述】

（一）2019/03/27 业务二部向精益公司出售 17 寸显示器 20 台，由原料仓库发货，报价为 1 500 元/台，同时开具专用发票一张，发票号为 11111。

（二）2019/03/27 根据客户需要从原料仓库领出 15 台显示器进行出库。

（三）2019/03/28 根据客户需要再从原料仓库领出 5 台显示器进行出库。

【案例分析】

（一）填制并审核发货单。

（1）系统时间修改为 2019-03-31。

（2）启动"系统管理"，由系统管理员（admin）注册登录，引入"7.2 产成品入库"对应的账套，导入到"7.3 销售分批出库"文件夹。

（3）启动企业应用平台，由[002]张晶登录，操作日期为 2019-03-27。

（4）在"业务工作"选项卡中，执行"供应链"|"销售管理"|"设置"|"销售选项"命令，进入"销售选项"窗口。将"销售生成出库单"复选框的勾选去掉，此时"销售必填批号"点亮，如图 7-13 所示。

（5）在"业务工作"选项卡中，执行"供应链"|"销售管理"|"销售发货"|"发货单"命令，进入"发货单"窗口。单击"增加"按钮，跳出"选择订单"窗口，点击"取消"，关闭该窗口，发货单号、发货日期自动添加。在表头位置作如下操作：业务类型参照选择"普通销售"，销售类型参照选择"经销"，客户简称参照选择"精益公司"，销售部门参照选择"业务二部"，业务员参照选择"王丽"，税率输入"17.00"。在表体位置作如下操作：仓库参照选择"原料仓库"，存货编码参照选择"003(17 寸显示器)"，主计量单位"台"，数量输入"20"，报价输入"1500"，含

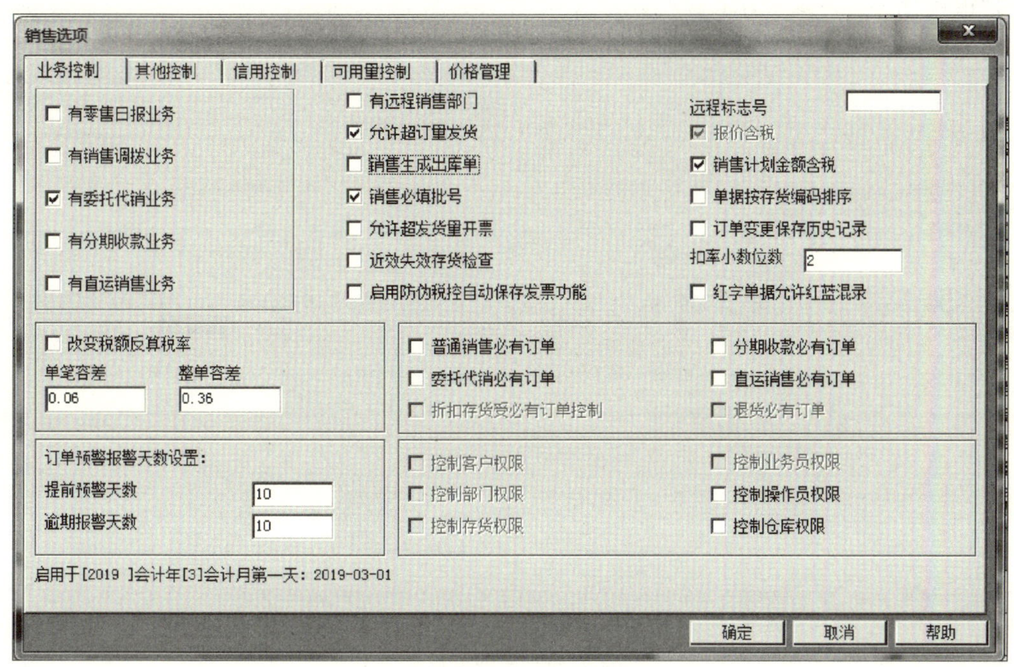

图 7-13 销售选项

税单价、无税单价、无税金额、税额和价税合计自动汇算。单击“保存”按钮，表体下方制单人处显示“张晶”，如图7-14所示。

发货单

打印模版 发货单打印模版

表体排序

合并显示

发货单号 0000000010　发货日期 2019-03-27　业务类型 普通销售

销售类型 经销　订单号　发票号

客户简称 精益公司　销售部门 业务二部　业务员 王丽

发货地址　发运方式　付款条件

税率 17.00　币种 人民币　汇率 1

备注

	仓库名称	存货编码	存货名称	规格型号	主计量	数量	报价	含税单价	无税单价	无税金额	税额	价税合计	税率（%）	折扣额
1	原料仓库	003	17寸显示器		台	20.00	1500.00	1500.00	1282.05	25641.03	4358.97	30000.00	17.00	
2														
3														
4														
5														
6														
7														
8														
9														
10														
11														
12														
合计						20.00				25641.03	4358.97	30000.00		

制单人 张晶　审核人　关闭人

图 7-14 填制发货单

(6) 重注册，由[001]黄红登录“企业应用平台”，操作日期为 2019-03-27。在“业务工作”选项卡中，执行“供应链”|“销售管理”|“销售发货”|“发货单”命令，进入“发货单”窗口。审核 0000000010 号发货单(2019-03-27 向精益公司出售 20 台 17 寸显示器)，确认无误后，

单击“审核”按钮，表体下方审核人处显示“黄红”，如图 7-15 所示。

发货单

打印模版 发货单打印模版

表体排序

合并显示 □

发货单号 0000000010　发货日期 2019-03-27　业务类型 普通销售

销售类型 经销　订单号　发票号

客户简称 精益公司　销售部门 业务二部　业务员 王丽

发货地址　发运方式　付款条件

税率 17.00　币种 人民币　汇率 1

备注

	仓库名称	存货编码	存货名称	规格型号	主计量	数量	报价	含税单价	无税单价	无税金额	税额	价税合计	税率（%）	折扣额	扣率（%）
1	原料仓库	003	17寸显示器		台	20.00	1500.00	1500.00	1282.05	25641.03	4358.97	30000.00	17.00	0.00	100.0
2															
3															
4															
5															
6															
7															
8															
9															
10															
11															
12															
合计						20.00				25641.03	4358.97	30000.00		0.00	

制单人 张晶　审核人 黄红　关闭人

图 7-15　审核发货单

(7) 重注册，由[002]张晶登录“企业应用平台”，操作日期为 2019-03-27。在“业务工作”选项卡中，执行“供应链”|“销售管理”|“销售开票”|“销售专用发票”命令，进入“销售专用发票”窗口。单击“增加”按钮，跳出“过滤条件选择”窗口，发货单日期输入“2019-03-27 到 2019-03-27”，单击“过滤”按钮，双击选择该记录，如图 7-16 所示。

参照生单

输出　确定　定位　全选　全消　查询　刷新　栏目　滤设　自动匹

页大小 20

□ 选中合计

记录总数：1

选择	税率（%）	业务类型	销售类型	发货单号	发货日期	币名	汇率	开票单位编码	客户简称	开票单位名称	销售部
Y	17.00	普通销售	经销	0000000010	2019-03-27	人民币	1.00000000	JYGS	精益公司	精益公司	业务二部
合计											

发票参照发货单

□ 选中合计

记录总数：1

选择	T...	T...	仓库	货物编号	:	货物名称	I...	未开票数量	税率（%）	数量	无税金额	税额	价税合计	报价
Y			原料仓库	003		17寸显示器		20.00	17.00	20.00	25,641.03	4,358.97	30,000.00	1,500
合计								20.00		20.00	25,641.03	4,358.97	30,000.00	

图 7-16　参照生单

(8) 单击“确定”按钮，返回“销售专用发票”界面，此时已参照“发货单”生成“销售专用发票”。输入发票号“11111”，单击“保存”按钮，表体下方制单人处显示“张晶”，如图 7-17 所示。

销售专用发票

销售专用发票

打印模版 销售专用发票打印模

表体排序

合并显示 □

发票号 11111　开票日期 2019-03-27　业务类型 普通销售
销售类型 经销　订单号　发货单号 0000000010
客户简称 精益公司　销售部门 业务二部　业务员 王丽
付款条件　客户地址　联系电话
开户银行 光大银行上海分行　账号 158　税号 315000123
币种 人民币　汇率 1　税率 17.00
备注

	仓库名称	存货编码	存货名称	规格型号	主计量	数量	报价	含税单价	无税单价	无税金额	税额	价税合计	税率（%）	折扣额	扣率（%
1	原料仓库	003	17寸显示器		台	20.00	1500.00	1500.00	1282.05	25641.03	4358.97	30000.00	17.00	0.00	10
2															
3															
4															
5															
6															
7															
8															
9															
10															
合计						20.00				25641.03	4358.97	30000.00		0.00	

单位名称 上海好友软件有限公司　本单位税号 3103256437200　本单位开户银行 上海分行淮海路分理处
制单人 张晶　复核人　银行账号 765848981258

图 7-17　生成销售专用发票

(9) 重注册，由[001]黄红登录“企业应用平台”，操作日期为 2019-03-27。在“业务工作”选项卡中，执行“供应链”|“销售管理”|“销售开票”|“销售专用发票”命令，进入“销售专用发票”窗口。找到 11111 号发票(2019-03-27 向精益公司出售 20 台 17 寸显示器)，确认无误后，单击“复核”按钮，表体下方复核人处显示“黄红”，如图 7-18 所示。

销售专用发票

销售专用发票

打印模版 销售专用发票打印模

表体排序

合并显示 □

发票号 11111　开票日期 2019-03-27　业务类型 普通销售
销售类型 经销　订单号　发货单号 0000000010
客户简称 精益公司　销售部门 业务二部　业务员 王丽
付款条件　客户地址　联系电话
开户银行 光大银行上海分行　账号 158　税号 315000123
币种 人民币　汇率 1　税率 17.00
备注

	仓库名称	存货编码	存货名称	规格型号	主计量	数量	报价	含税单价	无税单价	无税金额	税额	价税合计	税率（%）	折扣额	扣率（%）
1	原料仓库	003	17寸显示器		台	20.00	1500.00	1500.00	1282.05	25641.03	4358.97	30000.00	17.00	0.00	100.00
2															
3															
4															
5															
6															
7															
8															
9															
10															
合计						20.00				25641.03	4358.97	30000.00		0.00	

单位名称 上海好友软件有限公司　本单位税号 3103256437200　本单位开户银行 上海分行淮海路分理处
制单人 张晶　复核人 黄红　银行账号 765848981258

图 7-18　复核销售专用发票

（二）填制第一批出库单。

（1）重注册，由[003]王平登录，操作日期为2019-03-27。在“业务工作”选项卡中，执行“供应链”|“库存管理”|“出库业务”|“销售出库单”命令，进入“销售出库单”窗口。单击“生单”|“销售生单”按钮，跳出“过滤条件选择”窗口，单击“过滤”，单据日期为“2019-03-27到2019-03-27”，显示2019-03-27的销售发货记录，在跳出的“销售生单”窗口中，双击选择该记录，如图7-19所示。

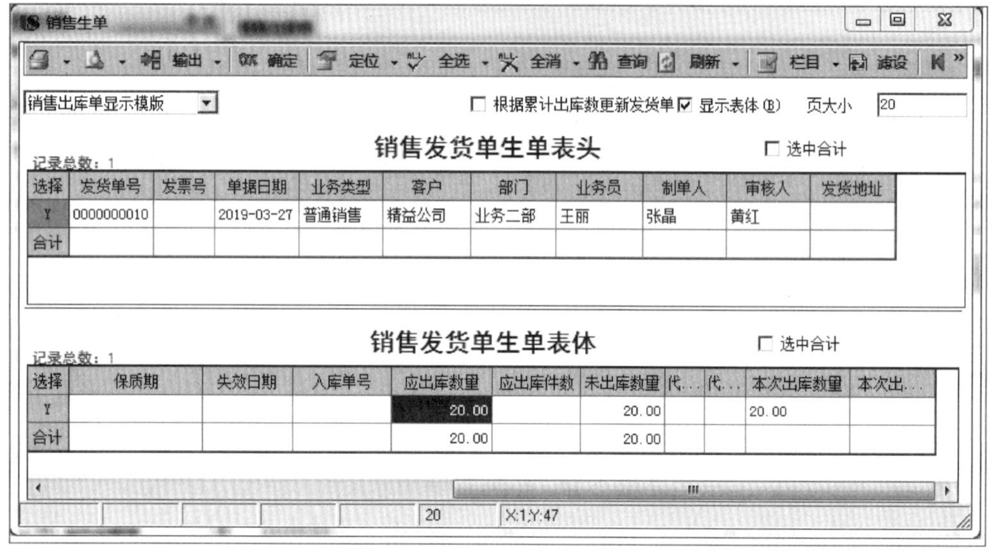

图7-19 销售生单

（2）单击“确定”，返回“销售出库单”窗口，此时已参照“发货单”生成“销售出库单”，将表体中003存货编码对应的“数量”处修改为“15”，单击“保存”，表体下方制单人处显示“王平”，如图7-20所示。

图7-20 生成销售出库单

（3）重注册，由[001]黄红登录“企业应用平台”，操作日期为2019-03-27。在“业务工作”选项卡中，执行“供应链”|“库存管理”|“出库业务”|“销售出库单”命令，进入“销售出库单”窗口。找到0000000011号出库单(2019-03-27领出第一批15台17寸显示器)，确认无误后，单击“审核”按钮，跳出“该单据审核成功！”提示框，表体下方审核人处显示“黄红”，如图7-21所示。

图7-21　审核销售出库单

（三）填制第二批出库单。

（1）重注册，由[003]王平登录，操作日期为2019-03-28。在“业务工作”选项卡中，执行“供应链”|“库存管理”|“出库业务”|“销售出库单”命令，进入“销售出库单”窗口。单击“生单”|“销售生单”按钮，跳出“过滤条件选择”窗口，单据日期输入“2019-03-27到2019-03-27”，单击“过滤”，在跳出的“销售生单”窗口中，双击选择该记录，表体中“未出库数量”和“本次出库数量”处自动显示“5.00”。这里“本次出库数量”是可修改状态，即可以分多批出库。此案例分两批出库，这是第二批，因此不再进行修改，如图7-22所示。

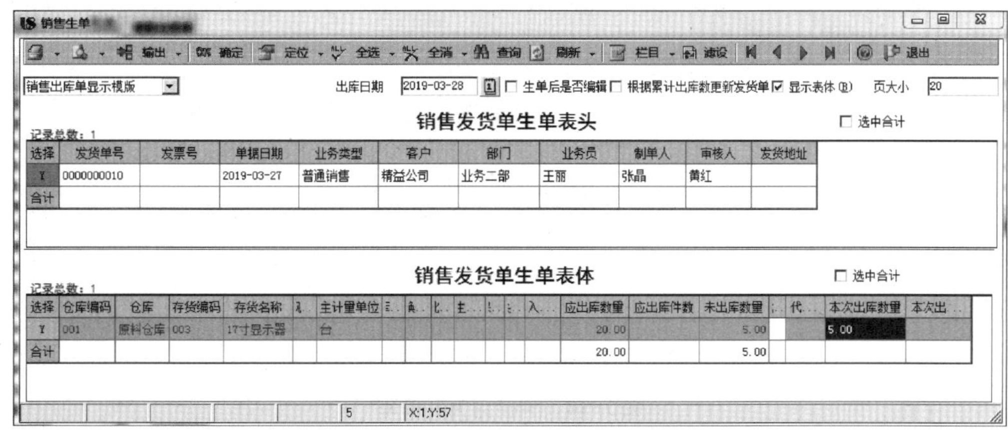

图7-22　销售生单

（2）单击“确定”，返回“销售出库单”窗口，此时已参照“发货单”生成“销售出库单”，在表体中 003 存货编码对应的“数量”处自动显示为“5.00”，单击“保存”表体下方制单人处显示“王平”，如图 7-23 所示。

销售出库单

销售出库单 销售出库单打印模版

表体排序 ◉ 蓝字 ○ 红字

出库单号 0000000012　出库日期 2019-03-28　仓库 原料仓库

出库类别 销售出库　业务类型 普通销售　业务号 0000000010

销售部门 业务二部　业务员 王丽　客户 精益公司

审核日期　备注

	存货编码	存货名称	规格型号	主计量单位	数量	单价	金额
1	003	17寸显示器		台	5.00		
2							
3							
4							
5							
6							
7							
8							
9							
10							
11							
12							
13							
14							
合计					5.00		

制单人 王平　审核人

现存量

图 7-23　生成销售出库单

（3）重注册，由[001]黄红登录“企业应用平台”，操作时间为 2019-03-28。在“业务工作”选项卡中，执行“供应链”|“库存管理”|“出库业务”|“销售出库单”命令，进入“销售出库单”窗口。找到 0000000012 出库单号（2019-03-28 领出第二批 5 台 17 寸显示器），确认无误后，单击“审核”按钮，跳出“该单据审核成功！”提示框，表体下方审核人处显示“黄红”，如图 7-24 所示。

销售出库单

销售出库单 销售出库单打印模版

表体排序 ◉ 蓝字 ○ 红字

出库单号 0000000012　出库日期 2019-03-28　仓库 原料仓库

出库类别 销售出库　业务类型 普通销售　业务号 0000000010

销售部门 业务二部　业务员 王丽　客户 精益公司

审核日期 2019-03-28　备注

	存货编码	存货名称	规格型号	主计量单位	数量	单价	金额
1	003	17寸显示器		台	5.00		
2							
3							
4							
5							
6							
7							
8							
9							
10							
11							
12							
13							
14							
合计					5.00		

库存管理

该单据审核成功！

确定

制单人 王平　审核人 黄红

现存量

图 7-24　审核销售出库单

(4) 退出企业应用平台。由系统管理员(admin)在"系统管理"中备份数据,如备份至"D:\002 账套备份数据\7.3 销售分批出库",便于以后引入。

由于在销售管理系统的销售选项中设置了业务控制"是否销售生成出库单",因此,在销售管理系统中填制并审核发货单后,系统会参照发货单直接生成销售出库单,此时出库单上的数量与发货单中的数量一致,并不得更改。如果要进行销售分批出库,必须对销售管理系统参数进行设置,取消对"是否销售生成出库单"的选择。这是销售分批出库操作的第一步。再到销售管理系统中,填制并审核发货单,根据发货单填制并复核销售发票。然后在库存系统中,分次填制销售出库单,最后一张销售出库单上的数量和金额会自动计算。值得注意的是,填制的销售出库单自动保存,如果填错,可以单击"修改"按钮,在销售出库单表体中进行修改。

7.4 材料领用

【学习目标】

掌握使用用友 ERP 软件处理材料领用业务的操作方法。

【引出问题】

生产制造型企业在生产过程中,需要从原料仓库领用材料到生产车间。原料仓库保管员需要填写材料领用单。

【案例陈述】

2019/03/25 一车间向原料仓库领用 PIII 芯片 100 盒、40G 硬盘 100 盒,用于生产。

【案例分析】

(1) 系统时间修改为 2019-03-31。

(2) 启动"系统管理",由系统管理员(admin)注册登录,引入"7.3 销售分批出库"对应的账套,导入到"7.4 材料领用"文件夹。

(3) 启动企业应用平台,由[003]王平登录,操作日期为 2019-03-25。在"业务工作"选项卡中,执行"供应链"|"库存管理"|"出库业务"|"材料出库单"命令,进入"材料出库单"窗口。单击"增加"按钮,出库单号、出库日期自动添加,在表头位置作如下操作:仓库参照选择"原料仓库",业务类型参照选择"领料",出库类别参照选择"生产领用",部门参照选择"一车间"。在表体位置作如下操作:材料编码参照选择"001(PIII 芯片)",主计量单位"盒",数量输入"100";存货编码参照选择"002(40G 硬盘)",主计量单位"盒",数量

输入“100”,单价都空着。单击“保存”按钮保存该材料出库单,表体下方制单人处显示“王平”,如图 7-25 所示。

材料出库单

材料出库单　　材料出库单打印模版

表体排序

蓝字
红字

出库单号 0000000001　　出库日期 2019-03-25　　仓库 原料仓库
订单号　　产品编码　　产量 0.00
生产批号　　业务类型 领料　　业务号
出库类别 生产领用　　部门 一车间　　委外商
审核日期　　备注

	材料编码	材料名称	规格型号	主计量单位	数量	单价	金额
1	001	PIII芯片		盒	100.00		
2	002	40G硬盘		盒	100.00		
3							
4							
5							
6							
7							
8							
9							
10							
11							
12							
13							
14							
合计					200.00		

制单人 王平　　审核人
现存量 600.00

图 7-25　填制材料出库单

(4) 重注册,由[001]黄红登录“企业应用平台”,操作日期为 2019-03-25。在“业务工作”选项卡中,执行“供应链”|“库存管理”|“出库业务”|“材料出库单”命令,进入“材料出库单”窗口。找到 0000000001 号出库单(2019-03-25 领用 100 盒 PIII 芯片和 40G 硬盘),确认无误后,单击“审核”按钮,跳出“该单据审核成功!”提示框,表体下方审核人处显示“黄红”,如图 7-26 所示。

材料出库单

材料出库单　　材料出库单打印模版

表体排序

蓝字
红字

出库单号 0000000001　　出库日期 2019-03-25　　仓库 原料仓库
订单号　　产品编码　　产量 0.00
生产批号　　业务类型 领料　　业务号
出库类别 生产领用　　部门 一车间　　委外商
审核日期 2019-03-25　　备注

	材料编码	材料名称	规格型号	主计量单位	数量	单价	金额
1	001	PIII芯片		盒	100.00		
2	002	40G硬盘		盒	100.00		
3							
4							
5							
6							
7							
8							
9							
10							
11							
12							
13							
14							
合计					200.00		

库存管理
该单据审核成功!
确定

制单人 王平　　审核人 黄红
现存量

图 7-26　审核材料出库单

(5) 退出企业应用平台。由系统管理员(admin)在“系统管理”中备份数据,如备份至“D:\002 账套备份数据\7.4 材料领用”,便于以后引入。

【拓展阅读】

本案例涉及的业务非常简单,直接在库存管理系统中,填制并审核材料出库单即可。

7.5 调拨业务

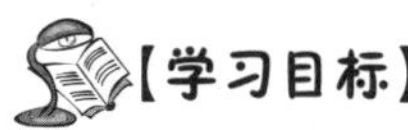【学习目标】

掌握使用用友 ERP 软件处理调拨业务的操作方法。

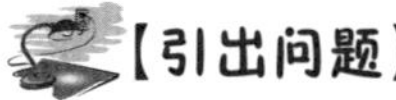【引出问题】

调拨是指存货在仓库之间或者部门之间转移的业务,在同一个业务日期,转入仓库和转出仓库相同的所有存货可以填列在一张调拨单上完成调拨业务的账面调动。仓库保管员需要登记存货的调拨情况。

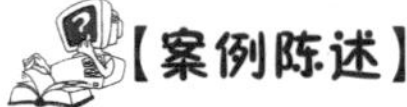【案例陈述】

2019/03/29 将原料仓库中的 50 只键盘调拨到外购品仓库。

【案例分析】

(1) 系统时间修改为 2019-03-31。

(2) 启动“系统管理”,由系统管理员(admin)注册登录,引入“7.4 材料领用”对应的账套,导入到“7.5 调拨业务”文件夹。

(3) 启动企业应用平台,由[003]王平登录,操作日期为 2019-03-29。在“业务工作”选项卡中,执行“供应链”|“库存管理”|“调拨业务”|“调拨申请单”命令,进入“调拨申请单”窗口。单击“增加”按钮,单据号、日期自动添加,在表头位置作如下操作:转出仓库参照选择“原料仓库”,转入仓库参照选择“外购品仓库”,入库类别参照选择“调拨入库”,出库类别参照选择“调拨出库”。在表体位置作如下操作:存货编码参照选择“004(键盘)”,主计量单位“只”,数量输入“50”,单价空着。单击“保存”按钮保存该调拨申请单,表体下方制单人处显示“王平”,如图 7-27 所示。

(4) 重注册,由[001]黄红登录“企业应用平台”,操作日期为 2019-03-29。在“业务工作”选项卡中,执行“供应链”|“库存管理”|“调拨业务”|“调拨申请单”命令,进入“调拨申请单”窗口。找到 0000000001 号调拨申请单(2019-03-29 将原料仓库中的 50 只键盘调拨到外购品仓库),确认无误后,单击“批复”,再单击“保存”,然后单击“审核”,表体下方审核人处显示“黄红”,如图 7-28 所示。

图 7-27　填制调拨申请单

图 7-28　审核调拨申请单

(5) 重注册,由[003]王平登录,操作日期为 2019-03-29。在"业务工作"选项卡中,执行"供应链"|"库存管理"|"调拨业务"|"调拨单"命令,进入"调拨单"窗口。单击"增加"按钮,单据号、日期自动添加,单击"生单"|"调拨申请单"按钮,跳出"过滤条件选择"窗口,日期输入"2019-03-29 到 2019-03-29",单击"过滤",跳出"调拨申请单生单列表"窗口,双击选择该记录,如图 7-29 所示。

(6) 单击"确定",返回"调拨单"界面,此时已参照"调拨申请单"生成"调拨单"。单击"保存"按钮保存该调拨单,表体下方制单人处显示"王平",如图 7-30 所示。

调拨申请单生单列表

输出 确定 定位 全选 全消 查询 刷新 栏目 滤设

调拨单显示模版　　☑ 显示表体(B)　页大小 20

调拨申请单生单表头　　☐ 选中合计

记录总数：1

选择	日期	单据号	转出仓库	转入仓库	转出部门	转入部门	入库类别	出库类别	申请人	制单人	备注
Y	2019-03-29	0000000001	原料仓库	外购品仓库			调拨入库	调拨出库		王平	
合计											

调拨申请单生单表体　　☐ 选中合计

记录总数：1

选择	存货编码	存货名称	规格型号	主计量单位	批复数量	已调拨数量	数量	未调拨数量	单价	金额
Y	004	键盘		只	50.00		50.00	50.00		
合计					50.00		50.00	50.00		

空值!　X:2,Y:14

图 7-29　调拨申请单生单列表

调拨单

调拨单　　调拨单打印模版

表体排序

单据号 0000000001　　日期 2019-03-29　　调拨申请单号 0000000001

转出部门　　转入部门　　转出仓库 原料仓库

转入仓库 外购品仓库　　出库类别 调拨出库　　入库类别 调拨入库

经手人　　审核日期　　备注

	存货编码	存货名称	规格型号	主计量单位	数量	单价	金额
1	004	键盘		只	50.00		
2							
3							
4							
5							
6							
7							
8							
9							
10							
11							
12							
13							
14							
15							
合计					50.00		

现存量 298.00　　制单人 王平　　审核人

图 7-30　生成调拨单

(7) 重注册，由[001]黄红登录“企业应用平台”，操作日期为 2019-03-29。在“业务工作”选项卡中，执行“供应链”|“库存管理”|“调拨业务”|“调拨单”命令，进入“调拨单”窗口。找到 0000000001 号调拨单(2019-03-29 将原料仓库中的 50 只键盘调拨到外购品仓库)，确认无误后，单击“审核”按钮，跳出“该单据审核成功!”提示框，表体下方审核人处显示“黄红”，如图 7-31 所示。

(8) 在“业务工作”选项卡中，执行“供应链”|“库存管理”|“入库业务”|“其他入库单”命令，进入“其他入库单”窗口。找到 0000000001 号其他入库单(2019-03-29 将原料仓库中的 50 只键盘调拨到外购品仓库编制的其他入库单)，确认无误后，单击“审核”按钮，表体下方制单人和审核人处均显示“黄红”，如图 7-32 所示。

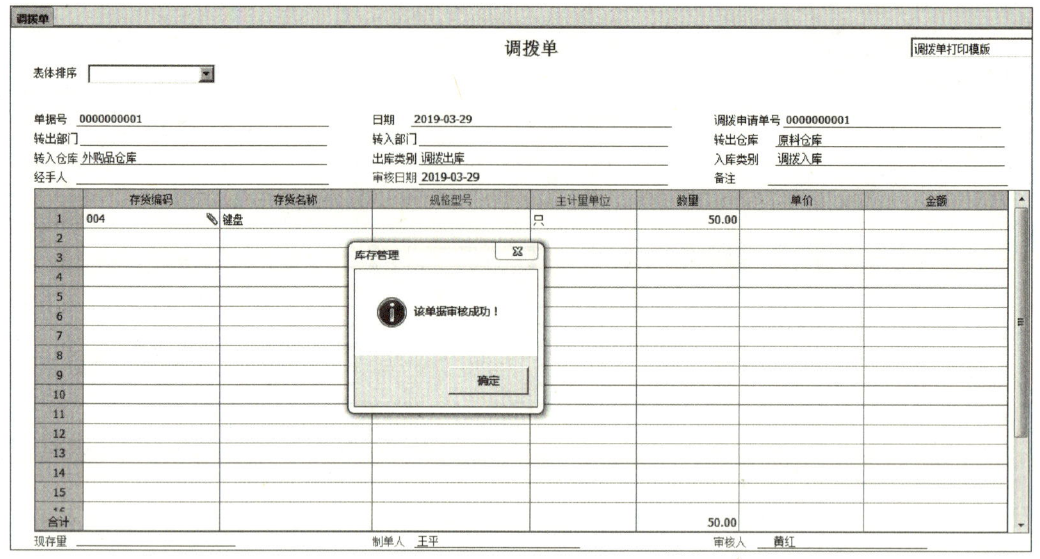

图 7-31　审核调拨单

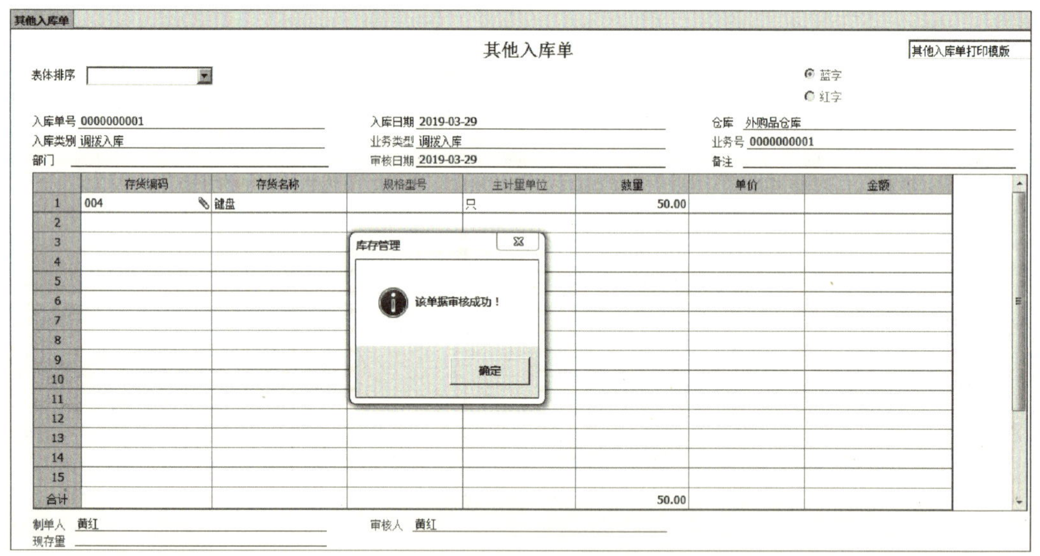

图 7-32　审核其他入库单

(9) 在“业务工作”选项卡中，执行“供应链”|“库存管理”|“出库业务”|“其他出库单”命令，进入“其他出库单”窗口。找到 0000000001 号其他出库单(2019-03-29 将原料仓库中的 50 只键盘调拨到外购品仓库编制的其他出库单)，确认无误后，单击“审核”按钮，表体下方制单人和审核人处均显示“黄红”，如图 7-33 所示。

(10) 在“业务工作”选项卡中，执行“供应链”|“存货核算”|“业务核算”|“特殊单据记账”命令，跳出“特殊单据记账条件”窗口，单据类型选择“调拨单”，单击“确定”，进入“特殊单据记账”窗口。双击选择该调拨单据，如图 7-34 所示。

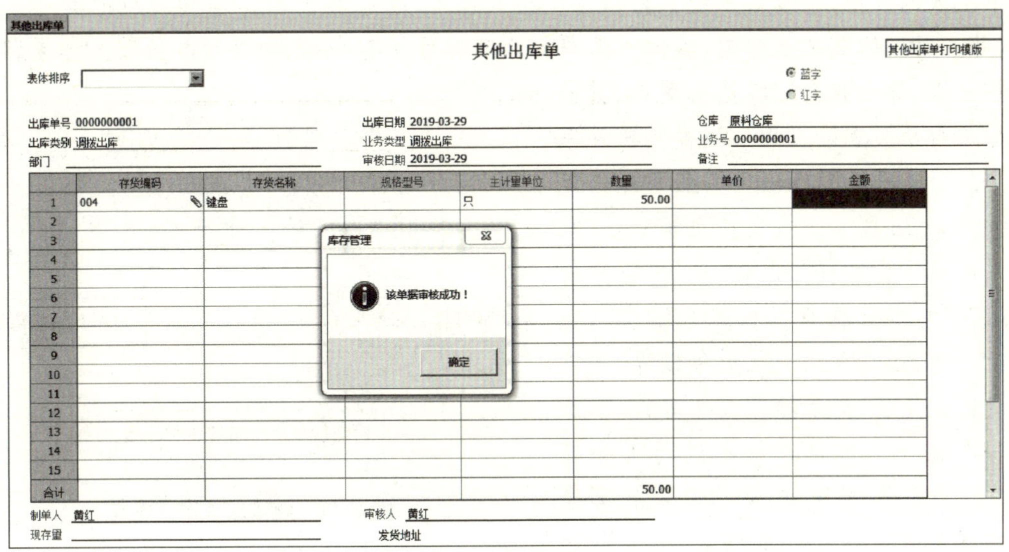

图 7-33　审核其他出库单

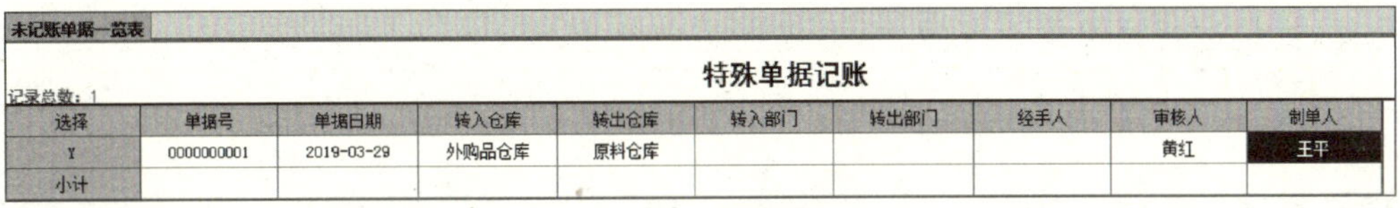

未记账单据一览表

特殊单据记账

记录总数：1

选择	单据号	单据日期	转入仓库	转出仓库	转入部门	转出部门	经手人	审核人	制单人
Y	0000000001	2019-03-29	外购品仓库	原料仓库				黄红	王平
小计									

图 7-34　特殊单据记账

（11）单击“记账”按钮，跳出“手工输入单价列表”窗口，由于前面没有输入单价，在原料仓库和外购品仓库中，单价均输入“0”，如图 7-35 所示。单击“确定”，跳出“记账成功！”提示框，单击“确定”，“未记账单据一览表”中不再显示该单据。

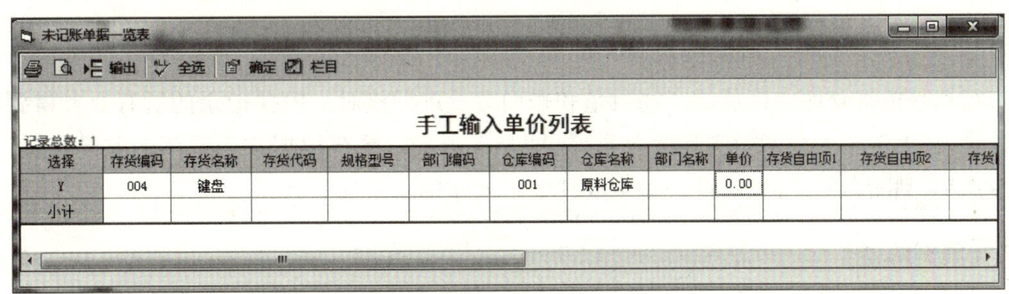

图 7-35　手工输入单价列表

（12）退出企业应用平台。由系统管理员（admin）在“系统管理”中备份数据，如备份至“D:\002 账套备份数据\7.5 调拨业务”，便于以后引入。

【拓展阅读】

在库存管理系统中处理调拨单时，先填制、复核并审核调拨申请单，再参照调拨申请单生成调拨单，审核后系统自动根据调出或调入，生成其他出库单和对应的其他入库单，并且对应的其他出库单、其他入库单处于审核后状态，不允许弃审和修改。如果调拨单被弃审，那么相应的其他出库单、其他入库单自动被删除。最后到存货核算系统中执行特殊单据记账。其业务操作流程如图 7-36 所示。在调拨过程中，若只输入调拨数量，不输入调拨单价（即单价输入"0"），那么在存货核算系统中只能进行业务核算，无法进行财务核算，不能生成记账凭证；如果输入调拨单价，那么还需要在存货核算系统中进行财务核算。值得注意的是，在期初存货核算模块中设置存货按照仓库核算，那么转出仓库和转入仓库必须输入；在调拨申请单填制后必须进行批复，之后再审核，否则调拨单在进行参照调拨申请单生单时调拨申请单列表中不显示该单据；若不进行调拨申请单处理，直接进行调拨单业务操作，系统也是支持的。

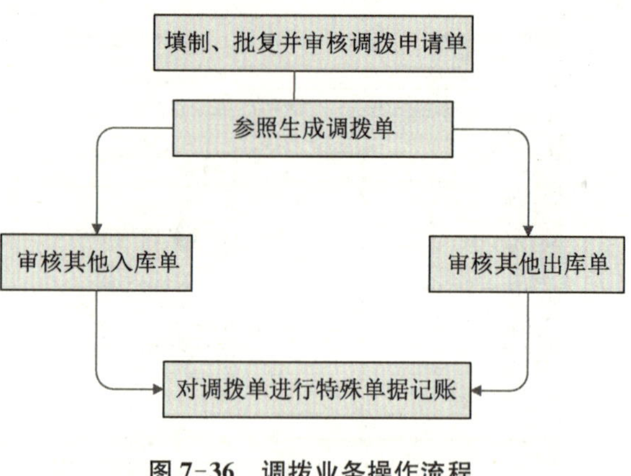

图 7-36　调拨业务操作流程

7.6 盘点业务

【学习目标】

掌握使用用友 ERP 软件处理盘点业务的操作方法。

【引出问题】

盘点是指将仓库中存货的实物数量和账面数量进行核对。根据记录的所有业务得到账面数量，再手工录入仓库中实际库存数量（即盘点数量），系统根据它们之间的差异，通过填制盘点单，判断盘亏或盘盈，再自动生成其他出入库单。

【案例陈述】

（一）2019/03/29 对前一天记入原料仓库的所有存货进行盘点。

（二）盘点后，发现键盘少了一只。

【案例分析】

（一）进行盘点前业务处理。

(1) 系统时间修改为 2019-03-31。

(2) 启动"系统管理"，由系统管理员（admin）注册登录，引入"7.5 调拨业务"对应的账套，导入到“7.6 盘点业务”文件夹。

(3) 启动企业应用平台，由[003]王平登录，操作日期为 2019-03-29。在“业务工作”选项卡中，执行“供应链”|“库存管理”|“盘点业务”|“盘点单”命令，进入“盘点单”窗口。单击“增加”按钮，盘点单号、盘点日期、账面日期自动添加，在表头位置作如下操作：账面日期参照选择“2019-03-28”，盘点仓库参照选择“原料仓库”，出库类别参照选择“盘亏出库”，入库类别参照选择“盘盈入库”。单击“盘库”按钮，跳出“盘库将删除未保存的所有记录，是否继续?”系统提示框，表体下方制单人处显示“王平”，如图 7-37 所示。

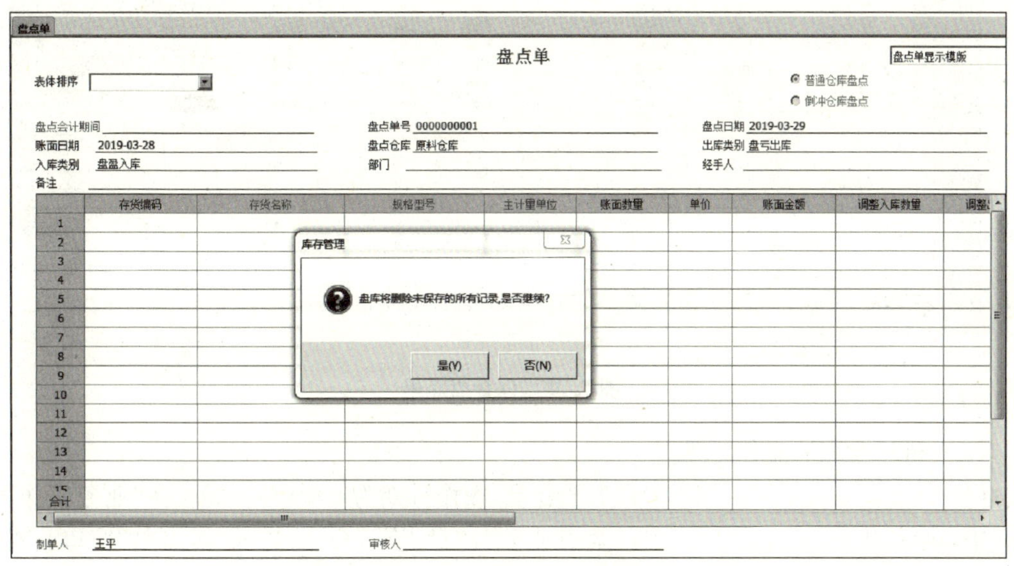

图 7-37　填制盘点单(盘库)

(4) 单击“是”，跳出“盘点处理”窗口，勾选中“按仓库盘点”，根据盘点实际需要决定是否勾选中“是否按周期盘点”“账面为零时是否盘点”，如图 7-38 所示。

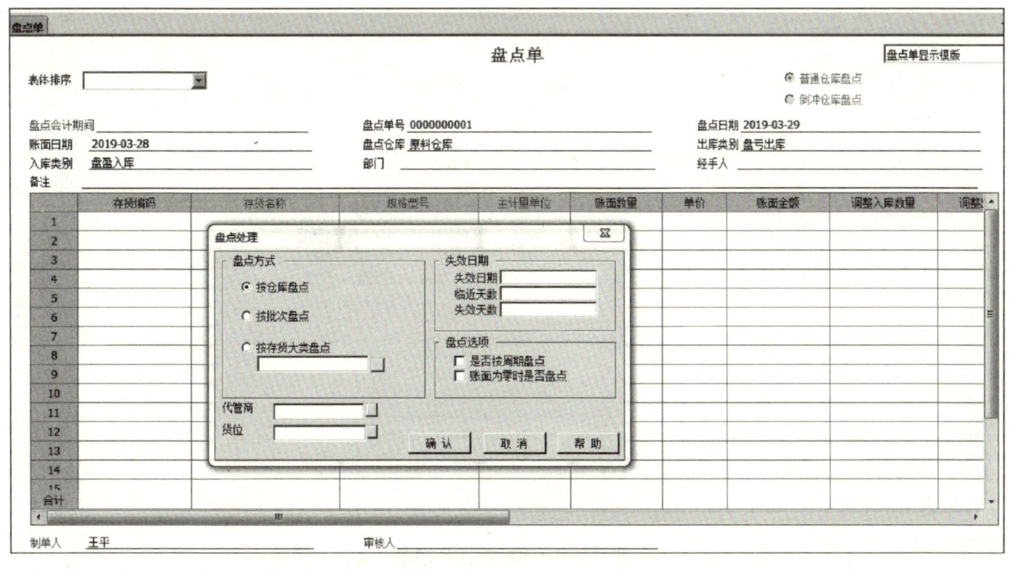

图 7-38　填制盘点单(盘点方式)

(5) 单击“确认”按钮,返回“盘点单”窗口,单击“保存”按钮保存该盘点单,如图 7-39 所示。

盘点单

盘点单 | 盘点单打印模版

表体排序

◉ 普通仓库盘点 ○ 倒冲仓库盘点

盘点会计期间 | 盘点单号 0000000001 | 盘点日期 2019-03-29
账面日期 2019-03-28 | 盘点仓库 原料仓库 | 出库类别 盘亏出库
入库类别 盘盈入库 | 部门 | 经手人
备注

	存货编码	存货名称	规…	主计量单位	账面数量	单价	账面金额	调整入库数量	调整出库数量	账面调节数量	盘点数量	盘点金额	盘亏数量	盘亏金额	合理损耗率
1	001	PⅢ芯片		盒	600.00			0.00	0.00	600.00	600.00		0.00		
2	002	40G硬盘		盒	300.00			0.00	0.00	300.00	300.00		0.00		
3	003	17寸显示器		台	180.00			0.00	0.00	180.00	180.00		0.00		
4	004	键盘		只	300.00			-2.00	50.00	248.00	248.00		0.00		
5	005	鼠标		只	300.00			0.00	0.00	300.00	300.00		0.00		
6	013	P4 2.4G		盒	298.00			0.00	0.00	298.00	298.00		0.00		
7															
8															
9															
10															
11															
12															
13															
14															
合计					1978.00			-2.00	50.00	1926.00	1926.00		0.00		

制单人 王平 | 审核人

图 7-39 保存盘点单

(二) 进行盘点后业务处理。

(1) 启动企业应用平台,由[003]王平登录,操作日期为 2019-03-29。在“业务工作”选项卡中,执行“供应链”|“库存管理”|“盘点业务”|“盘点单”命令,进入“盘点单”窗口。找到 0000000001 号盘点单(2019-03-29 录入的盘点单),单击“修改”按钮,将存货编码 004(鼠标)对应的盘点数量修改为“247”,此时在对应的盘亏数量处显示“-1”,单击“保存”按钮保存该盘点单,如图 7-40 所示。

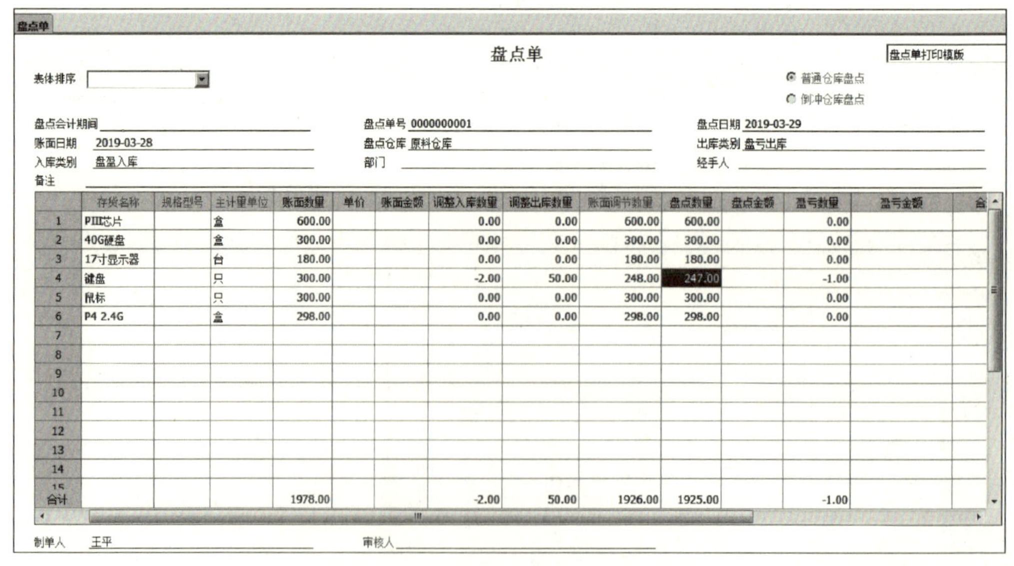

盘点单

盘点单 | 盘点单打印模版

表体排序

◉ 普通仓库盘点 ○ 倒冲仓库盘点

盘点会计期间 | 盘点单号 0000000001 | 盘点日期 2019-03-29
账面日期 2019-03-28 | 盘点仓库 原料仓库 | 出库类别 盘亏出库
入库类别 盘盈入库 | 部门 | 经手人
备注

	存货名称	规格型号	主计量单位	账面数量	单价	账面金额	调整入库数量	调整出库数量	账面调节数量	盘点数量	盘点金额	盘亏数量	盘亏金额	合
1	PⅢ芯片		盒	600.00			0.00	0.00	600.00	600.00		0.00		
2	40G硬盘		盒	300.00			0.00	0.00	300.00	300.00		0.00		
3	17寸显示器		台	180.00			0.00	0.00	180.00	180.00		0.00		
4	键盘		只	300.00			-2.00	50.00	248.00	247.00		-1.00		
5	鼠标		只	300.00			0.00	0.00	300.00	300.00		0.00		
6	P4 2.4G		盒	298.00			0.00	0.00	298.00	298.00		0.00		
7														
8														
9														
10														
11														
12														
13														
14														
合计				1978.00			-2.00	50.00	1926.00	1925.00		-1.00		

制单人 王平 | 审核人

图 7-40 修改盘点数量

(2) 重注册,由[001]黄红登录“企业应用平台”,操作日期为 2019-03-29。在“业务工作”选项卡中,执行“供应链”|“库存管理”|“盘点业务”|“盘点单”命令,进入“盘点单”窗口。找到 0000000001 号盘点单(2019-03-29 修改过的盘点单),确认无误后,单击“审核”按钮,跳出“该单据审核成功!”系统提示框,表体下方审核人处显示“黄红”,如图 7-41 所示。

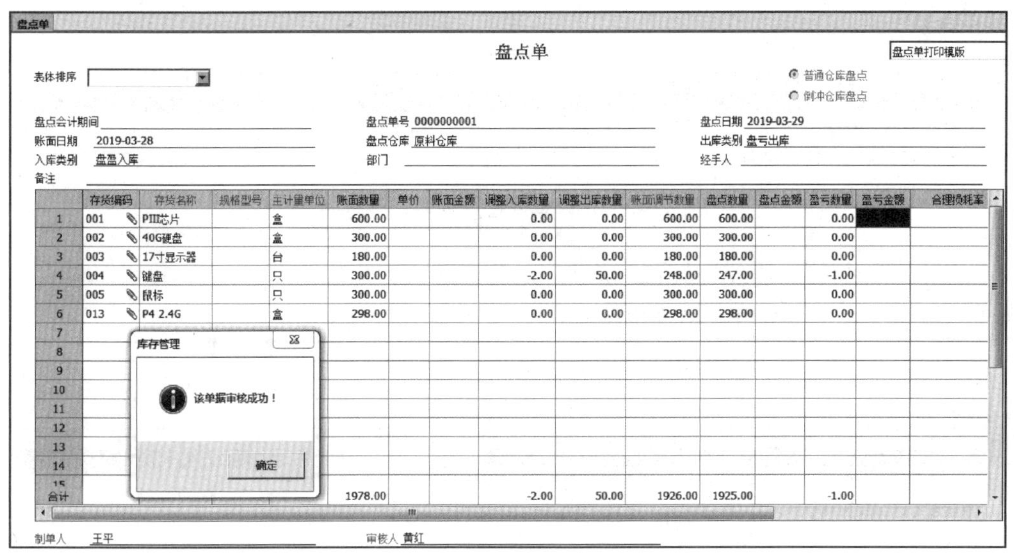
盘点单

盘点单打印模版

表体排序

◉ 普通仓库盘点　○ 倒冲仓库盘点

盘点会计期间　　盘点单号 0000000001　　盘点日期 2019-03-29

账面日期 2019-03-28　　盘点仓库 原料仓库　　出库类别 盘亏出库

入库类别 盘盈入库　　部门　　经手人

备注

	存货编码	存货名称	规格型号	主计量单位	账面数量	单价	账面金额	调整入库数量	调整出库数量	账面调节数量	盘点数量	盘点金额	盈亏数量	盈亏金额	合理损耗率
1	001	PIII芯片		盒	600.00			0.00	0.00	600.00	600.00		0.00		
2	002	40G硬盘		盒	300.00			0.00	0.00	300.00	300.00		0.00		
3	003	17寸显示器		台	180.00			0.00	0.00	180.00	180.00		0.00		
4	004	键盘		只	300.00			-2.00	50.00	248.00	247.00		-1.00		
5	005	鼠标		只	300.00			0.00	0.00	300.00	300.00		0.00		
6	013	P4 2.4G		盒	298.00			0.00	0.00	298.00	298.00		0.00		
合计					1978.00			-2.00	50.00	1926.00	1925.00		-1.00		

库存管理

该单据审核成功!

确定

制单人 王平　　审核人 黄红

图 7-41　审核盘点单

(3) 在“业务工作”选项卡中,执行“供应链”|“库存管理”|“出库业务”|“其他出库单”命令,进入“其他出库单”窗口。找到 0000000006 号出库单(2019-03-29 的盘点单盘亏出库单),确认无误后,单击“审核”按钮,跳出“该单据审核成功!”系统提示框,表体下方制单人和审核人处均显示“黄红”,如图 7-42 所示。

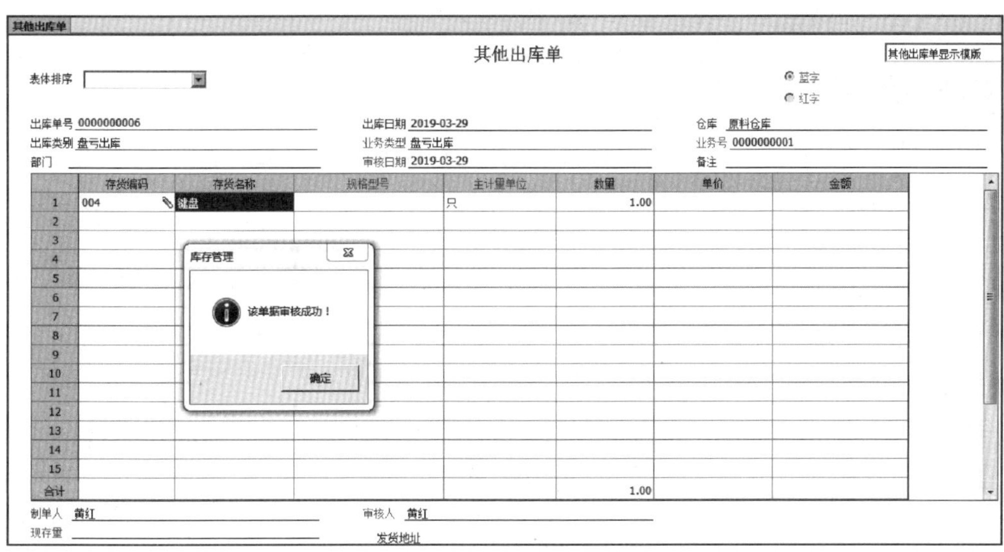
其他出库单

其他出库单显示模版

表体排序

◉ 蓝字　○ 红字

出库单号 0000000006　　出库日期 2019-03-29　　仓库 原料仓库

出库类别 盘亏出库　　业务类型 盘亏出库　　业务号 0000000001

部门　　审核日期 2019-03-29　　备注

	存货编码	存货名称	规格型号	主计量单位	数量	单价	金额
1	004	键盘		只	1.00		
合计					1.00		

库存管理

该单据审核成功!

确定

制单人 黄红　　审核人 黄红

现存量　　发货地址

图 7-42　审核其他出库单

(4) 在“业务工作”选项卡中,执行“供应链”|“存货核算”|“业务核算”|“正常单据记账”命令,跳出“过滤条件选择”窗口,日期输入“2019-03-29 到 2019-03-29”,单击“过滤”,进入“未记账单据一览表”界面。在“正常单据记账列表”中选择 0000000006 号单据[2019-03-29 存货编码 004(键盘)盘亏出库其他出库单],双击选择该记录,如图 7-43 所示。

未记账单据一览表

正常单据记账列表

记录总数:2

选择	日期	单据号	存货编码	存货名称	规格型号	存货代码	单据类型	仓库名称	收发类别	数量	单价	金额
Y	2019-03-29	0000000006	004	键盘			其他出库单	原料仓库	盘亏出库	1.00		
	2019-03-29	0000000010	004	键盘			采购入库单	原料仓库	采购入库	-2.00		
小计										-1.00		

图 7-43 正常单据记账列表(记账前)

(5) 单击“记账”按钮,跳出“记账成功”系统提示框,如图 7-44 所示。单击“确定”,“未记账单据一览表”界面不再显示该单据。

未记账单据一览表

正常单据记账列表

记录总数:2

选择	日期	单据号	存货编码	存货名称	规格型号	存货代码	单据类型	仓库名称	收发类别	数量	单价	金额
Y	2019-03-29	0000000006	004	键盘			其他出库单	原料仓库	盘亏出库	1.00		
	2019-03-29	0000000010	004	键盘			采购入库单	原料仓库	采购入库	-2.00		
小计										-1.00		

存货核算

记账成功。

确定

图 7-44 正常单据记账列表(记账成功)

(6) 退出企业应用平台。由系统管理员(admin)在“系统管理”中备份数据,如备份至“D:\002 账套备份数据\7.6 盘点业务”,便于以后引入。

为了对账实数据的相符性进行检验,需要进行盘点。为了盘点账实数据的准确性,一般情况下,盘点期间不允许货物的出入。在许多门店,经常留出一段时间歇业,开展盘点业务。盘点业务可用图 7-45 表述。

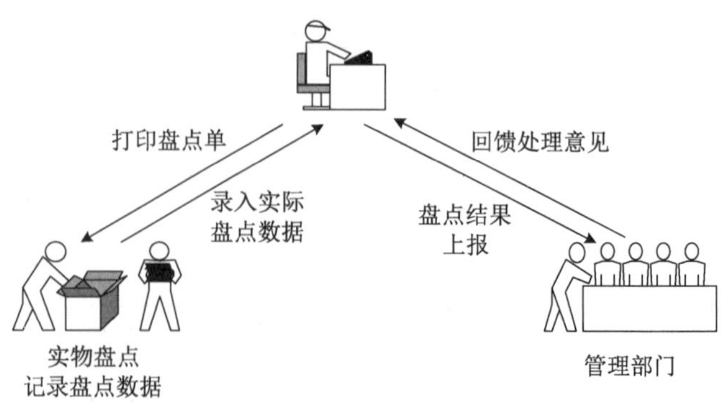

图 7-45 盘点业务

盘点业务处理分为盘点前和盘点后两种情形。盘点前,在库存管理系统中,选择仓库,填制盘点单。一般情况下,账面日期早于盘点日期。盘点后,在库存管理系统中找到盘点前对应的盘点单据,录入实际盘点数量,确定盘点金额。

此时盘点单据日期晚于盘点日期。然后在库存管理系统中,审核盘点单,系统根据盘盈或盘亏情况,自动生成其他入库单或其他出库单。最后在存货核算系统中,对系统生成的其他入库单、其他出库单进行正常单据记账。其操作流程如图 7-46 所示。

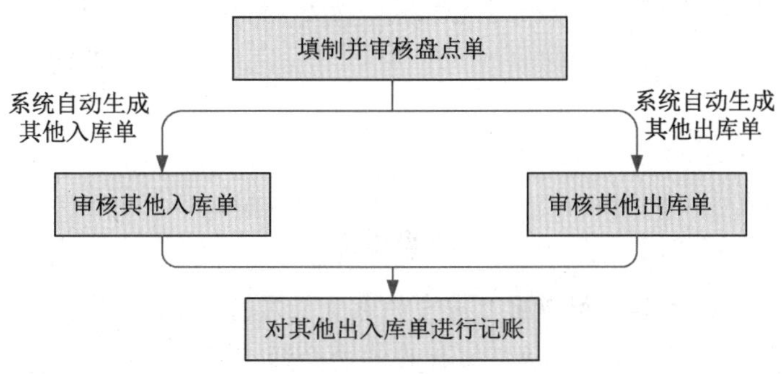

图 7-46 盘点业务操作流程

在盘点业务处理过程中,若只输入盘点存货数量,不输入单价,那么在存货核算系统中只能进行业务核算,无法进行财务核算,不能生成记账凭证;如果输入盘点存货单价,那么还需要在存货核算系统中进行财务核算。盘点时在日常业务中允许零出库(即允许账面负结存),盘库时选择“账面为零时是否盘点”项,或者在表体内容中找出是否结存的存货标志,先将其删掉,待后期账面为正数时再对其进行盘点。存货可以设置盘点周期和盘点时间,盘点时可以按周期进行盘点。

8 存货业务

本章重点

存货核算用于核算和分析所有业务中的存货耗用情况，正确计算存货购入成本，为企业提供成本核算的基础数据；动态掌握存货资金的变动，减少库存资金积压，加快资金周转；支持工商业多种核算方法；与采购管理或销售管理一起使用，可暂估采购入库或销售出库的成本核算。存货核算的主要功能包括：添加或修正存货暂估价格，对存货价格、价值进行调整，对业务单据进行记账处理，对记账单据按照存货计价方法进行计算，为成本计算提供数据等。

本章重点在于了解存货核算的初始设置、暂估成本的录入、结算成本处理、产成品成本分配、单据记账和凭证生成等，以此了解存货核算与其他模块之间的关系。通过本章学习，学生应加深对存货核算的认识，了解企业中存货核算的基本方法和步骤，以便为成本计算提供精确的数据。

8.1 暂估业务处理

【学习目标】

掌握如何通过使用ERP软件来处理“月底货到票未到”的操作方法。

【引出问题】

本月发生的采购业务，货物已经到达，但截至月底发票仍未收到，这种情况下很难结转成本，因此，对该批货物进行暂估业务处理。

【案例陈述】

2019/03/27收到的建昌公司提供的已入库的键盘，由于到了月底发票仍未收到，故确认该批货物的暂估单价为150元。

【案例分析】

(1) 系统时间修改为2019-03-31。

(2) 启动“系统管理”，由系统管理员(admin)注册登录，引入第7章完成后的[002]账套,导入到"8.1 暂估业务处理"文件夹。

(3) 启动企业应用平台,由[003]王平登录,操作日期为 2019-03-27。

(4) 在"业务工作"选项卡中,执行"供应链"|"存货核算"|"业务核算"|"暂估成本录入"命令,跳出"采购入库单成本成批录入查询"对话框,单击"确定",进入"暂估成本录入"窗口,显示本月所有未输入单价的存货单据。找到 2019-03-27 从建昌公司采购入库键盘对应的单据,在"单价"处输入"150.00",金额自动计算,单击"保存"按钮保存该暂估成本单据,弹出"保存成功!"提示框,如图8-1 所示。单击"确定","暂估成本录入"界面不再显示该单据。

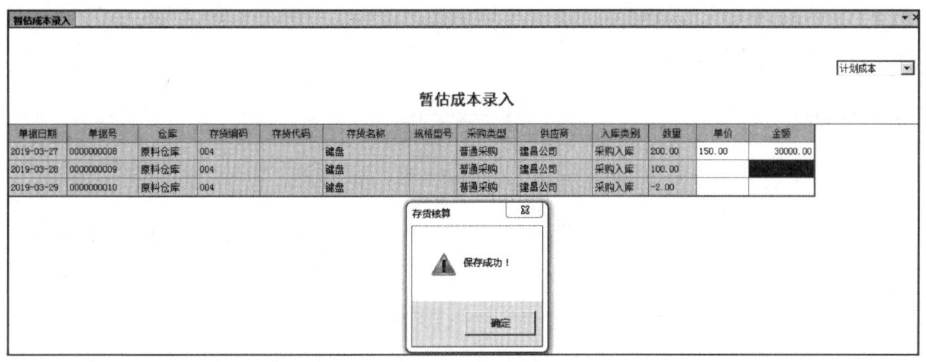

图 8-1 暂估成本录入

(5) 退出企业应用平台。由系统管理员(admin)在"系统管理"中备份数据,如备份至"D:\002 账套备份数据\8.1 暂估业务处理",便于以后引入。

【拓展阅读】

检查所有采购入库单或部分其他入库单上存货是否有价格,对于录入的暂估价格是否更真实,可以在存货核算模块的"暂估成本录入"窗口中完成,并且系统还提供上次出入库成本、售价成本、参考成本、结存成本作为暂估成本的录入参照。对于账面上存货的成本,如果价格或价值错误或远远偏离市值,系统使用出入库调整单进行调整(执行"日常业务"|"入库调整单"命令)。对前期暂估采购入库单本期进行采购结算,即对已经记账的暂估采购入库单进行采购结算,需要对结算的单据或结算的存货进行结算成本处理,以及对暂估部分按照系统设置的暂估方式进行处理。

在进行暂估成本录入单据查询时,如果企业这类单据数量特别大,建议设置查询条件,分批进行录入,以免造成错误,提高效率。对于有暂估价的单据,操作人员可以在此处修改,也可以通过执行"日常业务"|"采购入库单"命令在采购入库单修改金额。本案例是在图8-1 中将所有没有价格的采购入库单录入单价。

8.2 结算成本处理

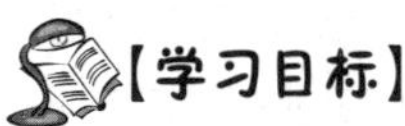

【学习目标】

掌握如何通过使用 ERP 软件来处理"月初票到"的操作方法。

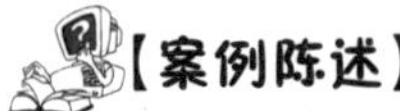

【引出问题】

上月发生的采购业务，货物已经到达，但截至上月底发票仍未收到，这种情况下上月底对该批货物进行暂估业务处理。本月初该业务的发票到达，则对该业务进行暂估结算处理。这里引用第 5.5 节的采购业务来进行存货核算处理。

【案例陈述】

2019/03/09 收到兴华公司提供的上月已验收入库的 100 盒 40G 硬盘的专用发票一张，票号为 48210，发票单价为 800 元。

【案例分析】

（1）系统时间修改为 2019-03-31。

（2）启动“系统管理”，由系统管理员（admin）注册登录，引入“8.1 暂估业务处理”对应的账套，导入到“8.2 结算成本处理”文件夹。

（3）启动企业应用平台，由[003]王平登录，操作日期为 2019-03-29。

（4）在“业务工作”选项卡中，执行“供应链”|“存货核算”|“初始设置”|“选项”|“选项录入”命令，跳出“选项录入”对话框，观察“暂估方式”默认设置为“月初回冲”，单击“确定”。如图 8-2 所示。

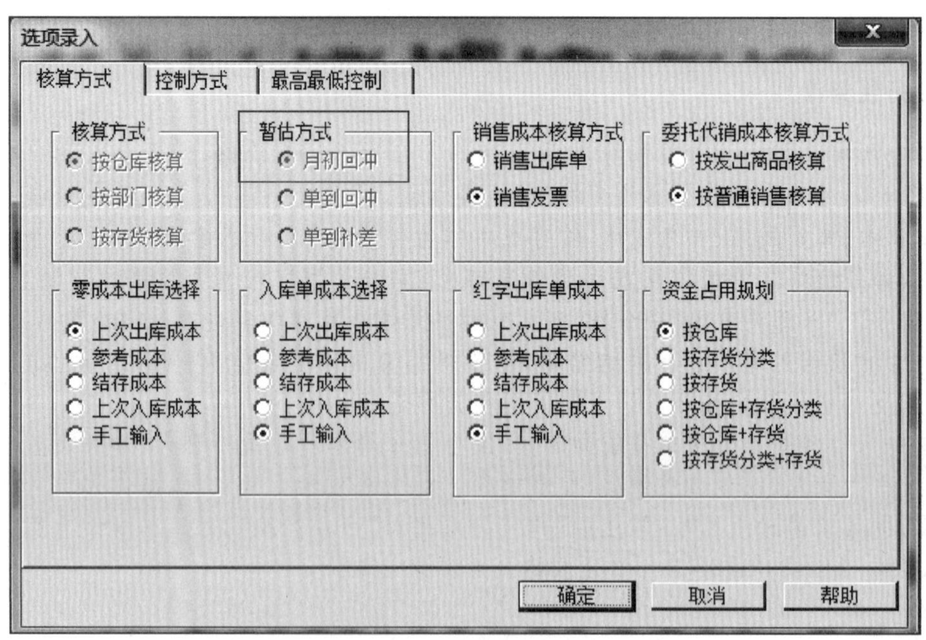

图 8-2 选项录入

（5）在“业务工作”选项卡中，执行“供应链”|“存货核算”|“业务核算”|“结算成本处理”命令，跳出“暂估处理查询”对话框，全选所有仓库，勾选中“未全部结算完的单据是否显示”选项框，如图 8-3 所示。

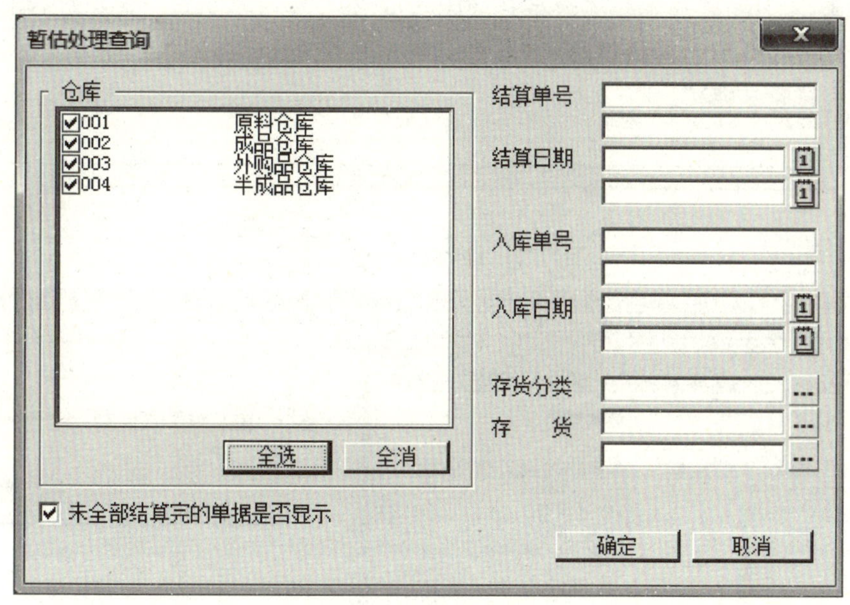

图 8-3 暂估处理查询

(6) 单击“确定”,进入“结算成本处理”界面,显示上月所有暂估处理单据。找到 2019-02-25 从兴华公司采购已验收入库的 40G 硬盘对应的单据,在该单据第一列“选择”处单击,显示“Y”,按照默认“按金额分摊”的结算成本处理方式,单击“暂估”,跳出“暂估处理完成。”系统提示框,如图 8-4 所示。单击“确定”,“结算成本处理”界面不再显示该单据。

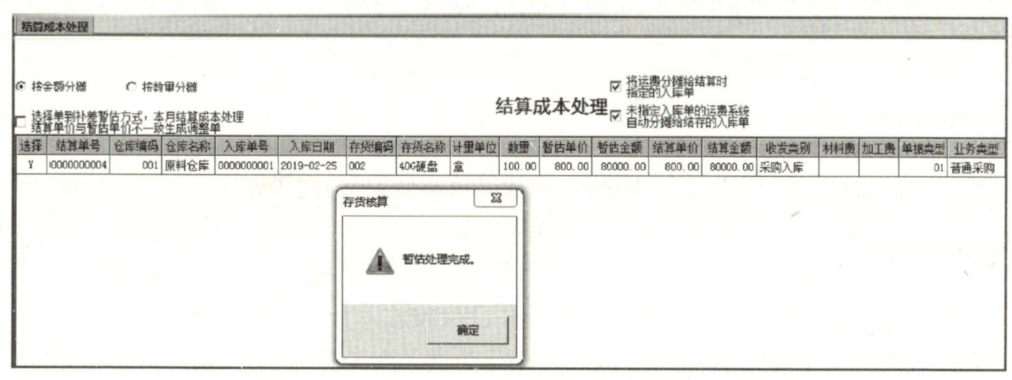

图 8-4 暂估处理完成

(7) 退出企业应用平台。由系统管理员(admin)在“系统管理”中备份数据,如备份至“D:\002 账套备份数据\8.2 结算成本处理”,便于以后引入。

【拓展阅读】

暂估结算表中显示的单据是前期或本期已经记账,且记账之后再进行采购结算的单据。因此,结算成本处理的业务时间,必须等于或晚于处理当日所查询到的业务核算账表所有业务最后一个时间点。从本案例账表“流水账”来看,最晚的单据时间是 2019-

03-29，因此，本月结算成本处理最早是 2019-03-29。如果早于这个时间进行业务操作，则会跳出如图 8-5 所示的提示信息“当前业务日期必须大于等于‘2019-03-29’（即流水账中单据的最晚日期）”。

图 8-5　结算成本处理过早提示信息

8.3 产成品成本分配

【学习目标】

掌握如何通过使用 ERP 软件来进行“产成品成本分配”的操作方法。

【引出问题】

产成品是指企业已经完成全部生产过程并已验收入库合乎标准规格和技术条件，可以按照合同规定的条件送交订货单位，或者可以作为商品对外销售的产品。产成品成本是生产成本中分配到已完工产品的部分，也就是扣除在产品（含半成品）的部分。

产成品在完工前，产成品入库单只有数量信息，没有单价和金额。通过各项费用的归集和分配，基本生产车间在生产过程中发生的各项费用，已经集中反映在“生产成本——基本生产成本”科目及其明细账的借方，这些费用都是当月发生的产品费用，并不是当月完工产成品的成本。要计算出当月产成品成本，需要将当月发生的生产费用，加上月初在产品成本，然后再将其在当月完工产品和月末在产品之间进行分配，才能求得当月产成品成本。

当月发生的生产费用和月初、月末在产品及当月完工产成品成本之间的关系可用下列公式表达：

月初在产品成本＋当月发生生产费用＝当月完工产品成本＋月末在产品成本

或：　月初在产品成本＋当月发生生产费用－月末在产品成本＝当月完工产品成本

由于公式中前两项是已知数，所以，在完工产品与月末在产品之间分配费用的方法有两种：一是将前两项之和按一定比例在后两项之间进行分配，从而求得完工产品与月末在产品的成本；二是先确定月末在产品成本，再计算求得完工产品的成本。无论采用哪一类方法，都必须取得在产品数量的核算资料。

产品完工后，财务部门结算出产品总成本，并按照某种产品成本核算方法计算出完工产品单价，将单价填入相应的产成品入库单，计算对应的金额。

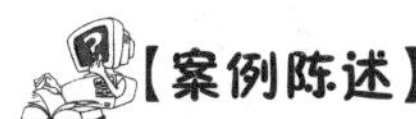

【案例陈述】

2019/03/29 收到财务部门提供的完工产品成本，其中计算机的总成本 144 000 元，立即进行成本分配。

【案例分析】

(1) 系统时间修改为 2019-03-31。

(2) 启动"系统管理"，由系统管理员(admin)注册登录，引入"8.2 结算成本处理"对应的账套，导入到"8.3 产成品成本分配"文件夹。

(3) 启动企业应用平台，由[003]王平登录，操作日期为 2019-03-29。

(4) 在"业务工作"选项卡中，执行"供应链"|"存货核算"|"业务核算"|"产成品成本分配"命令，进入"产成品成本分配表"窗口。单击"查询"按钮，在跳出的"产成品成本分配表查询"对话框中选择全部仓库。单击"确定"按钮，"产成品成本分配表"中显示产成品信息。找到产成品记录"计算机"(存货编码 006)，在对应的"金额"字段中输入"144000.00"，此时产成品小计和存货合计对应的金额自动添加为"144000.00"，如图 8-6 所示。

产成品成本分配表

产成品成本分配

存货/分类编码	存货/分类名称	存货代码	规格型号	计量单位	数量	金额
	存货 合计				30.00	144,000.00
02	产成品小计				30.00	144,000.00
006	计算机			台	30.00	144,000.00

图 8-6　产成品成本分配表

(5) 单击"分配"按钮，跳出"分配操作顺利完成!"系统提示信息，如图 8-7 所示。

(6) 执行"供应链"|"库存管理"|"入库业务"|"产成品入库单"命令，进入"产成品入库单"窗口，分别查看 2019-03-25 和 2019-03-26 录入的产成品入库单(产品编码 006"计算机")中已填入单价和金额信息，如图 8-8 和 8-9 所示。

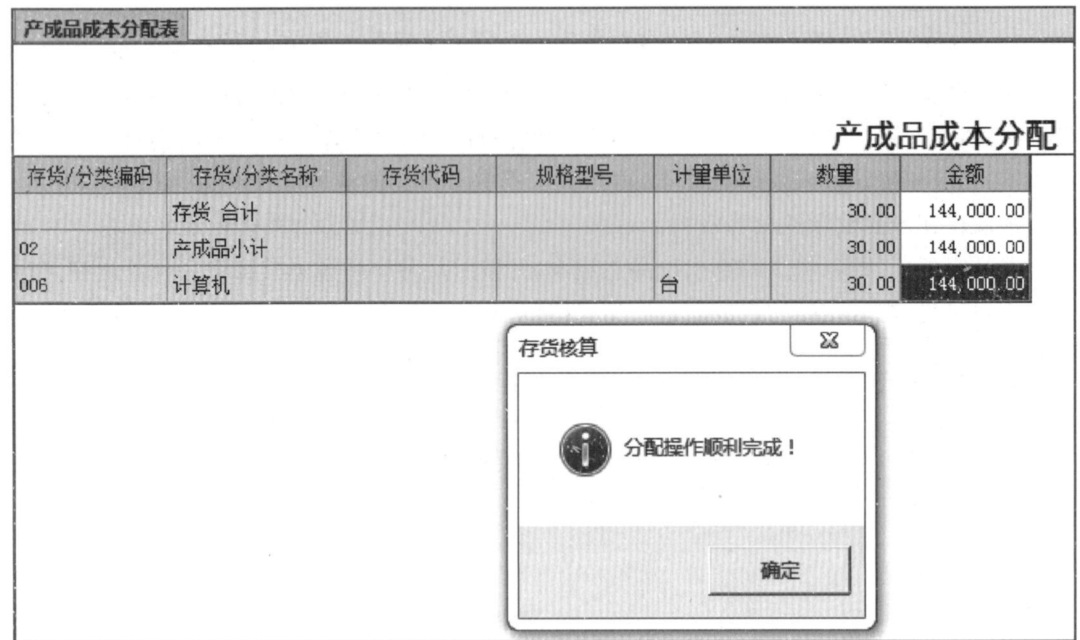

产成品成本分配表

产成品成本分配

存货/分类编码	存货/分类名称	存货代码	规格型号	计量单位	数量	金额
	存货 合计				30.00	144,000.00
02	产成品小计				30.00	144,000.00
006	计算机			台	30.00	144,000.00

图 8-7　分配操作顺利完成

产成品入库单

产成品入库单　　产成品入库单打印模版

表体排序　　◉ 蓝字　○ 红字

入库单号 0000000001　　入库日期 2019-03-25　　仓库 成品仓库

生产订单号　　生产批号　　部门

入库类别 产成品入库　　审核日期 2019-03-25　　备注

	产品编码	产品名称	规格型号	主计量单位	数量	单价	金额
1	006	计算机		台	10.00	4800.00	48000.00
2							
3							
4							
5							
6							
7							
8							
9							
10							
11							
12							
13							
14							
15							
合计					10.00		48000.00

制单人 王平　　审核人 黄红

现存量 323.00

图 8-8　产成品入库单(2019-03-25)

(7) 退出企业应用平台。由系统管理员(admin)在“系统管理”中备份数据，如备份至“D:\002 账套备份数据\8.3 产成品成本分配”，便于以后引入。

产成品入库单

产成品入库单

产成品入库单打印模版

表体排序

◉ 蓝字
○ 红字

入库单号 0000000002　入库日期 2019-03-26　仓库 成品仓库
生产订单号　生产批号　部门
入库类别 产成品入库　审核日期 2019-03-26　备注

	产品编码	产品名称	规格型号	主计量单位	数量	单价	金额
1	006	计算机		台	20.00	4800.00	96000.00
2							
3							
4							
5							
6							
7							
8							
9							
10							
11							
12							
13							
14							
15							
合计					20.00		96000.00

制单人 王平　审核人 黄红
现存量 323.00

图 8-9　产成品入库单(2019-03-26)

【拓展阅读】

企业发生的各项费用,按照成本核算要求,划清各种费用界限,即经过分类、归集和分配。其中应计入当月各种产品成本的各项费用,按照成本项目直接计入或分配计入了各种产品的成本;计入各种产品成本的生产费用,又经过在完工产品和月末在产品之间的分配,从而求得完工产品和月末在产品的成本。

企业的完工产品包括产成品、自制材料及自制工具、模型等低值易耗品,以及为在建工程生产的专用设备和提供的修理劳务等。当月完工产品的成本应从"生产成本"科目的贷方转入有关科目:完工入库的产成品的成本,转入"产成品"科目的借方;完工自制材料、工具、模型等的成本,转入"原材料"等科目的借方;为企业在建工程提供的劳务费用,月末不论是否完工,都应将其实际成本转入"在建工程"科目的借方。"生产成本——基本生产成本"科目月末余额,就是基本生产车间在产品的成本。

企业的在产品从广义上指产品生产从投料开始,到最终制成产成品交付验收入库前的一切未完工的产品,包括正在加工或装配中的在产品,已完成一个或几个生产步骤但仍需继续加工的半成品,尚未验收入库的成品,等待返修的和正在返修的可修复废品;从狭义上指就某一车间或某一生产步骤而言,仅指某车间或某步骤正在加工或装配中的零部件和半成品。

那么,生产费用如何在完工产品和在产品之间进行分配呢?

生产费用在完工产品与在产品之间的分配,在成本计算工作中是一个重要而又比较复杂的问题。企业应当根据在产品数量的多少、各月在产品数量变化的大小、各项费用比重的大小,以及定额管理基础的好坏等具体条件,选择既合理又简便的分配方法。

常用的方法有以下六种：

(一) 不计算在产品成本法(即在产品成本为零)

这种方法适用于各月末在产品数量很小，或者各月末在产品接近完工或已经完工只是尚未验收或包装入库的情况。如果在产品成本对完工产品成本影响不大，为了简化核算工作，可以不计算在产品成本，即在产品成本是零。此时，当月发生的产品生产费用就是完工产品的成本。本案例就是采用这种方法。

(二) 在产品成本按年初数固定计算法

这种方法适用于月末在产品数量很小，或者各月末在产品数量虽大但各月之间在产品数量变动不大，月初、月末在产品成本的差额对完工产品成本影响不大的情况。为简化核算工作，各月在产品成本可以固定按年初数计算。采用这种方法，某种产品当月发生的生产费用就是当月完工产品的成本。年终时，根据实际盘点数和生产费用，重新调整计算在产品成本，作为下一年度的各月固定计价的在产品成本，以避免在产品成本与实际出入过大，影响成本计算的正确性。

(三) 在产品成本按其所耗用的原材料费用计算

这种方法是在产品成本按所耗用的原材料费用计算，其他费用全部由完工产品成本负担。这种方法适用于各月末在产品数量较多，或者各月末在产品数量变化较大，但原材料费用在产品成本中所占比重较大且原材料是在生产开始时一次就全部投入的情况。为了简化核算工作，月末在产品可以只计算原材料费用，其他费用全部由完工产品负担。

(四) 约当产量法

所谓约当产量，是指在产品按其完工程度折合成完工产品的产量。比如，在产品10件，平均完工40%，则约当于完工产品4件。按约当产量比例分配的方法，就是将月末结存的在产品，按其完工程度折合成约当产量，然后再将产品应负担的全部生产费用，按完工产品产量和在产品约当产量的比例进行分配的一种方法。

这种方法的计算公式如下：

- 在产品约当产量 = 在产品数量 × 完工程度
- 单位成本 =（月初在产品成本 + 当月发生生产费用）÷（完工产品产量 + 月末在产品约当产量）
- 完工产品成本 = 单位成本 × 完工产品产量
- 月末在产品成本 = 单位成本 × 月末在产品约当产量

约当产量法适合于各月末在产品数量较多，或者各月末在产品数量变化较大，但产品成本中各个成本项目所占的比重相差不大的情况。

【例1】 某产品当月完工26件，在产品10件，平均完工程度为40%，发生生产费用共3 000元。分配结果如下：

分配率 = 3 000 ÷ (26 + 10 × 40%) = 100(元/件)

完工产品成本 = 26 × 100 = 2 600(元)

在产品成本 = 10 × 40% × 100 = 400(元)

采用这种方法，道理不难理解，问题在于在产品完工程度的确定比较复杂。一般是根据月末在产品的数量，用技术测定或其他方法，计算在产品的完工程度。例如，在具备产品工时定额的条件下,可按每道工序累计单位工时定额除以单位产品工时定额计算求得。因为存在于各工序内部的在产品加工程度不同,有的正在加工之中,有的已加工完毕,有的还尚未加工,为了简化核算,所以在计算各工序内在产品完工程度时,按平均完工50%计算。

【例2】 丙产品单位工时定额50小时,经两道工序制成。各工序单位工时定额为:第一道工序20小时,第二道工序30小时。在产品完工程度计算结果如下:

第一道工序:20×50%÷50×100%=20%

第二道工序:(20+30×50%)÷50×100%=70%

有了各工序在产品完工程度和各工序在产品盘存数量,即可求得在产品的约当产量。各工序产品的完工程度可事先制定,产品工时定额不变时可长期使用。如果各工序在产品数量和单位工时定额都相差不多,在产品的完工程度也可按50%计算。

应当指出,在很多加工生产中,原材料是在生产开始时一次性投入的。这时,在产品无论完工程度如何,都应和完工产品同样负担材料费用,因而不需计算在产品的约当产量。如果原材料是随着生产过程陆续投入的,则应按照各工序投入的材料费用在全部材料费用中所占的比例计算在产品的约当产量。

【例3】 假如甲产品当月完工产品产量600件,在产品100件,完工程度按平均50%计算;原材料在开始时一次投入,其他费用按约当产量比例分配。甲产品当月月初在产品和当月耗用直接材料费用共计70 700元,直接人工费用38 558元,燃料和动力费用85 475元,制造费用29 250元。

甲产品各项费用的分配计算如下:

因为材料是在生产开始时一次投入,所以按完工产品和在产品的数量作比例分配,不必计算约当产量。

① 直接材料费的计算。

$$\text{完工产品负担的直接材料费} = 70\,700 \div (600 + 100) \times 600 = 60\,600(\text{元})$$
$$\text{在产品负担的直接材料费} = 70\,700 \div (600 + 100) \times 100 = 10\,100(\text{元})$$

直接人工费用、燃料和动力费、制造费用均按约当产量作比例分配,在产品100件折合约当产量50件(100×50%)。

② 直接人工费用的计算。

$$\text{完工产品负担的直接人工费用} = 38\,558 \div (600 + 50) \times 600 = 35\,592(\text{元})$$
$$\text{在产品负担的直接人工费用} = 38\,558 \div (600 + 50) \times 50 = 2\,966(\text{元})$$

③ 燃料和动力费的计算。

$$\text{完工产品负担的燃料和动力费} = 85\,475 \div (600 + 50) \times 600 = 78\,900(\text{元})$$
$$\text{在产品负担的燃料和动力费} = 85\,475 \div (600 + 50) \times 50 = 6\,575(\text{元})$$

④ 制造费用的计算。

$$\text{完工产品负担的制造费用} = 29\,250 \div (600 + 50) \times 600 = 27\,000(\text{元})$$
$$\text{在产品负担的制造费用} = 29\,250 \div (600 + 50) \times 50 = 2\,250(\text{元})$$

通过以上按约当产量法分配计算的结果,可以汇总甲产品完工产品成本和在产品成本。

甲产品当月完工产品成本 ＝ 60 600 ＋ 35 592 ＋ 78 900 ＋ 27 000 ＝ 202 092(元)

甲产品当月在产品成本 ＝ 10 100 ＋ 2 966 ＋ 6 575 ＋ 2 250 ＝ 21 891(元)

根据甲产品完工产品总成本编制完工产品入库的会计分录如下：

借：产成品　　202 092

　　贷：生产成本——基本生产成本　　202 092

(五) 在产品成本按定额成本计算法

这种方法是事先经过调查研究、技术测定或按定额资料，对各个加工阶段上的在产品，直接确定一个定额单位成本，月终根据在产品约当量，分别乘以各项定额单位成本，即可计算出月末在产品的定额成本。将月初在产品成本加上当月发生费用，减去月末在产品的定额成本，就可算出完工产品的总成本了。完工产品总成本除以完工产品产量，即为完工产品单位成本。各月生产费用脱离定额的差异全部由本月完工产品成本负担。这种方法的计算公式如下：

- 月末在产品成本＝ 月末在产品约当量 × 在产品定额单位成本
  ＝ 月末在产品约当量 × 单位消耗定额或工时定额 × 计划单价或计划小时工资率
  ＝ 月末在产品定额消耗量或定额工时 × 计划单价或计划小时工资率
- 完工产品总成本 ＝(月初在产品成本 ＋ 当月发生费用)－ 月末在产品成本
- 完工产品单位成本 ＝ 完工产品总成本 / 完工产品产量

在产品按定额成本计算法适用于各月末在产品数量变化较小，但各类消耗定额资料比较准确，以避免完工产品成本出现负数反常的情况。

【例 4】 假如某产品月初及本月直接材料费 9 000 元，本月完工产品 400 件，月末在产品 100 件，加工程度达 50%。材料于生产开始时一次性投入。单位产品定额直接材料费为 20 元。分配结果如下：

月末在产品材料费(定额材料费) ＝ 100 × 20 ＝ 2 000(元)

本月完工产品材料费 ＝ 9 000 － 2 000 ＝ 7 000(元)

分析过程如下：

月初及本月实际材料费 9 000 元

月初及本月定额材料费 ＝ 400 × 20 ＋ 100 × 20 ＝ 10 000(元)

(本月完工产品及月末在产品定额材料费之和)

两者差额即节约差异 ＝ 10 000 － 9 000 ＝ 1 000(元)

完工产品直接材料费 ＝ 400 × 20 － 1 000 ＝ 7 000(元)。

【例 5】 某企业生产的丁产品需经过三道工序加工完成，原材料在各道工序开始时一次性投入，各道工序在产品的平均加工程度为 50%，本月完工产品 1 000 件。各道工序的材料消耗定额、工时定额和在产品数量如表 8-1 所示。直接材料费计划单价 4 元/千克，计划每小时耗费分配率：直接人工费 3 元/小时，制造费用 2 元/小时。月初及本月生产费用累计：直接材料费 20 000 元，直接人工费 18 000 元，制造费用 16 000 元。产品生产成本明细账如表 8-2 所示。

表 8-1　各道工序在产品情况

工序	材料消耗定额(千克)	工时定额(小时)	在产品数量(件)
第一道	5	6	50
第二道	7	8	100
第三道	8	16	150
合计	20	30	300

表 8-2　产品生产成本明细账　　　　产品名称:甲产品

项目	直接材料费(元)	直接人工费(元)	制造费用(元)	合计(元)
本月生产费用累计(1)	20 000	18 000	16 000	54 000
月末在产品成本(定额成本)(2)	17 800	13 350	8 900	40 050
本月完工产品成本(3)=(1)-(2)	2 200	4 650	7 100	13 950

月末在产品成本(定额成本)各对应数据的计算方法如下:

直接材料费 $=(50\times5+100\times12+150\times20)\times4=17\,800$(元)

或者$(50\times5\div20+100\times12\div20+150\times20\div20)\times20\times4=17\,800$(元)

直接人工费 $=[50\times6\times50\%+100\times(6+8\times50\%)+150\times(6+8+16\times50\%)]\times3=13\,350$(元)

或者$[50\times(6\times50\%)\div30+100\times(6+8\times50\%)\div30+150\times(6+8+16\times50\%)\div30]\times30\times3=17\,800$(元)

制造费用 $=[50\times6\times50\%+100\times(6+8\times50\%)+150\times(6+8+16\times50\%)]\times2=8\,900$(元)

或者$[50\times(6\times50\%)\div30+100\times(6+8\times50\%)\div30+150\times(6+8+16\times50\%)\div30]\times30\times2=8\,900$(元)

(六) 按定额比例分配完工产品和月末在产品成本的方法(定额比例法)

如果各月末在产品数量变动较大,但制定了比较准确的消耗定额,生产费用可以在完工产品和月末在产品之间用定额消耗量或定额费用作比例分配。通常材料费用按定额消耗量比例分配,而其他费用按定额工时比例分配。各月生产费用脱离定额差异由本月完工产品成本和月末在产品成本共同负担。

计算公式如下:

- 材料费用分配率 =(月初在产品实际材料成本 + 当月投入的实际材料成本)÷(完工产品定额材料成本 + 月末在产品定额材料成本)
- 完工产品应分配的材料成本 = 完工产品定额材料成本 × 材料费用分配率
- 月末在产品应分配的材料成本 = 月末在产品定额材料成本 × 材料费用分配率
- 工资(费用)分配率 =[月初在产品实际工资(费用)+ 当月投入的实际工资(费用)]÷(完工产品定额工时 + 月末在产品定额工时)
- 完工产品应分配的工资(费用)= 完工产品定额工时 × 工资(费用)分配率
- 月末在产品应分配的工资(费用)= 月末在产品定额工时 × 工资(费用)分配率

【例 6】 乙产品月初及本月直接材料费 4 500 元,本月完工产品定额直接材料费 4 000 元,月末在产品定额直接材料费 1 000 元,则:

直接材料费分配率 $=4\,500\div(4\,000+1\,000)=0.9<1$

完工产品定额直接材料费 $=4\,000\times0.9=3\,600$(元)

在产品定额直接材料费 $=1\,000\times0.9=900$(元)

实际直接材料费4 500元，定额直接材料费4 000元，节约差异500元。

$$完工产品直接材料费 = 4\,000 - 400 = 3\,600(元)$$
$$月末在产品直接材料费 = 1\,000 - 100 = 900(元)$$

【例7】 题目要求同[例5]，分配计算如下：

$$在产品直接材料约当产量 = 50 \times 5 \div 20 + 100 \times 12 \div 20 + 150 \times 20 \div 20 = 222.5$$
$$\begin{aligned}在产品加工程度约当产量 &= 50 \times (6 \times 50\%) \div 30 + 100 \times (6 + 8 \times 50\%) \\ &\quad \div 30 + 150 \times (6 + 8 + 16 \times 50\%) \div 30 \\ &= 445 \div 3\end{aligned}$$
$$完工产品定额材料成本 = 1\,000 \times 20 = 20\,000$$
$$月末在产品定额材料成本 = 222.5 \times 20 = 4\,450$$
$$完工产品定额工时 = 1\,000 \times 30 = 30\,000$$
$$月末在产品定额工时 = 445 \div 3 \times 30 = 4\,450$$
$$直接材料分配率 = 20\,000 \div (20\,000 + 4\,450) = 400 \div 489 \approx 0.82$$
$$直接人工费用分配率 = 18\,000 \div (30\,000 + 4\,450) = 360 \div 689 \approx 0.52$$
$$制造费用分配率 = 16\,000 \div (30\,000 + 4\,450) = 320 \div 689 \approx 0.46$$

产品生产成本明细账如表8-3所示。

表8-3 产品生产成本明细账

成本项目	生产费用累计	费用分配率	月末完工产品成本		月末在产品成本	
			定额	实际	定额	实际
直接材料费	20 000	0.82	20 000	16 359.92	4 450	3 640.08
直接人工费	18 000	0.52	30 000	15 674.89	4 450	2 325.11
制造费用	16 000	0.46	30 000	13 933.24	4 450	2 066.76
合计	54 000	—	—	45 968.05	—	8 031.95

值得注意的是：(1)不可修复废品既不是完工成品也不是在产品。(2)如果当月产品全部完工或全部未完工，不存在将生产费用在完工产品与在产品之间的分配问题。(3)已归集到"废品损失"项目的损失性费用，按谨慎性原则，全部由完工产品负担。

8.4 单据记账

【学习目标】

掌握如何通过使用ERP软件来处理出入库单据记账的操作方法。

【引出问题】

单据记账分为正常单据记账和特殊单据记账两种。前者主要针对采购、销售业务中所涉及的入库单、出库单，登记存货明细账、差异明细账/差价明细账、受托代销商品明细账和受托代销商品差价账；同时是除全月平均法外的其他几种存货计价方法，是对存货进行出库成本的计算。后者主要针对调拨单、形态转换、组装单据。它的特殊性在于这类单据都是出入库单据对应的，并且其入库的成本数据来源于该存货原仓库按照存货计价方法计算出的出库成本。如果正常单据中调拨生成其他出、入库单未记账，则也需要执行特殊记账操作。

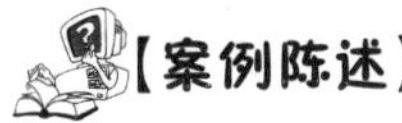

【案例陈述】

2019/03/30 将上述各出入库业务中所涉及的入库单、出库单进行记账。

【案例分析】

(1) 系统时间修改为 2019-03-31。

(2) 启动“系统管理”，由系统管理员(admin)注册登录，引入“8.3 产成品成本分配”对应的账套，导入到“8.4 单据记账”文件夹。

(3) 启动企业应用平台，由[003]王平登录，操作日期为 2019-03-30。

(4) 在“业务工作”选项卡中，执行“供应链”|“存货核算”|“业务核算”|“正常单据记账”命令，跳出“过滤条件选择”对话框，在单据类型中勾选“01 采购入库单”“08 其他入库单”“09 其他出库单”“10 产成品入库单”“11 材料出库单”“26 专用发票”“27 普通发票”，如图 8-10 所示。

图 8-10 设置正常单据记账条件

(5) 单击“确定”按钮，返回“过滤条件选择”窗口，单击“过滤”，进入“未记账单据一览表”，显示正常单据记账列表，单击“ALL”全选按钮，允许记账的单据前的“选择”字段处显示“Y”，如图 8-11 所示。

值得注意的是，图 8-11 中收发类别为“销售出库”“生产领用”对应的“单价”和“金额”两列的数据为空白，是因为前面章节在操作“库存管理”|“出库业务”|“销售出库单”和“库存管理”|

未记账单据一览表

正常单据记账列表

记录总数：22

选择	日期	单据号	存货编码	存货名称	规…	存…	单据类型	仓库名称	收发类别	数量	单价	金额	†…	†…	供应商简称	计量单位
Y	2019-03-03	0000000003	005	鼠标			采购入库单	原料仓库	采购入库	300.00	50.00	15,000.00			建昌公司	只
Y	2019-03-04	0000000004	002	40G硬盘			采购入库单	原料仓库	采购入库	200.00	800.93	160,186.00			建昌公司	盒
Y	2019-03-07	38372	006	计算机			专用发票	成品仓库	销售出库	10.00						台
Y	2019-03-08	38375	006	计算机			专用发票	成品仓库	销售出库	10.00						台
Y	2019-03-08	38375	007	1600K打印机			专用发票	外购品仓库	销售出库	5.00						台
Y	2019-03-09	38381	007	1600K打印机			专用发票	外购品仓库	销售出库	15.00						台
Y	2019-03-09	38384	007	1600K打印机			专用发票	外购品仓库	销售出库	5.00						台
Y	2019-03-09	38385	007	1600K打印机			专用发票	外购品仓库	销售出库	5.00						台
Y	2019-03-10	0000000005	003	17寸显示器			采购入库单	原料仓库	采购入库	202.00	1,150.00	232,300.00			建昌公司	台
Y	2019-03-11	0000000006	003	17寸显示器			采购入库单	原料仓库	采购入库	-2.00	1,150.00	-2,300.00			建昌公司	台
Y	2019-03-15	0000000007	013	P4 2.4G			采购入库单	原料仓库	采购入库	-2.00	1,000.00	-2,000.00			创新公司	盒
Y	2019-03-15	00000001	006	计算机			专用发票	成品仓库	销售出库	30.00						台
Y	2019-03-16	38386	006	计算机			专用发票	成品仓库	销售出库	9.00						台
Y	2019-03-17	00000002	006	计算机			专用发票	成品仓库	销售出库	-2.00						台
Y	2019-03-25	0000000001	006	计算机			产成品入库单	成品仓库	产成品入库	10.00	4,800.00	48,000.00				台
Y	2019-03-25	0000000001	001	PIII芯片			材料出库单	原料仓库	生产领用	100.00						盒
Y	2019-03-25	0000000001	002	40G硬盘			材料出库单	原料仓库	生产领用	100.00						盒
Y	2019-03-26	0000000002	006	计算机			产成品入库单	成品仓库	产成品入库	20.00	4,800.00	96,000.00				台
Y	2019-03-27	0000000008	004	键盘			采购入库单	原料仓库	采购入库	200.00	150.00	30,000.00			建昌公司	只
Y	2019-03-27	11111	003	17寸显示器			专用发票	原料仓库	销售出库	20.00						台
	2019-03-28	0000000009	004	键盘			采购入库单	原料仓库	采购入库	100.00					建昌公司	只
	2019-03-29	0000000010	004	键盘			采购入库单	原料仓库	采购入库	-2.00					建昌公司	只
小计										1,333.00		577,186.00				

图 8-11　正常单据记账列表

“出库业务”|“材料出库单”时未填写“单价”，因此传递到存货核算中的“单价”为空白。

(6) 单击“记账”按钮，系统提示记账成功，如图 8-12 所示。单击“确定”，允许记账单据完成记账操作，不允许记账单据显示在窗口中，如图 8-13 所示。图 8-13 中的两条记录是在前面盘点业务中已记账，但没有输入单价，因此该单据没有被选中，其“单价”也是空白。

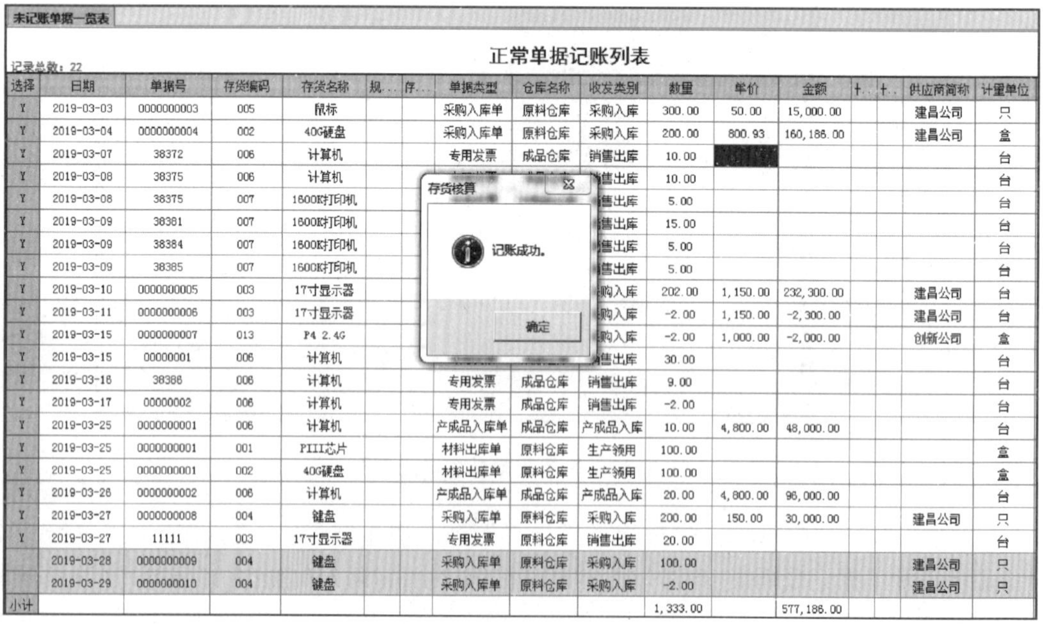

未记账单据一览表

正常单据记账列表

记录总数：22

存货核算

记账成功。

确定

选择	日期	单据号	存货编码	存货名称	规…	存…	单据类型	仓库名称	收发类别	数量	单价	金额	†…	†…	供应商简称	计量单位
Y	2019-03-03	0000000003	005	鼠标			采购入库单	原料仓库	采购入库	300.00	50.00	15,000.00			建昌公司	只
Y	2019-03-04	0000000004	002	40G硬盘			采购入库单	原料仓库	采购入库	200.00	800.93	160,186.00			建昌公司	盒
Y	2019-03-07	38372	006	计算机			专用发票	成品仓库	销售出库	10.00						台
Y	2019-03-08	38375	006	计算机					售出库	10.00						台
Y	2019-03-08	38375	007	1600K打印机					售出库	5.00						台
Y	2019-03-09	38381	007	1600K打印机					售出库	15.00						台
Y	2019-03-09	38384	007	1600K打印机					售出库	5.00						台
Y	2019-03-09	38385	007	1600K打印机					售出库	5.00						台
Y	2019-03-10	0000000005	003	17寸显示器					购入库	202.00	1,150.00	232,300.00			建昌公司	台
Y	2019-03-11	0000000006	003	17寸显示器					购入库	-2.00	1,150.00	-2,300.00			建昌公司	台
Y	2019-03-15	0000000007	013	P4 2.4G					购入库	-2.00	1,000.00	-2,000.00			创新公司	盒
Y	2019-03-15	00000001	006	计算机					售出库	30.00						台
Y	2019-03-16	38386	006	计算机			专用发票	成品仓库	销售出库	9.00						台
Y	2019-03-17	00000002	006	计算机			专用发票	成品仓库	销售出库	-2.00						台
Y	2019-03-25	0000000001	006	计算机			产成品入库单	成品仓库	产成品入库	10.00	4,800.00	48,000.00				台
Y	2019-03-25	0000000001	001	PIII芯片			材料出库单	原料仓库	生产领用	100.00						盒
Y	2019-03-25	0000000001	002	40G硬盘			材料出库单	原料仓库	生产领用	100.00						盒
Y	2019-03-26	0000000002	006	计算机			产成品入库单	成品仓库	产成品入库	20.00	4,800.00	96,000.00				台
Y	2019-03-27	0000000008	004	键盘			采购入库单	原料仓库	采购入库	200.00	150.00	30,000.00			建昌公司	只
Y	2019-03-27	11111	003	17寸显示器			专用发票	原料仓库	销售出库	20.00						台
	2019-03-28	0000000009	004	键盘			采购入库单	原料仓库	采购入库	100.00					建昌公司	只
	2019-03-29	0000000010	004	键盘			采购入库单	原料仓库	采购入库	-2.00					建昌公司	只
小计										1,333.00		577,186.00				

图 8-12　记账成功

未记账单据一览表

正常单据记账列表

记录总数：2

选择	日期	单据号	存货编码	存货名称	规…	手…	单据类型	仓库名称	收发类别	数量	单价	金额	计划单价
	2019-03-28	0000000009	004	键盘			采购入库单	原料仓库	采购入库	100.00			
	2019-03-29	0000000010	004	键盘			采购入库单	原料仓库	采购入库	-2.00			
小计										98.00			

图 8-13　不允许记账单据

(7) 执行“供应链”|“存货核算”|“账表”|“账簿”|“明细账”命令，跳出“明细账查询”对话框，参照选择“原料仓库”，如图 8-14 所示。单击“确定”按钮，“明细账”窗口显示原料仓库中第一个存货信息，如图 8-15 所示。选择其他存货，可以看到相应的存货明细账。注意这里显示了记账日期。

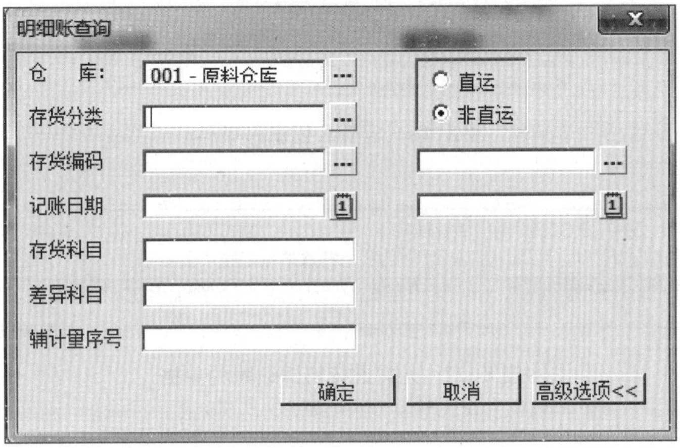

明细账查询

仓　库：001 - 原料仓库　　○ 直运　◉ 非直运
存货分类
存货编码
记账日期
存货科目
差异科目
辅计量序号

确定　取消　高级选项<<

图 8-14　明细账查询(条件设置)

明细账

明细账

仓库：(001) 原料仓库
存货：(001)PⅢ芯片　　规格型号：　　计量单位：盒
最高存量：　　最低存量：　　安全库存量：

记账日期：	2019年		凭证号	凭证摘要	收发类别	收入			发出			结存		
	月	日				数量	单价	金额	数量	单价	金额	数量	单价	金额
				期初结存								700.00	1,200.00	840,000.00
2019-03-30	3	30			生产领用				100.00	1,200.00	120,000.00	600.00	1,200.00	720,000.00
				3月合计		0.00		0.00	100.00		120,000.00	600.00	1,200.00	720,000.00
				本年累计		0.00		0.00	100.00		120,000.00			

图 8-15　明细账查询(查询结果)

(8) 在“业务工作”选项卡中，执行“供应链”|“存货核算”|“业务核算”|“特殊单据记账”命令，跳出“特殊单据记账条件”对话框，单据类型只有“调拨单”，如图 8-16 所示。单击“确定”按钮，进入“特殊单据记账”窗口，没有显示任何单据信息，如图 8-17 所示。这说明没有需要进行特殊记账的单据。前面章节调拨业务产生的调拨单据已记账。

(9) 退出企业应用平台。由系统管理员(admin)在“系统管理”中备份数据，如备份至“D:\002 账套备份数据\8.4 单据记账”，便于以后引入。

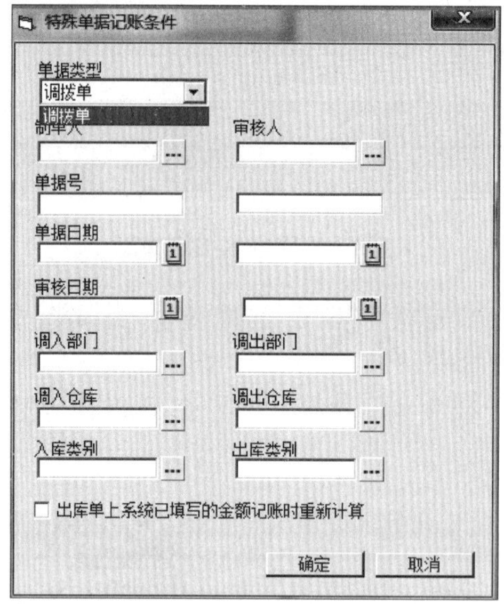

图 8-16　特殊单据记账条件

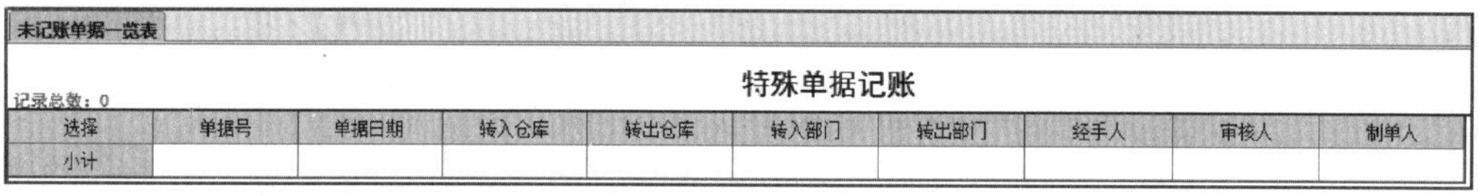

未记账单据一览表

特殊单据记账

记录总数：0

选择	单据号	单据日期	转入仓库	转出仓库	转入部门	转出部门	经手人	审核人	制单人
小计									

图 8-17　无需进行特殊记账的单据

【拓展阅读】

业务单据生成后就可以进行记账操作，不一定在期末。正常单据记账时，若发现不允许记账的单据，可通过“明细账”查询记账记录。本案例中，“004 键盘”不允许记账，执行“供应链”|“存货核算”|“账表”|“账簿”|“明细账”命令，跳出“明细账查询”对话框，参照选择“原料仓库”，存货选择“004 键盘”，单击“确定”，“明细账”窗口显示记账日期为2019-03-29 的有 2 条记录（见图 8-18），早于本案例记账日期（2019-03-30），说明它已经记账，无需再进行记账操作。同时，其中一张单据是调拨单，这也能解释在进行“特殊单据记账”时没有显示任何单据的原因。

记账时如果单据量特别大，则可以分仓库或收发类别分开进行记账。记账前先检查所有入库单（即采购入库单和其他入库单）是否有单价。在进行单据记账时，注意各单据的颜色，以分辨该单据是否能进行记账操作，如果是浅灰色底纹单据则不可以进行记账操作。

销售管理系统中调拨与库存管理系统中的调拨业务有何区别呢？

首先，销售调拨是一种销售业务，一般要有内部结算权利的单位才能做这个业务，通过调拨单生成出库单和应收款。这个业务不会产生税，这也是它与普通销售业务的区别所在。

明细账

明细账

仓库：(001) 原料仓库

存货：(004)键盘 ... 规格型号： 计量单位：只

最高存量： 最低存量： 安全库存量：

记账日期：	2019年		凭证号	凭证摘要	收发类别	收入			发出			结存		
	月	日				数量	单价	金额	数量	单价	金额	数量	单价	金额
				期初结存								0.00		0.00
2019-03-29	3	29			调拨出库				50.00	0.00	0.00	-50.00	0.00	0.00
2019-03-29	3	29			盘亏出库				1.00	0.00	0.00	-51.00	0.00	0.00
2019-03-30	3	30			采购入库	200.00	150.00	30,000.00				149.00	201.34	30,000.00
				3月合计		200.00		30,000.00	51.00		0.00	149.00	201.34	30,000.00
				本年累计		200.00		30,000.00	51.00		0.00			

图 8-18　记账记录

其次，销售调拨与库存调拨有本质区别。库存调拨属仓库之间内部调拨，没有结算业务发生，生成其他出库单与其他入库单，没有生成应收或应付款。

最后，销售调拨单在应收模块需要审核并形成应收款。

因此，库存调拨单的记账在“特殊单据记账”中进行，而销售调拨单的记账在“正常单据记账”中进行。

8.5 凭证生成

【学习目标】

掌握如何通过使用 ERP 软件来处理各种单据编制相应凭证的操作方法。

【引出问题】

在采购、销售业务中会生成很多单据，部分单据会传递到库存管理系统中，这些单据最后都需要生成凭证传递到总账系统中，把所有的业务都在会计账簿上体现，便于财务人员编制报表，分析本会计期间盈亏和经营状况等。

【案例陈述】

2019/03/31 将上述各项业务中所涉及的各种单据编制相应凭证，并进行凭证查询。

【案例分析】

(1) 系统时间修改为 2019-03-31。

(2) 启动“系统管理”，由系统管理员(admin)注册登录，引入“8.4 单据记账”账套，导入到“8.5 凭证生成”文件夹。

(3) 启动企业应用平台，由[003]王平登录，操作日期为 2019-03-31。

(4) 在“业务工作”选项卡中，执行“供应链”|“存货核算”|“财务核算”|“生成凭证”命

令，进入“生成凭证”窗口，单击“选择”按钮，在跳出的“查询条件”对话框中，单击“确定”，跳出“未生成凭证单据一览表”，单击“ALL”全选所有单据，如图 8-19 所示。

选择单据

输出 单据 全选 全消 确定 取消

□ 已结算采购入库单自动选择全部结算单上单据(包括入库单、发票、付款单)，非本月采购入库单按蓝字报销单制单

未生成凭证单据一览表

选择	记账日期	单据日期	单据类型	单据号	仓库	收发类别	记账人	部门	部门编码	所属部门	业务单号	业务类型	计价方式
1	2019-03-30	2019-03-25	产成品入库单	0000000001	成品仓库	产成品入库	王平					成品入库	移动平均法
1	2019-03-29	2019-03-29	其他入库单	0000000001	外购品仓库	调拨入库	黄红				0000000001	调拨入库	全月平均法
1	2019-03-29	2019-03-29	其他出库单	0000000002	原料仓库	盘亏出库	黄红					盘亏出库	移动平均法
1	2019-03-30	2019-03-27	采购入库单	0000000008	原料仓库	采购入库	王平					普通采购	移动平均法
1	2019-03-30	2019-03-26	产成品入库单	0000000002	成品仓库	产成品入库	王平					成品入库	移动平均法
1	2019-03-29	2019-03-29	其他出库单	0000000001	原料仓库	调拨出库	黄红				0000000001	调拨出库	移动平均法
1	2019-03-30	2019-03-11	采购入库单	0000000006	原料仓库	采购入库	王平	业务二部	0202			普通采购	移动平均法
1	2019-03-30	2019-03-10	采购入库单	0000000005	原料仓库	采购入库	王平	业务二部	0202			普通采购	移动平均法
1	2019-03-30	2019-03-15	专用发票	00000001	成品仓库	销售出库	王平	业务二部	0202			委托	移动平均法
1	2019-03-30	2019-03-09	专用发票	38385	外购品仓库	销售出库	王平	业务二部	0202			普通销售	全月平均法
1	2019-03-30	2019-03-17	专用发票	00000002	成品仓库	销售出库	王平	业务二部	0202			委托	移动平均法
1	2019-03-30	2019-03-09	专用发票	38384	外购品仓库	销售出库	王平	业务二部	0202			普通销售	全月平均法
1	2019-03-30	2019-03-27	专用发票	11111	原料仓库	销售出库	王平	业务二部	0202			普通销售	移动平均法
1	2019-03-30	2019-03-09	专用发票	38381	外购品仓库	销售出库	王平	业务二部	0202			普通销售	全月平均法
1	2019-03-30	2019-03-15	采购入库单	0000000007	原料仓库	采购入库	王平	业务三部	0203			普通采购	移动平均法
1	2019-03-30	2019-03-03	采购入库单	0000000003	原料仓库	采购入库	王平	业务一部	0201			普通采购	移动平均法
1	2019-03-29	2019-02-25	蓝字回冲单	0000000001	原料仓库	采购入库	王平	业务一部	0201			普通采购	移动平均法
1	2019-03-30	2019-03-08	专用发票	38375	外购品仓库	销售出库	王平	业务一部	0201			普通销售	全月平均法
1	2019-03-30	2019-03-04	采购入库单	0000000004	原料仓库	采购入库	王平	业务一部	0201			普通采购	移动平均法
1	2019-03-30	2019-03-08	专用发票	38375	成品仓库	销售出库	王平	业务一部	0201			普通销售	移动平均法
1	2019-03-30	2019-03-16	专用发票	38386	成品仓库	销售出库	王平	业务一部	0201			普通销售	移动平均法
1	2019-03-01	2019-02-25	红字回冲单	0000000001	原料仓库	采购入库	黄红	业务一部	0201			普通采购	移动平均法
1	2019-03-30	2019-03-07	专用发票	38372	成品仓库	销售出库	王平	业务一部	0201			普通销售	移动平均法
1	2019-03-30	2019-03-25	材料出库单	0000000001	原料仓库	生产领用	王平	一车间	0101			领料	移动平均法

共24条单据

图 8-19 全选所有单据

(5) 单击“确定”，在“生成凭证”窗口显示所有单据信息，如图 8-20、图 8-21 和图 8-22 所示。

生成凭证

凭证类别 转 转账凭证

选择	单据类型	单据号	摘要	科目类型	科目编码	科目名称	借方金额	贷方金额	借方数量	贷方数量	存货编码	存货名称	部门编码	部门名称	业务员编码	业务...	供应商编码
	材料出库单		材料出库单	对方			120,00...		100.00		001	PIII芯片	0101	一车间			
				存货	1403	原材料		120,00...		100.00	001	PIII芯片	0101	一车间			
				对方			81,047.00		100.00		002	40G硬盘	0101	一车间			
				存货	1403	原材料		81,047.00		100.00	002	40G硬盘	0101	一车间			
	产成品入库单		产成品入库单	存货	1405	库存商品	48,000.00		10.00		006	计算机					
				对方	500101	基本生...		48,000.00		10.00	006	计算机					
	红字回冲单	0000000001	红字回冲单	存货	1403	原材料	-80,00...		-100.00		002	40G硬盘	0201	业务一部	0001	李平	XHGS
				应付暂估	1401	材料采购		-80,00...		-100.00	002	40G硬盘	0201	业务一部	0001	李平	XHGS
	蓝字回冲单		蓝字回冲单	存货	1403	原材料	80,000.00		100.00		002	40G硬盘	0201	业务一部	0001	李平	XHGS
				对方	1401	材料采购		80,000.00		100.00	002	40G硬盘	0201	业务一部	0001	李平	XHGS
1	其他出库单		其他出库单	对方			0.00		50.00		004	键盘					
				存货	1403	原材料		0.00		50.00	004	键盘					
	其他入库单		其他入库单	存货			0.00		50.00		004	键盘					
				对方				0.00		50.00	004	键盘					
	产成品入库单	0000000002	产成品入库单	存货	1405	库存商品	96,000.00		20.00		006	计算机					
				对方	500101	基本生...		96,000.00		20.00	006	计算机					
	其他出库单		其他出库单	对方			0.00		1.00		004	键盘					
				存货	1403	原材料		0.00		1.00	004	键盘					
	采购入库单	0000000003	采购入库单	存货	1403	原材料	15,000.00		300.00		005	鼠标	0201	业务一部	0001	李平	JCGS
				对方	1401	材料采购		15,000.00		300.00	005	鼠标	0201	业务一部	0001	李平	JCGS
		0000000004		存货	1403	原材料	160,18...		200.00		002	40G硬盘	0201	业务一部	0001	李平	JCGS

图 8-20 所有单据信息(1)

生成凭证

凭证类别 转 转账凭证

选择	单据类型	单据号	摘要	科目类型	科目编码	科目名称	借方金额	贷方金额	借方数量	贷方数量	存货编码	存货名称	部门编码	部门名称	业务员编码	业务...	供应商编码
	采购入库单	0000000005	采购入库单	存货	1403	原材料	232, 30...		202.00		003	17寸显...	0202	业务二部	0003	王丽	JCGS
				对方	1401	材料采购		232, 30...		202.00	003	17寸显...	0202	业务二部	0003	王丽	JCGS
		0000000006		存货	1403	原材料	-2, 300.00		-2.00		003	17寸显...	0202	业务二部	0003	王丽	JCGS
				对方	1401	材料采购		-2, 300.00		-2.00	003	17寸显...	0202	业务二部	0003	王丽	JCGS
		0000000007		存货	1403	原材料	-2, 000.00		-2.00		013	P4 2.4G	0203	业务三部	0002	王新	CXGS
				对方	1401	材料采购		-2, 000.00		-2.00	013	P4 2.4G	0203	业务三部	0002	王新	CXGS
		0000000008		存货	1403	原材料	30, 000.00		200.00		004	键盘					JCGS
				应付暂估	1401	材料采购		30, 000.00		200.00	004	键盘					JCGS
	专用发票	00000001	专用发票	对方	6401	主营业...	144, 00...		30.00		006	计算机	0202	业务二部	0003	王丽	
				存货	1405	库存商品		144, 00...		30.00	006	计算机	0202	业务二部	0003	王丽	
		00000002		对方	6401	主营业...	-9, 600.00		-2.00		006	计算机	0202	业务二部	0003	王丽	
				存货	1405	库存商品		-9, 600.00		-2.00	006	计算机	0202	业务二部	0003	王丽	
		11111		对方			23, 000.00		20.00		003	17寸显...	0202	业务二部	0003	王丽	
				存货	1403	原材料		23, 000.00		20.00	003	17寸显...	0202	业务二部	0003	王丽	
		38372		对方	6401	主营业...	48, 000.00		10.00		006	计算机	0201	业务一部	0001	李平	
				存货	1405	库存商品		48, 000.00		10.00	006	计算机	0201	业务一部	0001	李平	
		38375		对方	6401	主营业...	48, 000.00		10.00		006	计算机	0201	业务一部	0001	李平	
				存货	1405	库存商品		48, 000.00		10.00	006	计算机	0201	业务一部	0001	李平	
				对方			0.00				007	1600K...	0201	业务一部	0001	李平	
				存货						5.00	007	1600K...	0201	业务一部	0001	李平	
		38381		对方			0.00				007	1600K...	0202	业务二部	0003	王丽	

图 8-21　所有单据信息(2)

生成凭证

凭证类别 转 转账凭证

选择	单据类型	单据号	摘要	科目类型	科目编码	科目名称	借方金额	贷方金额	借方数量	贷方数量	存货编码	存货名称	部门编码	部门名称	业务员编码	业务...	供应商编码
	专用发票	00000001	专用发票	存货	1405	库存商品		144, 00...		30.00	006	计算机	0202	业务二部	0003	王丽	
		00000002		对方	6401	主营业...	-9, 600.00		-2.00		006	计算机	0202	业务二部	0003	王丽	
				存货	1405	库存商品		-9, 600.00		-2.00	006	计算机	0202	业务二部	0003	王丽	
		11111		对方			23, 000.00		20.00		003	17寸显...	0202	业务二部	0003	王丽	
				存货	1403	原材料		23, 000.00		20.00	003	17寸显...	0202	业务二部	0003	王丽	
		38372		对方	6401	主营业...	48, 000.00		10.00		006	计算机	0201	业务一部	0001	李平	
				存货	1405	库存商品		48, 000.00		10.00	006	计算机	0201	业务一部	0001	李平	
		38375		对方	6401	主营业...	48, 000.00		10.00		006	计算机	0201	业务一部	0001	李平	
				存货	1405	库存商品		48, 000.00		10.00	006	计算机	0201	业务一部	0001	李平	
				对方			0.00				007	1600K...	0201	业务一部	0001	李平	
				存货						5.00	007	1600K...	0201	业务一部	0001	李平	
		38381		对方			0.00				007	1600K...	0202	业务二部	0003	王丽	
				存货						15.00	007	1600K...	0202	业务二部	0003	王丽	
		38384		对方			0.00				007	1600K...	0202	业务二部	0003	王丽	
				存货						5.00	007	1600K...	0202	业务二部	0003	王丽	
		38385		对方			0.00				007	1600K...	0202	业务二部	0003	王丽	
				存货						5.00	007	1600K...	0202	业务二部	0003	王丽	
		38386		对方	6401	主营业...	43, 200.00		9.00		006	计算机	0201	业务一部	0001	李平	
				存货	1405	库存商品		43, 200.00		9.00	006	计算机	0201	业务一部	0001	李平	
合计							1, 074, ...	1, 074, ...									

图 8-22　所有单据信息(3)

(6) 图 8-20 中部分单据的存货和对方科目名称已经显示，调拨业务形成的一张其他入库单和一张其他出库单仅显示了存货科目，没有显示对方科目。本案例涉及的调拨业务是存货从原料仓库转入外购品仓库，不影响单位资产、负债与损益的变动，无需填制凭证，但若不填写该凭证科目，其他凭证无法生成。因此，调拨出库生成凭证的分录中存货科目为“基本生产成本”(500101)，调拨对方科目为“原材料”(1403)；调拨入库生成凭证的分录中存货科目为“库存商品”(1405)，调拨对方科目为“基本生产成本”(500101)。数量为 1 只的“键盘”生成的其他出库单是盘亏业务，按照第 4.1 节的拓展阅读资料，盘亏业务批准前，存货科目为“原材料”(1403)，对方科目为“待处理流动财产损溢”(190101)。“PIII 芯片”和“40G 硬盘”都是生产领用出库业务，存货科目为“原材料”(1403)，对方科目为“基本生产成本”(500101)。在“专用发票”栏所空缺的都是销售业务，对方科目应为“主营业务成本(6401)”，存货科目为“原材料”(1403)或“库存商品”(1405)。将这些科目填入“生成凭证”窗口，并选择凭证类别为“转转账凭证”，如图 8-23、图 8-24 和图 8-25 所示。

生成凭证

凭证类别 转 转账凭证

选择	单据类型	单据号	摘要	科目类型	科目编码	科目名称	借方金额	贷方金额	借方数量	贷方数量	存货编码	存货名称	部门编码	部门名称	业务员编码	业务...	供应商编码
1	材料出库单	0000000001	材料出库单	对方	500101	基本生...	120,00...		100.00		001	PIII芯片	0101	一车间			
				存货	1403	原材料		120,00...		100.00	001	PIII芯片	0101	一车间			
				对方	500101	基本生...	81,047.00		100.00		002	40G硬盘	0101	一车间			
				存货	1403	原材料		81,047.00		100.00	002	40G硬盘	0101	一车间			
	产成品入库单		产成品入库单	存货	1405	库存商品	48,000.00		10.00		006	计算机					
				对方	500101	基本生...		48,000.00		10.00	006	计算机					
	红字回冲单		红字回冲单	存货	1403	原材料	-80,00...		-100.00		002	40G硬盘	0201	业务一部	0001	李平	XHGS
				应付暂估	1401	材料采购		-80,00...		-100.00	002	40G硬盘	0201	业务一部	0001	李平	XHGS
	蓝字回冲单		蓝字回冲单	存货	1403	原材料	80,000.00		100.00		002	40G硬盘	0201	业务一部	0001	李平	XHGS
				对方	1401	材料采购		80,000.00		100.00	002	40G硬盘	0201	业务一部	0001	李平	XHGS
	其他出库单		其他出库单	对方	500101	基本生...	0.00		50.00		004	键盘					
				存货	1403	原材料		0.00		50.00	004	键盘					
	其他入库单		其他入库单	存货	1405	库存商品	0.00		50.00		004	键盘					
				对方	500101	基本生...		0.00		50.00	004	键盘					
	产成品入库单	0000000002	产成品入库单	存货	1405	库存商品	96,000.00		20.00		006	计算机					
				对方	500101	基本生...		96,000.00		20.00	006	计算机					
	其他出库单		其他出库单	对方	190101	待处理...	0.00		1.00		004	键盘					
				存货	1403	原材料		0.00		1.00	004	键盘					
	采购入库单	0000000003	采购入库单	存货	1403	原材料	15,000.00		300.00		005	鼠标	0201	业务一部	0001	李平	JCGS
				对方	1401	材料采购		15,000.00		300.00	005	鼠标	0201	业务一部	0001	李平	JCGS
		0000000004		存货	1403	原材料	160,18...		200.00		002	40G硬盘	0201	业务一部	0001	李平	JCGS

图 8-23 补齐科目(1)

生成凭证

凭证类别 转 转账凭证

选择	单据类型	单据号	摘要	科目类型	科目编码	科目名称	借方金额	贷方金额	借方数量	贷方数量	存货编码	存货名称	部门编码	部门名称	业务员编码	业务...	供应商编码
1	采购入库单	0000000005	采购入库单	存货	1403	原材料	232,30...		202.00		003	17寸显...	0202	业务二部	0003	王丽	JCGS
				对方	1401	材料采购		232,30...		202.00	003	17寸显...	0202	业务二部	0003	王丽	JCGS
		0000000006		存货	1403	原材料	-2,300.00		-2.00		003	17寸显...	0202	业务二部	0003	王丽	JCGS
				对方	1401	材料采购		-2,300.00		-2.00	003	17寸显...	0202	业务二部	0003	王丽	JCGS
		0000000007		存货	1403	原材料	-2,000.00		-2.00		013	P4 2.4G	0203	业务三部	0002	王新	CXGS
				对方	1401	材料采购		-2,000.00		-2.00	013	P4 2.4G	0203	业务三部	0002	王新	CXGS
		0000000008		存货	1403	原材料	30,000.00		200.00		004	键盘					JCGS
				应付暂估	1401	材料采购		30,000.00		200.00	004	键盘					JCGS
	专用发票	00000001	专用发票	对方	6401	主营业...	144,00...		30.00		006	计算机	0202	业务二部	0003	王丽	
				存货	1405	库存商品		144,00...		30.00	006	计算机	0202	业务二部	0003	王丽	
		00000002		对方	6401	主营业...	-9,600.00		-2.00		006	计算机	0202	业务二部	0003	王丽	
				存货	1405	库存商品		-9,600.00		-2.00	006	计算机	0202	业务二部	0003	王丽	
		11111		对方	6401	主营业...	23,000.00		20.00		003	17寸显...	0202	业务二部	0003	王丽	
				存货	1403	原材料		23,000.00		20.00	003	17寸显...	0202	业务二部	0003	王丽	
		38372		对方	6401	主营业...	48,000.00		10.00		006	计算机	0201	业务一部	0001	李平	
				存货	1405	库存商品		48,000.00		10.00	006	计算机	0201	业务一部	0001	李平	
		38375		对方	6401	主营业...	48,000.00		10.00		006	计算机	0201	业务一部	0001	李平	
				存货	1405	库存商品		48,000.00		10.00	006	计算机	0201	业务一部	0001	李平	
				对方	6401	主营业...	0.00				007	1600K...	0201	业务一部	0001	李平	
				存货	1405	库存商品				5.00	007	1600K...	0201	业务一部	0001	李平	
		38381		对方	6401	主营业...	0.00				007	1600K...	0202	业务二部	0003	王丽	

图 8-24 补齐科目(2)

生成凭证

凭证类别 转 转账凭证

选择	单据类型	单据号	摘要	科目类型	科目编码	科目名称	借方金额	贷方金额	借方数量	贷方数量	存货编码	存货名称	部门编码	部门名称	业务员编码	业务...	供应商编码
1	专用发票	00000001	专用发票	存货	1405	库存商品		144,00...		30.00	006	计算机	0202	业务二部	0003	王丽	
		00000002		对方	6401	主营业...	-9,600.00		-2.00		006	计算机	0202	业务二部	0003	王丽	
				存货	1405	库存商品		-9,600.00		-2.00	006	计算机	0202	业务二部	0003	王丽	
		11111		对方	6401	主营业...	23,000.00		20.00		003	17寸显...	0202	业务二部	0003	王丽	
				存货	1403	原材料		23,000.00		20.00	003	17寸显...	0202	业务二部	0003	王丽	
		38372		对方	6401	主营业...	48,000.00		10.00		006	计算机	0201	业务一部	0001	李平	
				存货	1405	库存商品		48,000.00		10.00	006	计算机	0201	业务一部	0001	李平	
		38375		对方	6401	主营业...	48,000.00		10.00		006	计算机	0201	业务一部	0001	李平	
				存货	1405	库存商品		48,000.00		10.00	006	计算机	0201	业务一部	0001	李平	
				对方	6401	主营业...	0.00				007	1600K...	0201	业务一部	0001	李平	
				存货	1405	库存商品				5.00	007	1600K...	0201	业务一部	0001	李平	
		38381		对方	6401	主营业...	0.00				007	1600K...	0202	业务二部	0003	王丽	
				存货	1405	库存商品				15.00	007	1600K...	0202	业务二部	0003	王丽	
		38384		对方	6401	主营业...	0.00				007	1600K...	0202	业务二部	0003	王丽	
				存货	1405	库存商品				5.00	007	1600K...	0202	业务二部	0003	王丽	
		38385		对方	6401	主营业...	0.00				007	1600K...	0202	业务二部	0003	王丽	
				存货	1405	库存商品				5.00	007	1600K...	0202	业务二部	0003	王丽	
		38386		对方	6401	主营业...	43,200.00		9.00		006	计算机	0201	业务一部	0001	李平	
				存货	1405	库存商品		43,200.00		9.00	006	计算机	0201	业务一部	0001	李平	
合计							1,074,...	1,074,...									

图 8-25 补齐科目(3)

(7) 单击“生成”按钮，跳出“填制凭证”对话框，单击“保存”按钮保存该转账凭证，在凭证左上方显示“已生成”红字标签，如图 8-26 所示。在“填制凭证”对话框单击向后箭头，逐一分别保存转账凭证，在此不赘述。

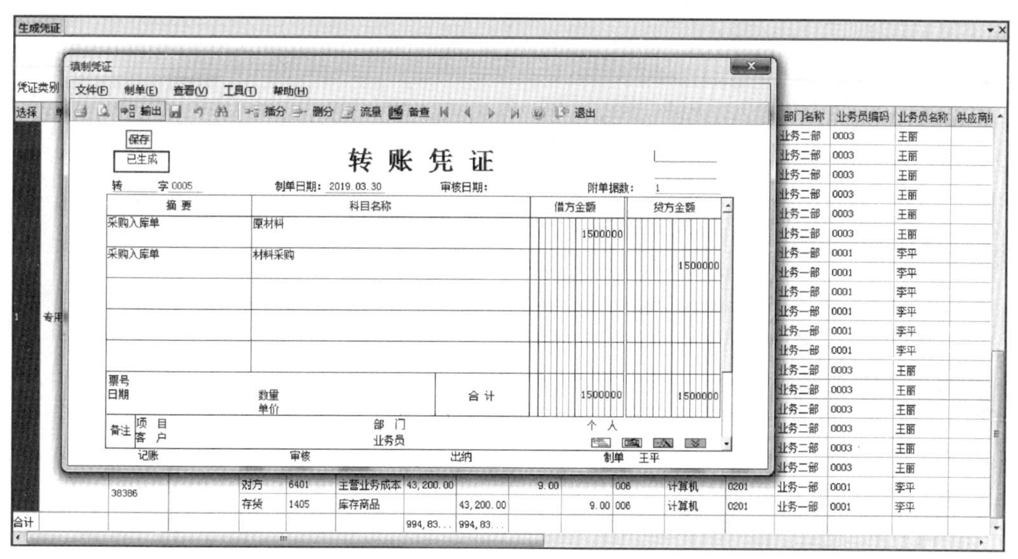

图 8-26 已生成转账凭证

(8) 结果显示其他入库单和其他出库单无法生成凭证，如图 8-27 所示。原因在于调拨业务、盘点业务中都只录入了存货数量，没有录入存货单价，因此借方金额、贷方金额都为 0，无法进行财务核算。在“专用发票”栏对应的借方、贷方金额两列的数据为空白，是因为在“库存管理”|“出库业务”|“销售出库单”中的“单价”未填写，因此根据存货管理中凭证的借

方、贷方金额也为空白，无法进行财务核算。

生成凭证

凭证类别 转 转账凭证

选择	单据类型	单据号	摘要	科目类型	科目编码	科目名称	借方金额	贷方金额	借方数量	贷方数量	存货编码	存货名称	部门编码	部门名称	业务员编码	业务员名称
1	其他出库单	0000000001	其他出库单	对方	500101	基本生产...	0.00		50.00		004	键盘				
				存货	1403	原材料		0.00		50.00	004	键盘				
	其他入库单		其他入库单	存货	1405	库存商品	0.00		50.00		004	键盘				
				对方	500101	基本生产...		0.00		50.00	004	键盘				
	其他出库单	0000000002	其他出库单	对方	190101	待处理流...	0.00		1.00		004	键盘				
				存货	1403	原材料		0.00		1.00	004	键盘				
	专用发票	38381	专用发票	对方	6401	主营业务...	0.00				007	1600K打印机	0202	业务二部	0003	王丽
				存货	1405	库存商品				15.00	007	1600K打印机	0202	业务二部	0003	王丽
		38384		对方	6401	主营业务...	0.00				007	1600K打印机	0202	业务二部	0003	王丽
				存货	1405	库存商品				5.00	007	1600K打印机	0202	业务二部	0003	王丽
		38385		对方	6401	主营业务...	0.00				007	1600K打印机	0202	业务二部	0003	王丽
				存货	1405	库存商品				5.00	007	1600K打印机	0202	业务二部	0003	王丽
合计							0.00	0.00								

图 8-27　无法生成凭证的单据信息

（9）在“业务工作”选项卡中，执行“供应链”|“存货核算”|“财务核算”|“凭证列表”命令，跳出“查询条件”对话框，单击“确定”按钮，进入“凭证列表”窗口。单击选中某一条凭证，单击“凭证”按钮，跳出“联查凭证”对话框，如图 8-28 所示。

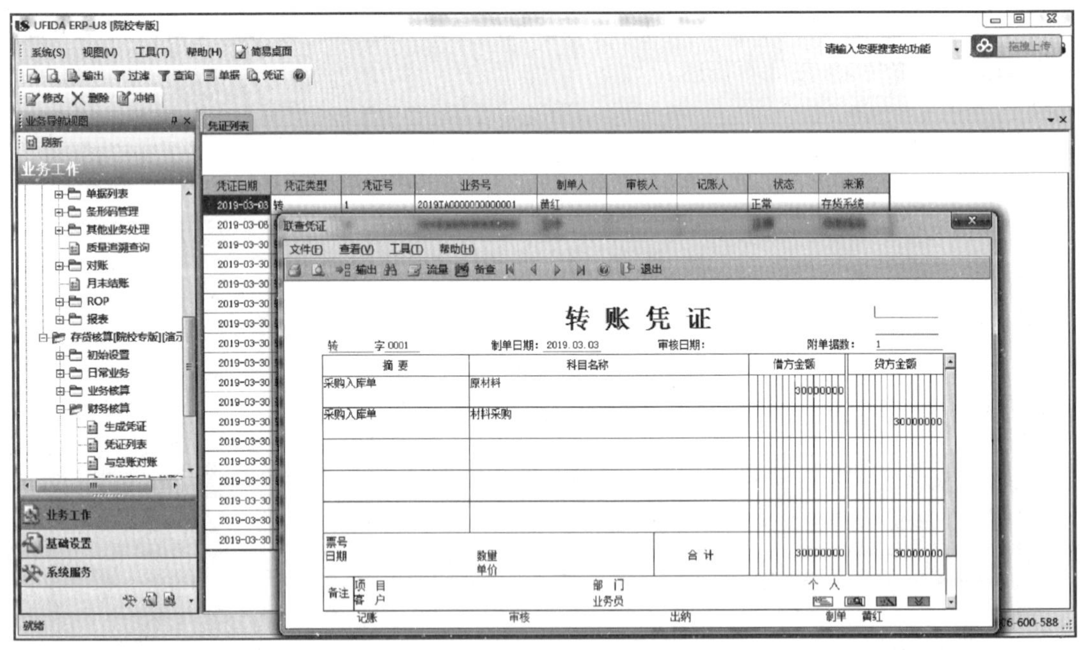

图 8-28　联查凭证

（10）如果对生成的凭证要进行修改或删除，可单击图 8-28 中的“修改”或“删除”按钮进行相应的操作。

（11）退出企业应用平台。由系统管理员（admin）在“系统管理”中备份数据，如备份至“D:\002 账套备份数据\8.5 凭证生成”，便于以后引入。

【拓展阅读】

从理论上讲，调拨单仅仅涉及仓库实物位置、所属部门的转移，并未影响单位资产、负债与损益的变动，无需填制凭证；而销售调拨单涉及实物所有权的转移和收入的确认，需要填制凭证。在实际操作中，有些企业分仓库进行核算时，可以对调拨单生成凭证，但此时需在调拨单中录入数量和单价信息，否则借方金额和贷方金额为0，无法进行财务核算，就如本案例情形。

对于盘盈、盘亏业务，应该分批准前和批准后填制会计凭证，但若在业务单据中没有填写单价，则借方金额和贷方金额为0，无法进行财务核算，就如本案例情形。

通过本案例发现，凭证生成操作实际是考核如何对经济业务编制会计分录，尽管系统会参照期初的基础科目设置为某些业务填入存货和对方科目，但在生成凭证的操作过程中仍需仔细核对科目是否与经济业务相对应，可以对科目进行修改调整，直到最终生成凭证。同时，用友系统生成凭证过程中不允许凭证科目为空，因此，无论是否能够最终生成凭证，都需要把科目填写完整，不能生成凭证的单据信息被遗留下来。若没有输入单价或单价为0，则借方金额、贷方金额亦为0，也不能进行财务核算，不能生成凭证。

供应链期末业务处理

本章重点

掌握企业供应链管理系统月末业务处理的方法。

【学习目标】

掌握供应链管理系统月末处理的方法，以及账表查询的方法。

【引出问题】

企业完成当月所有工作后，系统将采购业务、销售业务、库存管理与存货核算业务等相关各个系统的单据封存，各种数据记入有关的账表当中，完成会计期间的期末处理工作。期末业务处理是计算机自动完成的。

【案例陈述】

月末核算处理本月供应链管理系统采购、销售、库存、存货各功能模块所涉及的相关业务。

【案例分析】

（1）系统时间修改为2019-03-31。

（2）启动“系统管理”，由系统管理员（admin）注册登录，引入第8章完成的[002]账套，导入到“9 供应链期末业务处理”文件夹。

（3）启动企业应用平台，由[001]黄红登录，操作日期为2019-03-31。

（4）在“业务工作”选项卡中，执行“供应链”|“采购管理”|“月末结账”命令，跳出“月末结账”对话框。单击当前会计月份对应的“选择标记”分量，显示“选中”字样，如图9-1所示。单击“结账”按钮，跳出“月末结账完毕！”提示框，如图9-2所示。

图9-1　标记月末结账会计月份

(5) 单击“确定”，在返回的“月末结账”窗口对应的会计月份“是否结账”分量显示“已结账”，如图 9-3 所示。

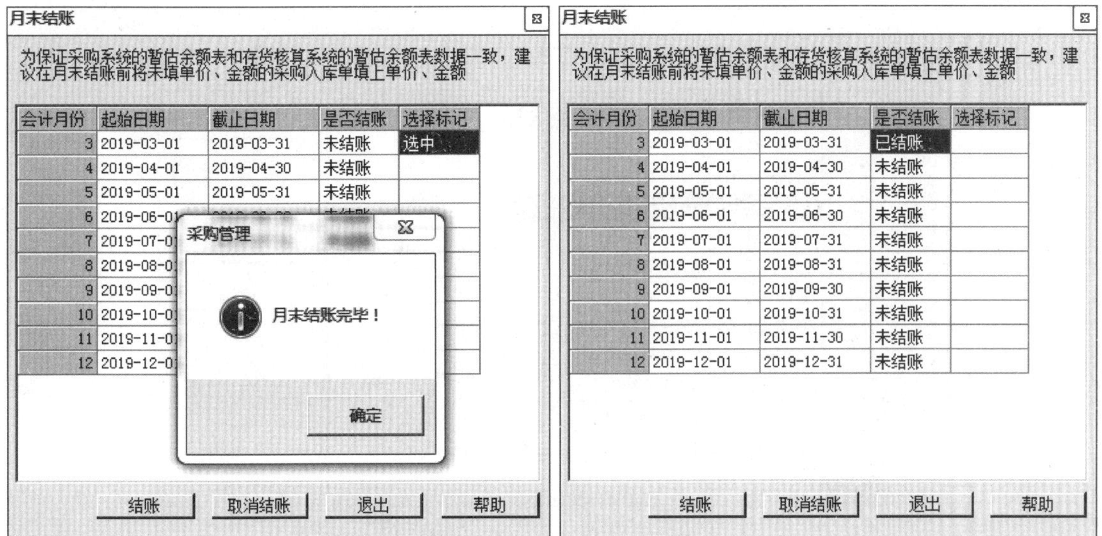

图 9-2　月末结账完毕　　　　图 9-3　结账后分量显示

(6) 在“业务工作”选项卡中，执行“供应链”|“销售管理”|“月末结账”命令，跳出“月末结账”对话框，如图 9-4 所示。系统自动将当前会计月份对应的记录显示蓝色。

(7) 单击“月末结账”，已结账的会计月份对应的“是否结账”分量显示“是”，并把蓝色条移动到下一个会计月份，如图 9-5 所示。

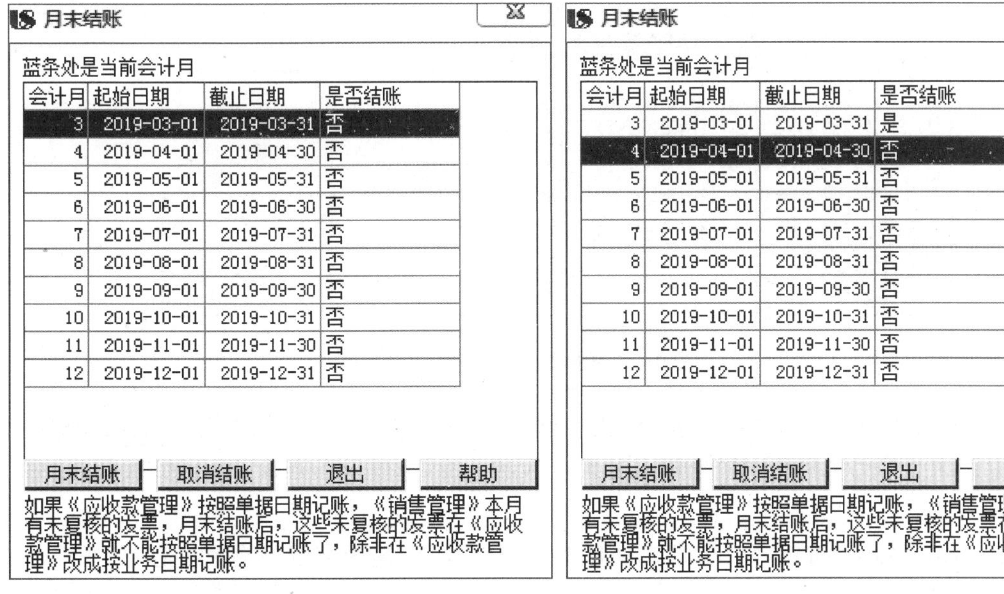

图 9-4　月末结账会计月份　　　　图 9-5　当前会计月份显示已结账

(8) 在“业务工作”选项卡中,执行“供应链”|“库存管理”|“月末结账”命令,跳出“结账处理”对话框,如图 9-6 所示。系统自动将当前会计月份对应的记录显示蓝色,“已经结账”分量显示“否”。

结账处理

会计月份	起始日期	结束日期	已经结账
1	2019-01-01	2019-01-31	是
2	2019-02-01	2019-02-28	是
3	2019-03-01	2019-03-31	否
4	2019-04-01	2019-04-30	否
5	2019-05-01	2019-05-31	否
6	2019-06-01	2019-06-30	否
7	2019-07-01	2019-07-31	否
8	2019-08-01	2019-08-31	否
9	2019-09-01	2019-09-30	否
10	2019-10-01	2019-10-31	否
11	2019-11-01	2019-11-30	否
12	2019-12-01	2019-12-31	否

结账 取消结账 帮助 退出

图 9-6 结账处理(结账前)

(9) 单击“结账”,已结账的会计月份对应的“已经结账”分量显示“是”,并把蓝色条移动到下一个会计月份,如图 9-7 所示。

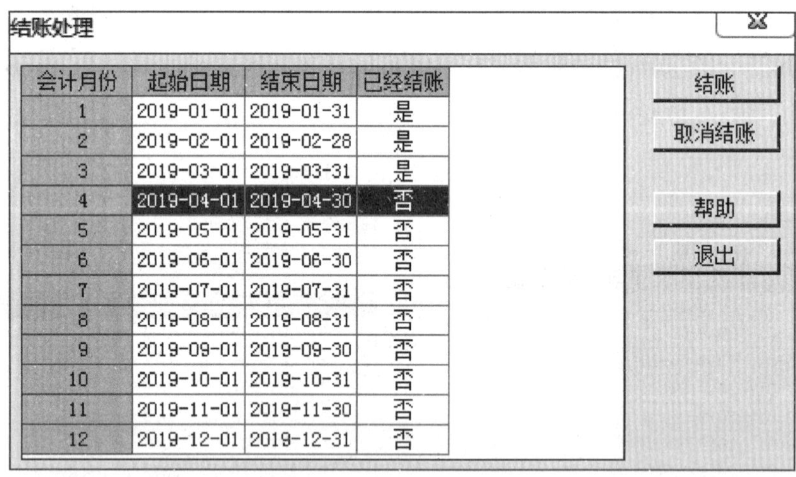

结账处理

会计月份	起始日期	结束日期	已经结账
1	2019-01-01	2019-01-31	是
2	2019-02-01	2019-02-28	是
3	2019-03-01	2019-03-31	是
4	2019-04-01	2019-04-30	否
5	2019-05-01	2019-05-31	否
6	2019-06-01	2019-06-30	否
7	2019-07-01	2019-07-31	否
8	2019-08-01	2019-08-31	否
9	2019-09-01	2019-09-30	否
10	2019-10-01	2019-10-31	否
11	2019-11-01	2019-11-30	否
12	2019-12-01	2019-12-31	否

结账 取消结账 帮助 退出

图 9-7 结账处理(结账后)

(10) 在“业务工作”选项卡中,执行“供应链”|“存货核算”|“业务核算”|“期末处理”命令,跳出“期末处理”对话框。在“未期末处理仓库和存货”选项卡下方单击“全选”按钮,选中所有仓库,如图 9-8 所示。

(11) 单击“确定”按钮,跳出“期末处理有未记账单据,是否继续?”提示信息,如图 9-9 所示。

(12) 单击“是”,在跳出的“月平均单价计算表”窗口中“1600K 打印机”存货对应的“平均单价”分量处填入“2 300.00”,如图 9-10 所示。

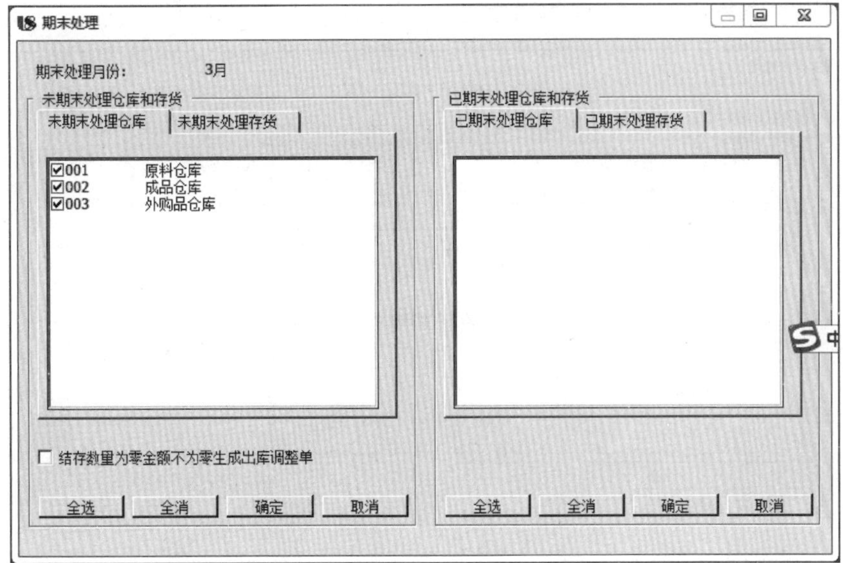

图 9-8 期末处理(选择仓库)

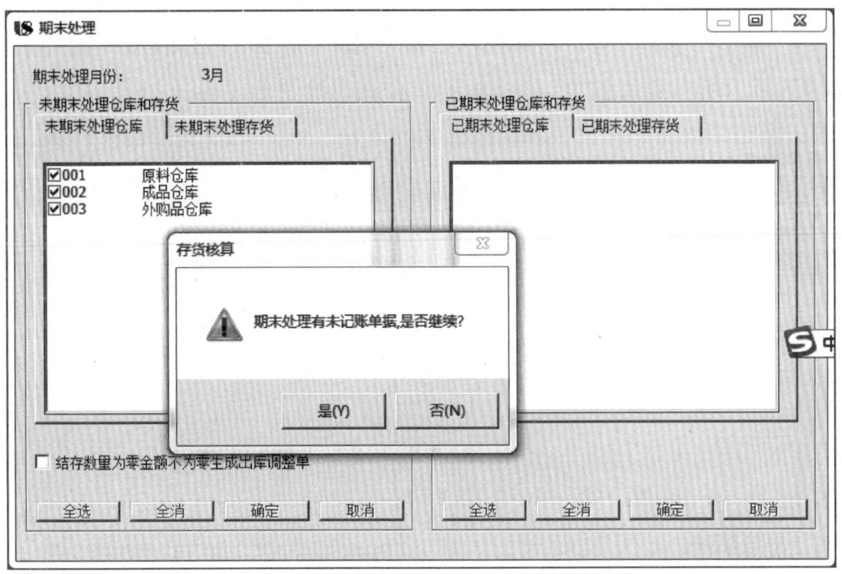

图 9-9 期末处理(提示未记账单据是否继续)

月平均单价计算表

输出 显示 确定 栏目

仓库平均单价计算表

记录总数: 1

存货名称	存...	存...	存货单位	期初数量	期初金额	入库数量	入库金额	有金额出库数量	有金额出库成本	平均单价	原单价	最大单价	最小单价	无金额出库数量	无金额出库成本	出库合计数量	出库合计成本
1600K打印机			台	400.00	720,000.00	0.00	0.00	0.00	0.00	2,300.00	1,800.00			30.00	69,000.00	30.00	69,000.00

图 9-10 仓库平均单价计算表

（13）单击“确定”，跳出“期末处理完毕！”提示信息，如图 9-11 所示。

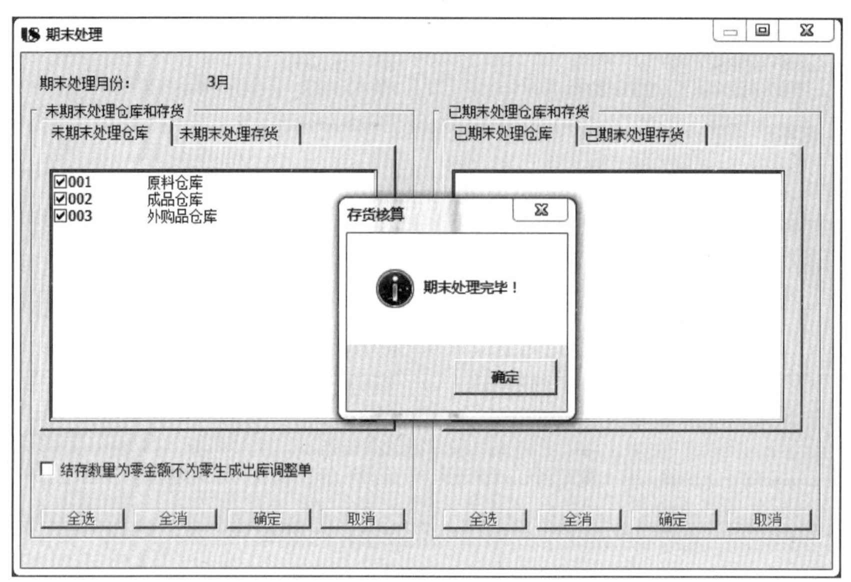

图 9-11　期末处理完毕提示

（14）单击“确定”，返回“期末处理”窗口，在“已期末处理仓库和存货”选项卡中的“已期末处理仓库”下显示所有仓库信息，此时显示所有仓库均进行了期末处理，如图 9-12 所示。

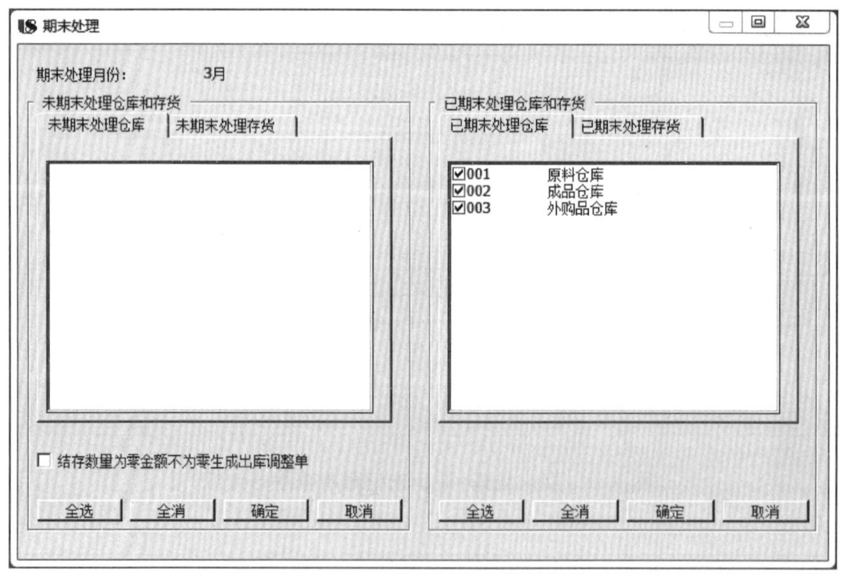

图 9-12　期末处理结果显示

（15）在“业务工作”选项卡中，执行“供应链”|“存货核算”|“业务核算”|“月末结账”命令，跳出“月末结账”对话框，如图 9-13 所示。

（16）单击“确定”按钮，跳出“月末结账完成！若想进行下月业务，请在‘系统’菜单中选择‘重新注册’进行下月处理！”提示框，如图 9-14 所示。单击“确定”，退出系统。

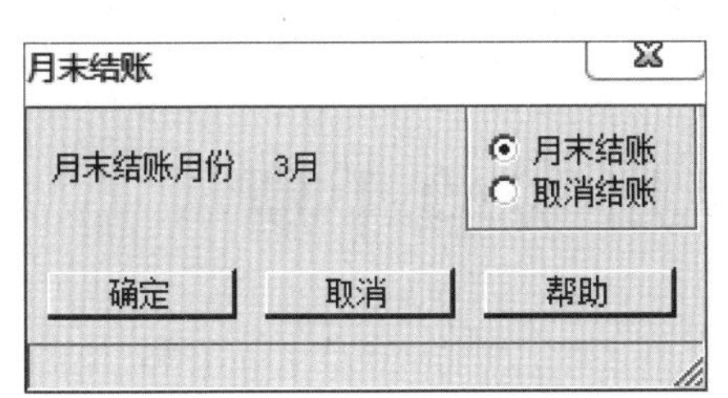

图 9-13 月末结账对话框

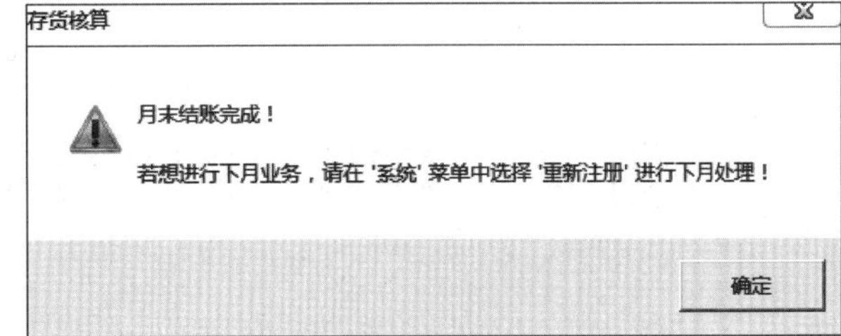

图 9-14 月末结账完成提示框

(17) 退出企业应用平台。由系统管理员(admin)在“系统管理”中备份数据，如备份至“D:\002 账套备份数据\9 供应链期末业务处理”，便于以后引入。

企业的经理、投资者、债权人等决策者都需要关于企业经营状况的定期信息，通过月末结账，据以结算账目编制财务报告，核算财务状况和资金变动情况，以及企业的供应链管理所需要的各种相关数据报表等。在用友 ERP-U8 软件中，主要分为生产制造、供应链管理和财务会计这三大模块。在制造型企业中，这三大模块都很重要。在流通型企业中，供应链管理和财务会计模块用得很多，也是联系最为紧密的两大模块。也有企业单独使用财务会计模块。供应链管理模块有采购管理、销售管理、库存管理和存货核算这四个子系统；财务会计模块主要有总账、应收款管理、应付款管理和 UFO 报表这四个子系统。其中，存货核算子系统将供应链管理模块与财务会计模块联系起来。采购业务产生后，会产生采购入库单、采购发票，需要进行应付款处理；销售业务产生后，会产生销售出库单、销售发票，需要进行应收款处理。总账中凭证的生成可以来自业务，从存货核算系统、应收款管理、应付款管理子系统中传递而来，在进行“应收票据”“应收账款”“预收账款”和“应付票据”“应付账款”“预付账款”等会计科目设置时分别选择受控于“应收系统”“应付系统”。只有财务会计模块的企业，则可以直接在总账子系统中录入凭证，此时将“应收票据”“应收账款”“预收账款”和“应付票据”“应付账款”“预付账款”等会计科目的受控系统设置为空。一般情况下，从业务中生成的凭证在总账系统中不得修改，这也是内控的需要。

“ERP 原理与应用”课程实验部分以供应链管理为主要内容，因此本书重点介绍采购管理、销售管理、库存管理和存货核算这几个子系统的业务处理方法，期末处理也主要针对这几个子系统。在用友 ERP-U8 软件中，月末业务处理是自动完成的，企业完成当月所有工作后，系统将相关各个系统单据封存，各种数据记入有关的账表中，完成会计期间的月末处理工作。

附录　ERP 原理与应用实验手册

实验一　系统管理与基础设置(必做)

目的与要求

掌握企业在进行期初建账时，如何进行核算体系的建立及各项基础档案的设置。

实验内容

一、核算体系的建立

好友软件公司是一家软件制造和系统集成企业，其产品面向国内外市场，自 2019 年 3 月公司开始使用 ERP 软件管理业务。软件操作员有三位：黄红是账套主管；张晶主要负责采购和销售，但可了解库存和存货情况；王平主要负责发货，有库存和存货管理权限。公司税号为 3103256437218。

建账信息如下：

（一）启动系统管理，以系统管理员(admin)的身份进行注册。

（二）增设三位操作员：001 黄红，002 张晶，003 王平。

（三）建立账套信息：

1. 账套信息：账套号自选(暂定 002)，账套名称自选(暂定“供应链练习”)，启用日期为 2019 年 3 月。

2. 单位信息：单位名称为“好友软件公司”，单位简称为“好友”，税号为 3103256437218。

3. 核算类型：企业类型为“工业”，行业性质为“2007 年新会计制度科目”并预置科目，账套主管为“黄红”。

4. 基础信息：存货、客户及供应商均分类，有外币核算。

5. 编码方案。

A. 科目编码级次为 4222

B. 客户分类和供应商分类的编码级次为 2

C. 部门编码级次为 22

D. 存货分类的编码级次为 2233

E. 收发类别的编码级次为 22

F. 结算方式的编码级次为 2

G. 其他编码项目保持不变

6. 数据精度:保持系统默认设置。

(四) 分配操作员权限:

操作员黄红:自动拥有该账套的所有权限,无需设置。

操作员张晶:拥有"公共单据""公用目录设置""采购管理""销售管理" "库存管理""存货核算"中的所有权限。

操作员王平:拥有"公共单据""公用目录设置""库存管理""存货核算"中的所有权限。

(五) 由账套主管黄红启用系统:"总账""应收""应付""采购管理""销售管理""库存管理""存货核算""物料清单""主生产计划""需求规划""生产订单"模块。启用日期为 2019-03-01。

二、定义部门和人员档案

好友软件有四个运营中心,分别是制造中心、营业中心、管理中心和仓储中心。制造中心有两个车间,营业中心有两个业务部,管理中心有财务部和人事部,仓储中心有两个仓库。各部门负责人待定。李平和王丽分别是业务一部和业务二部的业务员。

附表 1-1 部门档案

部门编码	部门名称	成立日期
01	制造中心	2019 年 3 月 1 日
0101	一车间	2019 年 3 月 1 日
0102	二车间	2019 年 3 月 1 日
02	营业中心	2019 年 3 月 1 日
0201	业务一部	2019 年 3 月 1 日
0202	业务二部	2019 年 3 月 1 日
03	管理中心	2019 年 3 月 1 日
0301	财务部	2019 年 3 月 1 日
0302	人事部	2019 年 3 月 1 日
04	仓储中心	2019 年 3 月 1 日
0401	一仓库	2019 年 3 月 1 日
0402	二仓库	2019 年 3 月 1 日

增设人员档案:

0001 李平(业务一部、在职人员、男、业务员)

0003 王丽(业务二部、在职人员、女、业务员)

三、定义客户档案

好友软件有批发、零售、代销、专柜四种客户类型。华宏公司和昌新贸易公司是批发客户,精益公司是专柜客户,利氏公司是代销客户。

客户分类:批发、零售、代销、专柜

客户档案:

附表 1-2　客户档案

客户编码	客户简称	所属分类	税　号	开户银行	账号
HHGS	华宏公司	批发	310003154	工商银行上海分行	112
CXMYGS	昌新贸易公司	批发	310108777	招商银行上海分行	567
JYGS	精益公司	专柜	315000123	光大银行上海分行	158
LSGS	利氏公司	代销	315452453	建设银行上海分行	763
ALXGS	爱立信公司	零售	315252421	农业银行上海分行	879

四、定义供应商档案

好友软件有原料和成品两类供应商。兴华公司和建昌公司是原料供应商，泛美商行和艾德公司是成品供应商。除建昌公司供应货物和服务外，其他都供应货物。

供应商分类：原料供应商、成品供应商

供应商档案：

附表 1-3　供应商档案

供应商编码	供应商简称	所属分类	税号	供应商属性
XHGS	兴华公司	原料供应商	310821385	货物
JCGS	建昌公司	原料供应商	314825705	货物、服务
FMSH	泛美商行	成品供应商	318478228	货物
ADGS	艾德公司	成品供应商	310488008	货物

五、定义存货档案

存货分类：01 原材料；02 产成品；03 外购商品； 04 应税劳务；05 半成品

计量单位：

附表 1-4　计量单位

计量单位编号	计量单位名称	所属计量单位组	计量单位组类别
01	盒	无换算单位	无换算率
02	台	无换算单位	无换算率
03	只	无换算单位	无换算率
04	千米	无换算单位	无换算率
05	个	无换算单位	无换算率
06	根	无换算单位	无换算率
07	块	无换算单位	无换算率

存货档案：

附表 1-5 存货档案

存货编码	存货名称	所属类别	计量单位	税率	存货属性	提前期
001	PIII 芯片	原材料	盒	17	外购,生产耗用	1
002	40G 硬盘	原材料	盒	17	外购,生产耗用,内销,外销	2
003	17 寸显示器	原材料	台	17	外购,生产耗用,内销,外销	—
004	键盘	原材料	只	17	外购,生产耗用,内销,外销	—
005	鼠标	原材料	只	17	外购,生产耗用,内销,外销	—
006	计算机	产成品	台	17	自制,内销,外销	—
007	1600K 打印机	外购商品	台	17	外购,内销,外销	—
008	运输费	应税劳务	千米	7	外购,内销,外销,应税劳务	—
009	主机箱(带电源)	原材料	个	17	外购,生产耗用,内销,外销	—
010	内存条	原材料	根	17	外购,生产耗用,内销,外销	—
011	集成主板(带风扇)	原材料	块	17	外购,生产耗用,内销,外销	2
012	电脑主机	半成品	个	17	自制,生产耗用,内销,外销	1

六、定义业务信息

定义仓库档案：

附表 1-6 仓库档案

仓库编码	仓库名称	计价方式
001	原料仓库	移动平均
002	成品仓库	移动平均
003	外购品仓库	全月平均
004	半成品仓库	移动平均

定义收发类别：

附表 1-7 收发类别

01 正常入库	0101 采购入库	03 正常出库	0301 销售出库
	0102 产成品入库		0302 生产领用
	0103 调拨入库		0303 调拨出库
02 非正常入库	0201 盘盈入库	04 非正常出库	0401 盘亏出库
	0202 其他入库		0402 其他出库

定义采购类型：01 普通采购，入库类别为“采购入库”。默认采购类型。

定义销售类型：01 经销、02 代销，出库类别均为“销售出库”。默认销售类型为“经销”。

七、定义生产制造参数和物料清单

手动输入生产订单默认状态为“锁定”状态；生产订单默认工序计划方式为“顺推”。物料清单展开层数为 5。

设置时栅资料：代码 001

附表 1-8　时栅资料

行号	日数	需求来源
1	10	客户订单
2	20	预测＋客户订单，先反向再正向抵消
3	30	预测＋客户订单不抵消

设置时格资料：代码 001

附表 1-9　时格资料

行号	类别	日数	起始位置
1	天	3	—
2	周	—	星期一
3	月	—	—

设置预测版本资料：

附表 1-10　版本资料

版本代号	版本说明	版本类型
V01	2019 年 03 月版需求预测	MPS
V02	2019 年 03 月版需求预测	MRP

设置 012 电脑主机的物料清单：

附表 1-11　物料清单

层次	物料编码	物料名称	物料属性	可选	选择规则	计划	数量	供应类型
0	012	电脑主机	自制，生产耗用，内销，外销	否	全部	100%	1	—
1	001	PIII 芯片	外购，生产耗用	否	全部	100%	1	领用
1	002	40G 硬盘	外购，生产耗用，内销，外销	否	全部	100%	1	领用
1	009	主机箱（带电源）	外购，生产耗用，内销，外销	否	全部	100%	1	领用
1	010	内存条	外购，生产耗用，内销，外销	否	全部	100%	2	领用
1	011	集成主板（带风扇）	外购，生产耗用，内销，外销	否	全部	100%	1	领用

八、定义财务信息

定义凭证类别：收款凭证、付款凭证、转账凭证。

定义外币及汇率：

(1) 美元，03月份记账汇率为6.20。

(2) 日元，03月份记账汇率为0.06。

定义结算方式：现金结算、支票结算、汇票结算、贷记凭证。

定义本企业开户银行：开户银行编码为01，开户行为上海分行淮海路分理处，账号为765848981258，所属银行为中国工商银行。

设置会计科目：

(1) 辅助核算：应收账款、预收账款设为“客户往来”；应付账款、预付账款设为“供应商往来”。

(2) 通过“编辑”菜单指定科目，指定“现金总账科目”和“银行总账科目”。

(3) 增设“银行存款”的二级科目。

100201　工行存款

100202　中行存款

10020201　美元存款

九、定义单据设计

单据编码设置中采购专用发票、销售专用发票、采购运费发票编号方式可由操作人员自定义。

实验二　供应链期初设置及余额录入(必做)

目的与要求

掌握企业为了在将来的业务处理时，能够由系统自动生成有关的凭证；在进行期初建账时，应如何设置相关业务的入账科目，以及如何把原来手工做账时所涉及的各业务的期末余额录入至系统当中。

实验内容

一、设置基础科目

(一) 根据存货大类分别设置存货科目：

附表2-1　存货科目信息

存货分类	对应科目名称	科目编码
原材料	原材料	1403
产成品	库存商品	1405

（续表）

存货分类	对应科目名称	科目编码
外购商品	库存商品	1405
半成品	生产成本——自制半成品	500103

（二）根据收发类别确定各存货的对方科目：

附表 2-2　对方科目信息

收发类别	对方科目	科目编码	暂估科目	科目编码
采购入库	材料采购	1401	材料采购	1401
产成品入库	基本生产成本	500101	—	—
盘盈入库	待处理流动财产损溢	190101	—	—
销售出库	主营业务成本	6401	—	—

二、期初余额的整理录入

（一）期初货到票未到的录入：

2019/02/25 业务一部收到兴华公司提供的 40G 硬盘 100 盒，单价为 800 元，商品已验收入原料仓库，至今尚未收到发票。

（二）期初发货单的录入：

2019/02/28 业务一部向昌新贸易公司出售计算机 10 台，报价为 6 500 元/台，由成品仓库发货，该发货单尚未开票。

（三）进入存货核算系统，录入各仓库期初余额：

附表 2-3　期初余额

仓库名称	存货名称	数量	结存单价(元)
原料仓库	PIII 芯片	700 盒	1200
	40G 硬盘	200 盒	820
成品仓库	计算机	380 台	4800
外购品仓库	1600K 打印机	400 台	1800

（四）进入库存管理系统，录入各仓库期初库存：

附表 2-4　期初库存

仓库名称	存货名称	数量
原料仓库	PIII 芯片	700 盒
	40G 硬盘	200 盒
成品仓库	计算机	380 台
外购品仓库	1600K 打印机	400 台

实验三　采购业务练习

目的与要求

掌握企业在日常业务中如何通过软件来处理采购入库业务及相关账表查询。

实验内容

业务一:(普通采购业务)(必做)

(1) 2019/03/01 业务三部的王新向创新公司询问 P4 2.4G 的价格(1 000 元/盒),觉得价格合适,随后向公司上级主管提出请购要求,请购数量为 300 盒,需求日期为 2019/03/03。业务员据此填制请购单。

(2) 2019/03/03 上级主管同意向创新公司订购 P4 2.4G300 盒,单价为 1 000 元,要求到货日期为 2019/03/03。

(3) 2019/03/03 收到所订购的 P4 2.4G300 盒。填制到货单。

(4) 2019/03/03 将所收到的货物验收入原材料仓库。填制采购入库单。

(5) 当天收到该笔货物的专用发票一张,票号为 85010。

(6) 业务部门将采购发票交给财务部门,财务部门确认此业务所涉及的应付账款和采购成本。

【操作向导】

(一) 在采购系统中,填制并审核请购单。

1. 增加部门档案。部门编码:0203;部门名称:业务三部。

2. 增加人员档案。0002 王新:在职人员、业务三部。

3. 增加存货档案。属"原材料"大类,存货编码:013,存货名称:P4 2.4G,单位:盒(无换算组),存货属性:外购、内销、外销、生产耗用。

(二) 在采购系统中,填制并审核采购订单。

增加供应商档案。属"原料供应商"大类,供应商编码:CXGS,供应商简称:创新公司,税号:314835920。

(三) 在采购系统中,填制到货单(先增加,再右键拷贝采购订单)。

(四) 启动库存系统,生成并审核采购入库单(进入库存系统采购入库单界面后:生单→选择到货单→过滤→显示表体,录入入库日期和仓库)。

(五) 在采购系统中,填制采购发票(先增加,然后右键拷贝入库单)。

(六) 在采购系统中,采购结算(自动结算)。

(七) 在存货核算系统中,进行入库单记账。

(八) 在存货核算系统中,生成入库凭证。

(九) 在应付系统中,审核采购发票,进行制单处理。

1. 设置会计科目,修改会计科目"应收票据"辅助核算为"客户往来",受控于"应收系统”;修改会计科目“应付票据”辅助核算为“供应商往来”,受控于“应付系统”;增加“220201 应付货款”“220202 暂估应付款”科目,辅助核算为“供应商往来”,受控于“应付系统”。

2. 应付款管理系统参数设置和初始设置。

参数设置:

应付款核销方式:按单据;单据审核日期依据:单据日期。

控制科目依据:按供应商;受控科目制单方式:明细到单据。

采购科目依据:按存货;汇总损益方式:月末处理。

初始设置:

基本科目设置:应付科目 220201(应付货款),预付科目 1123,采购科目 1403,税金科目 22210101(进项税额),银行承兑科目 2201,商业承兑科目 2201。

结算方式科目设置:现金结算 1001,支票结算 100201,汇票结算 100201。

3. 应付单据审核。

4. 制单处理。

(十)账表查询。

1. 在采购系统中,查询订单执行情况统计表。

2. 在采购系统中,查询到货明细表。

3. 在采购系统中,查询入库明细表。

4. 在采购系统中,查询采购明细表。

5. 在库存系统中,查询库存台账。

6. 在存货系统中,查询收发存汇总表。

业务二:(现付业务)

2019/03/03 业务一部向建昌公司购买的鼠标 300 只到货并验收入原料仓库,单价为 50 元。同时收到专用发票一张,票号为 85011,立即以支票形式支付货款,票据号为 2351。

【操作向导】

(一) 在采购系统中,填制到货单。

(二) 启动库存系统,生成并审核采购入库单。

(三) 在采购系统中,填制采购专用发票,并做现付处理。

(四) 在采购系统中,采购结算(手工结算)。

采购结算→手工结算→选单→过滤→刷入→刷票→选择对应入库单和发票→结算

业务三:(费用发票结算)

2019/03/04 业务一部向建昌公司购买 40G 硬盘 200 盒,单价为 800 元,到货并验收入原料仓库。同时收到专用发票一张,票号为 85012。另外,在采购的过程中,发生了一笔运输费 200 元,税率为 7%,收到相应的运费发票一张,票号为 5678。

【操作向导】

(一) 在采购系统中,填制到货单。

(二) 启动库存系统,生成并审核采购入库单。

(三) 在采购系统中,填制采购专用发票。

(四) 在采购系统中,填制运费发票。

（五）在采购系统中，采购结算(手工结算)。

采购结算→手工结算→选单→过滤→刷入→刷票→选择对应入库单和发票→结算

业务四：(采购比价)

2019/03/06 业务员王新想购买 80 只键盘，提出请购要求，经同意填制并审核请购单。采购人员张晶得知提供键盘的供应商有两家，分别是兴华公司和建昌公司，他们的报价分别为 50 元/只、55 元/只。通过比价，决定向兴华公司订购，要求到货日期为 2019/03/07。

【操作向导】

（一）在采购系统中，设置供应商存货价格(每个供应商单独设置供应商存货调价单)。

（二）在采购系统中，填制并审核采购请购单。

（三）在采购系统中，进行请购比价生单。

（四）在采购系统中，审核采购订单。

业务五：(跨月结算)

2019/03/09 收到兴华公司提供的上月已验收入库的 100 盒 40G 硬盘的专用发票一张，票号为 48210，发票上注明单价为 800 元。

【操作向导】

（一）在采购系统中，填制采购发票(可拷贝采购入库单，再修改单价)。

（二）在采购系统中，执行采购结算(注意自动结算开始日期要包含上月)。

业务六：(结算前退货)

2019/03/10 业务二部收到建昌公司提供的 17 寸显示器，数量 202 台，单价为 1 150 元。验收入原料仓库。

2019/03/11 仓库反映有 2 台显示器有质量问题，要求退回给供应商。

2019/03/11 收到建昌公司开具的专用发票一张(200 台)，其发票号为 AS4408。

【操作向导】

（一）收到货物时，在采购系统中，填制到货单。

（二）在库存系统中，生成并审核采购入库单。

（三）退货时，在采购系统中参照采购到货单生成退货单。

（四）在库存系统中生成并审核红字入库单。

（五）收到发票时，在采购系统中填制采购发票。

（六）在采购系统中，执行采购结算(手工结算)。

采购结算→手工结算→选单→过滤→刷入→刷票→选择对应入库单和发票→结算

业务七：(结算后退货)

2019/03/15 仓库发现从创新公司购入的 P4 2.4G 质量有问题，退回 2 只，单价为 1 000 元，同时收到票号为 65218 的红字专用发票一张。

【操作向导】

（一）退货时，在库存系统中填制红字入库单。

（二）收到退货发票时，在采购系统中填制红字采购发票。

（三）在采购系统中，执行采购结算(自动结算)。

实验四　销售业务练习

目的与要求

掌握企业在日常业务中如何通过软件来处理销售出库业务及相关账表查询。

实验内容

业务一:(普通销售)(必做)

(1) 2019/03/04 先行公司想购买 10 台计算机,向业务一部了解价格。业务一部报价为 6 000 元/台(含税)。假定税率为 17%,填制并审核报价单。

(2) 该客户了解情况后,要求订购 10 台,要求发货日期为 2019/03/16。填制并审核销售订单。

(3) 2019/03/06 业务一部从成品仓库向先行公司发出其所订货物。并据此开具专用销售发票一张,票号为 38275。

(4) 业务部门将销售发票交给财务部门,财务部门结转此业务的收入及成本。

【操作向导】

(一) 销售选项设置(报价是否含税)。

1. 在销售系统中,系统菜单→设置→销售选项。

在业务控制中,选中"报价是否含税";在其他控制中,将新增发票默认选中为"参照发货单生成",将新增退货单默认选中为"参照发货单生成"。

2. 在应收款管理系统,进行初始设置。

财务会计→应收款管理→系统菜单→设置→选项。

在跳出的"账套参数设置"窗口中,单击"编辑",在常规选项卡中,将坏账处理方式,改为"应收余额百分比法";在凭证选项卡中,将受控科目制单方式,改为"明细到单据"。

初始设置:

基本科目设置:应收科目 1122,预收科目 2203,销售收入科目 6001,税金科目 22210102,销售退回科目 6001。

控制科目设置:按客户设置,应收科目 1122,预收科目 2203。

产品科目设置:按商品设置,销售收入和销售退回科目 6001,应交增值税 22210102。

结算方式科目设置:现金结算 1001,支票结算、汇票结算 100201。

坏账准备设置:提取比率 1%,坏账准备期初余额为 0,坏账准备科目 1231,对方科目 6701。

(二) 单据设置。

基础信息→单据设置→单据编号设置→销售→销售专用发票:单击"修改",选中"允许手工修改",保存。

(三) 在基础档案中,增加客户档案。

在"批发"大类下,客户编码:XXGS,客户简称:先行公司,税号:310003156,开户银行:工商银行，银行账号：138。

（四）在销售系统中，填制并审核报价单。

（五）在销售系统中，参照报价单生成并审核销售订单。

（六）在销售系统中，参照销售订单生成并审核销售发货单。

（七）在销售系统中，根据发货单填制并复核销售发票。

（八）在应收系统中，进行应收单据审核；然后进行制单处理，生成记账凭证。

（九）在库存系统中，填制“销售出库单”并审核。

（十）在存货系统中，进行业务核算，完成正常单据记账。

（十一）在存货系统中，进行财务核算，生成记账凭证。

（十二）账表查询。

1. 在销售系统中，查询销售订单执行情况统计表。

2. 在销售系统中，查询发货统计表。

3. 在销售系统中，查询销售统计表。

4. 在存货系统中，查询出库汇总表。

业务二(销售现结)

(1) 2019/03/07 业务一部向昌新贸易公司出售计算机 10 台，报价为 6 400 元/台，货物从成品仓库发出。

(2) 2019/03/07 根据上述发货单开具专用发票一张，票号为 38372。同时收到客户以支票所支付的全部货款，票据号为 2532。

【操作向导】

（一）在销售系统中，填制并审核销售发货单。

（二）在销售系统中，根据发货单填制销售发票，执行现结功能，复核销售发票。

业务三:(多次发货一次开票)

(1) 2019/03/08 业务一部向昌新贸易公司出售计算机 10 台，报价为 6 400 元，货物从成品仓库发出。

(2) 2019/03/08 业务二部向昌新贸易公司出售 1600K 打印机 5 台，报价为 2 300 元，货物从外购品仓库发出。

(3) 2019/03/08 根据上述两张发货单开具专用发票一张，票号 38375。

【操作向导】

（一）在销售系统中，填制并审核两张销售发货单。

（二）在销售系统中，根据上述两张发货单填制并复核销售发票。

业务四:(一次发货多次开票)

(1) 2019/03/08 业务二部向华宏公司出售 1600K 打印机 20 台，报价为 2 300 元/台，货物从外购品仓库发出。

(2) 2019/03/09 应客户要求，对上述所发出的商品开具两张专用销售发票，第一张发票中所列示的数量为 15 台，票号为 38381，第二张发票上所列示的数量为 5 台，票号为 38384。

【操作向导】

（一）在销售系统中，填制并审核销售发货单。

（二）在销售系统中，分别根据发货单填制并复核两张销售发票（考虑一下，在填制第二张发票时，系统自动显示的开票数量是否为 5 台）。

业务五：（销售费用支出）

2019/03/09 业务一部在向昌新贸易公司销售商品过程中发生了一笔代垫的安装费 500 元。

【操作向导】

（一）在基础设置页面中，进入［基础档案］—［业务］，费用项目分类：代垫费，增设费用项目：安装费。

（二）在销售系统中，填制并审核代垫费用单。

业务六：（开票直接发货）

2019/03/09 业务二部向昌新贸易公司出售 1600K 打印机 5 台，报价为 2 300 元/台，成交价为报价的 90%，开具专用发票一张，票号为 38385，货物从外购品仓库发出。

【操作向导】

在销售系统中，填制并复核销售发票。

业务七：（委托代销）

（1）2019/03/10 业务二部委托利氏公司代为销售计算机 50 台，售价为 2 200 元/台，货物从成品仓库发出。

（2）2019/03/15 收到利氏公司的委托代销清单一张，结算计算机 30 台，售价为 2 200 元/台。立即开具销售专用发票给利氏公司。

【操作向导】

（一）在销售系统中，调整选项，选择有委托代销业务。

（二）发货时，在销售系统中，填制并审核委托代销发货单。

（三）结算开票时：

1. 在销售系统中，填制并审核委托代销结算单。

2. 在销售系统中，复核销售发票。

（四）账表查询。

在销售系统中，查询委托代销统计表。

业务八：（开票前销售退货）

（1）2019/03/15 业务一部售给昌新公司的计算机 10 台，单价为 6 500 元，从成品仓库发出。

（2）2019/03/16 业务一部售给昌新公司的计算机因质量问题，退回 1 台，单价为 6 500 元，收回成品仓库。

（3）2019/03/16 开具相应的专用发票一张，数量为 9 台，发票号为 38386。

【操作向导】

（一）发货时，在销售系统中填制并审核发货单。

（二）退货时，在销售系统中填制并审核退货单。

（三）在销售系统中，填制并复核销售发票（选择发货单时应包含红字记录）。

业务九：（开票后退货）

2019/03/17 业务二部委托利氏公司销售的计算机退回 2 台，入成品仓库。由于该货物已经结算,故开具红字专用发票一张。

【操作向导】

(一) 发生退货时,在销售系统中填制并审核委托代销结算退回单。

(二) 在销售系统中,复核红字专用销售发票。

(三) 在销售系统中,填制并审核委托代销退货单。

(四) 账表查询:在库存系统中,查询委托代销备查簿。

实验五　库存业务练习

目的与要求

掌握企业在日常业务中如何通过软件来处理库存管理业务及相关账表查询。

实验内容

业务一:(采购入库)

(1) 2019/03/27 收到向建昌公司所订购的键盘 200 只,货物验收入原料库。

(2) 2019/03/28 收到向建昌公司所订购的键盘 100 只,货物验收入原料库。

(3) 2019/03/29 发现 2019/03/28 验收入库的货物有 2 只有质量问题,退回。

【操作向导】

(一) 在库存系统中,填制并审核采购入库单。

(二) 在库存系统中,复制采购入库单并审核采购入库单。

(三) 在库存系统中,红冲采购入库单并审核红字采购入库单。

(四) 在库存系统中,查询库存台账。

业务二:(产成品入库)

(1) 2019/03/25 成品仓库收到当月加工的 10 台计算机,做产成品入库。

(2) 2019/03/26 成品仓库收到当月加工的 20 台计算机,做产成品入库。

【操作向导】

(一) 在库存系统中,填制并审核产成品入库单。

(二) 在库存系统中,查询收发存汇总表。

业务三:(销售分批出库)

(1) 2019/03/27 业务二部向精益公司出售 17 寸显示器 20 台,由原料仓库发货,报价为 1 500 元/台,同时开具专用发票一张,票号为 11111。

(2) 2019/03/27 客户根据发货单从原料仓库领出 15 台显示器。

(3) 2019/03/28 客户根据发货单再从原料仓库领出 5 台显示器。

【操作向导】

(一) 在销售系统中,调整销售选项(将"是否销售生成出库单"选项勾去掉)。

(二) 在销售系统中,填制并审核发货单。

（三）在销售系统中，根据发货单填制并复核销售发票。

（四）在库存系统中，分次填制销售出库单（根据发货单生成销售出库单）。

业务四：（材料领用）

2019/03/25 一车间向原料仓库领用PIII芯片100盒、40G硬盘100盒，用于生产。

【操作向导】

在库存系统中，填制并审核材料出库单。

业务五：（调拨业务）

2019/03/29 将原料仓库中的50只键盘调拨到外购品仓库。

【操作向导】

（一）在库存系统中，填制并审核调拨单。

（二）在库存系统中，审核其他入库单。

（三）在库存系统中，审核其他出库单。

（四）在存货系统中，执行特殊单据记账。

业务六：（盘点业务）

2019/03/29 对原料仓库的所有存货进行盘点。

盘点后，发现键盘少了一个。

【操作向导】

（一）盘点前：

在库存系统中，填制盘点单，增加→选择仓库→盘库→保存。

（二）盘点后：

1. 在库存系统中修改盘点单，录入盘点数量，确定盘点金额。

2. 在库存系统中，审核盘点单。

3. 在库存系统中，审核其他出库单。

实验六　存货业务练习

目的与要求

掌握企业在日常业务中如何通过软件来处理存货核算业务及相关账表查询。

实验内容

业务一：（暂估业务处理）

将2019/03/27收到的建昌公司提供的已入库的键盘，由于到了月底发票仍未收到，故确认该批货物的暂估成本为150元。

【操作向导】

在存货系统中，录入暂估入库成本：[业务核算]—[暂估成本录入]，选择采购入库单录入单价，保存。

业务二:(结算成本处理)

“实验三 采购业务练习”中业务五在存货系统的处理。

【操作向导】

(一) 存货系统选项中,设置“暂估处理方式”为“月初回冲”。

(二) 存货系统中,执行结算成本处理:[业务核算]—[结算成本处理],选择“暂估结算单”进行“暂估”。

业务三:(产成品成本分配)

收到财务部门提供的完工产品成本,其中计算机的总成本为144 000元,立即做成本分配。

【操作向导】

在存货系统中,进行产成品成本分配:[业务核算]—[产成品成本分配]。

业务四:(单据记账)

将上述各出入库业务中所涉及的入库单,出库单进行记账。

(一) 正常单据记账:将采购、销售业务所涉及的入库单,出库单进行记账。

【操作向导】

在存货系统中,进入[业务核算]—[正常单据记账]。

在存货系统中,查询存货明细账。

(二) 调拨单进行记账(如正常单据中调拨生成其他出入库未记账,则需要执行此操作)。

【操作向导】

在存货系统中,进入[业务核算]—[特殊单据记账]。

在存货系统中,查询存货明细账。

业务五:(凭证生成)

(一) 根据上述业务中所涉及的各种单据编制相应凭证。

【操作向导】

在存货系统中,进入[财务核算]—[生成凭证],选择全部单据,生成相应凭证。

选择→全选→确定→再全选→确定→将凭证科目补充完整→生成→保存(注意多张凭证,还有下张)。

(二) 查询凭证(凭证修改删除,也在此处操作)。

【操作向导】

在存货系统中,进入[财务核算]—[凭证列表]。

实验七 供应链期末业务处理

目的与要求

掌握供应链管理系统月末处理的方法,以及账表查询的方法。

实验内容

月末核算处理本月供应链管理系统采购、销售、库存、存货各功能模块所涉及的相关业务。

【操作向导】

期末业务处理是计算机自动完成的,企业完成当月所有工作后,系统将相关各个系统的单据封存,各种数据记入有关的账表当中,完成会计期间的期末处理工作。

参 考 文 献

[1] 陈启申. ERP——从内部集成起步[M].3 版. 北京:电子工业出版社,2019.

[2] 孙万军. 企业信息系统应用[M]. 2 版. 北京:高等教育出版社,2011.

[3] 韩景倜. ERP 综合实验[M]. 北京:机械工业出版社,2010.

[4] 何平,龚中华. 用友 ERP 培训教程——财务核算/供应链管理/物料需求计划[M]. 2 版. 北京:人民邮电出版社,2010.

[5] 周玉清,刘伯莹. ERP 与企业管理——理论、方法、系统[M]. 3 版. 北京:清华大学出版社,2018.

[6] 周玉清,刘伯莹,周强. ERP 原理与应用教程[M]. 3 版. 北京:清华大学出版社,2018.

[7] 周玉清,刘伯莹,周强. ERP 原理与应用简明教程[M]. 北京:清华大学出版社,2019.

[8] 汤华东,李勉,董文婧. 用友 ERP 供应链管理系统实验教程[M]. 2 版. 北京:清华大学出版社,2019.

[9] 罗鸿. ERP 原理设计实施[M]. 4 版. 北京:电子工业出版社,2019.

[10] 金镭,沈庆宁. ERP 原理与实施[M]. 北京:清华大学出版社,2017.

[11] 郑荆陵,陈建松,黄铁梅,等. ERP 供应链管理实务[M]. 北京:清华大学出版社,2019.

[12] 程控,革扬. MRPII/ERP 原理与应用[M]. 3 版.北京:清华大学出版社,2019.

[13] 中国 ERP 协会网站:http://www.erp.org.cn/.

[14] ENI 经济与信息化网站:http://www.enicn.com/.

[15] 比特网:http://www.Chinabyte.com.

[16] 赛迪网:http://www.ccidnet.com.

[17] 用友论坛:http://www.iufida.com.